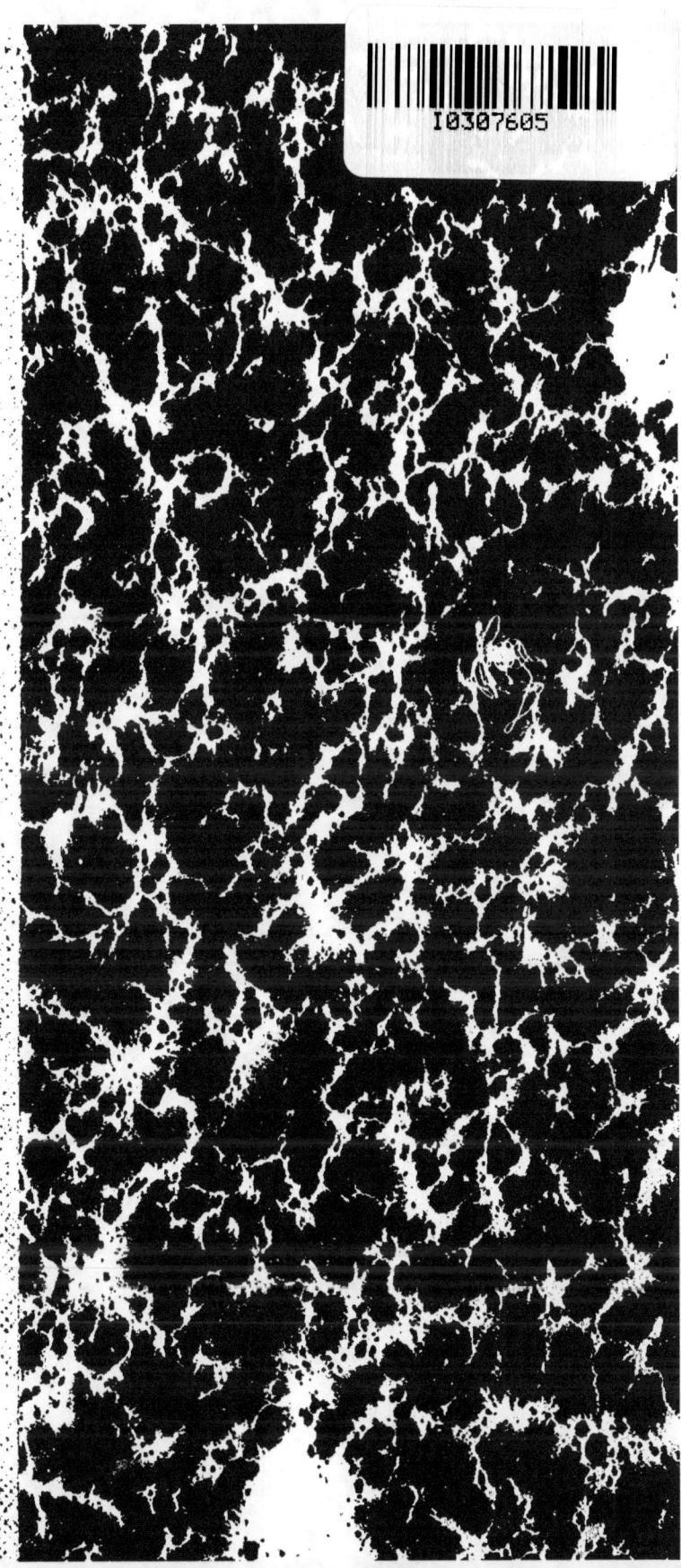

BIBLIOTHÈQUE
DE PHILOSOPHIE CONTEMPORAINE

LA PHILOSOPHIE
DE
M. SULLY PRUDHOMME

PAR

CAMILLE HÉMON

Agrégé de Philosophie
Professeur au Lycée et à l'École supérieure des Lettres de Nantes

PRÉFACE DE M. SULLY PRUDHOMME

PARIS
FÉLIX ALCAN, ÉDITEUR
LIBRAIRIES FÉLIX ALCAN ET GUILLAUMIN RÉUNIES
108, BOULEVARD SAINT-GERMAIN, 108

1907

LA PHILOSOPHIE

DE

M. SULLY PRUDHOMME

ŒUVRES DE M. SULLY PRUDHOMME

Librairie FÉLIX ALCAN

La vraie religion selon Pascal. *Recherche de l'ordonnance purement logique de ses pensées relatives à la religion*, suivie d'une analyse du *Discours sur les passions de l'amour*. 1 volume in-8° de la *Bibliothèque de philosophie contemporaine* . . . . 7 fr. 50

Le problème des causes finales. (En collaboration avec le Pr Ch. Richet). *Troisième édition*. 1 volume in-16 de la *Bibliothèque de philosophie contemporaine* . . . . 2 fr. 50

Psychologie du libre-arbitre, suivie de *Définitions fondamentales, vocabulaire logiquement ordonné des idées les plus générales et des idées les plus abstraites*. 1 vol. in-16 de la *Bibliothèque de philosophie contemporaine*. . . . . 2 fr. 50

Librairie A. LEMERRE

Poésies. *Édition elzévirienne.* 5 vol. in-12 couronne, à . . . 6 fr. »
Poésies. (1865-1867). *Stances et Poèmes.* — *Les Écuries d'Augias.* — *Croquis italiens.* — *Les Épreuves.* 1 vol. in-8°, avec portrait . 7 fr. 50
Poésies. (1868-1878). *Les Solitudes.* — *Impressions de la Guerre.* — *Les vaines tendresses.* — *La France.* — *La Révolte des Fleurs.* — *Poésies diverses.* — *Les Destins.* — *Le Zénith.* 1 vol. in-8° . . 7 fr. 50
Poésies. (1878-1879). Lucrèce. *De la nature des choses.* 1er livre. — *La Justice.* 1 volume in-8° . . . . 7 fr. 50
Poésies. (1879-1888). *Le Prisme.* — *Le Bonheur.* 1 vol. in-8°. . 7 fr. 50
L'Expression dans les beaux-arts. 1 volume in-8° . . . . 7 fr. 50
Que sais-je? 1 volume in-18 . . . . 3 fr. 50
Prose :
  Testament poétique et trois Études sociologiques. 1 vol. in-8°. 7 fr. 50

LA PHILOSOPHIE

DE

M. SULLY PRUDHOMME

PAR

CAMILLE HÉMON

Agrégé de Philosophie
Professeur au Lycée et à l'École supérieure des Lettres de Nantes

---

PRÉFACE DE M. SULLY PRUDHOMME

PARIS

FÉLIX ALCAN, ÉDITEUR

LIBRAIRIES FÉLIX ALCAN ET GUILLAUMIN RÉUNIES

108, BOULEVARD SAINT-GERMAIN, 108

—

1907

Tous droits de traduction et de reproduction réservés

PRÉFACE

L'auteur de cet habile et fidèle exposé m'a rendu un bien précieux service : il a eu le courage de mener à fin une entreprise devant laquelle j'eusse indéfiniment reculé. Il a relevé, réuni et organisé les divers aperçus philosophiques épars dans tous mes écrits, vers et prose, pour en composer un ensemble cohérent. Cet ensemble toutefois ne constitue pas ce qu'on appelle en philosophie un système, c'est-à-dire une tentative d'expliquer l'Univers par le minimum de principes originels qui en soutiennent, subordonnent et relient tous les éléments irréductibles. Jamais pareille ambition ne m'a hanté. J'ajoute qu'elle me semble aujourd'hui téméraire, même chez les plus puissants génies, parce qu'elle suppose l'adaptation de l'intelligence humaine à l'objet métaphysique. Or celui-ci répugne à cette adaptation. Je ne l'ai pas constaté d'emblée : rien tout d'abord ne semble interdire tel objet plutôt que tel autre à la curiosité de l'homme. Des découvertes si prodigieuses, si invraisemblables ont récompensé ses efforts intellectuels qu'on ne voit pas tout de suite à quels signes on reconnaîtra qu'une chose est inaccessible à sa recherche. La donnée métaphysique n'a-t-elle pas été examinée, étudiée, définie par de grands penseurs, fondateurs de systèmes philosophiques? De quel droit les savants positivistes, tels que les physiciens et les chimistes, bannissent-ils la métaphysique du domaine de la science? Je me le suis d'abord demandé en vain et, faute d'une réponse décisive qui me satisfît, j'ai continué à lire les ouvrages de métaphysique et à méditer moi-même sur leur matière. Depuis une quinzaine d'années j'ai renoncé à agiter ces questions insolubles, parce que j'ai rencontré fortuitement le caractère qui soustrait aux prises de l'intelligence humaine la donnée métaphysique. C'est après avoir parcouru plusieurs étapes dans le champ de l'investigation que je suis arrivé à me détacher de la spéculation transcendante.

Je m'y suis livré dès ma prime jeunesse. Cette spéculation a pour matière le dessous des événements soit extérieurs, soit intérieurs à ce qu'on appelle moi : les premiers fournissent la matière des sciences dites naturelles; ils affectent les sens et, grâce à l'activité mentale, ils se traduisent dans la conscience par les perceptions; les seconds défraient les sciences dites morales et politiques : ce sont les événements psychiques, observés par une aperception immédiate interne appelée le sens intime.

Ce dessous métaphysique est ce que le savant pratiquant la méthode de Bacon nomme le substratum de chaque événement et le métaphysicien la substance du monde accidentel. Dans tous les cas, c'est ce qui soutient les événements et fournirait de quoi en expliquer complètement la naissance, les relations et l'évolution, si l'esprit humain était organisé pour se former de cet impénétrable fond un concept adéquat. Il connaîtrait alors l'être et la raison d'être, l'origine, le terme et la destinée du processus universel.

J'avais quinze ans environ lorsque fut institué dans l'enseignement ce qu'on appela le régime de la bifurcation: en sortant de la classe de quatrième, où seules les premières notions de l'arithmétique s'adjoignaient aux rudiments de la culture littéraire, l'élève était tenu de choisir entre l'étude spécialisée des lettres et celle des sciences. Je fus poussé vers la seconde par une direction supérieure qu'accepta ma curiosité, en dépit de mon penchant marqué déjà pour les vers. Quelle satisfaction devais-je attendre de cette déviation téméraire?

C'est la méthode de Bacon qui caractérise le mode de découverte propre aux chercheurs nommés en général les savants. Ils ont pour procédés essentiels l'observation et l'expérimentation. Ils appellent phénomène, les perceptions des événements (états psychiques nés des impressions et confondus à tort par eux avec les événements mêmes, lesquels sont extérieurs au moi) : Ils classent provisoirement les phénomènes par ordre de complication apparente en mécaniques, physiques, chimiques et organiques, avec une tendance (légitime ou non) à les résoudre progressivement en ceux de la première classe, à les réduire aux éléments de la mécanique. Ils cherchent, pour un phénomène donné quelconque, celui qui en est l'antécédent immédiat et constant, autrement dit la condition immédiatement déterminante et ils appellent lois ce qu'il y a de constant dans le processus formé par le conditionnement de chaque sorte de phénomènes et par ceux-ci : dans leur langage la condition immédiatement déterminante se substitue à ce que les métaphysiciens nomment la cause prochaine, mais n'en est réellement pas l'équiva-

lent, car cette condition est un phénomène, le terme initial d'un processus purement phénoménal, tandis qu'une cause proprement dite, telle que l'entend le métaphysicien, est un principe actif dont ce terme est la manifestation, l'effet. Le plus souvent la distinction que je viens d'établir entre la condition immédiatement déterminante et la cause prochaine n'est pas sentie par les savants, non plus que n'est remarquée par eux la distinction entre le phénomène et l'événement; non plus que n'est par eux respectée intégralement la règle essentielle à leur méthode, la prescription de négliger le côté métaphysique de la nature. Certes je ne les accuse pas d'enfreindre cette règle lorsqu'ils se bornent à présumer comme indispensable l'existence du support, qu'ils nomment substratum, *au processus universel, support inaccessible à l'observation extérieure. En tant qu'ils s'abstiennent de spéculer sur l'essence intime de cette donnée ils demeurent fidèles à leur méthode, mais combien peu ne se laissent pas entraîner au delà de ces limites. Ce qu'ils appellent* matière, masse, atome, éther, énergie, formes de l'énergie, *dont est la* force, *sont des entités constitutives du substratum, qui le spécifient, de sorte qu'ils ne se contentent nullement d'en postuler l'existence; loin de là, ils en imaginent l'essence. Dès lors ils ne s'en tiennent plus à la recherche de la condition immédiatement déterminante, ils considèrent le principe actif de la détermination, la cause prochaine : ils font de la métaphysique. Je me hâte d'ajouter qu'ils ne s'illusionnent pas sur la valeur des explications de ce genre qu'ils proposent sous les noms d'hypothèses et de théories : ils en reconnaissent le caractère incertain et provisoire.*

Des remarques précédentes il résulte que la ligne de démarcation entre le domaine des sciences expérimentales, dites positives, et celui de la métaphysique n'est pas aussi nettement tracée qu'on le croit communément. Existe-t-il un seul savant qui s'astreigne à ne considérer que les événements et leur conditionnement les uns par les autres sans jamais concevoir d'entités telles que l'énergie, l'éther, l'atome, etc.? Assurément non. Mais ces empiètements sur le domaine de la métaphysique n'intéressent pas ce dont l'homme est le plus curieux, à savoir sa destinée et en quoi il dépend de la cause première qu'il prête invinciblement à l'Univers. Aussi mon stage de quatre années dans les classes de sciences au lycée n'a-t-il pas donné à mon esprit la plus haute satisfaction qu'il avait jusque là poursuivie. Au surplus je cessai tout de suite de la leur demander : j'eus bientôt reconnu que, même à la supposer achevée, la science positive n'accorderait à la recherche humaine que la connaissance d'un minimum de lois ou peut-être d'une seule régissant tous les événements de l'Univers, mais que cette loi demeurerait elle-même problématique, sans explication. Or, comme elle impliquerait dans son ressort n'importe quel fait, ma destinée en dépendrait et je serais donc condamné à l'ignorance de ce qui me préoccupe le plus.

L'exposé de mon instruction serait incomplet si je ne disais rien de l'enseignement religieux que j'ai reçu. Il précéda de beaucoup chez moi ces préoccupations capitales auxquelles il apportait des réponses prématurées que consacraient dix-neuf siècles de crédit. Comme tous les catholiques, j'ai fait ma première communion encore enfant, avec une docilité passive aux leçons du catéchiste; mais ma foi ne pouvait être à cet âge qu'une suggestion, un assentiment aveugle à la foi d'autrui. Elle retarda néanmoins l'éclosion de mes pensées propres, car l'insinuation *précoce de la doctrine chrétienne dans les âmes neuves les marques d'une empreinte très profonde, parfois même ineffaçable, quand ces âmes sont sérieuses et tendres. J'attribue à cette influence latente une révolution singulière qui s'opéra subitement en moi. J'avais dix-huit ans; je venais d'abandonner la classe de mathématiques spéciales, où je me destinais à l'École polytechnique. J'étais bachelier ès sciences et j'aspirais au modeste diplôme de bachelier ès lettres. Je l'obtins l'année suivante à Paris, mais c'était à Lyon, chez des cousins, que je préparais mon examen. Lyon est une ville dont les habitants sont des catholiques en majorité croyants et pratiquants : mes cousins étaient de ceux-ci. Faut-il pour expliquer le coup de foudre moral dont il s'agit, unir à l'influence plus haut signalée celle du milieu où je me trouvais transplanté? C'est probable. Quoi qu'il en soit, je me réveillai, une nuit, tout autre que je ne m'étais endormi deux heures auparavant, ou du moins bien changé, car je m'écriai en moi-même : « Comment ai-je pu douter un seul instant d'une doctrine dont la vérité m'apparaît soudain si éclatante? » En effet je voyais directement, je sentais la divinité de Jésus, et tous les nuages qui avaient jusque-là pour moi obscurci les dogmes me semblaient dissipés. Je m'agenouillai, je fis une prière dont je ne me rappelle plus les paroles et le lendemain je conçus le projet de me faire dominicain. Ce projet, favorisé par mes hôtes, échoua lorsque je me fus réinstallé à Paris. Ce qu'il y a de remarquable dans cette conversion, c'est que quatre ans de discipline scientifique ne s'y opposèrent point. Le contact renouvelé avec la société parisienne où j'avais renoué mes relations intellectuelles, la propagation en France d'ouvrages allemands de savante et minutieuse* critique attaquant les fondements du Christianisme, tels que la Vie de Jésus par Strauss, eurent bien vite raison de ma croyance improvisée. Je redevins ce que j'étais auparavant, un chercheur inquiet, désabusé, mais non découragé. J'avais gagné à cette expérience de savoir ce que c'est que la foi et, par suite, d'en contracter le respect. Comme je l'avais possédée malgré un commerce de quatre ans avec les sciences positives, j'avais perdu le droit de la déclarer incompatible avec la méthode et l'esprit de ces sciences. Je devais, du moins, l'avouer assez dominatrice, assez puissante sur la pensée, pour faire oublier au croyant ou lui faire pallier les objections rationnelles.

Après ces explorations décevantes dans les ténèbres, je fus amené à faire le recensement et la critique des ressources dont l'homme dispose pour atteindre la vérité, de ses instruments de connaissance. Ils m'ont apparu bien insuffisants pour instituer la science de l'objet métaphysique : Nos sens, dont la portée est courte et l'inspection superficielle, ne permettent que d'en constater l'existence et notre conscience n'en pénètre pas la nature intime, substantielle.

J'aperçus plusieurs raisons de l'inutilité du concept de la substance, tel que le peut former l'esprit humain, pour résoudre les problèmes qui me tourmentaient. En premier lieu, par suite de la transcendance de ce concept, il y a solution de continuité entre lui et ma perception du monde sensible, du monde accidentel où je suis engagé, de sorte qu'il ne pouvait m'en procurer aucune explication. En second lieu, ce monde est un composé de choses particulières offrant la plus grande diversité. Or la substance, en tant que nécessaire, ne pose aucune diversité : l'esprit humain ne conçoit pas la nécessité de tel nombre initial de formes particulières, d'atomes par exemple, plutôt que de tel autre, ni la nécessité de telles formes initiales plutôt que de telles autres. En troisième lieu, le monde accidentel est l'acte de la substance, et à ce titre il a quelque chose de commun avec elle; il en est partie intégrante. Mais alors son existence est contradictoire, car la nécessité de la substance ne comporte pas qu'elle puisse avoir été différente à un moment du passé de ce qu'elle est présentement, qu'elle puisse varier. Le processus universel, qui est la suite des accidents, devient inconcevable : nécessité et activité sont deux choses incompatibles pour l'esprit humain, comme nécessité et diversité et par la même raison. Spinoza (1) définit la substance, l'attribut et le mode, à savoir l'être métaphysique et ce qui le constitue; il y reconnaît la diversité et ne signale pas la difficulté que je soulève, mais sans doute il la prévoit, car il croit la supprimer en portant à l'infini le nombre et les espèces de différences, sous les noms d'attributs et de modes, impliquées dans la substance. J'avoue que selon moi, dès lors que le concept de nécessité exclut pour mon esprit celui de la diversité, ce n'est pas en multipliant jusqu'à l'infini les différences dans l'être nécessaire qu'on rend explicable la nécessité de chacune d'elles. Enfin je m'aperçus que, formulé par l'esprit humain, tout jugement concernant l'objet métaphysique implique contradiction.

En somme, d'une part les sciences positives ne me promettaient aucune des vérités que j'avais le plus à cœur de connaître, et d'autre part, la métaphysique demeurait muette pour moi à cet égard, ou, du moins ne m'accor-

---

(1) *Éthique*, 1ʳᵉ Partie, *De Deo*, Définitions III, IV, V, VI.

dait que des réponses qui me semblaient vaines, parce qu'elles étaient contradictoires.

Très tard néanmoins, je m'avisai que cette contradiction ne fait qu'avertir l'homme de l'abus qu'il fait de son esprit en l'exerçant sur l'objet métaphysique, mais n'infirme pas les révélations immédiates et spontanées de la conscience sur ce qu'il lui importe de connaître touchant l'essence intime du moi pour sa conservation. C'est la réflexion sur cet objet pour tâcher de le pénétrer qui suscite des jugements contradictoires. Par exemple, la conscience que nous prenons spontanément et immédiatement de notre libre arbitre ne nous induit pas en erreur, mais tout essai d'expliquer ce mode de l'activité aboutit à des jugements absurdes.

J'ai eu à me féliciter de cette remarque; mais malheureusement ma conscience ne me révélait que certaines propriétés de mon propre être, sans rien m'apprendre de mes relations avec la cause première, d'où dépend ma destinée, où est écrite ma raison d'être, où seulement je pourrais lire le sens de ma vie.

Cependant me voilà vieux; il est temps que je m'efforce de déterminer le résultat dernier de mes méditations et de prévoir ce qui, dans un avenir prochain, m'attend après ma mort. Si je tarde davantage à le faire, mon cerveau, comme tous mes autres organes, faiblira et ne me servira plus fidèlement. Il est très probable que, à ma dernière heure, je serai pieusement circonvenu dans la plus louable intention et sollicité vers le retour à mes premières croyances. Pour prévenir chez mes amis la fausse opinion que par le succès fort possible d'une pareille tentative ils pourraient se faire de ce qu'elles sont devenues, je tiens, après mûre et libre réflexion, à consigner ici en *pleine possession de moi-même et sans espoir de nouvelles acquisitions ni crainte de pertes nouvelles, ce qui me reste de mes idées sur la condition de l'homme passées au crible d'un sincère examen.*

Les hommes naissent tous sur un globe de matière qui tourne dans un abîme infini, dont le silence éternel effrayait Pascal; combien peu pourtant éprouvent le même effroi que lui! Quant à moi, je conviens qu'il y a bien là de quoi m'épouvanter, mais en réalité je vis indifférent à cette menace muette. Serait-ce que tous mes semblables partagent ma condition? Cela n'est pas suffisant, car, dans une bataille, tous les soldats du même rang, exposés aux mêmes coups de fusil ou de canon, ont plus ou moins peur et la pensée chez l'un d'eux que ses voisins peuvent être tués comme lui ne l'empêche nullement de craindre le coup fatal. Serait-ce que le principe créateur et ordonnateur de toutes choses, quel qu'il soit (fût-ce l'être même de l'Univers), a voulu par bonté nous affranchir de cette terreur, comme il nous affranchit de la peur immédiate de la mort, afin que le privilège de connaître ces conditions redoutables de tout ce qui vit ne nous coûtât pas la sécurité dont jouissent les bêtes, grâce à leur ignorance? Cela tout d'abord ne me semble pas absurde, mais il faut admettre que ce principe a une sensibilité morale, une intelligence et une volonté analogues à celles de l'homme; il faut, en un mot, admettre comme légitime l'anthropomorphisme, hypothèse suspecte. Serait-ce enfin que ce principe m'inspire une certaine confiance parce que, jugé d'après ses actes, il ne me semble pas exclusivement mauvais, essentiellement tortionnaire, puisqu'il a créé la bonté en même temps que la méchanceté, un saint Vincent de Paul après un Néron; le blé et la pêche tout comme la ciguë et le fiel ; la beauté dans les aspects et dans certaines productions de la terre telles que la fleur et le papillon tout comme la laideur dans le singe et le crapaud ? C'est possible, car cette balance entre le mal et le bien, le beau et le laid, m'empêche, en réalité, de trembler devant lui. Or mon indifférence à l'égard de sa moralité n'est pas de l'anthropomorphisme. En effet, qu'il veuille ou non, je n'en ai pas moins des raisons pour me fier à lui comme j'en ai pour m'en méfier. Je connais, il est vrai, des hommes qui le jugent, sinon intégralement mauvais, sinon le pire des bourreaux, du moins beaucoup plus à craindre qu'à ne pas craindre. A ceux-là je n'ai rien à répondre : mon sentiment m'est tout personnel.

Je me défends de l'anthropomorphisme pour n'avoir pas à rendre la cause première coupable de ceux de ses actes qui devraient être qualifiés d'immoraux ou de bizarres et de fantaisistes selon l'éthique humaine appliquée au processus universel. Comme ce principe initial est le Dieu d'une foule de mes semblables, par cette réserve j'évite de blasphémer et de scandaliser les croyants qui comptent parmi eux de puissants et bienfaisants génies, d'admirables âmes. Si je prêtais à Dieu, comme le font les plus hautes religions, un cœur, une intelligence et une volonté taillés sur le patron de ces mêmes facultés chez nous et poussés à l'infini, je me créerais le plus grand embarras. La diversité des formes innombrables qu'affectent les corps vivants dans un même milieu physique, bien mieux, la moindre différence originelle entre les formes m'apparaîtrait comme l'effet d'un pur caprice, comme un jeu puéril, extravagant ; la concurrence vitale par laquelle les espèces se sacrifient les unes aux autres et l'économie de leur conservation qui contraint chacune, *sous peine de disparaître, à dévorer les individus de quelque autre me sembleraient organiser un cruel massacre, aussi contraire que possible à la bienveillance et à la justice même les plus élémentaires. Je me serais donc mis en demeure de concilier la conduite réelle de Dieu avec son essence hypothétique et je n'y réussirais point. Mieux vaut donc laisser derrière son voile impénétrable le principe créateur et ordonnateur de l'Univers. Ce n'est pas l'athéisme, c'est la résignation à ne pas interroger l'Univers sur son principe initial. Ce qu'il m'est donné de percevoir (et c'est peu) au moyen et au travers de mes sens, ne m'autorise pas à désespérer, encore que je n'y puisse fonder aucune assurance d'un sort meilleur après ma mort.*

Mais le premier point à éclaircir est celui de la survivance. Sans conteste la vie organique conditionne la vie psychique. En résulte-t-il que celle-ci soit nécessairement anéantie par la fin de celle-là? La mort ne laisse-t-elle pas subsister ce qui sent et pense en nous? Supposer qu'elle le respecte, c'est admettre que la subordination de la seconde vie à la première n'est pas essentielle, mais purement accidentelle. Or il ne m'apparaît pas avec évidence que cette hypothèse soit inadmissible. Il se peut, en effet, que l'esprit humain ait été constitué (fatalement ou volontairement) de manière à pouvoir vivre pour un temps fini dans un milieu matériel, au sein du monde physique, et, dans ce cas, il a bien fallu qu'un intermédiaire existât qui tînt à la fois du physique et du psychique : double condition que précisément remplit le corps humain. Ce qui rend réalisable cette condition, c'est que le physique et le psychique, en apparence irréductibles l'un à l'autre, en réalité ne sont pas séparés par un abîme. Ils ne sont pas entièrement distincts l'un et l'autre : le geste que la pensée communique au bras dans l'action oratoire témoigne qu'ils peuvent avoir quelque chose de commun. La formation d'un système nerveux, d'un appareil cérébro-spinal semble bien répondre à la nécessité pour l'esprit de mener une existence terrestre, mais n'entraîne pas nécessairement l'impossibilité pour lui d'exister sans la coopération de la matière, c'est-à-dire des manifestations physiques de la substance unique, intimement indivisible.

Un obstacle, non pas dirimant pour moi, mais très embarrassant, à une foi sans réserve dans la survivance du psychique, autrement dit de l'âme, dans la réalisation d'une félicité posthume, c'est la difficulté que j'éprouve à concevoir le bonheur possible pour l'homme après l'abolition totale de ses nerfs sensitifs. Les états sensibles nous sont indispensables pour servir en nous de signes attachés à des choses du monde extérieur qui sont de précieux objets de possession. En outre, combien de ces états sont agréables par eux-mêmes et quel sacrifice d'y renoncer ! Si après la mort l'âme est aveugle, sourde, muette, privée de toutes perceptions sensibles, je n'imagine rien qui puisse pour elle suppléer et équivaloir en utilité, sinon en agrément, ces perceptions-là. Si l'on admet qu'elle conserve ses diverses aptitudes à percevoir, il faut donc qu'elle soit conçue percevant sans être impressionnée par aucun intermédiaire nerveux, conséquence troublante.

Tout pesé, malgré ces difficultés, j'ignore trop les conditions soit psychiques, soit physiques du monde qui peut-être existe au delà de l'univers visible pour oser y déclarer impossible tel ou tel genre de vie dont les éléments seraient analogues à ceux de ma vie présente, mais différemment mesurés et associés. D'une part, je m'avoue incapable de prouver rigoureusement qu'en moi tout ne meurt pas avec mon corps, mais, d'autre part, je ne suis pas certain que tout en moi meurt avec lui. Je me contente de ce qu'il m'est rationnellement permis d'espérer et je me console de ne pas pouvoir m'en démontrer la réalité en considérant que je ne peux pas davantage démontrer la vérité du postulat d'Euclide, bien que je le tienne non pas seulement pour possible, mais pour certain.

Jusqu'à présent je n'ai demandé qu'à ma raison d'évoquer et d'examiner les motifs que je puis avoir pour n'être pas pessimiste, pour ne pas redouter l'avenir d'outre-tombe au point de préférer l'anéantissement à la survivance, pour que l'instinct de conservation ancré par la nature dans mon être puisse s'interpréter comme applicable à une durée indéfinie de la vie humaine aussi bien qu'à sa durée terrestre. Ces motifs sont valables pour moi; je ne prétends pas qu'ils le soient pour mon lecteur. La sécurité, l'espérance que j'y puise sont faibles, j'en conviens. Heureusement je trouve en moi une autre source de certitude que la raison : J'entends par la raison cette fonction intellectuelle qui consiste à concevoir des idées adéquates à leurs objets c'est-à-dire d'une compréhension égale à ceux-ci (1) et à déduire logiquement les rapports qu'elles contiennent et ceux qu'elles soutiennent entre elles. Quand l'intelligence opère ses déductions logiques sur des idées inadéquates à leurs objets, son opération totale n'est que partiellement rationnelle, c'est le cas de beaucoup le plus fréquent, car l'homme a fort peu d'idées adéquates. Les affirmations rationnelles portent sur des

---

(1) *Dictionnaire de Littré.*

rapports adéquatement conçus, lors même que les idées des termes de ces rapports pourraient n'être pas adéquates. C'est le cas des jugements dans les sciences expérimentales. Il y a, en outre, beaucoup d'affirmations de rapports inadéquatement conçus, lesquelles n'en comportent pas moins la certitude. Telles sont certaines propositions géométriques; par exemple : il existe un rapport entre la figure qu'affecte une certaine ligne et sa propriété d'être le plus court chemin, autrement dit la distance entre deux points. Ce rapport qui définit la ligne droite est affirmé sans être adéquatement conçu, sinon il serait démontrable. Il en est ainsi de tous les axiomes mathématiques. Pascal appelait cœur cette aptitude, propre à l'esprit humain, à apercevoir intuitivement la vérité des axiomes. Cette dénomination un peu surprenante paraîtra plus légitime appliquée aux intuitions esthétiques et morales; mais l'autorité de celles-ci n'est pas moins assurée.

L'expression du beau par certaines formes (figures, couleurs ou sons) et par certains actes volontaires est pour moi révélatrice d'un ordre de choses que je crois réel, bien qu'il échappe à toute définition précise et à toute démonstration rationnelle. En présence d'une belle statue, d'un beau tableau, d'un beau temple, d'un trait d'héroïsme ou de charité, j'admire et j'aspire. A ces deux états psychiques correspond, selon moi, quelque objet supérieur dont la marque est imprimée soit dans la matière, soit dans l'action. En vain m'objecterait-on que le beau n'est qu'un rapport entre ma sensibilité et ce qui me plaît et m'émeut, de sorte que la même chose que j'admire et qui me fait aspirer laissera indifférent un autre homme autrement constitué et ne suscitera en lui aucun élan. Il n'en existe pas moins hors de moi quelque chose qui est de nature à impressionner une espèce de sensibilité telle que la mienne et dont les caractères s'y communiquent, puisque certains états sensibles l'expriment. Assurément d'autres sensibilités n'en seront pas affectées de la même manière, mais cela n'empêche pas cette chose de communiquer sa qualité distinctive à celle qui est susceptible de la contracter. Cette qualité, la beauté, à la fois objective et incomplètement définissable, éveille en moi dans l'aspiration une vague image d'une sorte de ciel qui me ravit et se révèle à titre d'idéal réalisé quelque part, je ne sais où ni comment, mais j'y ai foi. C'est ma religion. J'ai développé ces vues dans mon livre sur l'Expression dans les Beaux-Arts et dans d'autres écrits. Il suffit de les indiquer ici. Le lien de l'Esthétique et de la Morale est facile à mettre en lumière. Il est à noter sur ce point que la beauté des bonnes actions est moins frappante que la laideur des mauvaises. La preuve en est dans la façon dont les mères grondent leurs enfants; elles leur disent : « Fi! que c'est laid d'être paresseux, gourmand, etc. » Les bonnes actions, à vrai dire, n'atteignent pas toutes à la beauté; elles peuvent commander l'estime sans exciter l'admiration. Le sentiment qu'elles font naître toutes, c'est qu'elles témoignent de la dignité humaine. La dignité mesure le rang de notre espèce sur l'échelle des vivants et exige de chacun de nous qu'il le maintienne et le respecte en sa personne, sous peine de déchoir. Là est le principe de l'obligation morale qui est l'inévitable alternative d'agir en homme ou d'être psychiquement moins homme ou de ne l'être même plus du tout, de devenir, au moral, un monstre, comme l'atteste le langage en stigmatisant un Néron ou un Caligula.

Tel est, en gros, l'essentiel de mes croyances. Elles sont

assurément partagées en ce qui touche la morale par une foule d'hommes qui ne demandent pas à une religion définie et établie la consécration des décrets de leur conscience. Quant aux autres de mes idées, je ne suis pas sûr de leur conquérir l'assentiment d'esprits autrement constitués que le mien.

Si divisés que puissent être les hommes sur toute autre question, ils sont pour la plupart d'accord, sinon sur le fondement métaphysique, du moins sur la pratique de la Morale, sur certaines règles, sans le respect desquelles le lien social ne pourrait se former. Lors même qu'on ne peut pas prouver que ces règles obligent, en général on le sent. On les accepte d'autant plus docilement qu'elles ne sont pas seulement utiles à la vie commune, mais que, en outre, on gagne à les observer de s'assurer contre l'éventualité de comptes à rendre pour le cas où il existerait ailleurs qu'ici-bas une puissance justicière, sous quelque forme que ce soit, conférant l'expiation ou la récompense que réclame la conscience en dépit des objections, tout au moins des réserves de la science. L'inquiétude à cet égard n'est pas toujours bien précise ; elle est parfois inconsciente, parfois inavouée. Je la ressentirais, quand même je n'aurais pas de raisons de la croire fondée. Dans le doute je parierais de manière à risquer mon plaisir plutôt que ma sécurité. Un tel pari est évidemment d'une moralité inférieure, puisqu'il suppose le souci de soi, non le pur désintéressement ; mais, puisqu'il aboutit à ne pas nuire aux autres, encore n'est-il pas à dédaigner. Je confesse que par cette appréhension instinctive d'un tribunal suprême qui me demeure invisible je cède à quelque penchant au mysticisme, dont je rends responsable mon tempérament de rimeur. Il m'est arrivé, le soir, dans le recueillement qui chez moi précède le sommeil, d'entendre une voix intérieure murmurer l'équivalent de ces paroles : « Encore un jour écoulé, un degré de plus descendu sur le sombre escalier dont l'insensible pente m'entraîne fatalement dans l'inconnu... Mais qui sait? au lieu d'une chute ne serait-ce pas au contraire une ascension que je fais ainsi peu à peu? Ne suis-je pas comparable à un aveugle qu'un aéronaute aurait emporté dans sa nacelle et qui, ne disposant ni de la soupape ni du lest, ni du baromètre, ne saurait dire s'il s'élève ou s'abaisse dans l'infini sans plancher ni plafond et ne pourrait distinguer s'il y fait jour ou nuit? Peut-être à mon insu ma carrière est-elle ensoleillée et ascendante. Ah! je ne m'y suis pas engagé moi-même; ce n'est pas moi qui ai bâti et appareillé mon esquif et le dirige. Qui est-ce? Je l'ignore; ce constructeur-pilote reste muet. Je ne sais pas davantage où il me conduit, mais je ne peux me défendre d'espérer, plus exactement d'aspirer, dès que le Beau transparaît dans une forme harmonieuse, plastique ou musicale, par les vibrations lumineuses ou sonores de la matière, car la cécité et la surdité ne me semblent pas entières pour le cœur. Cette forme est pour moi révélatrice d'une félicité qui m'attire : elle fait se tendre délicieusement vers un horizon libérateur les chaînes qui m'attachent à la terre. »

Je reconnais l'indétermination fâcheuse de mon langage; l'objet de l'aspiration est, en effet, inexprimable. Il est, certes, plus aisé de décrire les spectacles horribles que nous donnent l'injustice et la cruauté humaines et aussi celles de l'X déconcertant qui impose la vie à d'innocentes créatures vouées à la souffrance. Je n'y insiste pas mais je ne l'oublie pas. Une sympathie douloureuse m'attache aux misérables et l'ombre que répand sur mon rêve paradisiaque l'infinie mélancolie qui me hante à la pensée de leurs maux immérités, balance mon inclination optimiste.

De la profession de foi qui précède, le lecteur peut inférer que mes idées philosophiques, comme je l'en ai averti dès le début, ne constituent pas un système, un ensemble qui permette de concevoir la raison d'être, la cause et l'évolution de l'univers pour un être qui pense et qui sent. Je n'ai aucune réponse positive à offrir aux questions fondamentales que lui pose cette excessive curiosité. Mais mon ignorance à cet égard ne stérilise pas tous mes efforts pour connaître; elle ne fait pas de ma philosophie une école de scepticisme. Loin de là; j'ai seulement abaissé le niveau de mon champ d'étude; je me borne à instituer des analyses aussi exactes que je le puis des données du problème et des ressources dont dispose l'intelligence humaine pour l'aborder. J'explore en éclaireur le terrain de la recherche et j'en prépare les instruments. Mon enquête est surtout psychologique et j'ose espérer que les esprits prudents en pourront tirer quelque parti pour leur investigation personnelle.

Mon ambition ne va pas au delà et mon ami M. Camille Hémon dont l'aptitude et le dévoûment à s'assimiler ma pensée m'inspirent toute confiance, ne leur promet assurément rien de plus.

SULLY PRUDHOMME,
de l'Académie française.

Châtenay, novembre 1906.

LA PHILOSOPHIE
DE
M. SULLY PRUDHOMME

INTRODUCTION

I. Aperçu sur l'œuvre. — II. Notes biographiques et bibliographiques.

I

La personnalité de M. Sully Prudhomme appartient depuis longtemps aux lettres françaises; la critique littéraire a étudié et jugé comme il convenait l'œuvre du délicat et profond poète dont le goût public et l'Académie française ont consacré la glorieuse réputation. Nombre d' « *amis inconnus* » lui ont « fait une place à part dans leur cœur, une place intime, au coin le plus profond et le plus chaud (1) ». Ses meilleures poésies figurent dans toutes les anthologies et chantent dans toutes les mémoires. Le fidèle compagnon de toute son existence, Gaston Paris, a écrit sur sa vie et son talent des pages définitives auxquelles nous ne pouvons que renvoyer notre lecteur (2). Il serait donc présomptueux et peut-

(1) J. LEMAITRE, *Les Contemporains*, I. — Lecène et Oudin (Société française d'Imprimerie).
(2) Gaston PARIS, *Penseurs et Poètes*. — Calmann-Lévy.

être inutile d'introduire dans le présent ouvrage, consacré exclusivement à la pensée philosophique de M. Sully Prudhomme, une étude littéraire sur son œuvre de poète, autant qu'il serait oiseux et indiscret de rechercher, dans l'histoire de sa vie intime les sources de son inspiration poétique. Nous nous bornerons à un aperçu général sur le genre nouveau qu'il a introduit, comme penseur, dans la littérature : la poésie scientifique.

Mais, si le poète en M. Sully Prudhomme a conquis, dès les débuts de sa brillante carrière littéraire, l'attention sympathique et les suffrages du public, habitué à classer l'auteur des *Vaines tendresses* parmi les poètes sentimentaux, le philosophe a pâti dans une certaine mesure de cette gloire du littérateur. L'œuvre de prose considérable, mais, il faut bien le dire, très abstraite et difficilement intelligible pour des lecteurs non initiés à de telles spéculations, dont M. Sully Prudhomme a poursuivi l'élaboration parallèlement à sa composition poétique, n'a pas encore valu au philosophe la place éminente à laquelle il a droit. Le grand public répugne en général à reconnaître à un homme célèbre plusieurs personnalités distinctes qui le rangent dans des catégories strictement scindées par la tradition : un philosophe-poète comme J. M. Guyau est catalogué parmi les philosophes, mais on ne lit guère son œuvre poétique. C'est là une erreur et une injustice que nous voudrions, s'il était possible, contribuer à réparer, dans le temps même où, presque coup sur coup, M. Sully Prudhomme vient de publier une suite d'ouvrages de pure doctrine, dont il importe aux philosophes de recueillir la substance.

L'un des principaux obstacles qui, peut-être, se sont opposés jusqu'ici à la diffusion de l'œuvre philosophique de M. Sully Prudhomme, est que nulle part il n'a concentré dans un exposé d'ensemble unique et continu les résultats de ses recherches et de ses méditations. Si nous nous sommes hasardé à tenter à la place de l'auteur de construire cette synthèse, c'est uniquement en vue de rendre un pieux hommage au philosophe dont nous avons étudié, depuis bien des années, la pensée sous sa direction même, et d'épargner au lecteur le complexe travail de coordonner les idées éparses dans l'œuvre de vers et de prose de M. Sully Prudhomme [1]. C'est pourquoi dans cet exposé tout analytique de sa philosophie nous n'avons pas craint de multiplier les citations textuelles, le style rigoureux, concis et, pour ainsi parler, incompressible, de l'auteur ne pouvant que perdre à être modifié par une autre plume. Nous nous sommes également interdit, à quelques rares exceptions près, d'entrer dans des discussions critiques où fût opposée à la pensée de l'auteur l'opinion d'autres philosophes ou notre sentiment personnel : notre but exclusif a été d'*interpréter* aussi fidèlement que possible cette pensée, d'ailleurs si claire et si attachante, en donnant seulement à son exposition un plan systématique dont l'idée directrice nous a paru se dégager des caractères généraux de la doctrine.

II

M. René-François-Armand Prudhomme est né à Paris le 16 mars 1839. Le nom de *Sully Prudhomme* sous lequel il est connu dans le monde littéraire est un demi-

---

[1] Des références sont indiquées en note à chaque citation de texte.

pseudonyme. Le père du poète avait reçu de son entourage le surnom familier de « Sully » dans son enfance; à son tour, le jeune Armand Prudhomme en hérita et l'adjoignit plus tard à son nom patronymique afin d'atténuer une synonymie fâcheuse avec le nom du personnage légendaire créé par Henry Monnier. A l'âge de deux ans il perdit son père qui était négociant. Sa mère, très tendre, mais souffrante et rêveuse, exerça peu d'influence sur la formation de ses idées et de ses sentiments, non plus que son oncle qui prit en main ses intérêts matériels, abandonnant à d'autres la direction de sa vie morale et intellectuelle. Il fut mis de très bonne heure dans des internats où il sentit vivement la privation du foyer, et acheva ses études au Lycée Bonaparte (aujourd'hui Condorcet). A partir de la classe de troisième, il opta pour les sciences, bien qu'il occupât les premières places dans les classes de lettres, afin de se préparer aux examens de l'École polytechnique. Reçu bachelier ès sciences en 1857, il faisait ses mathématiques spéciales et semblait près de réussir, lorsqu'une ophtalmie vint modifier ses plans d'avenir en interrompant longtemps ses études scientifiques. Il dut renoncer à l'École polytechnique, mais la solide éducation scientifique à laquelle il avait été soumis devait laisser pour toujours dans sa pensée l'habitude d'une méthode rigoureuse et un goût très vif de l'abstraction. Se tournant vers les lettres, il passa son examen de bachelier ès lettres à Paris, en 1858. C'est à ce moment que se place dans sa vie une courte, mais très intense crise de foi religieuse. Au contact de la société lyonnaise, où il s'était retiré quelque temps dans la famille de sa mère, il s'exalta pour les dogmes et la morale du catholicisme. Cette ferveur dura peu. Dès son retour à Paris, M. Sully Prudhomme, repris par son goût très vif pour la philosophie dont les spéculations le passionnaient, lut les ouvrages de Strauss et d'autres travaux de critique religieuse; il en résulta pour lui de douloureux déchirements de conscience dont les sonnets du *Doute*, dans *les Épreuves* nous ont conservé les échos. Peu après, il entra comme employé à la correspondance industrielle dans les usines du Creusot où il séjourna environ dix-huit mois. Cette année 1859 marque les débuts de sa carrière poétique et surtout ceux de sa carrière philosophique. C'est alors, en effet, que le jeune Sully, pour occuper les loisirs que lui laissaient ses fonctions, s'exerce à traduire en vers français le premier chant du *De natura rerum* de Lucrèce, et qu'il compose, sous forme de préface à cette traduction, une originale et substantielle dissertation dont nous aurons souvent à parler. Manifestement il subit à ce moment l'influence de la philosophie allemande, de Kant surtout, influence qui ne s'effacera jamais de sa pensée.

Impropre aux affaires industrielles, M. Sully Prudhomme revint à Paris, prit ses inscriptions à l'École de Droit et en suivit les cours en même temps qu'il entrait en qualité de clerc dans une étude de notaire, en 1861. Mais il ne devait pas persévérer davantage dans cette carrière que dans celle de l'industrie. Il versifiait depuis son enfance; ses nuits se passaient souvent à ce travail délicieux, mais épuisant, qui altérait sa santé délicate. L'accueil fait à ses productions poétiques par une société d'étudiants dont il était membre (la *Conférence La Bruyère*) et qui fut une pépinière d'écrivains et d'hommes 'État remarquables, cet accueil encourageant le poussa au culte des lettres exclusivement. Un opportun héritage lui garantit l'indépendance absolue de sa plume, « lui épargnant, nous dit-il, d'avoir à lutter contre des obstacles odieux qu'il n'eut ni le malheur de connaître, ni l'honneur de vaincre. (1) » Son premier volume de vers, *Stances et Poèmes*, parut en 1865 chez l'éditeur A. Faure qui fit faillite l'année suivante. L'éditeur A. Lemerre (2) réimprima ce recueil augmenté des *Épreuves* et recommandé à l'attention des lecteurs par un article élogieux de Sainte-Beuve dans les *Débats*; M. Lemerre fut désormais l'unique éditeur des poésies de M. Sully Prudhomme. De 1868 à 1878 paraissent les *Solitudes, Les Impressions de La Guerre, Les Vaines tendresses, La France, La Révolte des Fleurs*, les *Poésies diverses, Les Destins, Le Zénith*.

L'année terrible frappa M. Sully Prudhomme dans ses affections et dans son ardent patriotisme. Tous les siens, sauf sa sœur, Mme Gerbault, étaient morts en un mois au commencement de 1870. Quand la guerre éclata, il s'engagea volontairement dans la garde mobile qui défendait Paris assiégé, bien que son âge (trente ans) l'autorisât à servir dans la garde nationale sédentaire. Les désastres de notre malheureuse patrie émurent profondément le cœur et l'imagination du poète qui avait vu de près les horreurs de la guerre. Le grand poème de la *Justice*, publié en 1878, peu après le poème du *Zénith*, est un tragique écho de 1870.

En 1883 paraît le premier des grands ouvrages philosophiques en prose (si l'on excepte la *Préface à la Tra-*

---

(1) *Testament poétique, Prose*, p. 243.
(2) Nous adressons, au passage, au distingué éditeur de M. Sully Prudhomme l'expression de notre gratitude pour l'obligeance avec laquelle il nous a autorisé à puiser librement dans les ouvrages du poète les textes reproduits ici.

duction de *Lucrèce* publiée en 1869, dix ans après sa composition) : l'*Expression dans les Beaux-Arts*. Ce livre original et substantiel peut être considéré avec ceux de Helmholtz et de Chevreul comme un des seuls traités vraiment scientifiques d'esthétique. En 1881, le poète avait été élu à l'Académie française où il remplaça Duvergier de Hauranne et fut reçu par Maxime du Camp. En 1888, M. Sully Prudhomme publie le *Prisme*, recueil de poésies diverses où son talent atteint sa pleine maturité, et le poème du *Bonheur*. Il cesse désormais de publier des vers. A part un recueil de pièces destinées à une publication posthume et dont quelques-unes ont vu le jour dans des périodiques, toute l'œuvre de ces vingt dernières années est en prose et appartient à la philosophie. La plupart de ces derniers ouvrages ont d'abord paru dans des revues ou par plaquettes fragmentaires; nous indiquerons seulement la forme et la date de leur édition collective et définitive. En 1896, M. Sully Prudhomme fait paraître sous le titre de : « *Que sais-je? Examen de conscience* » un important exposé de ses principales idées philosophiques auquel était jointe une étude sur *Les origines de la vie terrestre*. En 1897, le *Testament poétique* reproduit des *Réflexions sur l'art des vers* publiées en 1893, ainsi que de nombreux fragments littéraires. Un article du Dr Richet dans la *Revue scientifique* suscite une suite de réponses de M. Sully Prudhomme et engage entre les deux philosophes une polémique sur *Le problème des causes finales*; cette controverse, recueillie et mise au point, est publiée par l'éditeur F. Alcan en 1902. Le magistral travail sur Pascal dont trois articles de la *Revue des Deux Mondes* et de la *Revue de Paris* avaient autrefois posé les vues essentielles, est livré au public en 1905 sous le titre de : *La vraie religion selon Pascal* (1). Quelques semaines plus tard un volume de *Prose* réunissait une réédition du *Testament poétique* à trois études sociologiques : *L'Histoire et l'état social*, le *Crédit de la Science*, *Sur les liens nationaux et internationaux*, publiées antérieurement à part. Enfin les *Définitions fondamentales des idées les plus générales et les plus abstraites* et un original opuscule sur la *Psychologie du libre arbitre* viennent de paraître en 1906. Un important ouvrage de philosophie sociale, *La Possession de l'homme par l'homme*, est actuellement en préparation ; la substance en a été déjà livrée au public sous une forme abrégée dans *L'Histoire et l'état social*, étude d'abord présentée sous forme de préface à la *Bible de l'Humanité*, de Michelet ; avec cet ouvrage, dont nous n'avons rien pu citer, quoique nous ayons eu en main l'ébauche de son texte futur, se clora vraisemblablement la série des travaux philosophiques de M. Sully Prudhomme. Le nombre et l'importance de ces travaux sont plus que suffisants, on le voit, pour que leur auteur soit rangé parmi les esprits curieux de philosophie : nous espérons montrer que M. Sully Prudhomme doit l'être de droit parmi les philosophes de notre époque, et non parmi les moindres.

Les références des textes cités sont toutes prises dans la grande édition in-8° des Œuvres complètes (2), sauf pour *Que sais-je?* publié à part en in-12, et pour le *Pascal*, les *Causes finales* et *La Psychologie du libre arbitre* qui appartiennent à la *Bibliothèque de Philosophie contem-*

---

(1) C. f. notre étude critique de cet ouvrage dans la *Revue de Métaphysique et de Morale*, n° de Septembre 1905.
(2) Lemerre, éditeur Paris.

poraine de la Librairie F. Alcan. Les morceaux de poésie, que nous citons sur le même pied que les pages de prose ne sont jamais introduits (sauf dans l'étude préliminaire sur la Poésie scientifique) qu'à titre de textes documentaires dont le fond seul est considéré. C'est un vrai sacrifice pour l'interprète du poète d'avoir à faire abstraction systématiquement de la forme littéraire de tant de pièces achevées pour n'y chercher que des idées; mais la substantielle poésie d'un penseur comme M. Sully Prudhomme n'a rien à perdre à être considérée sous un tel rapport.

PREMIÈRE PARTIE

CARACTÈRES GÉNÉRAUX DE L'ŒUVRE ET DE LA DOCTRINE DE M. SULLY PRUDHOMME

CHAPITRE PREMIER

La Poésie scientifique

I. Rapports de la science et de la poésie dans l'inspiration de M. Sully Prudhomme. — II. Analyse psychologique des caractères d'une poésie scientifique. Abstraction et analogie. Le langage de la poésie scientifique. — III. Étude analytique des procédés d'invention, de composition et d'expressions employés par M. Sully Prudhomme dans sa poésie scientifique. Exemples. — IV. La science mise en vers; poésie didactique et mnémotechnique. — V. Le lyrisme positiviste. Poésie scientifique et poésie philosophique.

I

Le charme pénétrant des délicates analyses psychologiques où le poète des *Vaines Tendresses*, des *Stances* et des *Solitudes* peignait « les affections obscures et ténues de l'âme » et communiait ainsi discrètement avec des « amis inconnus », est certes ce qui a le plus contribué à la juste célébrité de M. Sully Prudhomme. Pour beaucoup de ses lecteurs et de ses admirateurs il est le « *poète du Vase brisé* », épithète qui, si flatteuse qu'elle soit, n'est pas sans impatienter quelque peu le penseur philosophe dont la plus grande originalité n'est pas là. Sans parler des travaux de pure doctrine qui constituent l'importante œuvre de prose de M. Sully Prudhomme, sans parler même de ses grands poèmes philosophiques, véritables dissertations en vers dont le principal intérêt ne réside pas toujours dans la forme, ce que notre auteur a introduit de tout à fait personnel dans les lettres françaises, c'est un genre nouveau dont il est le créateur et vraiment encore le seul représentant : la *poésie scientifique*.

Ce qui confine généralement les poètes dans le domaine de la passion, de la fiction ou de la contemplation, c'est l'ignorance relative des vérités scientifiques où les ont tenus, la plupart du temps, leur tempérament plus porté au rêve qu'à la rigueur logique et la culture presque exclusivement littéraire de leur esprit. Un Lamartine, — que M. Sully Prudhomme se plaît à considérer comme l'incarnation de la poésie même, — est rebelle aux chiffres et aux constatations positives des sciences exactes, il s'insurge, dans les *Destinées de la poésie*, contre la tyrannie de l'algèbre, tout son lyrisme s'alimente au mysticisme religieux, sa Muse est aussi méfiante que sa Foi à l'égard de cette science indiscrète et desséchante qui tarit la plus haute source de l'inspiration. Peu de poètes se sont livrés avec une ardeur suivie à l'étude des mathématiques, de la physique, de la mécanique, de la biologie, non plus qu'à celle des systèmes philosophiques : ils ont senti, ils ont rêvé, ils ont chanté. Telle ne fut pas la destinée de M. Sully Prudhomme. Versé de bonne heure dans l'étude des sciences exactes et de la philosophie, il avait assez approfondi cet ordre de vérités pour s'en éprendre, comme il s'éprit des belles formes du verbe poétique au contact des Parnassiens (1). Ni l'abstrait, ni les aspects positifs du réel, ni les problèmes spéculatifs ne se présentèrent à son esprit sous un aspect sec et rebutant; non seulement il s'imprégna des sciences au point de ne plus pouvoir en détacher sa pensée et d'y puiser nombre de symboles et de métaphores dans son œuvre poétique, mais encore il allia étroitement la science à la poésie même, il fut le poète de la Science avant de devenir plus tard le savant théoricien de la Poésie et de l'Esthétique. Et ce n'est point d'un souci d'écrivain en quête d'un nouveau filon littéraire à exploiter que naquit cette originale et puis-

---

(1) Cf. *Stances et Poèmes : La Poésie*.

sante conception d'une poésie scientifique : seul l'enthousiasme du chercheur s'exprima spontanément dans des pièces plutôt pensées que senties, plus propres aussi à faire méditer qu'à charmer et qu'à divertir.

« ... Je dois, dit-il, à mon éducation scientifique et à ma passion pour la philosophie un ardent désir de faire entrer dans le domaine de la poésie les merveilleuses conquêtes de la science et les hautes synthèses de la spéculation moderne. Peut-on posséder les notions générales de l'astronomie, par exemple, sans se détacher des conceptions mythologiques dont se compose en grande partie le fonds de la poésie antique? Combien le char d'Apollon, ses flèches d'or et le galop de ses coursiers nous semblent misérables, comparés à l'effrayante splendeur du soleil énorme que nous connaissons aujourd'hui!... Combien l'hypothèse récente de l'évolution et les découvertes de la géologie reculent les limites que nous assignions à l'ancienneté de la vie terrestre et agrandissent l'horizon du passé! Le domaine de la poésie est aussi étendu que celui du beau. Or, par le progrès des connaissances humaines, une infinité d'objets qui n'auraient pas encore ébranlé le sens esthétique de l'homme, et qui, par suite, n'étaient pas matière à poésie, le sont devenus. Certes Homère est admirable ; mais, je l'avoue, aucun passage de ses poèmes n'a fait courir dans tout mon être le frisson d'enthousiasme que j'ai ressenti quand, pour la première fois, mon imagination a suivi l'élan de ma pensée dans l'espace infini pour m'y représenter le peuple innombrable des astres soumis à la loi si simple de Newton. J'admire l'intuition du génie de Shakespeare quand il nous révèle par un mot ce qui se passe dans le plus secret repli du cœur; mais, je l'avoue encore, si le cœur est un abîme, le ciel en est un autre, et le doigt de Le Verrier, marquant dans le ciel, sur la foi de ses calculs, la place précise d'une planète inconnue, me remplit d'un étonnement sublime qui ne remue pas moins le poète en moi (1). »

C'est l'inspiration même du poème de Lucrèce, transposée et transportée au XIXe siècle par un génie de même ordre.

(1) *Testament poétique*. Lettre à Mounet-Sully, 1re édit., p. 27, 28, 29.

Est-ce une certaine conscience de cette affinité qui poussait jadis le jeune employé du Creusot à s'exercer pendant ses loisirs à une traduction en vers du premier Livre du *De Natura rerum?* « Cette traduction, écrivait l'auteur vingt ans plus tard, a été entreprise comme un simple exercice pour *demander au plus robuste et au plus précis des poètes le secret d'assujettir le vers à l'idée.* Passionnément épris du génie de Lucrèce, nous sommes loin toutefois d'épouser la doctrine des atomes, — qui d'ailleurs ne lui appartient pas : ce que nous admirons sans réserve, *c'est le grand souffle d'indépendance qui traverse l'œuvre tout entière et qu'on y aspire avec enthousiasme*(1). »

En orientant son effort de création poétique dans cette direction très nouvelle, M. Sully Prudhomme a ouvert une voie dans laquelle il n'a guère eu de précurseurs ni d'imitateurs. Seul peut-être un poète plus jeune que lui, et dont la mort prématurée fut une perte irréparable pour la philosophie française, Guyau, a puisé comme lui son inspiration dans la science positive et la spéculation abstraite ; les *Vers d'un philosophe* ont souvent le même accent que la poésie de l'auteur du *Prisme* et des *Destins*. Mais, si vraiment M. Sully Prudhomme a innové ce genre dans la poésie française, qu'est-ce d'abord qu'une poésie scientifique en elle-même? Quelles traces les constantes préoccupations spéculatives de M. Sully Prudhomme ont-elles laissées dans le style, la conception et la composition de son œuvre poétique? Dans quelle mesure enfin a-t-il tiré de la science même et des problèmes philosophiques auxquels elle aboutit, le fond de son inspiration? Ce sont des questions qu'il est permis d'examiner au passage avant d'aborder l'exposé des doctrines philosophiques d'un penseur plus connu en général comme poète que comme philosophe.

II

L'expression de *poésie scientifique* semble à première vue contradictoire dans les termes, si l'on se représente à quelle distance l'une de l'autre sont situées la pensée scientifique et

---

(1) Préface à la traduction de Lucrèce, Édition 8°, *Poésies*, 1878-1879.

la poésie. Plus que personne, M. Sully Prudhomme a senti l'irréductible différence et presque l'antagonisme naturel de l'intuition sentimentale et imaginative qui est essentielle à l'art, avec la forme de connaissance abstraite, impersonnelle et tout objective propre à la science. C'est précisément, comme nous le verrons, le conflit de son tempérament de poète et de son tempérament de savant, de son cœur et de sa raison, de son imagination et de son entendement, qui fournira à toute sa doctrine son principe directeur. Mais, si partagée qu'elle soit entre deux modes de conception opposés, sa pensée est une : le tour d'esprit du penseur se retrouve aussi bien dans le style du poète que l'éminente aptitude poétique de l'artiste et du moraliste transparaît dans la prose du philosophe.

Le besoin d'une expression rigoureuse, limpide, pleine et concise est aussi manifeste dans les pièces les plus délicates de la première époque que dans les vers du *Prisme* et de la *Justice*. Toujours M. Sully Prudhomme travaille son vers et toujours il fait travailler son lecteur. Sa poésie n'est rien moins que primesautière et hardie, mais il en est peu d'aussi substantielles et d'aussi suggestives. C'est un consommé de poésie qu'on ne peut absorber qu'à très petites doses à la fois, si l'on veut en assimiler tout le suc ; et à la dixième lecture on y trouve encore un monde d'idées nouvelles. Toujours aussi l'argument se détache net, simple, suivi avec une rigoureuse méthode, quelle que soit l'exquise subtilité des nuances ou l'apparente fantaisie de l'invention. Une traduction en prose de chacune de ces courtes pièces si pleines de sens n'en tuerait que le charme sans en diminuer la valeur ; un commentaire explicatif nourri, presque littéral, ne pourrait qu'en faire mieux ressortir la richesse en même temps que démontrer l'irréprochable justesse de l'expression. Poète essentiellement raisonnable et raisonneur, autant que nature d'une sensibilité infiniment délicate, M. Sully Prudhomme, au moment où il confie au vers son impression présente, semble toujours avoir réfléchi son émotion, rallié chaque image à une idée et contenu son inspiration dans la voie que lui impose son invincible besoin de rigueur dialectique

Cette physionomie si spéciale de son œuvre poétique s'expliquerait sans doute si nous cherchions à déterminer préalablement par une sommaire analyse psychologique ce que peut être le mode de création poétique d'un esprit rompu aux exigences de la logique scientifique.

En dépit de leurs différences, la poésie et la pensée scientifique ont pour origine commune le besoin d'unité inhérent à la raison humaine. Sous aucune forme l'infinie multiplicité des choses et l'inimaginable variété de leurs aspects ne satisfont la pensée, qui ne s'organise qu'en introduisant dans ses notions un ordre relatif et artificiel au moyen de rapports. Simplifier, réduire, coordonner, c'est unifier et synthétiser, c'est comprendre. Mais cette unification ne peut se faire que par deux voies opposées dont l'une est celle de la science : l'*abstraction*, l'autre celle de l'art : l'*analogie*.

L'abstraction, procédé de simplification analytique, néglige, comme s'ils n'existaient pas, les caractères exclusivement propres à différents objets particuliers pour ne considérer que ceux qui peuvent leur être communs. Elle prend sur chaque objet un point de vue restreint pour en faire un point de comparaison entre cet objet et d'autres semblables à lui sous ce rapport, et, après avoir ainsi appauvri la véritable nature de chaque chose, elle identifie ce qu'elle a idéalement simplifié et comparé. Loin donc d'enrichir le réel, elle le mutile afin de n'en retenir que les aspects les plus généraux, les plus simples et les plus constants. Au lieu de le percevoir et de l'imaginer sous sa forme concrète, la pensée abstraite n'y trouve qu'une occasion de concevoir des types, des lois, des rapports, des êtres de raison. Au lieu de le contempler, elle l'analyse, puis le reconstruit théoriquement. Plus elle s'élève dans ce travail de simplification artificielle et de généralisation rationnelle, plus elle perd de vue ce qui tombe sous les sens, ce qui vit, ce qui émeut. Partie de l'observation du réel et de la réflexion sur le réel, elle aboutit aux concepts spéculatifs purs, catégories rationnelles, notions métaphysiques, prototypes de rapports et de modes d'existence, dont M. Sully Prudhomme, au terme de sa carrière philosophique, a lui-même dressé la table méthodique et tenté les définitions sous une forme que n'eût point désavouée un Kant (1). Ne retenant des choses que leurs aspects les plus objectifs et les moins variables, la pensée abstraite est aussi la moins personnelle, la plus sèche et la plus claire.

Exactement inverse est le travail opéré par l'analogie. Comme l'abstraction, elle tend à unifier les notions d'objets semblables sous certains rapports, mais, au lieu d'aller du plus au moins, elle va du moins au plus. L'identité qu'elle établit n'est pas moins factice que celle qui procède de l'abstraction, mais elle est plus imaginaire. L'analogie est, en effet, un procédé d'addition et de complément qui consiste à ajouter fictivement aux choses différentes ce qui leur manque pour être identiques et, les ayant ainsi enrichies d'attributs nouveaux, à les imaginer comme semblables (2). Toute métaphore a pour origine un transfert et un complément de ce genre. L'analogie est un mode d'unification essentiellement poétique ; tout est dans tout pour la libre fantaisie du rêveur, toujours prête à transfigurer, à idéaliser et à animer les formes les plus indigentes de l'être. Qu'importe la vérité de ces rapprochements fictifs, s'ils semblent mettre la vie et l'harmonie là où l'analyse ne laisserait subsister que des éléments morts et des rapports abstraits ? Loin de retirer à chaque objet naturel quelque chose de ce qui fait sa réalité et sa perfection, l'analogie poétique y ajoute plutôt ce qui lui manque encore pour que l'homme y reconnaisse sa propre essence. Le principal pour elle est qu'elle ait la jouissance de contempler une forme de l'être assez parfaite pour exciter son admiration et sa sympathie. Aussi le cœur du poète proteste-t-il contre les mutilations que fait subir l'abstraction scientifique au réel, comme il s'indigne contre la barbarie du

(1) *Définitions fondamentales, vocabulaire logiquement ordonné des idées les plus générales et les plus abstraites.* Publiées à la suite de la *Psychologie du libre arbitre.* (J. Alcan 1907).

(2) « Les poètes opèrent l'abstraction par la comparaison, et leurs abstractions sont parfois très profondes et très subtiles. Ils ont par essence le génie du rapprochement ; seuls ils démêlent entre des objets d'ordres différents les caractères comparables que nul n'y discernait. Qui n'analyse pas ne compare pas, et qui ne compare pas n'est pas poète. » (*l'Expression dans les Beaux-Arts,* p. 80).

naturaliste qui tue et empaille un oiseau-mouche pour en faire un spécimen de muséum.

Ainsi, tandis que la pensée abstraite tend à réaliser l'unité dans les relations les plus simples et les plus fixes, la pensée poétique tend à réaliser l'harmonie dans la fusion de tout. D'un côté l'ordre et l'identité dans le principe, de l'autre l'harmonie, les correspondances et les affinités plutôt senties ou pressenties que conçues, l'unité dans la richesse et la plénitude de l'être.

C'est parce qu'elles procèdent de deux tendances radicalement divergentes de la pensée que la science et la poésie n'ont guère habituellement commerce ensemble dans un même esprit et qu'elles ne parlent pas la même langue. Dans la science, les rapports des idées procèdent ou bien de l'interprétation objective des données de l'expérience, ou bien du rapprochement logique de notions définies. Les idées sont conçues, non imaginées ; chacune est ou le substitut abréviatif d'une collection d'objets identifiés sous un certain rapport, ou la représentation d'un aspect défini de l'être, ou la notion d'une relation tantôt isolée des termes auxquels elle s'applique, tantôt appliquée à ces termes dans un jugement. Le rapport des idées entre elles n'est pas moins rigoureusement déterminé que leur définition ; il est dicté à l'esprit par la relation objective des choses entre elles, par leur relation avec la pensée du sujet qui se les représente et par la comparaison des définitions entre elles. La certitude que comportent les jugements et raisonnements d'ordre scientifique ou spéculatif est aussi étrangère que possible au sentiment ; qu'elle soit expérimentale ou logique, elle est positive, elle s'impose par l'évidence à tout esprit capable de la saisir.

Le langage scientifique a donc avant tout besoin d'être représentatif, précis, simple, aisé à communiquer et à interpréter ; de n'employer que des termes nettement définis, aussi peu symboliques et imagés que possible, dont chacun n'a à exprimer qu'une idée ou un rapport sans évoquer à sa suite tout un cortège d'images associées. Ce langage ne doit être que la notation brève et claire de tout le travail d'abstraction, d'analyse et de systématisation exécuté par l'entendement ; il est donc naturel qu'il abonde en termes abstraits et en signes de rapports assez apparents pour être saisis promptement et sûrement de tous. La « langue bien faite », la langue idéale la plus appropriée aux besoins de la pensée scientifique, c'est celle des mathématiques, ou, s'il s'agit d'autres rapports que ceux de quantité, un mode d'expression dont la sèche simplicité et la rigueur ait comme une physionomie algébrique. C'est dans cette direction qu'a constamment évolué la prose de M. Sully Prudhomme dont le style de précision revêt dans ses plus récentes œuvres philosophiques (*Que sais-je ? — Les Causes finales. — Définitions. — Psychologie du Libre arbitre*, etc.) une forme extrêmement abstraite et tendue, en dépit du nombre et de l'harmonie de la phrase où se révèle encore la sûre oreille du grand poète. Peu d'écrivains même se complaisent à manier des abstractions d'un tel degré et le font avec autant de sûreté et d'aisance ; peu de penseurs aussi sont possédés d'une telle exigence de clarté, d'exactitude et de concision. M. Sully Prudhomme a toujours pensé dans la langue abstraite des savants et des métaphysiciens. Qu'il revête ses conceptions de brillants symboles poétiques, ou qu'il leur donne leur expression naturelle dans le langage technique des philosophes, manifestement c'est dans l'abstrait qu'il les a d'abord évoquées et liées, au rebours de la plupart des poètes qui souvent n'ont d'idées que lorsqu'ils pensent par images ou font sonner des mots. Les vers eux-mêmes semblent parfois la version poétique d'un texte de prose transposé dans un autre ton par un artiste qui ne peut encore pas se résigner, comme il finira plus tard par le faire, à ne pas mettre la magie des belles formes verbales au service des méditations de son génie.

Qui mieux que l'auteur de *L'Expression dans les Beaux-Arts* et du *Testament poétique* a en effet senti toute la puissance expressive du verbe et des formes, et qui a scruté de plus près le mécanisme psychologique de *l'expression esthétique?* Sans anticiper sur l'exposé des théories de M. Sully Prudhomme sur ce point (1), il est facile de noter les principales différences du langage de l'art et de la poésie et de celui de la science. L'aspect esthétique du réel est tout relatif au sujet qui le contemple avec jouissance. Les associations d'idées, de sensations, d'images n'ont rien de fixe ni de déterminé; la fantaisie les fait et les défait au gré de son impression du moment. Chaque représentation réelle ou fictive n'occupe la pensée qu'en raison de son charme, c'est-à-dire du rapport qu'elle a avec un désir latent qu'elle satisfait. L'émotion prime donc la raison dans toute manifestation du goût artistique; c'est elle qui s'ajoute à toutes les notions concrètes agréables en elles-mêmes ou symboliques pour les rendre expressives d'un sentiment intime évoqué par elles; c'est sous son influence que l'imagination complète, déforme ou transfigure l'idée réelle des choses, crée les rapprochements les plus chimériques et les plus merveilleux, sans autre loi que l'attente ou la recherche de l'effet. Aussi le langage poétique emploie-t-il les termes les plus expressifs de préférence aux termes les plus représentatifs; loin de rechercher la rigueur des notions bien définies, des rapports très objectifs et des raisonnements très logiques, il se complaît à évoquer des images sensibles autant qu'émouvantes, dont le rêve s'empare pour les faire revivre à son gré. Le poète s'efforce avant tout de susciter dans la conscience d'autrui sa propre vision et sa propre émotion; et, s'il s'exprime symboliquement, il cherche à suggérer à son auditeur les compléments imaginaires qu'il a ajoutés à la nature des objets qu'il nomme pour les rapprocher, par analogie, de ceux qu'il ne nomme pas. Il ne cherche pas à diriger un système de preuves aboutissant à une conclusion; mais il éveille une série de sentiments associés à une suite d'images de façon à déterminer chez son auditeur un état moral semblable au sien propre. La logique de l'artiste n'est donc pas plus celle du dialecticien que le verbe poétique n'est le vocabulaire scientifique. Témoin tels morceaux purement poétiques de M. Sully Prudhomme (*Les Yeux, Les Stalactites, l'Agonie, Au bord de l'Eau, Parfums*

---

(1) Cf. *infra*, III° partie, chap. II, III.

anciens, *La Voie lactée*, *Rosées*, etc.), merveilles d'expression symbolique, ou d'autres (*Les Transtévérines*, *le Cygne*, *Pluie, Soleil*, etc.), d'une facture toute parnassienne, tableaux achevés dont un Leconte de Lisle ou un De Heredia n'a pas surpassé la beauté plastique. D'une façon générale, on peut dire cependant que M. Sully Prudhomme, lorsqu'il écrit uniquement en poète, lorsqu'il est à ce titre exquis, profond, ingénieux, infiniment aimable et intéressant, reste encore un esprit discipliné par sa constante pratique de la réflexion, de la critique logique et de l'observation. Sa forme tempérée, unie, si peu féconde en tours hardis ou imprévus, sa phrase grammaticalement si semblable à la prose — ce qui ne veut pas dire qu'elle soit prosaïque, — ses mètres si simples, ses strophes si régulières, sa faible puissance d'orchestration lyrique, sa prédilection pour le sonnet, ses rimes plus riches que rares, son dédain des acrobaties métriques, son respect des lois de la versification classique, l'habituelle brièveté de ses poèmes, tout décèle constamment en lui l'esprit lucide et scrupuleux du penseur et le goût sûr et fin du vrai lettré, plutôt que la puissante faculté créatrice d'un tempérament poétique comme celui de Victor Hugo. Si parfaite que soit sa forme, et quelque soin qu'il apporte à la mettre au point, on sent que le fond est encore ce qui importe le plus à M. Sully Prudhomme : or ce fond, c'est sa philosophie elle-même. Aussi n'est-il vraiment lui-même et ne donne-t-il la mesure entière de son génie et de son originalité que lorsqu'il réussit à exprimer en vrai poète, dans la langue des voyants, des rêveurs et des artistes, ce qu'il a conçu et raisonné d'abord dans l'abstrait, suivant la méthode des savants, des métaphysiciens et des logiciens, et à leur école.

III

« Un poète est une âme impressionnable à un degré exceptionnel, qui ne peut pas s'empêcher d'exprimer ce qu'elle sent et l'exprime spontanément avec les ressources que l'harmonie prête au langage (1). » Mais cette âme de poète que M. Sully Prudhomme a en lui est plus portée à jouir des « délices de la certitude », à souffrir des « épreuves » du doute et des angoisses du « tourment divin » qu'à chanter ses amours ou ses visions. Elle a soif avant tout de vérité et de beauté. La vérité, elle est accoutumée à la demander à la science; la beauté, elle la trouve dans l'*aspiration* esthétique et morale, la plus essentielle manifestation de la vie intérieure. « D'une part, la satisfaction procurée à mon entendement par le concept fondamental de la métaphysique, par l'idée de l'Être nécessaire, d'où dérivent logiquement celles de l'Éternel, de l'Absolu, de l'Infini; d'autre part, le ravissement sans nom exprimé et suscité par la haute musique, je veux dire par une phrase musicale que nulle parole n'accompagne et qui pourtant parle à l'homme et le dépayse dans un au-delà indescriptible, ces deux états moraux vous représentent exactement les deux pôles opposés de ma vie psychique (2). »

Exprimer musicalement et poétiquement la vérité, satisfaire à la fois le goût et la raison, ne pas fausser la connaissance vraie et objective que l'entendement a des choses, et pourtant y trouver l'occasion d'un frisson esthétique et d'une vision poétique : tel est donc le but double et presque contradictoire auquel tend notre poète. M. Sully Prudhomme devra donc faire coïncider ses créations poétiques avec ses conceptions scientifiques, penser en partie double et simultanément les choses sous leur aspect expressif et poétique, par l'intermédiaire d'une image ou d'un symbole, et sous leur aspect positif, par l'intermédiaire d'une conception vraie, d'une notion abstraite ou d'un rapport logique. Il devra aussi réaliser ce tour de force de suivre à la fois, dans la composition de ses poèmes, l'ordre dialectique de ses raisonnements, comme s'il argumentait, et la libre association des images telles qu'elles s'appellent et s'associent dans la pensée émue du poète. Dans le choix même des vocables, il devra tenir compte à la fois de la beauté physionomique et de la sonorité musicale des mots,

---

(1) *Testament poétique*, 1re éd., p. 153.
(2) *Lettre inédite à C. Hémon*; cf. le chapitre suivant.

de leur puissance expressive et évocatrice et de leur parfaite justesse. Or les mots très significatifs, étant abstraits, sont en général plats, lourds, inexpressifs, peu suggestifs : d'où le risque d'être prosaïque, si l'on veut être clair et exact, et d'user d'un mode d'expression tendu, pénible et sec, si l'on veut être rigoureux. Pour éviter d'y tomber on a la ressource de rechercher les équivalents concrets d'un terme abstrait ou d'user de périphrases et d'allégories ; mais alors la difficulté est de trouver des symboles prochains qui ne soient ni obscurs, ni forcés, ni ridicules. La prose rimée de Voltaire ou les laborieuses périphrases de l'abbé Delille sont là pour témoigner de ces divers écueils. M. Sully Prudhomme les a, sinon constamment, du moins le plus souvent évités, parce qu'il n'est pas moins sensible au nombre et à l'harmonie des mots qu'apte à l'invention des symboles justes et à la conception des idées claires. Il sait exprimer par le choix des termes la double représentation abstraite et imagée qui s'est offerte à sa pensée ; comme il a vu en même temps que conçu, il fait voir et concevoir à la fois. L'idée s'illustre de l'image et l'image suggère l'idée ; l'image n'est évoquée que pour symboliser l'idée, dont l'expression immédiate et naturelle n'appartient pas à la langue des poètes. Aussi s'établit-il dans les poèmes scientifiques et philosophiques de M. Sully Prudhomme un perpétuel transfert de l'abstrait au concret, du conçu au sensible ; la pensée du savant s'habille du verbe poétique, mais c'est elle qu'il faut retrouver à travers ce brillant tissu de symboles si l'on veut pleinement goûter et bien comprendre de telles pièces. C'est pourquoi la poésie de M. Sully Prudhomme, transparente et merveilleusement intéressante pour les initiés, est presque inintelligible pour des esprits superficiels qui ne demandent au vers que de la musique ou du rêve.

De plus, comme il y a dans ce poète une sensibilité d'une rare délicatesse, comme cet austère esprit de penseur est capable d'un profond enthousiasme en face des beautés rationnelles et morales, c'est son intime émotion qui passe dans les symboles dont il fait choix pour figurer ses idées. C'est elle qui lui dicte le choix d'expressions non seulement imagées, mais expressives, où se condensent des sentiments qu'aucun langage abstrait n'exprimerait. C'est elle enfin, chose bizarre, qui va chercher jusque dans la science même des métaphores et des symboles propres à figurer un état émotionnel intraduisible en lui-même. Ainsi, suggérer une émotion par une image, elle-même symbole expressif d'une idée, faire à la fois voir, penser et sentir; assembler les symboles d'une façon continue et allégorique permettant à la pensée de suivre, en se transposant, la série logique et la série poétique dans leur mutuel rapport de signification et d'expression, et pendant tout ce temps conserver au vers sa parfaite harmonie musicale, tel est le difficile et complexe procédé littéraire que met en œuvre la poésie scientifique de M. Sully Prudhomme.

Pour rendre plus sensible ce procédé, nous allons prendre pour exemple démonstratif l'une des pièces les plus caractéristiques en même temps que les plus parfaitement belles de l'auteur : *Métaphysique* (1).

> Quand l'homme, jusque alors ouvrier sans repos,
> De la terre eut conquis la face et les entrailles,
> Autour de lui rangé les pierres en murailles,
>   Les bêtes en troupeaux,
> Il usa noblement de son loisir de maître.
>   Hanté par un plus haut souci,
> A la Nature il s'était fait connaître,
>   Il voulut la connaître aussi.
>
> Mêlant un clair sourire au sourire de l'onde,
> La radieuse Aurore, ainsi qu'un don d'amour,
> Semblait dans une rose immense offrir au monde
>   La candide primeur du jour,
> Et, tressaillant, pareille à la baigneuse blonde
> Qui rougit et frissonne au sortir de la mer,
> A l'Orient teignait de pourpre et d'or l'éther.
> L'homme, sous le baiser des rayons aux prunelles,
> S'attendrit et posa la main sur son côté :
> Les formes lui rendant son cœur visible en elles,
>   Il nomma la Beauté!

(1) *Le Prisme : Métaphysique.* — Poésies (1879-1888).

Puis le soleil chassa les vapeurs de rosée
Et l'horizon sans fond parut à découvert ;
La frêle borne au loin par le matin posée
Tomba, montrant à nu l'horreur du bleu désert.
L'homme conçut alors que l'esprit porte une aile
    Qui devance toujours les yeux,
Mais devrait épuiser la durée éternelle
    Pour épuiser la profondeur des cieux.
Sondant l'abîme où court la Terre, humble suivante,
Et songeant que lui-même est à la Terre uni,
Saisi d'une sublime et pieuse épouvante,
    Il nomma l'Infini !

Puis le soir, quand il vit dans l'ombre et le silence
Les globes monstrueux, jaloux de s'épouser,
Mais contraints à se fuir par le bras qui les lance,
Essayer sans relâche un aveugle baiser,
Sentant que l'harmonie, œuvre d'une prudence,
    Est l'œuvre d'une liberté,
    Il reconnut l'indépendance
Au bras qui précipite et n'est pas emporté,
Au moteur primitif, aîné de toutes choses,
Dont l'acte est sans caprice et sans chaînes voulu ;
    Et, saluant la première des causes,
    Il nomma l'Absolu !

Enfin, comme il voyait, malgré la longue épreuve
D'un incessant travail la matière durer,
Et des mondes anciens sous une forme neuve
    Le poids persévérer,
Au flot des changements comme au courant d'un fleuve,
Sentant qu'il faut un lit, immuable support,
Une source où la vie incessamment s'abreuve,
Il nomma la Substance où se heurte la Mort !

Heureux d'un ferme appui, fort d'une foi sensée,
De ses grossiers autels il négligea le feu,
Et, fier de n'obéir qu'aux lois de la pensée,
    Il sut alors qui nommer Dieu !

La première strophe, simple introduction, n'offre rien de particulier que sa concision et l'allusion qu'elle fait aux conditions historiques qui ont présidé à l'apparition de la pensée spéculative dans l'humanité. La seconde, toute poétique, n'a pas de peine à accumuler les plus gracieux symboles de la Beauté pour exposer la genèse de l'idée du Beau. Déjà les derniers vers contiennent en raccourci cette théorie de l'expression esthétique à laquelle l'auteur consacrera un volume entier et qu'il a antérieurement condensée sous une forme poétique dans une exquise pièce de la *Vie intérieure* : *l'Ame*.

« Les formes lui rendant son cœur visible en elles,
il nomma la Beauté ! »

Mais dans les strophes suivantes, le poète va se donner pour tâche de déduire les catégories les plus abstraites de toutes, l'*Infini*, l'*Absolu*, la *Substance*, et de montrer le rapport de la cosmologie avec l'ontologie et la théologie. Thème aussi peu poétique que possible, ce semble ! Et cependant M. Sully Prudhomme réussit à le traiter d'une façon si parfaite que des profanes, à qui échapperaient les allusions faites par le philosophe aux doctrines de Kant, de Pascal, d'Aristote, de Spinoza, etc. et par le savant aux lois de Newton, de Galilée, de Lavoisier, n'en comprendraient pas moins la puissante ordonnance des idées et des images et n'en goûteraient peut-être que mieux l'irréprochable harmonie des vers.

Pour arriver à la notion de l'Infini, l'homme a dû concevoir le contraste du fini sensible et de l'indéfini ; il a dû se poser le problème de l'infini actuel, formuler la première antinomie de Kant et éprouver le vertige de Pascal. Soit donc à développer cet argument ramené à sa forme abstraite : lorsque les limites imposées à la perception visuelle par un corps opaque prochain disparaissent, l'esprit, en présence d'un espace vide dont les bornes sont invisibles, arrive à concevoir, au delà de toute limite imaginée, un espace indéfiniment plus étendu. Or cette extension indéfinie s'opérant par une série de synthèses successives, l'intégration de l'infini actuel d'espace n'est possible que corrélativement à celle d'un nombre infini de moments du temps ; cette double infinité se conçoit comme virtuelle, sans jamais se réaliser actuellement. Les caractères de l'espace mathématique s'appliquant à l'espace réel où gravitent les astres, l'homme se représente l'infinie petitesse de la terre comparativement à l'immensité du ciel; il se sent participer au mouvement qui emporte sa planète à travers le vide sans fond; il en a le vertige, et la peur qu'il en ressent fait naître en lui une émotion esthétique, l'admiration du sublime, et une émotion religieuse. Il donne alors, à l'attribut de l'être qui le rend plus grand que toute grandeur assignable, le nom d'Infini. Or cet argument suppose connues : 1° la relation de l'espace idéal à l'espace sensible; 2° l'application de la loi du nombre à l'étendue; 3° la conception moderne de l'espace illimité formulée par les astronomes et physiciens de la Renaissance; 4° les lois de Copernic et de Galilée sur le mouvement de la terre; 5° les principes du calcul infinitésimal; 6° les antinomies mathématiques de Kant.

Comme sentiments à exprimer : 1° la surprise et l'horreur que suscite la perception d'une immensité vide; 2° la terreur de l'infini; 3° l'admiration esthétique du sublime; 4° l'adoration de l'infiniment grand : c'est-à-dire les sentiments auxquels la célèbre page de Pascal sur l'homme entre les deux infinis emprunte sa puissante et dramatique poésie. Soit donc à associer à des images concrètes, dont chacune sera le symbole figuré d'une des idées de l'argument, les termes propres à suggérer au lecteur de telles émotions. Ces images vont s'évoquer de la façon la plus naturelle, la plus sensible et la plus poétique. Un lever de soleil; la rosée s'évapore, le brouillard s'élève, l'air devient transparent, l'horizon s'élargit, « l'horizon sans fond », donc infini pour l'œil. Coup de théâtre; le vide apparaît dans toute son horreur à la suite de deux sensations réelles : une couleur unie, nette, nue; un désert, une solitude, dont toutes les parties sont semblables, où ne se distingue aucun objet. La méditation commence; « l'aile de l'esprit » devance les yeux. *Épuiser, durée éternelle, profondeur des cieux*, tous termes à forme aussi concrète que possible, au lieu de leurs synonymes abstraits : éterité, temps, espace, immensité, totalité actuelle. Puis, le ertige : l'abîme où court la terre, si petite et humble, à la suite d'un astre énorme, et l'homme infiniment petit sur ce petit astre dans cet immensité. La phrase se précipite, le vers se brise en un rythme haletant :

> Sondant l'abîme | où court la terre, | humble suivante...

Et pour finir, les deux sentiments d'où naît l'idée de l'infini, résumés d'un trait et ramenés à leur source commune, la peur :

> *Saisi* d'une *pieuse* et *sublime épouvante*,
> Il nomma l'*Infini*.

Tout ce qu'il y a de poétique dans le sentiment de l'infini se développe donc dans les symboles dont cette strophe est composée, cependant que chaque idée arrive à la place exacte que lui assigne le développement logique de l'argument.

Il en est exactement de même dans la strophe suivante, dont le thème est peut-être plus abstrait encore. La masse réelle des astres, leur gravitation, la force centripète et la force tangentielle qui les précipitent les uns sur les autres et pourtant empêchent constamment leur conjonction; la métaphysique de la cause première, le moteur immobile d'Aristote, le premier moteur de Platon, la liberté divine alliée à la constance de la sagesse divine : tous les arguments de la cosmologie rationnelle aboutissent à l'idée de l'Absolu. Images : l'amour aveugle et formidable de masses qui se poursuivent dans la nuit, la colossale ronde des astres tournant autour du Dieu immobile qui les lance et leur impose l'inflexible et harmonieuse loi de leurs révolutions. Sentiment, un seul : le respect de cette force initiale, de cette cause absolue dont la contemplation donne à la pensée son équilibre.

Dans la strophe de la Substance, la thèse nous ramène au principe scientifique de l'indestructibilité de la matière et de la permanence de l'énergie, et au principe métaphysique du rapport des modes de la substance avec un substratum immuable et éternel. La vieille métaphore d'Héraclite, celle du fleuve qui coule dans son lit, fournit le symbole. Le sentiment dominant, la quiétude de l'être qui défie la Mort dès qu'il a conçu l'Indestructible, anime la strophe. La pièce enfin se clôt logiquement sur ce résumé sobre et lumineux où perce la joie du penseur affranchi des vieilles superstitions et amené à la foi par la raison :

> Heureux d'un ferme appui, fort d'une foi sensée,
> De ses grossiers autels il négligea le feu,
> Et, fier de n'obéir qu'aux lois de sa pensée,
>   Il sut alors qui nommer Dieu!

Une analyse semblable pourrait être tentée sur un autre poème de grande envolée, le plus beau peut-être de l'œuvre de M. Sully-Prudhomme, le *Zénith*, dont toute l'inspiration est empruntée à la science, et dont la première partie, en particulier, n'est que la poétique traduction de vérités positives. Nous laissons le soin de ce commentaire au lecteur (1).

L'influence des connaissances scientifiques du poète se fait sentir jusque dans l'invention de ses thèmes poétiques. Voici un sentiment : l'amour platonique de l'idéal, rayon qui ne luira que pour les derniers humains, quand le poète ne sera plus. Voici, d'autre part, une loi de la nature découverte par la science : la lumière se propage dans l'espace avec une vitesse assez limitée pour qu'un rayon émané d'un astre n'arrive à la terre qu'après des siècles. Le symbole est trouvé : c'est cette vérité scientifique qui le fournira au sentiment à exprimer, et Dieu sait avec quel charme discret, mystérieux et subtil le poète en tirera parti dans ces trois parfaites petites strophes de l'*Idéal* :

> La lune est grande, le ciel clair
> Et plein d'astres, la terre est blême,
> Et l'âme du monde est dans l'air.
>   Je rêve à l'étoile suprême,

---

(1) Voir aussi le Prologue de *la Justice*; — *Les Ouvriers* (Stances, Mélanges), etc.

> A celle qu'on n'aperçoit pas,
> Mais dont la lumière voyage
> Et doit venir jusque ici-bas
> Enchanter les yeux d'un autre âge.
>
> Quand luira cette étoile un jour,
> La plus belle et la plus lointaine,
> Dites-lui qu'elle eut mon amour,
> O derniers de la race humaine ! (1).

IV

Il est une autre forme de la poésie scientifique, très différente de celle que nous venons d'étudier, dans l'œuvre de M. Sully Prudhomme. C'est celle dont la deuxième partie du poème du *Bonheur* offre l'exemple le plus net. L'auteur n'y marie plus le symbole poétique à la conception rationnelle pour rendre l'un expressif de l'autre ; il n'y chante pas non plus l'enthousiasme que lui inspirent les merveilleuses conquêtes de la science : il met seulement au service d'un certain nombre de vérités philosophiques ou scientifiques qui l'intéressent la « *forme robuste et mnémonique* » du vers, afin d'en rendre l'expression impérissable autant que belle. De fait, ces vers sont d'une concision, d'une exactitude et d'une clarté qu'il est difficile de surpasser. Des systèmes entiers sont résumés de façon absolument complète et juste en quelques vers ; l'œuvre de Spinoza tient en un couplet de douze vers, celle de Leibniz en onze, tout Platon en dix-huit, Aristote en quatorze ! L'histoire des mathématiques, de la chimie, de la physique, etc., se résume plus sobrement encore. Si tous ces vers quasi-mnémotechniques ne sont pas également bien venus, il en est d'une très grande beauté poétique, en sorte que M. Sully Prudhomme se trouve avoir à la fois réalisé, comme versificateur, un véritable tour de force, et, comme philosophe et savant, avoir rendu aux doctrines qui lui sont chères un grand service et un très bel hommage.

(1) *L'Idéal*, (*La Vie intérieure*). — Poésies (1865-1866).

La même concision exacte et lumineuse se retrouve dans mainte formule philosophique, frappée comme une médaille d'airain :

Où la vie a germé, l'égoïsme a sévi...
C'est l'intérêt du cœur qui pousse au sacrifice...
Toujours d'un droit qui naît une liberté meurt...
Vous limitez le droit sans assurer la part... (1)
Dieu n'est pas rien, mais Dieu n'est personne, il est tout. (2)

Ces vers, comme certaines maximes cornéliennes, se gravent à tout jamais dans la mémoire et y déposent une notion juste et claire. Mais, en se développant chez le poète-philosophe, ce goût de la formule et de l'argument finira par donner à ses poèmes didactiques de la dernière époque, à la *Justice* en particulier, quelque chose de trop laborieux et de trop abstrait. L'auteur y disserte plus qu'il ne chante; sonnets et stances se répondent, exposant tour à tour la thèse et l'antithèse d'une façon, certes, merveilleusement serrée, parfois très poétique, mais un peu monotone. Le lecteur suit pas à pas le développement de cette rigoureuse critique du sens moral, mais, en vérité, il ne retrouve une jouissance proprement poétique qu'en arrivant à la neuvième veille, d'un si puissant lyrisme. En s'appliquant à versifier une doctrine de plus en plus systématique, il était inévitable que M. Sully Prudhomme perdît par degrés la liberté d'inspiration nécessaire au poète et tendît finalement à affranchir sa pensée d'une contrainte inutile. Dès l'époque où il composa ses grands poèmes philosophiques, la *Justice* et le *Bonheur*, il avait conscience lui-même des difficultés auxquelles il s'exposait et pressentait les critiques que certains ne lui ont point ménagées (3) : « Quand parfois la poésie se permet de

(1) *La Justice, passim.*
(2) *Les Épreuves, Doute : Les Dieux.*
(3) Cf. Guyau, *L'Art au point de vue sociologique*, p. 255 : « La Justice, le Bonheur, ces deux plus hautes aspirations de l'âme humaine et dont la Nature semble s'inquiéter le moins, voilà ce que Sully Prudhomme a chanté, — et parfois un peu trop *étudié* en vers. Le souci que le poète-philosophe montre toujours de rendre sa pensée avec une absolue exactitude, laquelle précisément communique à tant de pièces l'émotion et la beauté du vrai, se retourne, hélas! contre lui-même aux heures

puiser son inspiration dans la philosophie et la science, sa seule excuse est d'avoir vu tout au fond luire des vérités dont la révélation importe le plus au genre humain. Malheureusement ce qui importe le plus n'est pas toujours ce qui séduit davantage et ses jaloux amis attendent d'elle tout autre chose. L'auteur ne se le dissimule pas. Il sait, du reste, que si la curiosité, à titre de passion, relève de la poésie, la recherche ne peut avancer sûrement sans ramper, ni aucune notion d'éclaircir sans se décolorer; mais les grandes découvertes de la science lui semblent si émouvantes, *qu'il ne se résout pas à les exclure du domaine poétique, pour peu que les formules en puissent être transposées dans la langue littéraire; il y a là une difficulté d'art qui l'attire...* Une seule chose s'impose essentiellement au vers, c'est de ne jamais être plat... Le devoir du poète est de communiquer à son vers une beauté de forme appropriée à sa conception, mais, s'il y parvient, ce n'est plus au nom de l'art qu'on peut lui contester cette conception; il suffit qu'elle ne déshonore pas la Muse. S'il n'intéresse que lui-même, à coup sûr il se trompe, mais s'il n'intéresse pas tout le monde, le tort n'est pas nécessairement de son côté. (1) » Il serait effectivement injuste de condamner l'originale tentative faite par M. Sully Prudhomme pour créer une poésie proprement scientifique et philosophique, parce que dans les derniers poèmes le souci du fond a parfois nui à l'aisance, à la clarté ou à l'harmonie du vers. Les nombreuses poésies écrites dans ce genre spécial par le poète de la *Vie intérieure*, des *Épreuves*, des *Solitudes*, des *Vaines Tendresses* et du *Prisme* sont de celles qui honorent

---

d'inspiration douteuse, quand il s'évertue à mettre en vers, en sonnets parfois (et avec une rigueur qui ne peut se comparer qu'à la sincérité dont elle émane), des dissertations scientifiques et des définitions techniques. Rien n'égale l'ingéniosité, l'habileté, la conscience déployées dans ce travail où mots et idées finissent par se caser comme en une mosaïque très compliquée. C'est avec la plus parfaite ingénuité que le poète tente de faire rentrer dans son art, outre l'esprit, la lettre aussi de toute chose, oubliant qu'il n'est pas plus naturel de tout dire en vers que de tout chanter... Les grandes idées, les beaux vers abondent; et cependant, même dans les pages les plus vantées, on sent trop le travail patient. » Paris, F. Alcan.

(1) Préface du *Poème du Bonheur*, p. 139.

et enrichissent une littérature. Et peut-on faire un grief à un grand penseur d'avoir de plus en plus approfondi ses doctrines au point de leur sacrifier finalement ses jouissances de poète en renonçant à les exprimer en vers? Faut-il même regretter qu'en cessant de mettre en vers, d'une façon nécessairement de plus en plus laborieuse et tendue, des idées assez fortes pour valoir par elles-mêmes, M. Sully Prudhomme se soit révélé prosateur d'un talent, certes, égal à celui du poète? Une prose comme la sienne est non seulement d'un penseur, mais d'un artiste, et elle vaut bien des vers (1).

V

M. Sully Prudhomme n'a pas seulement *mis en vers* dans quelques-unes de ses œuvres une doctrine préalablement pensée dans l'abstrait. Il a ressenti en poète la beauté du vrai, il s'en est ému et enthousiasmé et c'est pourquoi il a emprunté à la science le fond même d'une grande partie de ses poèmes. Lui-même a, dans le passage cité au début de ce chapitre et dans cet autre fragment du *Testament poétique*, caractérisé de la façon la plus précise la nature et la source de sa poésie scientifique : « Plus s'est aiguisée, exaspérée la double sensibilité nerveuse et morale, plus l'inspiration poétique a été contestée *aux vers qui ne procurent qu'une jouissance intellectuelle, aux vers dont l'harmonie est au service de la pensée, et n'a d'autre objet que de rendre la formule du vrai le plus possible robuste et mnémonique. Décrire des formes étrangères à la beauté physique, inutiles à la volupté, n'intéressant que la lutte de l'homme avec l'inconnu et sa domination*

(1) Dans une lettre personnelle que nous écrivait M. Sully Prudhomme le 1ᵉʳ mai 1904, cette relation de la science et de la poésie est définie de la façon la plus nette : « ... Il importe de reconnaître la distinction entre l'art des vers et la poésie proprement dite. Les vers peuvent être appliqués à l'expression de n'importe quoi, comme le prouve leur emploi dans la comédie et le poème didactique. Un excellent versificateur saurait formuler en vers les découvertes de la science, même abstraites. A ce point de vue, la science peut être matière à versification au même titre que tout autre sujet; mais, d'autre part, les découvertes capitales de la science, en tant qu'elles modifient tous les

des forces visibles ou invisibles qui l'entourent; demander l'émotion aux aventures de l'intelligence comme à celles de l'amour; admirer le puissant génie des arts mécaniques, leurs prodiges qui arrachent de plus en plus l'âme à la servitude matérielle, à la tyrannie de la pesanteur, les célébrer de pair avec les merveilles des Beaux-Arts qui caressent les sens pour enchanter l'âme, tout cela, ce n'est plus faire œuvre de poète, c'est, du moins, risquer fort d'en perdre le brevet (1). »

Une telle poésie n'est pas *philosophique,* au sens qu'on donne habituellement à ce mot quand on l'applique à des poètes comme Alfred de Vigny, Victor Hugo, ou Leconte de Lisle. M. Sully Prudhomme lui-même pratique tantôt l'une, tantôt l'autre de ces deux poésies. Des poèmes comme les *Destins* ou le *Bonheur* (exclusion faite de la 2ᵉ partie) appartiennent au genre philosophique. D'autres comme le *Lever du Soleil, Sursum,* les *Chercheurs,* le *Zénith,* etc., appartiennent à la poésie scientifique. L'inspiration est proprement philosophique, chez le poète, toutes les fois qu'il passe du domaine des vérités acquises et démontrables et des sentiments que ces vérités lui inspirent, à celui de l'inconnu transcendant, et qu'il mêle des actes de foi plus ou moins mystiques à ses spéculations métaphysiques. Ce qui en ce cas est poétique, c'est le mystère des problèmes de la destinée humaine, de la Cause première, du Mal, du Principe de l'Univers, du rapport du monde avec la Divinité, etc. Le poète philosophe n'aborde pas ces énigmes en dialecticien armé de critique et de méthode; il traduit seulement ses convictions ou ses doutes. Son inspiration naît de la position du problème où s'abîme la pensée, de l'impression produite par là sur l'imagination, de la solution affirmative ou négative agréée par le cœur, non des principes rationnels qui résolvent ce problème, ni de la méthode de discussion qui s'y applique.

---

points de vue de l'âme sur la nature, nous remuent profondément et sont essentiellement poétiques par cette propriété... En résumé, la science se refuse à la poésie par son côté purement didactique et se prête à la versification par ce même côté; en outre, elle est poétique par les horizons qu'elle ouvre au rêve en transformant la signification du monde sensible. »

(1) *Testament poétique.* Introduction, p. 8, 1ʳᵉ éd.

Poésie de doute ou de foi, d'adoration ou de colère, une telle poésie philosophique est toujours mystique et procède avant tout de l'imagination et du sentiment. Or il est curieux de remarquer que M. Sully Prudhomme, toutes les fois qu'il aborde dans ses poèmes un de ces thèmes philosophiques, le traite en dialecticien, en raisonneur, et point du tout en mystique. Ce même problème du Mal, thème du poème des *Destins*, se développe très méthodiquement par thèse, antithèse et synthèse, et sa conclusion où triomphe la raison soumise à la nécessité, si poétique qu'elle puisse être, est avant tout philosophique. M. Sully Prudhomme n'y parle pas le langage d'un inspiré ; il y disserte à la façon d'un Leibniz ou d'un Kant qui parlerait en fort beaux vers. Et, pour dire le vrai, cette façon de pratiquer la poésie philosophique n'est pas la plus littéraire ni la plus séduisante. Elle ne vaut, à cet égard, que par la beauté des mythes ou des symboles dont s'enveloppe la thèse, comme, par exemple, dans le poème du *Bonheur*, sorte de drame métaphysique d'une grande beauté.

Par contre, lorsque c'est aux sciences elles-mêmes, qu'il a pendant plusieurs années cultivées, que M. Sully Prudhomme emprunte son inspiration poétique, son lyrisme positiviste est infiniment supérieur à celui de tous les poètes qui ont célébré les conquêtes de l'esprit humain. Ce n'est plus seulement une idolâtrie lointaine et d'ordre moral, comme celle de Vigny dans *La Bouteille à la mer*, qui lui fait glorifier la science et l'effort de la pensée ; c'est une admiration profonde et raisonnée, un enthousiasme joyeux de savant ravi de sa découverte et fier du génie de sa race. Une virile allégresse anime tous ces vers puissants, fortement frappés, pleins d'une invincible foi au progrès, la seule religion que l'austère poète de la science ait jamais pratiquée. Ce n'est plus l'accent voilé, doux, las, résigné des *Vaines tendresses* et des premières *Stances* ; ce n'est plus la mélancolie infiniment poétique de l'homme timide et aimant qui a manqué sa vie sentimentale et qui a cruellement souffert de la solitude ; ce n'est plus la « phrase brumeuse et charmante » (1)

---

(1) Le mot est d'Ad. Boschot, cité dans le *Testament poétique*, p. 121.

où parfois s'enveloppe, peut-être à dessein, la pudeur d'une âme trop délicate pour étaler à tous les yeux son plus intime secret; ce n'est plus le poète cher aux femmes et aux fins lettrés qui parle : c'est l'homme de science et d'action, le chantre des grandes conquêtes scientifiques du xix⁰ siècle.

Deux sources principales alimentent ce lyrisme scientifique : l'admiration de la nature vue sous son aspect véritable; l'admiration du génie humain, de sa dignité, de ses efforts, de ses conquêtes.

Loin de blesser l'imagination du poète, la conception de l'ordre mécanique du monde matériel soumis aux lois formulées par la physique et l'astronomie l'enflamme d'enthousiasme. Cette belle pièce des *Stances et poèmes*, *Le Lever du Soleil* est comme le manifeste de la poésie scientifique.

« Le grand soleil, plongé dans un royal ennui,
Brûle au désert des cieux. Sous les traits qu'en silence
Il disperse et rappelle incessamment à lui
Le chœur grave et lointain des sphères se balance.

Suspendu dans l'abîme, il n'est ni haut ni bas;
Il ne prend d'aucun feu le feu qu'il communique;
Son regard ne s'élève et ne s'abaisse pas;
Mais l'univers se dore à sa jeunesse antique.

Flamboyant, invisible à force de splendeur,
Il est père des blés qui sont pères des races;
Mais il ne peuple point son immense rondeur
D'un troupeau de mortels turbulents et voraces.

Parmi les globes noirs qu'il empourpre et conduit
Aux blêmes profondeurs que l'air léger fait bleues
La terre lui soumet la courbe qu'elle suit,
Et cherche sa caresse à d'innombrables lieues.

Sur son axe qui vibre et tourne, elle offre au jour
Son épaisseur énorme et sa face vivante,
Et les champs et les mers y viennent tour à tour
Se teindre d'une aurore éternelle et mouvante.

Mais les hommes épars n'ont que des pas bornés
Avec le sol natal, ils émergent ou plongent :
Quand les uns du sommeil sortent illuminés,
Les autres dans la nuit s'enfoncent et s'allongent.

Ah ! les fils de l'Hellade, avec des yeux nouveaux
Admirant cette gloire à l'Orient éclose,
Criaient : Salut au dieu dont les quatre chevaux
Frappent d'un pied d'argent le ciel solide et rose !

Nous autres nous crions : Salut à l'Infini !
Au grand Tout, à la fois idole, temple et prêtre,
Qui tient fatalement l'homme à la terre uni,
Et la terre au soleil, et chaque être à chaque être !

Il est tombé pour nous, le rideau merveilleux
Où du vrai monde erraient les fausses apparences :
La science a vaincu l'imposture des yeux,
L'homme a répudié les vaines espérances ;

Le ciel a fait l'aveu de son mensonge ancien,
Et depuis qu'on a mis ses piliers à l'épreuve,
Il apparaît plus stable, affranchi de soutien,
Et l'univers entier vêt une beauté neuve (1). »

Aucun sujet ne peut laisser froide une pensée qui reste curieuse et vivante, qui, par conséquent, suit constamment les progrès des connaissances humaines. Pas plus que les autres arts, la poésie ne doit se tenir en dehors du courant scientifique d'une époque : à cette condition seule, elle peut se renouveler et donner autre chose que des pastiches surannés. « Une invention comme celle de l'électricité, nous disait un jour M. Sully Prudhomme dans un entretien personnel, ne peut pas ne pas avoir de répercussion sur la littérature et la poésie, tant à cause des nouveaux horizons qu'elle nous ouvre sur les phénomènes naturels, qu'en raison de ses conséquences sociales. »

C'est aussi un spectacle propre à exalter l'enthousiasme du poète que celui du patient labeur de la pensée humaine, du dévouement désintéressé des grands chercheurs et de a solidarité humaine née de cette communauté dans l'effort. mainte reprise M. Sully-Prudhomme célèbre cette noble forme de l'action, l'une de celles où s'affirme le plus hautement la dignité du génie humain (2). Les poèmes où il s'en inspire

(1) *Le lever du Soleil.* — *Stances et Poèmes.* — *Mélanges.*
(2) Cf. infra, IVe partie, chap. v, *L'Action.*

sont certainement les mieux venus et les plus lyriques de toute son œuvre, tant est sincère le sentiment qui les anime.

Cette poésie scientifique symbolise et synthétise à merveille l'esprit du temps auquel appartient M. Sully Prudhomme : siècle de faible foi religieuse, de curiosité scientifique passionnée, siècle de progrès, épris de certitude positive et d'humanitarisme, siècle d'action, de libre pensée inquiète et courageuse, qui a reporté sur l'homme, sur son génie, sa dignité et ses conquêtes intellectuelles tous les sentiments que seul éveillait jusque-là le mysticisme poétique et religieux. L'œuvre poétique de M. Sully Prudhomme est, dans sa partie psychologique et morale, d'une grande mélancolie, certes, mais dans sa partie scientifique elle est au contraire pleine de foi et d'accent, solide et profonde, et c'est pourquoi nous refusons de souscrire à ce jugement porté récemment par un écrivain contemporain : « Jamais poètes n'exprimèrent une plainte aussi profonde, amère et désespérée que celle qui s'exhale de l'œuvre d'un Byron, d'un Shelley, *d'un Sully Prudhomme*, et il était donné à notre âge de voir la philosophie du néant couvrir d'un crêpe immense la terre et les cieux (1). » Faire de M. Sully Prudhomme un pessimiste et un nihiliste, c'est absolument méconnaître le caractère de son génie et le sens de son œuvre. En lui se sont seulement réfléchies avec une intensité et une netteté exceptionnelles les aspirations contradictoires d'une époque, ou mieux les éternelles contradictions du cœur et de l'intelligence. Poète et savant à la fois, il a souffert de ne pouvoir être sans réserves et sans regret l'un ou l'autre, et c'est pourquoi son œuvre est douloureuse. C'est pourquoi aussi la critique de cette œuvre du poète savant et philosophe qu'est M. Sully Prudhomme appartient plus à la philosophie qu'à la littérature : « on s'attendait à rencontrer un auteur, et on trouve un homme. »

(1) J. Bourdeau, *les Maîtres de la pensée contemporaine : Le bilan du XIX° siècle*. Paris, F. Alcan.

CHAPITRE II

Caractères généraux de la philosophie de M. Sully Prudhomme.

I. Développement de la pensée du poète-philosophe. — II. Conflit en lui du tempérament poétique et du tempérament spéculatif. — III. Antinomie fondamentale des données de la raison et de celles de l'aspiration. Formes diverses de cette antinomie. Recherche de leur solution. — IV. Lettre inédite de M. Sully Prudhomme résumant les principaux points de sa doctrine.

I

Tous les éléments et toutes les tendances qui entrent en composition dans le genre poétique propre à M. Sully Prudhomme se retrouvent identiques dans sa doctrine philosophique. Si l'écrivain a par degrés modifié la langue dont il se servait pour traduire les résultats de ses méditations, s'il s'est peu à peu voué tout entier aux grands problèmes qu'il scrute maintenant dans ses ouvrages de prose, renonçant à cette exquise poésie psychologique qui fit sa réputation de grand poète, ce n'est pas que sa vocation philosophique se soit tardivement déclarée. C'est, en effet, à l'âge de dix-neuf ans que M. Sully Prudhomme composa cette *Préface à la Traduction en vers de Lucrèce*, qui contient en substance la future doctrine que développeront quarante ans plus tard les ouvrages de prose. Que l'on compare ce premier et magistral essai, qui est comme le *Discours de la Méthode* de son auteur, à ses derniers livres, on constatera sans peine que, pendant ce demi-siècle de méditation, la pensée du philosophe n'a pas dévié de la route qu'elle s'était dès le début tracée, mais qu'elle a constamment creusé et approfondi les problèmes qu'elle s'était posés. Il semble seulement que la circonspection critique du penseur ait été croissant tandis que sa raison de plus en plus mûre se dégageait davantage des suggestions de son imagination et de sa sensibilité de poète. A mesure que l'enthousiaste audace des jeunes années faisait place à la réflexion patiente et profonde d'un chercheur en pleine possession de son génie spéculatif, à mesure que l'écrivain philosophe passait du vers à la prose, le doute et l'inquiétude prenaient chez lui une intensité de plus en plus douloureuse; mais en même temps aussi les œuvres de pure doctrine livraient au public, sous une forme singulièrement concise et puissante, la substance même d'une philosophie jusque là enveloppée dans les symboles et les mètres de la poésie scientifique. « Je ne fais et ne ferai vraisemblablement plus de vers, nous disait M. Sully Prudhomme peu après la publication du *Que sais-je?* (1) Je voudrais que la dernière partie de ma vie fût consacrée à approfondir ou à critiquer un certain nombre de thèses que j'ai hasardées dans mes poèmes et mes œuvres de jeunesse. La poésie autorise bien des rêves ou des affirmations que la rigueur philosophique ne peut accepter sans contrôle; aussi suis-je mis en demeure par mon souci de la vérité de soumettre à un nouvel examen quelques unes des solutions que j'ai données autrefois aux problèmes qui m'ont toujours passionnément intéressé. »

Rien n'égale, en effet, la scrupuleuse sincérité de cette belle conscience de penseur constamment repliée sur elle-même, s'interrogeant anxieusement et s'efforçant à ne tirer que d'elle-même les croyances qu'elle se hasarde à formuler. Ce n'est point en sceptique que M. Sully Prudhomme reprend, pour se la poser, l'interrogation de Montaigne : *Que sais-je? Examen de conscience*, dit le sous-titre du plus essentiel de ses ouvrages philosophiques. Ce n'est pas davantage en dogmatique que l'auteur aborde les problèmes qui sollicitent sa curiosité rationnelle; il n'a pas de système, à proprement parler. Il s'interroge avec une rigoureuse et lucide impar-

---

(1) Entretien personnel en 1897.

tialité sur ce qu'il pense touchant les grandes énigmes du monde ; il se répond quelquefois, plus souvent il se tait, et, sans s'arrêter à une stérile négation, il scrute encore les causes et les raisons de cet impuissant silence. Il ne déduit pas de quelques principes admis une fois pour toutes une conception unique et systématique de l'univers : il critique, au nom de la seule logique, l'accord de ses diverses opinions entre elles, s'efforçant seulement de n'omettre en les formulant aucun des aspects essentiels de l'être. Sa pensée reste si parfaitement libre de tout esprit de système que nous avons entendu M. Sully Prudhomme lui-même émettre des doutes sur la possibilité de ramener à un corps de doctrine un et suivi ce qu'il appelait modestement « des excursions en tous sens dans le domaine de la philosophie où il ne s'était jamais installé ».

Il n'a pas davantage fait œuvre de chef d'école ou de propagandiste. Son œuvre philosophique est une sorte de soliloque qu'il ne destine guère à une grande publicité. « Les pages dont je hasarde ici la publication traitent de la connaissance humaine. J'ai bien hésité à m'en séparer ; elles menacent de n'intéresser ni les philosophes de profession car ils ont bien plus pertinemment et profondément que moi étudié cette matière ; ni les savants, car dans les limites de leur prudente curiosité, leur méthode a fait ses preuves et les dispense de spéculer, après Bacon, sur les ressources dont l'homme dispose pour atteindre la vérité. Elles ne peuvent, d'autre part, que répugner aux hommes chez qui dominent le cœur et l'imagination, car elles sont abstraites ; et, à plus forte raison, aux gens qui lisent pour se reposer de l'action ou pour se récréer l'esprit, car elles n'ont rien du tout de divertissant. A qui donc s'adressent-elles ? La question m'embarrasse. *Il m'arrive d'écrire des choses que je ne destine qu'à moi-même, à titre de notes pour mon propre usage. Les pages suivantes rassemblent et ordonnent ce que j'avais ainsi noté de mes méditations anxieuses sur un sujet qui me passionne* (1). » Souvent, d'ailleurs, la publication des pages philosophiques

---

(1) Préface de *Que sais-je?*

de M. Sully Prudhomme a été suscitée par l'intervention de personnes, de sociétés ou de revues avides de recueillir de son intègre et claire pensée la solution de quelque grand problème de métaphysique, d'esthétique ou de morale. Rarement le poète-philosophe s'est dérobé à ces sortes de consultations, malgré son extrême et vraiment admirable modestie, malgré son peu de goût pour la mise en scène et pour la polémique. Il semble s'être fait un devoir de ne pas plus refuser à ses contemporains l'expression très sincère et très travaillée de ce qu'il considérait comme la vérité, qu'il ne s'octroyait à lui même le droit de s'arrêter à une conviction sans l'avoir scrupuleusement approfondie et discutée.

Ainsi s'est développée lentement, patiemment, cette pensée autodidacte, d'un désintéressement absolu dans sa recherche de la vérité comme dans la poursuite du beau. Quelle que puisse être la portée des doctrines issues d'une telle méditation, leur premier et leur plus éminent mérite réside dans leur source même. Trop rares sont les penseurs qui bornent leur ambition à cette parfaite sincérité intérieure, à cette indépendance dans la spéculation, qui ne procède ni de l'orgueilleux isolement d'un homme volontairement étranger ou hostile aux idées d'autrui, ni de l'ignorance des solutions apportées par d'autres philosophes aux problèmes qu'il s'efforce de résoudre. Ce n'est pas, certes, que M. Sully Prudhomme n'ait subi aucune influence de la part de plusieurs philosophes ou savants antérieurs à lui : il est facile de découvrir dans son œuvre ce qu'il doit à Kant, à H. Spencer, à Darwin, à Descartes, à Spinoza, à Hegel, etc... Mais jamais du moins il ne semble s'être interrogé nettement sur les origines historiques de sa propre doctrine ni en avoir cherché la justification dans l'autorité de ses maîtres. Son principal souci fut toujours et reste encore de tirer au clair ce que présentement il sait ou ignore, ce qu'il renonce à savoir, ce qu'il espère pouvoir apprendre ou fonder, et de se rendre compte de ce qui explique en lui ces certitudes, ces doutes, ces curiosités, ces espérances, ces aspirations. *Un perpétuel examen de conscience*, telle est, en définitive, la philosophie de M. Sully-Prudhomme, qu'on pourrait appeler, comme sa poésie,

« ... Le reflet vivant
D'une âme qu'analyse un monde en l'éprouvant (1). »

Quiconque étudie cette philosophie doit donc s'efforcer de suivre dans ses diverses phrases le développement de la pensée du poète-philosophe, assister sans la troubler à cette méditation douloureuse souvent, toujours profonde et sincère, qui se poursuit sans relâche dans cette claire conscience éprise d'absolu.

II

Heureux sont les grands esprits qui, dès leur éveil à la réflexion philosophique, ont trouvé leur idée directrice et qui, pour la développer, n'ont eu qu'à suivre la tendance dominante de leur tempérament intellectuel! Un Descartes, un Spinoza, un Michel-Ange, un Auguste Comte, un Herbert Spencer, trouvent chacun leur voie l'un dans la logique, l'autre dans la métaphysique, l'autre dans l'art, l'autre dans la connaissance positive et la cosmologie scientifique; une éminente faculté absorbe en eux toutes les autres, les vouant tout entiers à une doctrine parfaitement unifiée. Mais il est des génies doubles comme celui de Pascal ou de M. Sully Prudhomme, en qui luttent perpétuellement deux personnalités antagonistes. Homme de science et logicien supérieur, Pascal exalte la puissance de la pensée humaine; mystique chrétien, il la confond et l'humilie avec une sorte d'âpre jouissance afin de s'élever plus sûrement à Dieu par la foi : sa raison nie ce que son cœur affirme, et les affirmations de son cœur sont un défi à sa raison. M. Sully Prudhomme, de même, porte en lui deux tempéraments contraires dont il a vainement tenté toute sa vie de concilier les exigences. Poète, artiste, homme de cœur et de goût, nature

(1) *Le Prisme. Épigraphe.*

foncièrement religieuse en dépit de son indépendance à l'égard de tout dogme et de tout culte, il a un sentiment très vif de la beauté, de la dignité morale et de la perfection idéale. Il puise dans les effusions et les aspirations mystiques de sa sensibilité de poète une conception esthétique et morale de l'être que rien ne pourra le déterminer à sacrifier. Il perçoit et traduit les nuances les plus subtiles de la vie intérieure; il est enchaîné à l'univers entier par d'innombrables liens qui vont de son âme aux choses (1). Il aime, il admire, il aspire; il se complaît à ces émotions et à ces aspirations inassouvies, inexpliquées, dont la réalité ne fait pas pour lui question, quoique leur objet lui échappe en partie. Tout le pousse donc à la poésie pure, en même temps qu'au mysticisme esthétique ou religieux, s'il ne suit que sa nature d'artiste et de rêveur. Mais il a trop

(1) « J'ai voulu tout aimer et je suis malheureux,
Car j'ai de mon tourment multiplié les causes :
D'innombrables liens, frêles et douloureux,
Dans l'univers entier vont de mon âme aux choses.

Tout m'attire à la fois, et d'un attrait pareil :
Le vrai par ses lueurs, l'inconnu par ses voiles;
Un trait d'or frémissant joint mon cœur au soleil,
Et de longs fils soyeux l'unissent aux étoiles.

La cadence m'enchaîne à l'air mélodieux,
La douceur du velours aux roses que je touche;
D'un sourire j'ai fait la chaîne de mes yeux
Et j'ai fait d'un baiser la chaîne de ma bouche.

Ma vie est suspendue à ces fragiles nœuds,
Et je suis le captif des mille êtres que j'aime :
Au moindre ébranlement qu'un souffle cause en eux
Je sens un peu de moi s'arracher de moi-même. »
(Les Chaînes. — Stances, la Vie intérieure.)

« Des maux plus grands que moi, que j'ai peine à décrire,
M'obsèdent : peine étrange et dont on peut sourire !
Mais de tout refléter j'ai le triste pouvoir :
Tout l'abîme descend dans le moindre miroir
Et tout le bruit des mers tient dans un coquillage.
Est-ce ma faute, hélas ! si ma pitié voyage,
Si je peux réfléchir dans un seul de mes pleurs
Un théâtre infini d'innombrables malheurs,
Si toutes les douleurs de la terre et des mondes
Font tressaillir mon âme en ses cordes profondes? »
(La Justice, 8ᵉ Veille).

pratiqué dès sa jeunesse les sciences exactes, trop soumis sa raison à leur rigoureuse logique, trop nourri son intelligence de vérités scientifiquement établies pour se satisfaire sans réserves des mirages de la poésie, de l'art et de la foi. Son tempérament de savant positif, son besoin invincible de clarté et d'évidence, son aptitude éminente à enchaîner avec une exactitude quasi-mathématique des raisonnements dans l'abstrait, sa prudence dans l'affirmation, sa faculté très aiguisée de critique, sa curiosité toujours en éveil touchant les conquêtes des sciences, tout fait de M. Sully Prudhomme tout autre chose encore qu'un poète. Ni les méthodes qu'il applique à tous les sujets abordés par lui, — observation, analyse, régression explicative jusque aux limites extrêmes de la connaissance humaine, — ni l'aspect sous lequel il se représente l'univers comme objet de science, ne sont de nature à orienter sa pensée dans un sens mystique. Le conflit de la pensée abstraite et de la pensée analogique ou poétique que nous signalions plus haut à propos de la forme dans la poésie scientifique de M. Sully Prudhomme, surgit plus aigu que jamais, lorsque sont aux prises, dans l'esprit du même homme, les conceptions contradictoires des mêmes réalités vues sous l'angle de la raison en même temps que sous celui du cœur.

Un tel conflit pourrait, à la rigueur, se produire et se prolonger sans issue dans une âme résignée d'avance à n'atteindre que le relatif et à « tenir solidement les deux bouts de la chaîne »; mais plus encore que poète et savant, M. Sully Prudhomme est métaphysicien. Il lui faudrait à tout prix l'absolu, l'unité, l'ultime raison de toutes choses pour que son inquiète pensée de chercheur fût satisfaite :

> Or ma soif est celle de l'homme ;
> Je n'ai pas de désir moyen,
> Il me faut l'élite et la somme,
> Il me faut le souverain bien ! (1)

Tantôt, agité de « son besoin de songe et de fable », il rêve à cet inaccessible absolu et s'en donne l'imaginaire pos-

(1) *Défaillance et scrupule.* (*Les vaines Tendresses*, p. 253.)

session en puisant dans sa sensibilité de poète toutes les perfections idéales qu'il lui attribue. Tantôt, repris par les exigences de la méthode rationnelle, il s'interdit de déterminer la nature à jamais inconnaissable de cet Absolu dont il a la nostalgie; sacrifice douloureux auquel il ne se résignera qu'après avoir tenté toutes les voies, scruté le problème des limites de la connaissance, et laissé, jusque dans ce renoncement spéculatif, une espérance ouverte aux aspirations du cœur et aux efforts méritoires de la volonté libre.

Deux soucis travaillent impérieusement la conscience du métaphysicien en M. Sully Prudhomme : concilier entre eux les deux aspects antinomiques de l'être qu'il ne peut réduire ni sacrifier l'un à l'autre, étant à la fois poète et savant; inférer de ce qui nous est donné dans les limites d'une faculté de connaître relative et bornée, et sans renoncer à aucune de nos certitudes acquises, ce que nous pouvons ou concevoir ou croire de l'Absolu, objet de notre curiosité rationnelle et de notre aspiration morale et esthétique. C'est dans cette irréductible opposition de son tempérament poétique et de son tempérament spéculatif, et dans cet effort perpétuel du métaphysicien avide d'absolu et d'unité pour lever une insoluble antinomie, qu'il faut chercher l'idée maîtresse et le point de départ de toute la philosophie de M. Sully Prudhomme :

> « En moi-même se livre un combat sans vainqueur
> Entre la foi sans preuve et la raison sans charme » (1).

III

L'antinomie fondamentale à laquelle se heurte indéfiniment la pensée de M. Sully Prudhomme est celle de l'ordre mécanique et nécessaire requis par les conceptions scientifiques et ontologiques de l'univers, opposé à l'ordre moral et esthétique requis par le sentiment et l'action. C'est l'éternelle opposition de la quantité et de la qualité, du matériel

---

(1) *La Justice*, 1re Veille.

et du psychique, du fatal et de l'idéal, du nécessaire et de l'action libre. C'est dans une intuition intérieure immédiate de deux états mentaux irréductibles que M. Sully Prudhomme puise la notion première de cette antinomie. D'un côté, la certitude rationnelle qui accompagne la représentation de l'univers sous l'aspect de la nécessité, principe parfaitement intelligible parce qu'il est parfaitement simple, immuable et fatal; de l'autre, cet élan spécial que notre auteur a si profondément décrit à mainte reprise sous le nom d'*aspiration*, élan qui semble nous révéler l'existence au moins possible et future d'une forme de l'être inaccessible à la pensée scientifique, mais proposée comme une fin idéale à l'activité et à la sensibilité de l'homme : en un mot, l'état mental du positiviste et l'état mental du mystique. Ces deux états sont simultanés, accompagnés d'une très claire conscience de ce qui les caractérise et les oppose, recherchés l'un et l'autre avec la même ardeur par le penseur et par le poète qui les goûte également, rejetés tour à tour par le métaphysicien qui oscille de l'un à l'autre, aussitôt regrettés que sacrifiés, également légitimes et pourtant inconciliables. Une véhémente protestation du cœur contre l'intellect, une opiniâtre résistance de l'intellect aux suggestions du cœur : voilà l'initiale contradiction qui sans cesse agite et déchire l'âme de M. Sully Prudhomme, dès qu'elle se replie sur elle-même.

La pensée s'attache-t-elle à son objet, l'antinomie reparaît encore : deux faits également réels et certains, la *représentation objective*, l'*expression esthétique* lui présentent le même objet sensible sous deux aspects radicalement différents.

> « Tous les corps offrent des contours,
> Mais d'où vient la forme qui touche ? » (1)

Pourquoi l'œil de l'artiste perçoit-il dans la nature autre chose que celui du savant ? Pourquoi la sensation enferme-t-elle ce double caractère représentatif et expressif ? Quelle âme recèlent en elles ces belles formes matérielles ? Quelle

(1) *L'Ame (Stances, la Vie intérieure.)*

illusion nous fait animer une matière inerte soumise aux inflexibles lois mécaniques que nous dévoile chaque jour avec plus d'évidence l'observation scientifique ? Par quelle étrange concordance entre la nature et le plus mystérieux de nos désirs reconnaissons-nous et contemplons-nous avec une extase ravie quelques-unes de ces formes qui tombent sous nos sens ? Comment croire à la fois à la Science et à l'Art ? Comment comprendre et parler leurs deux langages, si ce qu'exprime l'un devient inintelligible dans l'autre ? Soit donc à interpréter la signification de ces deux éléments de l'intuition sensible, également vrais et pourtant contradictoires, si on les réfère chacun au principe métaphysique qui s'en induit : Être nécessaire d'une part, Beauté et Perfection de l'autre.

Dans l'ordre moral, il en est de même. Les données immédiates de la conscience morale, sentiment de dignité, sentiment d'obligation, notions de justice et de valeur morale, sentiment vif du libre-arbitre, attestent invinciblement à l'homme sa haute destinée et lui intiment l'ordre de n'y pas faillir. Or rien dans la Nature ne semble correspondre à ces révélations ni à ces exigences de la conscience humaine. Partout la lutte et le triomphe du plus fort; aucun signe de la providentielle intervention d'une Justice supérieure : l'injustice, ou du moins l'absence de justice est donc la règle naturelle que découvre la science, lorsqu'elle observe la vie des espèces et leurs relations avec l'univers matériel. Le libre arbitre, affirmé par le sens intime, est nécessairement nié par le déterminisme scientifique, fondé lui aussi sur le concept premier de l'Être nécessaire. Si donc tout est fatal, mécanique et amoral dans le monde, d'où viennent ces aspirations et ces indignations sans cesse renaissantes de la conscience morale ? Si tout est nécessité en l'Univers, comment peut-il exister un être dont la pensée y trouve de quoi représenter, même illusoirement, la non-nécessité ? Sacrifiera-t-on la justice à la fatalité, la conscience à la science, le sentiment du libre-arbitre au concept de la nécessité ? Mais tout en nous proteste contre un tel sacrifice. Étendra-t-on, au contraire, à l'ordre cosmique et à son principe les catégories morales avec la contingence, la finalité, l'intervention providentielle de la cause première? Mais alors ou bien on verra surgir une fois de plus le formidable et insoluble problème du Mal, ou bien la critique de telles doctrines y décèlera un assez naïf et grossier anthropomorphisme. Il est aussi impossible à l'homme moral de concevoir le monde à son image que de se concevoir lui-même à l'image du monde matériel ; il ne peut pas davantage assimiler à l'ordre moral, qui préside à ses actes, l'ordre mécanique qui enchaîne fatalement les événements cosmiques, non plus que se résigner à bannir comme une illusion la différence qu'établit sa conscience entre le Bien et le Nécessaire, entre l'effort méritoire de la volonté libre vers un idéal et le processus inconscient de la cause à l'effet. L'antinomie se pose donc ici dans toute sa force, et d'irritante ou d'inquiétante qu'elle était dans l'ordre logique et dans l'ordre esthétique, elle devient presque tragique sous cette forme morale. C'est la destinée humaine, en effet, qui est cette fois en jeu. Il faut d'abord et quand même agir et, par conséquent, prendre position en faveur de l'une ou l'autre des deux thèses, soit en s'engageant résolument dans la voie mystique, soit en déniant toute autorité au cœur et à la conscience. Or, avant d'en venir à une telle option radicale, quels débats intérieurs peuvent se livrer dans la conscience d'un homme de bien, trop attaché à ses convictions intimes pour y renoncer sans scrupule, mais trop savant et clairvoyant aussi pour s'en tenir à la simple foi des humbles, à « la jeune ignorance » qu'il a perdue, au credo qu'il ne peut plus prononcer sans un doute!

C'est donc au centre même de la pensée de M. Sully Prudhomme que l'antinomie sous cette triple forme a d'emblée pris naissance. Elle n'est pas la conclusion d'une laborieuse dialectique, elle en est au contraire le point de départ, et l'œuvre entière du penseur ne fera que la développer, la discuter et en chercher la solution au moins relative et provisoire. Antinomie subjective des deux besoins de l'âme humaine : soif de certitude positive, aspiration à la jouissance esthétique et morale. — Antinomie objective des deux aspects du monde sensible, l'aspect mécanique et l'aspect expressif;

— Antinomie métaphysique de l'Être nécessaire et de la Perfection progressivement réalisée par l'effort d'une activité consciente et libre; — Antinomie morale de la brutale fatalité et du Bien, de la conscience morale et de la pensée scientifique ; et, puisque la Beauté et le Bien sont les deux fins idéales, analogues en nature, où tend l'aspiration humaine, en dernière analyse : Antinomie de l'ordre esthétique et moral et l'ordre logique et mécanique dans l'univers; telles sont, en résumé, les contradictions que M. Sully Prudhomme a tenté par un effort opiniâtre et désespéré de résoudre.

IV

Dans une lettre que M. Sully Prudhomme nous écrivit, à l'occasion de l'ouverture d'un cours public dont sa philosophie faisait l'objet (1), les points essentiels de sa doctrine sont exposés d'une façon lumineuse. Mieux qu'aucun de ses interprètes, l'auteur lui-même résume toute son œuvre dans ces pages encore inédites, dont les lecteurs de cette étude auront la primeur.

«... J'approuve entièrement le programme de votre cours, parce qu'il ne laisse échapper aucune face de ma pensée, aucune de mes préoccupations intellectuelles. Je me bornerai à vous confier quel est mon propre sentiment sur mes élucubrations philosophiques.

Je ne suis pas un philosophe de profession, j'ai seulement la curiosité de ce qui explique et justifie l'univers, de sa raison d'être, de ce qu'il est sous ses apparences sensibles, de son origine et de sa destinée; curiosité passionnée mais pareille à un amour malheureux qui renonce d'avance à la possession. Je pose à l'univers, outre la question du comment, celle du pourquoi, problème formidable que je n'ai pas l'outrecuidant espoir de résoudre et que néanmoins je n'ai jamais pu m'interdire d'agiter. Ce qui me l'a rendu encore plus ténébreux et plus ardu

---

(1) Lettre du 10 novembre 1903 à C. Hémon. — Cours professé en 1903-1904 à l'École préparatoire à l'enseignement supérieur des Sciences et des Lettres de Nantes.

qu'il ne l'est pour le savant et pour le métaphysicien patentés, c'est que, en ma qualité de rêveur, de poète, je complique singulièrement les termes de ce problème. J'ai, en effet, à chercher une transition qui semble chimérique entre les deux pôles extrêmes de ma pensée, à savoir : d'un côté le concept de l'Être nécessaire avec son contenu nécessité, potentiel d'évolution prédéterminée, et, de l'autre côté, le concept du Beau. L'esthétique pour moi est partie intégrante de l'ontologie ; j'ai besoin de trouver la définition du Beau et je suis mis en demeure de la chercher dans les manifestations de l'Être nécessaire, substratum et principe de toutes les formes constitutives de la vie organique et expressives de la vie psychique. Or se peut-il que la nécessité engendre l'idéal supérieur, la dignité, c'est-à-dire la beauté morale exprimée par la beauté plastique plus qu'agréable, par l'architecture ou la musique de Beethoven, par exemple? Se peut-il qu'un vers de Corneille pousse comme un champignon, que la position et la valeur d'un mot y soient fatalement préfixées comme la situation et la masse d'un astre? D'une part, la satisfaction procurée à mon entendement par le concept fondamental de la métaphysique, par l'idée d'Être nécessaire d'où dérivent logiquement celles de l'Éternel, de l'Absolu, de l'Infini, d'autre part, le ravissement sans nom suscité par la haute musique, je veux dire par une phrase musicale que nulle parole n'accompagne et qui, pourtant, parle à l'homme et le dépayse dans un au-delà indescriptible, ces deux états moraux vous représentent exactement les deux pôles opposés de ma vie psychique.

Vous comprenez quel abîme j'avais à franchir pour passer de l'un à l'autre. Le ravissement esthétique n'est pas purement passif; c'est un enthousiasme qui fait aspirer, tendre vers un idéal, c'est donc un essor. Essor impuissant, hélas! mais d'autant plus actif qu'il est plus comprimé, comme l'énergie que fournit la chaleur transformée dans une locomotive prête à partir est d'autant plus intense qu'elle rencontre plus de résistance dans les parois de la chaudière close. Mais le potentiel mécanique est nécessité, tandis que mon potentiel psychique est seulement sollicité. Du moins, à tort ou à raison, je me crois libre parce que je me sens libre et, bien que je puisse être logiquement contraint de douter de mon indépendance dans mes résolutions, en fait je ne le peux pas. Me voilà donc obligé, bon gré mal gré, d'expliquer l'existence du libre arbitre dans la chaîne des événements engendrés tous par l'Être nécessaire, unique origine du processus universel. Je sens que la valeur morale, la dignité, beauté psychique, est irréductible aux valeurs mesurables par le mètre et le dynamomètre et je ne peux m'empêcher de le croire, quand même le libre-arbitre, fondement de cette valeur, m'est démontré absurde, c'est-à-dire contradictoire, par mon propre raisonnement. Il y a en moi conflit entre l'intuition qui affirme et la déduction qui nie. Le poète chez moi ne peut rien sacrifier au philosophe, parce qu'il ne peut se défendre de croire véridique le témoignage de sa conscience (qui est un sens intime) et de croire révélatrice l'aspiration esthétique le confirmant, de s'y fier au même titre et au même degré qu'il se fie à l'évidence axiomatique et à la démonstration réfléchie.

Il est naturel que, dans ces conditions, les efforts de ma pensée n'aboutissent pas à une construction régulièrement ordonnée dont toutes les parties se tiennent par une solidarité rendue manifeste. Ils ressemblent aux sursauts d'un fiévreux qui se tourne et se retourne dans son lit sans pouvoir s'y reposer. Peut-être cependant, si je n'ai pu obtenir du sphinx une réponse qui me satisfasse entièrement, mes recherches n'auront-elles pas été tout à fait stériles. Un chasseur qui rapporte au garde-manger son carnier vide n'a pourtant pas fait une course inutile, quand l'exploration du pays d'alentour lui a fourni pour d'autres et pour lui-même des renseignements sur les chances, sur la possibilité ou l'impossibilité d'y rencontrer du gibier.

Voici, en gros, le bilan de ma chasse. J'ai acquis l'assurance que le terrain des sciences expérimentales et des sciences exactes est superficiel et borné; que sa communication avec le tuf métaphysique est essentiellement mystérieuse; que ce terrain n'est solide qu'autant que le savant demeure fidèle à sa fonction d'observateur raisonnant sur les données empiriques, pour en découvrir les rapports les plus généraux, de manière à réduire au minimum les conditions déterminantes des phénomènes sans jamais prétendre en atteindre la cause active, le substratum. Ce qu'il appelle corps, matière, atome, agent électrique ou autre, est une synthèse, plus ou moins persistante, de sensations, synthèse qu'il peut toujours supposer décomposable en d'autres unités synthétiques ; mais le principe objectif de ces unités, ce qui, en dehors du moi, relie les causes extérieures de ces sensations toutes subjectives, est métaphysique et, partant, à jamais hypothétique. Je fonde la distinction foncière, irréductible, entre l'objet scientifique et l'objet métaphysique sur ce fait aisément constatable que toute proposition formulant dans l'esprit humain une relation entre le premier et le second est contradictoire. Ce fait n'est pas seulement mis en évidence dans les antinomies de Kant, il peut l'être dans n'importe quelle assertion rapportant les données du monde phénoménal à leur fondement métaphysique. J'ai signalé plusieurs de ces antinomies dans la dernière partie de mon petit livre sur les Causes finales, et je me propose de recenser tous les autres cas de ce genre. Au sujet du libre arbitre j'ai, dans ce même ouvrage, indiqué une position neuve de ce problème déconcertant. Je me suis demandé comment un univers dont le processus entier serait nécessité aurait pu engendrer, je ne dis pas un acte libre, mais seulement l'idée, vraie ou fausse, d'un pareil acte, comment elle aurait pu se construire.

Dans ce même ouvrage sur les Causes finales, je signale, sans approfondir la question, l'identité foncière, substantielle du physique du psychique, identité que m'avait déjà révélée l'étude du phénomène de l'expression. Dans mon livre l'Expression dans les Beaux-Arts, j'institue d'abord une théorie analytique de ce phénomène, où je montre que la physionomie, les gestes, en un mot les mouvements du corps expriment les mouvements de l'âme parce que les uns et les autres ne sont que deux espèces d'une même activité. Ainsi le beau moral pour engendrer le beau plastique n'a pas à descendre ; ses qualités ont leurs similaires dans la forme. Pour le regard de l'artiste, la beauté du Parthénon ou de Notre-Dame de Paris est indivisiblement morale et physique.

Les résultats de mes méditations tendent donc à ébranler les murs dressés par les diverses écoles entre le déterminisme et l'activité libre, entre le matérialisme et le spiritualisme. Ces résultats sont modestes : ils ne permettent pas encore d'instituer une explication simple et définitive de l'univers ; ce défaut leur est commun avec toutes les acquisitions d'une recherche patiente poursuivie selon la méthode de Bacon, dont l'application permet de ne poser aux données de l'expérience que des questions légitimes. Quand je me suis occupé d'esthétique, je n'ai pas commencé par me demander : qu'est-ce que le Beau? J'ai attendu que l'analyse minutieuse des perceptions sensibles me révélât leurs caractères expressifs et que l'analyse de ceux-ci me révélât certains caractères exprimant une chose à laquelle ne pouvait convenir aucun nom inscrit dans le dictionnaire des passions ayant des causes nettement déterminées, des causes définissables. Ce qu'exprime toute forme dite proprement belle se trouve précisément remplir cette condition.

Dès lors j'ai pu reconnaître ce que c'est qu'admirer et aspirer, en suivant la piste indiquée. Dans les sciences politiques, l'analyse m'a encore fidèlement servi pour déterminer la nature psychologique du lien social, quels sont les mobiles qui provoquent et maintiennent la subordination unilatérale ou réciproque des volontés individuelles dans un État. Je ne vous dissimulerai pas que cette étude, dont j'ai trouvé l'occasion d'utiliser les fruits dans ma préface à l'édition récente de la Bible de l'humanité de Michelet, me satisfait pleinement, parce qu'elle rend compte de l'évolution sociale à un moment quelconque de l'histoire. Enfin, j'ai aussi appliqué l'analyse à l'explication exacte des lois de la versification française dans mon Testament poétique... »

SULLY PRUDHOMME.

CHAPITRE III

La Méthode.

I. Rôle du principe de contradiction dans l'analyse et la critique des données du sens intime. — II. Marche suivie dans l'étude des problèmes abordées : 1° Constatation empirique des données intuitivement fournies par la conscience et l'expérience externe; 2° Interprétation théorique de ces données; inférences scientifiques et règles techniques; 3° Critique et interprétation conjecturale des antinomies auxquelles aboutit la recherche des fondements absolus de cette philosophie seconde. — III. Plan de la présente étude, conforme à la méthode de M. Sully Prudhomme.

I

Une philosophie qui a non pas un, mais deux principes, et des principes contradictoires entre eux, ne saurait évidemment avoir d'unité systématique. Elle ne s'achève pas, elle se cherche plutôt, et la seule unité qu'elle puisse avoir est une unité critique. L'unique solution que comporte la position d'une antinomie, — réserve faite du cas où l'on opte arbitrairement pour l'un des termes contre l'autre, — c'est la négation du principe de contradiction lui-même.

Que l'on se résigne à l'agnoticisme spéculatif des mystiques, substituant la foi en ce qui est obscur à l'affirmation de ce qui ne peut se traduire dans le langage rationnel qu'en propositions absurdes (1); qu'on pose le principe hégélien de la synthèse des contraires dans toute réalité, ou qu'on admette avec le néo-criticisme que l'inintelligible est à la source même de l'être, dès que la contradiction logique cesse

(1) « Ce qui est simplement absurde n'est pas obscur. L'obscur est ce qui nous dépasse et s'impose à nous en nous dépassant. » (RENAN.)

d'être considéré comme le signe d'une impossibilité métaphysique, toute antinomie peut être regardée comme relative, et, à ce titre, comme résoluble par une autre voie que celle de la raison. Mais, de ces solutions, la première n'est guère qu'un coup de désespoir de la raison impuissante, résolue à faire le *salto mortale* (1), plutôt que de se résigner à l'éternelle ignorance : les deux autres ne cadrent pas avec le génie de M. Sully Prudhomme si constamment tourné vers l'absolu, si disposé à respecter l'axiome de contradiction. D'autre part, spéculer au nom de ce principe sur l'objet métaphysique, c'est inévitablement arriver aux conclusions négatives ou suspensives du kantisme ou du positivisme.

En sorte que, de deux choses l'une, ou il faut affirmer le principe de contradiction, et alors renoncer à dépasser le domaine de la connaissance positive et relative, ou il faut proclamer l'inintelligibilité de l'être au point de vue purement rationnel, s'élever à l'absolu sur la foi de raisons que la raison ne connaît pas, et alors sacrifier l'autorité du principe de contradiction. Or M. Sully Prudhomme ne peut ni renoncer à obéir à ce principe, ni se satisfaire en l'appliquant strictement.

Tant qu'il raisonne sur des idées pures dans les mathématiques ou l'ontologie abstraite, il n'a pas besoin d'autre guide que ce principe directeur de la logique de la conséquence ; mais s'il veut dépasser le domaine du pur possible, la non-absurdité d'une affirmation *a priori* ne lui suffit pas plus pour en faire une thèse métaphysique que l'absurdité logique de la thèse contraire ne lui impose une négation objective et absolue. « Le peu que j'ai effleuré des mathématiques m'a tout de suite averti que ce sont des machines mentales admirablement agencées pour exploiter tous les objets qu'on y introduit, pour en tirer tous les rapports qu'ils impliquent ; malheureusement, les seuls objets qu'on y puisse introduire sont des quantités et des figures, et aucun des problèmes qui m'attirent ne relève de ces données. Restent les doctrines transcendantes d'ordre religieux, métaphysique,

---

(1) Jacobi.

psychologique, dont les objets dépassent et déjouent l'atteinte des sens; elles traitent précisément de ce qui me passionne et me tourmente, mais elles ne m'ont rien enseigné qui fut inébranlablement prouvé, et l'impossibilité où sont leurs chapelles ou leurs écoles de s'entendre sur n'importe quel article de leur programme m'en a inspiré une incurable défiance (1). » C'est le classique argument du scepticisme contre le dogmatisme métaphysique, argument dont le ressort est le principe de contradiction. M. Sully Prudhomme entend donc bien rester fidèle à ce critérium rationnel, mais sans en faire un usage illégitime et abusif. Il a dans la raison spéculative la même confiance que les kantiens et les positivistes, mais comme eux aussi il refuse d'appliquer les catégories rationnelles à d'autres objets que ceux dont nous avons une connaissance empirique. De là l'analogie frappante de sa doctrine avec celle de Kant quant à l'usage qu'il fera du principe de contradiction comme base d'argumentation critique, toutes les fois qu'il pourra mettre en lumière les contradictions intrinsèques de toutes les propositions exprimant un rapport entre le monde phénoménal et l'objet métaphysique.

Mais un tel usage du principe de contradiction est plutôt négatif et destructif que positif. Tout en adoptant la prudente attitude des savants et des criticistes, M. Sully Prudhomme ne peut s'interdire de songer à cet objet transcendant qu'il ne saurait concevoir et dont il ne peut parler qu'en termes contradictoires. « J'ai faim d'un aliment que je n'ai jamais songé à demander aux savants et que j'attends encore moins de leurs adversaires. Les premiers ne le promettent pas, et, volontairement ou non, les seconds le frelatent. J'en ai donc été réduit à tâcher de me le fabriquer à moi-même. J'y ai échoué, et je n'ai que la pauvre consolation de savoir aujourd'hui à peu près pourquoi; ce n'est guère. Ce minimum de connaissances, je l'offre à titre de simple diversion à ceux qui souffrent de la même fringale que moi et que ne sauraient assouvir ni les sciences, soit exactes, soit expérimentales,

---

(1) *Que sais-je?* p. 188.

faute de suffisante ouverture sur l'objet de notre curiosité foncière, ni les systèmes métaphysiques, ni les doctrines mystiques, faute de précision et de preuve (1). »

À défaut des certitudes transcendantes que le philosophe renonce à posséder jamais, le poète peut du moins s'attacher à des probabilités séduisantes auxquelles rien ne lui défend de croire, si elles s'offrent à son imagination sur la foi de sentiments assez réels et forts pour qu'elles ne soient point invraisemblables. Il ne les affirmera pas catégoriquement, faute de preuves, mais il ne les niera pas non plus, n'ayant pas de certitudes contraires à leur opposer : reste qu'il les postule à titre de belles hypothèses sous lesquelles il orientera les efforts de son activité dans un sens propre à satisfaire ses plus puissantes aspirations. La foi, ou du moins l'espérance, est aussi légitime que la négation dans le doute. Le respect le plus scrupuleux du principe d'évidence rationnelle ne l'interdit pas, pourvu que les conjectures dont elle s'enchante n'entraînent la méconnaissance d'aucune des vérités positivement acquises par la raison humaine, pourvu aussi que les raisonnements qui ont préparé le poète à y adhérer n'enferment aucun sophisme propre à en ruiner la vraisemblance.

Ainsi, dans aucun cas, à aucun titre, M. Sully Prudhomme ne sacrifiera sa foi inébranlable en la raison et en ses principes directeurs. Sera déclaré vrai par lui tout ce qu'il connaît d'une façon positive, immédiate et évidente, n'en eût-il pas d'abord l'explication ultime, dût-il même renoncer à parvenir jamais à une telle explication. Or présenteront ce caractère d'irréfragable vérité toutes les données immédiates de la conscience humaine, tous les faits dûment établis par l'observation empirique, de quelque nature que soient ces faits, objets d'intuition. À l'égard de ces données intuitives, lorsque leur réalité n'est pas douteuse, les seules questions qui se posent sont celles-ci : 1° Que signifient-elles? 2° Comment s'explique leur présence dans le champ de la connaissance humaine?

---

(1) *Que sais-je?* Préface, p. VII.

Il faudra donc d'abord les recenser, les poser avec autant de certitude que possible, les analyser et les décrire ; il y aura ensuite à les interpréter, c'est-à-dire à démêler ce qu'elles expriment, si elles semblent signifier autre chose ; à établir quels rapports de concordance logique ou de contradiction elles peuvent avoir entre elles ; il conviendra enfin de déterminer à quelle cause ou à quelle raison suffisante il faut les rattacher pour que leur réalité, comme leur signification, devienne intelligible dans les limites du connaissable. Que si, après cette tentative d'explication scientifique quelque chose reste encore mystérieux dans ces données premières qui constituent tout ce que nous savons de nous-mêmes et du monde, si entre elles s'accuse une incompatibilité scandaleuse pour la raison, également impuissante à les nier, à cause de leur évidence respective, et à les affirmer ensemble, à cause de leur contradiction, si en un mot la curiosité spéculative du chercheur se heurte à une énigme insoluble ou à une antinomie, alors seulement il sera légitime de passer du point de vue scientifique au point de vue métaphysique. Une application rigoureuse du principe de contradiction démontrera l'impuissance de la pensée humaine à dépasser dans ses affirmations les limites de l'expérience ; mais, en même temps que la raison confondue abdiquera ses prétentions à connaître l'inconnaissable, la conscience, faisant un nouveau retour sur certaines aspirations très réelles qu'elle ne peut se résoudre à croire dénuées de cause, d'objet et de sens, s'autorisera de leur réalité pour en conjecturer poétiquement, ou en postuler, en vue de fins pratiques, la signification transcendante, le principe et l'objet.

II

On voit, dès lors, quelle sera la méthode appliquée par M. Sully Prudhomme aux problèmes qu'il examinera, méthode essentiellement analytique, inductive et critique, très semblable à celle de Kant. Faisant abstraction de toute affirmation dogmatique *a priori*, de toute définition préalable de l'objet ou du concept qu'il étudie, le philosophe se met d'abord en face de sa propre conscience et fait le bilan de ce qu'il y trouve. La constatation tout empirique de ces données immédiates de la réflexion intérieure ne mène l'esprit à rien de plus qu'à l'affirmation de ce que reconnaîtrait pour vrai une pensée absolument vierge de toute suggestion étrangère. Des états mentaux de diverse nature, représentations, émotions, aspirations, efforts ; l'idée d'un monde accidentel et phénoménal dont les manifestations instables et relatives prennent la forme de notions dans la pensée ; l'idée de l'être, conçu comme quelque chose qui n'a pas commencé et ne finira pas : voilà ce que tout d'abord la pensée rencontre en elle-même. Chacune de ces données sera approfondie, analysée de près et chacune de ces notions sera définie d'une façon aussi claire, simple et exacte que possible.

Mais, en s'appliquant à ces données immédiates de la connaissance ou à ces formes spontanées de l'activité humaine, la réflexion peut les interpréter et les diriger d'une façon théorique. La Science, l'Art, la Morale procèdent d'un tel travail et ne se constituent en doctrines qu'à condition de se plier aux lois qui régissent l'intelligence, la sensibilité et l'activité de l'homme. Au lieu, donc, par exemple de se demander : qu'est-ce que l'Art? et de chercher d'abord une définition du Beau, M. Sully Prudhomme fera la psychologie de l'artiste ou du poète, en induira scientifiquement les principes de l'expression dans les Beaux-Arts et les lois de la versification, et seulement alors il se posera la question du *pourquoi* après avoir résolu celle du *comment*. « Depuis longtemps, je me préoccupais des moyens d'asseoir la critique des arts sur quelque fondement rationnel qui en bannît autant que possible l'arbitraire. Je m'en voulais de subir aveuglément mes impressions et de ne rien faire pour établir mes préférences sur des principes, pour motiver les appréciations de mon goût par les jugements de ma raison. Les livres auxquels j'avais demandé des lumières sur l'esthétique ne m'avaient pas fourni celles que j'y cherchais. Dans les uns, le Beau, contemplé en soi, objet transcendant d'un concept absolu, affectait un caractère trop métaphysique pour satisfaire mon besoin de précision ; dans les autres au contraire, considéré dans ce qu'il a de relatif, de variable avec le génie et la culture des divers peuples, il échappait encore comme un Protée aux prises de mon entendement. *Je renonçai donc à en poursuivre la définition directe et je résolus d'en observer la conception dans l'âme de l'artiste.* J'espérai, en examinant de près comment la sensibilité et l'intelligence collaborent à l'œuvre d'art, en démontant l'instrument qui crée le Beau, me renseigner sur la nature du Beau même. J'abordai donc l'esthétique par la psychologie (1). » « J'ai fait table rase de toute définition traditionnelle, et bien loin de me dire : « Il y a une esthétique », j'ai voulu ignorer s'il y en a une ou plusieurs, ou s'il n'y en a pas. *J'ai procédé comme si ce mot m'était inconnu. En somme, j'ai examiné sans parti pris les perceptions sensibles et j'ai attendu patiemment que mon examen en rencontrât dont certains caractères me missent en demeure de leur attribuer une qualification spéciale.* Je vous convie à vouloir bien me suivre dans cette voie très sûre (2). »

Même attitude chez M. Sully Prudhomme lorsque, pour aborder le problème moral, il commencera par analyser les manifestations intimes du sentiment moral dans la conscience et les ressorts du mouvement historique des groupements humains : « Jusqu'à présent, je me suis borné à *mentionner l'existence* des liens nombreux constituant aujourd'hui les divers modes généraux de l'agrégation humaine... Mais *en quoi consistent ces liens? C'est évidemment de leur exacte analyse, de leur définition précise que dépendent la parfaite intelligence et l'objet même de l'histoire,* car les actions des hommes n'intéressent leur vie sociale qu'autant qu'elles affectent les causes qui les poussent à se grouper et les viennent réunir. Je suis donc amené à *examiner la nature de ces causes.* Je me propose de *dégager des données empiriques* excessivement nombreuses et complexes de la question *les racines* et *les principes* des groupements humains (3). » Le second temps

---

(1) *L'Expression dans les Beaux-Arts,* préface, p. II.
(2) Prose (Éd. 1905) *Testament poétique,* Conclusion, p. 250.
(3) Préface à la *Bible de l'Humanité,* Prose (1905). *L'histoire et l'état social,* p. 291.

de la méthode de M. Sully Prudhomme consiste donc à passer du fait empiriquement constaté à la recherche de son déterminant immédiat et à suivre idéalement le mécanisme de sa production. Jusqu'ici, il ne fait encore œuvre que d'observateur et de théoricien ou de technicien.

Chacun des faits premiers constatés dans l'acte d'intuition qui sert de point de départ à la réflexion philosophique peut être décrit et noté à part des autres. L'explication théorique qu'il comporte dans les limites de la connaissance positive ainsi que les conclusions pratiques qui s'en déduisent, peuvent également se suffire à elles-mêmes et se proposer avec certitude, à condition toutefois qu'on n'en cherche pas le principe absolu. Mais la curiosité de l'esprit humain ne peut s'en tenir à ces explications relatives, non plus qu'à ces théories fragmentaires et indépendantes : il lui faut l'absolu et l'unité. Or il se peut à la fois que le principe ou l'objet absolu de ce qui est réel et intelligible dans le relatif, échappe aux prises de la pensée, et que les faits premiers eux-mêmes, avec les doctrines qui ont été fondées sur eux, se conçoivent comme incompatibles. La dialectique appliquée en ces deux cas par M. Sully Prudhomme comportera deux procédés essentiels : 1° une critique approfondie des conditions logiques dans lesquelles se posent et peuvent ou non se résoudre les problèmes métaphysiques, autrement dit une enquête sur les limites de la curiosité spéculative et de la faculté de connaître de l'homme; 2° une confrontation minutieuse de toutes les affirmations qui se présentent à la raison sous une forme antinomique, soit au sujet des faits attestés avec une égale évidence empirique par la conscience, soit dans les déductions qui s'en tirent et les concepts métaphysiques qui s'en induisent. L'énoncé de ces antinomies, sous la loi constante du principe de contradiction, amène alors la pensée du philosophe soit à renoncer à les lever et à se résigner à l'ignorance spéculative, soit à imaginer, à défaut de certitude sur des questions qui dépassent infiniment la portée de son intelligence, les belles hypothèses dont il fait « *une sorte de poétique lumière que ses vœux proposent à son entendement* ».

En d'autres termes, M. Sully Prudhomme pratique à peu

près la méthode adoptée par Kant dans la Dialectique des trois Critiques, méthode essentiellement rationnelle dans sa partie critique et négative, et semi-mystique dans sa partie positive. Il infère hypothétiquement ce que lui paraissent requérir certaines données indiscutables et universelles du sens intime ; il affirme, dans des postulats pratiques, ce à quoi il lui paraît légitime d'aspirer et de s'efforcer, rejetant dans un avenir indéterminé la solution des antinomies où s'est heurtée sa raison spéculative (1). C'est entre les négations logiquement nécessaires de l'agnosticisme positiviste et ces retours à la foi idéaliste du poète, de l'artiste et de l'homme moral, qu'oscille encore la conscience philosophique de M. Sully Prudhomme, condamnée par sa méthode même à ne pouvoir ni se déprendre de rêves qui sont psychologiquement des réalités, ni se résigner à ne jamais déterminer avec certitude quel est l'objet suprasensible que ces rêves poursuivent au delà du connaissable.

Une antinomie dont les termes se développent d'abord isolément et parallèlement, puis entrent en conflit les uns avec les autres dès que le philosophe les rapproche et tente de les concilier ; — une marche dialectique allant, dans tout problème examiné, des données immédiates de l'intuition aux inductions scientifiques qu'elles comportent, et aboutissant à une énigme métaphysique dont la raison tente, par la voie de la spéculation ou par la voie de l'aspiration, la critique et la solution : voilà l'ordre que nous emprunterons à M. Sully Prudhomme lui-même pour diviser d'une façon conforme à l'esprit de sa doctrine notre exposition systématique de ses idées philosophiques. Ce plan, sans être artificiel, n'a jamais été indiqué dans les ouvrages de notre auteur ni, à proprement parler, suivi dans le développement historique de sa pensée ; mais il a été entièrement approuvé par lui lorsque nous le lui avons soumis. Si, en effet, M. Sully Prudhomme a passé par diverses phases intellectuelles et morales dont chacune a eu son écho dans son œuvre de poète ou de prosateur, il existe néanmoins entre les vues qu'il a émises sur les pro-

---

(1) Cf. *Que sais-je ?* p. 202, 203 ; et 238, 239.

blèmes philosophiques, de 1859 à 1906, une connexion telle, que le rapprochement de textes empruntés à des ouvrages écrits à des époques très différentes non seulement ne met pas le philosophe en contradiction avec lui-même, mais semble même parfois achever ou confirmer la même pensée.

Deux hommes sont en lui : le savant et le poète. Deux philosophies se constitueront à la fois dans sa pensée : une *philosophie spéculative et scientifique*, dont l'objet est de parvenir à la certitude et d'éprouver les limites du savoir humain; une *philosophie d'ordre poétique, mystique et pratique* dont les principes sont surtout affectifs et dont l'objet est de déterminer l'origine et la signification des *aspirations* de l'homme vers un idéal pressenti et aimé. L'une comme l'autre, ces deux philosophies distinctes, et, jusqu'à nouvel ordre, presque indépendantes l'une de l'autre, auront pour point de départ la constatation de faits de conscience, révélés par la réflexion et garantis par une évidence intuitive. Toutes deux tenteront d'interpréter ces données et d'en tirer les théories qu'elles comportent : d'un côté, la logique, la science, la cosmologie, l'ontologie; de l'autre, l'esthétique, la poétique, l'éthique. Dans chacune déjà des difficultés s'élèveront lorsque le philosophe cherchera à fixer les rapports des objets auxquels leurs diverses parties s'appliquent et dont la nature ne se définit que d'une façon incomplète, illégitime ou contradictoire. Chacune rencontrera donc son obstacle dès qu'elle prétendra arriver à son principe absolu situé au delà des limites du connaissable.

Nous exposerons tour à tour la PHILOSOPHIE SPÉCULATIVE et la PHILOSOPHIE D'ASPIRATION de M. Sully Prudhomme, en poussant l'une et l'autre jusqu'au seuil de la métaphysique et jusqu'au point où le rapprochement des deux doctrines devenant nécessaire en vue de leur synthèse, l'antinomie éclatera, sans comporter d'autres solutions que des espérances et des conjectures, ou une certitude négative. « *La métaphysique*, selon M. Sully Prudhomme, *est une chose à la fois spéculative et émotionnelle* (1) ». C'est donc et dans les conclusions de

---

(1) **Formule essentielle recueillie dans un entretien personnel avec M. Sully Prudhomme (1904).**

sa critique spéculative, et dans les inférences, conjectures et postulats que lui suggèrent les aspirations de sa sensibilité, que nous aurons à chercher la philosophie première du poète-philosophe. A vrai dire cette philosophie première n'est guère pour lui qu'une solution toute relative et provisoire de l'antinomie au milieu de laquelle il se débat. La thèse et l'antithèse seules présentent pour lui une certitude suffisante : la synthèse reste problématique. C'est sur une douloureuse interrogation à laquelle ne répond jamais définitivement le témoignage du cœur, que s'achèvera cette philosophie, ou plutôt ce poème, où se sont concentrées toutes les angoisses, toutes les curiosités et toutes les aspirations de la pensée humaine.

CHAPITRE IV

Inventaire des données immédiates de la conscience réfléchie.

I. *Définition* et *indication* des notions. — II. L'être. Le monde accidentel, le monde phénoménal. — III. L'objet et le sujet. Conscience et connaissance. — IV. Le moi. Aptitudes. Substratum. — V. Données de la perception externe. Extérieur et intérieur des objets. — VI. Données esthétiques. Expression, aspiration, admiration. — VII. Données morales. Notions et sentiments éthiques. Obligation, dignité. — VIII. Les concepts métaphysiques. L'activité, le devenir.

I

Conformément à la prudente et rigoureuse méthode dont nous venons de formuler les principes, M. Sully Prudhomme, avant de se poser les problèmes philosophiques qu'il s'efforcera ensuite de résoudre, commence par faire un retour sur sa propre conscience afin de dresser le bilan des diverses données empiriques qu'il y découvre intuitivement. Il s'interdit jusqu'à nouvel ordre d'instituer la théorie analytique et la critique spéculative d'aucune d'elles; il les constate et les définit, s'efforçant seulement de donner aux mots qui désignent ces faits premiers un sens précis et définitif. A vrai dire, aucune de ces notions empiriques n'est définissable pour un autre sujet que celui qui a l'intuition immédiate des états mentaux auxquels elles correspondent : « Je ne puis répondre que des faits constatés en moi par moi-même. Je les suppose susceptibles d'être contrôlés par le lecteur lui-même... S'il reconnaît en lui ce que je lui signale en moi, sa lecture peut n'être pas stérile (1). » Réserve faite de cette inévitable relativité du langage lorsqu'il exprime quelque chose d'incommunicable entre plusieurs sujets, les mots traduisant les données primitives du sens intime pourront sinon *définir*, du moins *indiquer* les objets désignés. — « *Indiquer*, dans le monde extérieur, une chose qui tombe sous les sens, c'est, par un moyen quelconque, amener autrui à en recevoir sur ses nerfs sensitifs la même impression distinctive que soi-même on en reçoit sur les siens. — *Indiquer* une chose du monde intérieur, laquelle n'impressionne pas les sens, mais est immédiatement accessible à la conscience, c'est, par l'intermédiaire d'une chose qui tombe sous les sens, choisie dans le monde extérieur pour son analogie plus ou moins prochaine avec la première, amener autrui à prendre conscience de celle-ci. Les noms donnés aux fonctions et aux états psychiques dans les langues humaines mettent en évidence qu'il y a eu, pour les imposer à ces choses, concert des consciences individuelles par ce procédé, et par suite, qu'une telle analogie existe, si subtile qu'elle puisse souvent nous paraître (2). »

II

La première idée qui se présente à la pensée, quel que soit l'objet auquel elle s'applique, est celle d'*existence* et de *négation d'existence* ou *néant*. « J'appelle *exister* n'être pas rien, être quoi que ce soit, à un titre quelconque, abstrait aussi bien que concret, général aussi bien que particulier, transitoire aussi bien que définitif et permanent dans n'importe quel ordre (physique, psychique ou autre). J'appelle *chose* n'importe quoi qui existe... Tout ce qui existe est réel : c'est une réalité par cela même que c'est une chose (*res*) (3). »

---

(1) *Que sais-je?* p. 9.
(2) *Définitions fondamentales; vocabulaire logiquement ordonné des idées les plus générales et les plus abstraites.* — *Psychologie du libre arbitre*, p. 88, 89.
(3) *Ibid. Définitions*, 1, 2, 3, 4.

Ce qui se passe en moi, moi-même, et ce qu'il y a hors de moi sans exception, en un mot, l'univers proprement dit, est-il susceptible de complet anéantissement ? Non certes ; il m'est aussi impossible de le concevoir passant de l'existence au néant que déterminé à l'existence par le néant. Je suis donc obligé de reconnaître en lui, outre des choses qui en peuvent disparaître, quelque chose qui n'a pas commencé et ne finira pas. Ce quelque chose d'éternel, je l'appelle l'*être*. » « L'hypothèse d'un univers uniquement accidentel étant pour moi inadmissible, j'en conclus que le monde accidentel qui entre dans la composition de l'univers réel n'y est pas indépendant de l'être, n'y existe qu'en lui et par lui. » Quant à l'être même, comment, tel que je viens de le définir, existerait-il autrement que par lui-même et en lui-même ? — Ces divers concepts connexes résultent si directement à la fois du premier regard que porte l'homme sur la *nature* et de la *nature* même de son intelligence, que je ne leur ferai pas l'honneur de les appeler *métaphysiques*. Ils ne le seraient que s'ils prétendaient atteindre et pénétrer l'objet qu'ils se bornent à désigner. Leur origine empirique et immédiatement déductive m'ôte le droit de les qualifier ainsi. *Pris individuellement, ils sont simples et évidents, mais il ne s'ensuit pas que leur mutuelle relation soit intelligible à l'homme, car celle de leurs objets respectifs est métaphysique...* L'analyse précédente me conduit à distinguer dans l'univers : 1° *L'Être ;* 2° *le monde accidentel ;* 3° dans celui-ci le monde que je porte en moi, composé de mes états conscients (sensations, idées, sentiments, volitions, etc.) ; je l'appellerai *le monde phénoménal*. Un *phénomène* est un accident de mon for intérieur dont j'ai conscience, qui a le plus souvent pour cause un accident extérieur, et, à ce titre, en est le signe en moi (1). » M. Sully Prudhomme, on le voit, adopte dès le début de son enquête réflexive la même position que Kant.

(1) *Que sais-je ?* p. 11, 12, 13.
« Il convient de réserver le vocable *phénomène* pour signifier certains événements psychiques, une perception sensible déterminée dans le sujet pensant par quelque événement extérieur à lui, ou une donnée quelconque de l'observation. » (*Définitions fondamentales,* Définition 46.)

L'opposition du phénomène et du noumène est en germe dans sa définition de l'être et de l'univers. Il donne toutefois au concept de l'être un caractère de réalité indéfectible, analogue à celui que lui confère Spinoza, tout en s'abstenant encore de prononcer le mot *substance* et de se demander si l'être est un ou multiple, c'est-à-dire d'aborder l'ontologie métaphysique (1).

III

Le sujet tantôt prend conscience de lui-même à l'état de veille, tantôt perd cette conscience dans le sommeil. Il conçoit à ce titre, au moins négativement, sans jamais le constater, un état d'*entière inconscience*, de complète ignorance; cette notion se représentera à lui quand il cherchera à déterminer le rapport de la pensée consciente qui connaît avec l'objet inconscient qu'elle connaît. A l'état de veille, l'esprit reçoit des sensations qu'il perçoit avec attention, compare, groupe, et par lesquelles il juge et raisonne. « Ces fonctions intellectuelles opèrent sur les perceptions, y discernent progressivement l'*objectif*, c'est-à-dire ce que l'objet perçu y marque, du *subjectif*, c'est à dire de ce qui appartient en propre au sujet percevant, et par là elles font des *notions*, des *connaissances* d'abord concrètes et particulières, puis de plus en plus abstraites et générales. Mais ce discernement est imparfait, peu précis et instinctif encore. Enfin s'éveille la *conscience réfléchie*. Cet éveil, en général, accompagne toute sélection laborieuse de l'objectif d'avec le subjectif, et consiste en ce que le sujet se reconnaît expressément et s'affirme distinct de l'objet, distinct du monde extérieur; en d'autres termes le *moi* s'oppose au *non-moi* dont il sent la rencontre. A ce degré de conscience, le sujet s'aperçoit qu'il est attentif, qu'il compare, qu'il raisonne (2). » « Lorsque l'acte de penser s'applique non à l'objet, mais à l'opération même de la pensée, il y a réflexion (3) ».

(1) Cf. II° Partie, ch. II, *L'Être et le Connaissable*.
(2) « *Que sais-je?* p. 17.
(3) « J'entends par l'*observation interne* l'attention appliquée aux états conscients, non pas seulement pour les rendre aussi conscients

Réfléchir sur un objet, c'est le percevoir avec la conscience qu'on le perçoit, c'est par conséquent critiquer les moyens de le connaître, en un mot y appliquer une méthode et par cette méthode l'analyser et le connaître plus profondément. Du reste l'esprit n'a pas deux modes de penser, il ne fait jamais que percevoir; seulement, dans le cas de la réflexion, la perception de l'objet se complique de celle des facultés mêmes qui l'étudient et suppose un acte de conscience (1). » C'est à peu près le langage de Locke et sa théorie de la connaissance. M. Sully Prudhomme va s'engager plus avant encore dans la voie de l'empirisme et du phénoménisme dans la façon dont il présente les données immédiates de la perception interne et de la perception externe.

IV

« Que suis-je? Rien de plus peut-être qu'un composé d'événements, d'états de conscience les uns simultanés, les autres successifs, coordonnés dans la durée, et peut-être cesserais-je d'exister s'il n'en demeurait plus un seul dans mon for intérieur, lequel n'est autre peut-être que le lien purement spatial et chronique de ces états conscients. Je ne saurais faire d'hypothèse plus simple sur ce que je suis... Mais ma conscience réfléchie me révèle au-dessous de mes sensations, plus profondément en quelque sorte, je ne sais quoi d'*actif* et de persistant qui les précède, concourt à en former des perceptions et leur survit; qui, loin d'être une résultante des données fragmentaires de mes sens, les combine et les centralise, qui n'est entier dans aucun de mes états conscients et ne se divise ni ne se multiplie comme eux... Mais ce principe de connexion que je sens réel, ma conscience réfléchie l'atteint-elle directement, abstraction faite des évé-

---

que possible, mais, en outre, pour prendre conscience de leur existence, les analyser, les classer, et en déduire la définition des caractères psychiques, en un mot pour instituer une psychologie intuitive. Cet acte de conscience au second degré s'appelle proprement la *réflexion.* » (*Définitions fondamentales,* Définition 48).

(1) *Préface à la traduction de Lucrèce,* p. x.

nements qu'il synthétise? Atteint-elle tout le *moi*, non pas seulement ce qui s'y passe, mais ce qu'il est?... J'avoue que, pour ma part, je ne me connais pas intégralement : je n'aperçois de moi-même que mes sensations, perceptions, idées, sentiments, jugements, volitions, souvenirs, l'existence d'un lien qui met en rapport mutuel ces divers événements internes et aussi l'existence en moi de prédispositions à être ainsi modifié diversement. Comme ces dispositions ont un caractère permanent, je les sens comme des virtualités, c'est-à-dire des *aptitudes*... Je définis une aptitude : un système persistant de toutes les conditions (1), *moins une*, requises pour déterminer une espèce distincte d'événements internes. Dès que la condition manquante se réalise, l'ensemble des conditions devient à la fois nécessaire et suffisant, l'*aptitude* entre en exercice (2). Quel est le *substratum* de ces aptitudes, la cause de leur connexion permanente? C'est une question qui se posera plus tard. Présentement, sans professer aucune métaphysique, on peut admettre que les conditions qui dans l'être constituent de telles aptitudes se réalisent et que « l'*aptitude psychique* puise dans le réservoir de l'être un *substratum*, d'une nature à déterminer, qui rend possible sa migration des parents à leur progéniture (3) ». La même analyse s'applique aux *aptitudes somatiques*, aussi bien comprises dans l'essence humaine que les *aptitudes psychiques*, et peut-être même conditions de celles-ci. Sans plus parler de *corps* que d'*âme*, termes métaphysiques, on peut admettre que « l'unité corporelle, à tous les points de vue, c'est-à-dire physique, chimique, morphologique et physiologique, soit simplement la résultante des propriétés et fonctions héréditaires concentrées dans le germe et évoluant avec lui (4). »

(1) « Une chose sans le concours de laquelle il est impossible qu'une autre existe, ou existe telle qu'elle est, se nomme une condition de celle-ci. Une condition est donc un facteur, en tant qu'elle détermine ou contribue à déterminer autre chose. » (*Définitions fondamentales*, Définition 8.)
(2) *Que sais-je?* p. 19-20.
(3) *Que sais-je?* p. 24.
(4) *Que sais-je?* p. 25-27.

Y a-t-il une âme, *substratum* (1) des aptitudes psychiques seules? Y a-t-il un corps dont le *substratum*, dit *matière*, soit doué de propriétés exclusivement physiques, chimiques et physiologiques? Le *substratum* humain a-t-il une unité foncière, en dépit de l'opposition des deux aspects du moi psychique et du moi physique? Les phénomènes physiologiques ont-ils eux-mêmes une commune mesure avec les phénomènes physiques, et leur caractère propre n'oblige-t-il pas à concevoir un principe vital spécial doué d'une fonction plastique et organisatrice? Ce sont autant de problèmes que M. Sully Prudhomme agitera ultérieurement après avoir ici posé la question de l'essence humaine à la seule lumière de la conscience réfléchie.

V

La perception externe ne révèle au moi le monde extérieur que dans le cas où l'intelligence communique avec son objet par l'intermédiaire de données empiriques fournies par les sens. M. Sully Prudhomme ne croit ni à la communication directe de la pensée avec son objet dans l'extase mystique, ni aux idées innées. « Certains prétendent qu'il y a en eux des idées dont ils n'ont pas été obligés de faire l'acquisition ; je n'en ai jusqu'à présent trouvé aucune d'une telle origine en moi. (2) » Toute notion relative aux objets distincts du moi est donc d'origine empirique. « J'entends par l'*observation externe* l'attention appliquée aux états conscients qui naissent

---

(1) « Un événement quelconque, d'ordre psychique ou autre, une sensation par exemple... ne se crée pas de rien. Il est déterminé par quelque chose dans quelque chose; tout événement suppose constamment la présence de quelque donnée immédiate dont il est une variation ou une modification. Cette donnée constante et immédiate est ce que j'appelle son *substratum*. — Dans une synthèse de propriétés constamment associées, ce qui les maintient groupées et fait persévérer chacune d'elles sous les modifications qui la révèlent, ce qui fait de cette synthèse un objet pour la pensée, chose distincte portant un nom, cette donnée en tant que lien persistant et subsistant, est encore un *substratum* : principe de son unité et de sa durée. » (*Définitions fondamentales*, Définition 68.)

(2) *Que sais-je?* p. 29.

d'impressions faites sur les nerfs dits *sensitifs*, états appelés *sensations*, dont l'activité intellectuelle forme des perceptions révélatrices du monde extérieur au sujet qui observe. Ce monde ne livre à la connaissance humaine que son existence et les rapports soit particuliers, soit généraux entre les événements qui s'y passent et se manifestent sous forme de phénomènes, c'est-à-dire de sensations. (1) »

La connaissance du monde extérieur se présente nécessairement comme relative, car c'est à travers la sensibilité, à travers lui-même que le sujet atteint ce qu'il peut connaître. « Cette communication, n'étant pas immédiate, complique d'une image à interpréter, c'est-à-dire d'un signe à déchiffrer la pure notion de l'objet (2). » « L'intermédiaire obligé de ma connaissance est une chaîne à deux ou trois chaînons reliant l'objet au sujet qui est *moi*. Quand c'est l'ouïe ou la vue qui me renseignent il y en a trois à partir de l'objet, à savoir : 1º un agent matériel (l'air ou l'hypothétique éther) qui reçoit de l'objet certaines vibrations; 2º le nerf approprié auquel cet agent les transmet; 3º la sensation déterminée dans le sujet par lesdites vibrations que lui communique ce nerf grâce à un mode de transmission encore obscur (3). » Mais pour prendre conscience de la modification apportée en lui par l'influence de l'objet, le sujet ne peut sortir de lui-même ni s'identifier à l'objet. « Un être individuel, quel qu'il soit, ne peut prendre immédiatement conscience que de ce qui se passe en lui-même. S'il connaît une chose autre que lui, c'est donc seulement par les caractères qu'il s'en peut assimiler en les recevant imprimés dans les modifications produites en lui par cette chose. *Entre lui et elle il existe alors quelque donnée commune*, par là quelque élément de connaissance, sans qu'il y ait aucune aliénation, aucune confusion de sa conscience propre, c'est-à-dire de son individualité personnelle (4). » M. Sully Prudhomme est ainsi conduit à admettre comme une donnée immédiate de la

---

(1) *Définitions fondamentales* (Définition 49).
(2) *Que sais-je?* p. 30.
(3) *Que sais-je?* p. 30.
(4) *Ibid.* p. 32. — Cf. II⁰ Partie, chap. ɪɪ, *L'Être et le Connaissable*.

conscience réfléchie l'idéalisme phénoméniste et le principe de la relativité de la connaissance sensible. A vrai dire, tel n'est pas le témoignage de la conscience spontanée qui, au contraire, objective instinctivement les sensations. « Pour l'enfant et pour beaucoup d'hommes faits, la sensation de l'objet se confond absolument avec l'objet même, et ainsi l'ensemble de leurs sensations leur paraît être le monde extérieur... Pour eux l'image et l'objet ne font qu'un. La connaissance spontanée fait donc concevoir comme existant hors du moi des états sensibles du moi, elle *extériorise* les sensations mêmes et les montre comme des propriétés et non comme des signes de l'objet extérieur (1). » Lequel de ces deux témoignages est véridique? Laquelle est la plus vraisemblable, de la thèse de Berkeley et de Hume ou de celle de Reid? Elles ne diffèrent, selon M. Sully Prudhomme, que par le degré de la réflexion qui a été appliquée à la donnée immédiate du sens interne. Mais alors ne peut-on lui objecter *in limine* que la définition qu'il donne ici de la sensation et de son objet ne correspond pas à une donnée primitive de la conscience, mais aux conclusions d'un premier travail d'interprétation et de critique?

Ce que l'observation externe nous révèle des objets, ce sont des impressions d'abord confuses et isolées, qui bientôt s'organisent : « Quand dans une chambre nous nous réveillons d'un sommeil profond, toutes les impressions dont nous prenons peu à peu conscience font naître en nous des sensations toutes mêlées et confuses, d'abord; puis l'esprit de plus en attentif en dégage, par autant de perceptions distinctes, des groupes que nous reconnaissons. La perception est la première mise en œuvre des sensations par l'esprit, c'est une synthèse. Ainsi l'ensemble actuel de nos sensations de tous genres se divise, dès que nous percevons, en groupes, en unités collectives (2). » Ce qui, dans un tel objet mentalement construit par la perception, affecte immédiatement nos sens, en est le *dehors* ou l'extérieur, derrière lequel il y a le *fond* de l'objet ou son *intérieur*. « Nous voulons seulement par ces

(1) *Préface à la Traduction de Lucrèce*, p. xxiii.
(2) *L'Expression dans les Beaux-Arts*, p. 48.

deux mots *dehors* et *fond*, *extérieur* et *intérieur*, distinguer dans l'objet deux parties que l'expérience même nous oblige à y considérer séparément, quelle que puisse être, d'ailleurs, sa nature dont nous ne savons rien ou presque rien. » « En résumé, l'*intérieur* de l'objet, son *extérieur* et sa *représentation* en nous, au moyen de son extérieur et d'autres intermédiaires, sont trois choses à ne pas confondre (1) ». Ces diverses constatations psychologiques serviront à M. Sully Prudhomme quand il examinera, d'une part, le problème métaphysique de la matière, de l'autre, le problème esthétique du caractère expressif des perceptions sensibles. L'intelligence, analysant les données empiriques fournies par les perceptions, en dégage des caractères dont chacun, pris et conçu à part, fournit une idée abstraite, ou, s'il appartient à plusieurs perceptions à la fois, une idée générale. Ainsi se forment les *notions scientifiques*. « Les idées, les concepts sont dits vrais, constituent des *notions scientifiques* quand la critique intellectuelle a éliminé des perceptions d'où ils dérivent tous les caractères purement subjectifs de celles-ci pour n'y laisser subsister que les caractères communs avec l'objet, les caractères purement objectifs. Ce discernement est l'œuvre fondamentale des sciences d'observation. » Les seuls caractères objectifs des perceptions sont : 1° L'*impulsion* et la *résistance*; 2° la *masse*; 3° des *rapports variables de position* qui se correspondent dans l'espace tactile (extérieur au *moi*) et dans l'espace visuel (intérieur au *moi*) ; 4° des rapports soit de *nombre*, soit de *temps* qui se correspondent également dans les perceptions et dans leurs objets... Ces idées constituent la matière essentielle de la mécanique rationnelle. (2). »

(1) L'*Expression dans les Beaux-Arts*, p. 53, 55.
(2) *Que sais-je?* p. 34, 35. — Cf. dans la *Psychologie du libre arbitre*, *Avant-propos*, une exposition abrégée des définitions élémentaires de ces diverses données psychologiques.

VI

Toutes les données relevées jusqu'ici avaient pour caractère commun d'être intellectuelles. Mais il en est encore d'autres qui sont d'ordre affectif et dont le philosophe devra faire état autant que des premières. Ce sont les données *esthétiques* et *morales*.

Les perceptions enferment des éléments qui les rendent agréables ou désagréables. En tant que telles, elles peuvent par leurs différences nous signaler des différences correspondantes dans leurs causes, mais d'ordre moins objectif que celles que notent les sciences positives lorsqu'elles font abstraction du plaisir et de la douleur qui accompagnent les sensations. « Chez le musicien l'oreille n'est satisfaite qu'autant qu'il existe entre les vibrations sonores qu'elle perçoit au même instant, certaines proportions numériques simples; les sensations, suivant qu'elles sont agréables ou non, indiquent donc d'une manière infaillible si ces proportions, d'ailleurs peu nombreuses, se trouvent ou non réalisées. *Ainsi une volupté atteste et vérifie un rapport;* à cet égard, le monde vivant et le monde mécanique se contrôlent mutuellement. Chaque phénomène optique ou acoustique relève donc à la fois des lois de la mécanique par les vibrations transmises, et des lois de la sensibilité par les impressions de celles-ci sur l'être vivant. Il s'ensuit qu'un pareil phénomène est susceptible à la fois de deux notations distinctes, l'une pour l'artiste, l'autre pour le savant; la première consiste dans les témoignages agréables ou non de la vue et de l'ouïe; l'autre, dans les formules mathématiques des systèmes de vibrations lumineuses ou sonores (1). » Ce fait de capitale importance constituera l'une des principales bases de l'Esthétique de M. Sully Prudhomme.

« Ce n'est pas tout; certaines de nos perceptions peuvent nous révéler des parités entre l'essence de leurs objets exté-

---

(1) *L'Expression dans les Beaux-Arts,* p. 53.

rieurs et notre essence morale, nous permettre, par exemple, de lire sur les visages et, en général, dans les représentations en nous des personnes extérieures ce qui se passe en elles. Cette sorte de divination s'opère, grâce à l'identité qui existe entre certains caractères des perceptions que nous avons d'elles et les caractères des sentiments, identité dégagée par la fonction appelée *sympathie*, qui fait se reproduire en nous les sentiments d'autrui. Tout ce processus constitue le phénomène si important de *l'expression*, moyen d'action principal des beaux-arts sur notre sensibilité morale (1). » « Il y a des perceptions sensibles qui nous révèlent non seulement l'existence des objets extérieurs, mais encore l'essence même de ceux-ci, parce qu'il y a dans ces perceptions sensibles des propriétés qui leur sont communes avec eux... Une telle perception est certainement plus qu'un signe, elle est non pas symbolique, mais *expressive* (2). » « La perception expressive nous révèle ou bien uniquement notre propre état intérieur qui y correspond, comme lorsque l'azur du ciel éveille en nous un sentiment de joie sereine, ou bien l'état intérieur d'autrui, comme lorsque nous voyons un visage irrité. Dans le premier cas, l'*expression* ne fait que nous révéler à nous-mêmes, elle est *subjective*; dans le second, elle nous renseigne sur autrui, elle est *objective* (3). » De toutes les données psychologiques qu'il a relevées et étudiées, c'est peut-être ce phénomène de *l'expression* que M. Sully Prudhomme a le plus approfondi et dont il a tiré le plus de conséquences non seulement dans ses théories esthétiques, mais dans ses hypothèses métaphysiques. Jusqu'à nouvel ordre, il n'en infère rien encore; il note seulement « *qu'il existe des caractères communs aux perceptions sensibles et aux états moraux, caractères appelés expressifs*. Ce n'est pas là une hypothèse, mais une simple constatation (4). »

Enfin il existe une émotion spéciale, *l'admiration du beau* suscitée au cœur par la forme dans les Beaux-Arts. « Ce que

(1) *Que sais-je?* p. 36.
(2) *L'Expression dans les Beaux-arts*, p. 73. — Cf. IIIe Partie, ch. II.
(3) *L'Expression dans les Beaux-arts*, p. 90.
(4) *Ibid.*, p. 77.

j'appelle le *beau* dans la forme, laquelle est une synthèse de sensations, ce n'est pas seulement ce que cette synthèse m'offre d'agréable, c'est davantage, c'est son *rapport expressif avec un inconnu qui m'attire* et que, à tort ou à raison, je présume être ce qu'il y a au dehors de plus intéressant pour le cœur et peut-être aussi pour l'intelligence. Une œuvre d'art plastique ou musicale, c'est donc pour moi *de l'agréable engendrant une joie spéciale, la joie la plus humaine, peut-être la seule exclusivement humaine*, distincte à ce titre de toutes les autres. Je l'éprouve quand il me semble que ma personne s'élève aux confins du monde terrestre et de la région immédiatement supérieure, quelle qu'elle puisse être, c'est-à-dire *quand je crois sentir naître dans mon rêve d'homme la plus haute aspiration issue de ma planète...* En présence de la beauté plastique, de celle du visage surtout, contemplée de haut, je veux dire avec le regard épuré de l'artiste, le sentiment de la dignité réalisée et même virtuelle encore de notre espèce nous est suggéré. En moi du moins, je le reconnais à ce signe, que ma contemplation me fait *aspirer*, c'est-à-dire outrepasser par le rêve la limite du monde terrestre, essor dont la tentative, en m'exaltant, m'enchante, mais dont l'impuissance en même temps m'attriste; et du conflit de ces deux sentiments résulte une sorte d'extase mélancolique(1). » C'est de cet état *d'aspiration* que M. Sully Prudhomme induira sa métaphysique de l'Art.

VII

Les données morales que M. Sully Prudhomme pose comme données immédiates de sa propre conscience sont celles mêmes que la critique de Kant considère comme primitives et universelles. « La conscience, en l'homme, de la dignité de son espèce revêt dans sa vie une importance plus grande encore que dans l'émotion esthétique. C'est elle qui, sous le nom de *Conscience* tout court, intervient dans les

(1) *Que sais-je?* p. 37, 38, 40. — Cf. III° partie, chapitre i, *L'Aspiration*.

délibérations où je dispute ma conduite à mes désirs. Elle ne s'en tient pas à me suggérer des *règles critiques* pour assigner sur l'échelle des espèces un degré à la mienne, elle m'en impose d'*impératives* qui mesurent la valeur de mes actes selon qu'ils me font monter ou descendre sur cette échelle et, en outre, m'interdisent de déchoir... La prescription morale me dit intérieurement : « Agis en homme, sinon tu seras moins homme. » Cette alternative qu'elle me pose implique une *nécessité logique* : Je ne puis éviter de déchoir si je ne me maintiens à mon rang. Mais j'y sens, en outre, une nécessité d'un autre ordre; la première n'est que la fatalité des suites d'un choix, la seconde est un commandement qui s'impose au choix. Ce commandement, je l'entends malgré moi (1). »

« Les notions éthiques d'où relève la morale, me paraissent correspondre au même objet que les perceptions esthétiques mais elles s'en distinguent par leur caractère impératif. Elles impliquent pour le sujet une mise en demeure par une autorité inconnue de favoriser, dans sa délibération, une convenance qu'il juge étrangère et parfois même contraire à la sienne. Or le concept du *libre arbitre*, d'un acte sans condition qui le nécessite, celui de l'*obligation* morale, chaîne sans contrainte, celui du *désintéressement*, abdication du moi par le moi sont demeurés rebelles à toute définition rationnelle. Ce sont des actes de foi. Ils s'imposent à l'intelligence, ils n'en reconnaissent pas la juridiction. A cet égard on ne peut les dire scientifiques. Ils participent de l'esthétique par la fusion du bien avec le beau et le sublime dans les actions généreuses et héroïques, dans l'accomplissement le plus désintéressé du devoir; mais ils en restent toutefois distincts par l'impératif qui leur est essentiel à tous, tandis qu'il n'entre que dans une catégorie de concepts esthétiques : ceux de la beauté et de la grandeur morale (2). »

Dès cette première analyse, M. Sully Prudhomme reconnaît aux données esthétiques et éthiques un caractère irrationnel en même temps qu'il en proclame la réalité et l'autorité. C'est pourquoi il sera amené à en instituer la critique.

(1) *Que sais-je?* p. 43, 44.
(2) *Que sais-je?* p. 46, 47.

VIII

Il semble que ces diverses données épuisent tout le domaine du connaissable et tout le contenu de la conscience réfléchie. Telle est, en effet, l'opinion de M. Sully Prudhomme. Il ne peut cependant omettre de faire mention des concepts métaphysiques et de leurs dérivés religieux, dût-il établir plus tard par sa critique l'impossibilité de leur donner un contenu intelligible.

A la notion empirique et nullement hypothétique de l'*être*, tel qu'il a été défini plus haut, le philosophe ne peut appliquer que des attributs abstraits qui n'en expriment que la condition sans déterminer ce qui remplit cette condition. Dire que l'être est nécessaire, absolu, existant en soi et par soi, infini, ce n'est pas exprimer l'essence intrinsèque de ce qui est. « Ainsi je distingue dans l'être deux choses différentes : en premier lieu, *l'objet métaphysique* proprement dit, à savoir ce qui échappe en lui à ma conscience et à mes moyens d'expérience, à toutes les prises de mon intelligence ; en second lieu, ce que j'en conçois sans toutefois me le représenter, à savoir qu'il est éternel, nécessaire, existant en soi et par soi, absolu, infini. *Il n'y a de métaphysique dans l'être que l'inconcevable. La métaphysique commence où la clarté finit* (1). »

Si, nonobstant l'inconcevabilité de ce qui dans l'univers possède les attributs de l'être, on doue cette substance d'attributs humains, on imagine « une entité arbitraire, d'un caractère propre et nouveau qui devient l'objet des aspirations mystiques en général et spécialement des dogmes religieux quand les doctrines sont accompagnées de rites et que l'objet en est individualisé, personnifié et honoré d'un culte (2). » — Ce texte montre assez ce que sera dans la pensée de M. Sully Prudhomme la notion d'un Dieu personnel.

Le seul concept qui exprime une relation entre l'être

(1) *Que sais-je?* p. 51.
(2) *Ibid.*, p. 56.

métaphysique et le monde accidentel est celui de l'*activité*, dont les manifestations empiriques sont la *force musculaire*, l'*aptitude* ou *variation à l'état virtuel*, le *vouloir* suspendu par la délibération ou agissant. « L'être de l'univers est donc actif, et, en dernière analyse, le monde accidentel, objectif, et le monde phénoménal qui en est la représentation consciente, sont la somme des effets produits par l'activité de l'être sans que l'être en soit ni diminué ni accru. »

« *Ces notions n'ont rien de métaphysique*, car elles n'ont pas du tout pour objet ce en quoi consiste l'être même ; elles sont seulement les déductions logiques des données fournies par la conscience que j'ai de *l'existence*, non de la *nature* de ma propre activité et des résistances qui m'en révèlent de similaires dans le monde extérieur (1). »

A ces dernières constatations se rattacheront les parties de la philosophie de M. Sully Prudhomme relatives à la substance, à la cause première, au libre-arbitre, à l'origine de la vie et aux causes finales.

Tel est le bilan des données immédiates de la conscience réfléchie et des concepts premiers auxquels s'attache, dans la pensée de M. Sully Prudhomme, un caractère d'évidence intuitive suffisant pour qu'on puisse et doive les déclarer vrais. Ces données semblent bien constituer, en effet, tout ce qu'un homme de nos jours, non prévenu et suffisamment capable de réflexion, peut considérer comme des principes. M. Sully Prudhomme ne quitte pas un instant, dans cet inventaire, la prudente position de l'empiriste et du positiviste. Il est manifeste, toutefois, que sa conscience n'est pas plus libre des suggestions des philosophies antérieures que celle de Descartes instituant le doute méthodique et le relevé de ses intuitions. L'influence du Kantisme est trop apparente en maint endroit pour qu'il soit utile de la montrer expressément. En ce qui concerne les données éthiques, en particulier, M. Sully Prudhomme reste exclusivement placé, comme Kant, au point de vue de la conscience chrétienne, et les sen-

---

(1) *Que sais-je?* p. 59.

timents qu'il déclare objets de sa foi ne sont pas, en fait, universels ni constants dans l'humanité. Ce qu'il a mis de plus nouveau et de plus essentiel dans ce bilan, c'est sa psychologie des données esthétiques, sur laquelle nous aurons à nous étendre plus amplement. Ceci revient à constater que ce qu'il y a de plus vivant et de plus original en lui, c'est encore l'artiste, le poète.

DEUXIÈME PARTIE

PHILOSOPHIE SPÉCULATIVE

CHAPITRE PREMIER

La Curiosité et ses Lois.

I. Position du problème des conditions de la certitude et des limites de la connaissance humaines. — II. Spontanéité, curiosité et réflexion. Doute réel et doute logique. — III. Lois de la curiosité. Catégories sous lesquelles la curiosité formule ses questions. Nature du *rapport*. Règle de *recevabilité*. Règle de *solubilité*. — IV. L'*anthropomorphisme*. Son usage nécessaire et légitime. Erreurs dont il est la cause. — V. Résumé de la logique de M. Sully Prudhomme.

I

Le problème fondamental qui s'est posé pour M. Sully Prudhomme dans l'ordre spéculatif est celui des conditions de la certitude et des bornes du savoir humain. Capable de connaître en lui et hors de lui quelque chose par la perception, capable aussi de transformer ses perceptions empiriques en idées et en concepts, il est amené à se demander si tout ce qui existe dans le monde accidentel, c'est-à-dire dans ce que la constitution de notre pensée nous rend aptes à connaître, peut à un moment donné se représenter intégralement sous la forme de monde phénoménal dans la conscience d'un sujet pensant. En d'autres termes, il se pose le problème des conditions et des limites de la connaissance scientifique. De plus, comme la raison conçoit, à l'occasion de la notion de l'*être* et de ses attributs absolus (le nécessaire, l'infini, le parfait, l'éternel, l'inconditionnel) l'idée de quelque chose à quoi ils s'appliquent, et qu'il lui est impossible de s'en tenir à la croyance en un monde purement phénoménal, la question se pose de savoir si cet objet métaphysique existe, ce qu'il est, et quels rapports il a avec l'objet scientifique. C'est le problème, déjà agité par la Critique de Kant, du rapport de la métaphysique avec la science positive et de la légitimité d'une métaphysique se présentant comme science.

Dès les premières pages philosophiques que fit paraître M. Sully Prudhomme, sa *Préface à la Traduction en vers du premier Livre de Lucrèce*, ce problème était posé et résolu dans ses grandes lignes ; les ouvrages ultérieurs ne firent que développer et approfondir la thèse déjà présentée dans cet opuscule. « Nous nous proposons de présenter l'ensemble de nos observations sur l'état et l'avenir de la philosophie. Nous avons recherché, dans la nature même de l'intelligence, quelles sont les causes de la diversité des doctrines en dépit de l'unité de la raison ; où en sont les deux systèmes radicaux, le matérialisme et le spiritualisme, touchant l'être et la raison d'être des choses ; quelles transformations la méthode scientifique est appelée à faire subir aux termes de la question métaphysique ; quel est le domaine, quelles sont les bornes de la connaissance humaine (1). » « J'ai la curiosité de ce qui explique et justifie l'univers, de sa raison d'être, de ce qu'il est sous ses apparences sensibles, de son origine, de sa destinée... Je pose à l'univers, outre la question du comment, celle du pourquoi (2). » « Mon intelligence interroge sur chaque objet l'idée qu'elle s'en est faite et la confronte avec d'autres antérieurement acquises, de manière à obtenir par des opérations, dites logiques, des réponses capables d'apaiser l'inquiétude qui la pousse à interroger (3). »

Or, en esprit clair et méthodique qu'il est, M. Sully Prudhomme, avant d'appliquer son effort intellectuel aux objets qui sollicitent sa curiosité spéculative, commence par analyser ces deux actes intellectuels fondamentaux : la *réflexion*,

---

(1) *Préface à la Traduction de Lucrèce*, p. i.
(2) *Lettre inédite à C. H.*, cf. Supra, 2ᵉ Partie, ch. ii, § 4.
(3) *Que sais-je ?* p. 61.

source de la méthode, et la *curiosité*, principe moteur de toute recherche, afin de déterminer d'une façon aussi rigoureuse que possible comment doivent se poser les problèmes pour être résolubles. Critiquer la position d'un problème et fonder cette critique sur une observation préalable des lois qui régissent les opérations de l'intelligence, c'est bien en effet le moyen le plus sûr de ne pas se fourvoyer dans des spéculations sans issue.

II

Bien avant l'éveil de la réflexion, l'activité de l'esprit s'exerce spontanément. « Tous les hommes commencent à penser spontanément, et la plupart ne penseront jamais qu'ainsi, c'est-à-dire que les idées, les jugements, les raisonnements, se forment sans que l'esprit assiste à leurs formations et en prenne conscience (1). » Mais la pensée cesse d'être spontanée et devient réfléchie en tant qu'elle observe ses actes et s'en rend compte. « La réflexion dont on parle ici diffère de l'attention qui n'est qu'une concentration de l'esprit sur l'idée. L'attention est impliquée à un degré quelconque dans toutes les opérations de l'entendement, elle n'en caractérise aucune. La pensée peut même être spontanément attentive : on est fort attentif au théâtre, mais on ne s'aperçoit pas qu'on l'est... Il y a deux applications distinctes de l'acte de penser, *la spontanéité, la réflexion*, selon que l'esprit se porte vers son objet extérieur sans retour sur ses opérations propres ou qu'au contraire il s'observe dans son travail de perception. Réfléchir sur un objet c'est donc le percevoir avec la conscience qu'on le perçoit, c'est par conséquent critiquer les moyens de le connaître, en un mot y appliquer une méthode, et par cette méthode l'analyser et le connaître plus profondément (2). »

La *curiosité*, essentielle aspiration de l'intelligence, est une des formes de la pensée spontanée. C'est une sorte d'*inquié-*

(1) *Préface à la Traduction de Lucrèce*, p. IX.
(2) *Ibid.*, p. X.

tude qui pousse l'esprit soit à acquérir de nouvelles connaissances, soit à dépasser toute donnée immédiate de la connaissance pour en découvrir les causes et les raisons, autrement dit pour le raccorder aux idées précédemment acquises et organisées. Le fait de l'interrogation atteste l'existence de la curiosité qui, selon le degré du savoir déjà acquis, va des objets les plus simples et les plus prochains aux objets les plus lointains et aux ensembles d'objets les plus complexes (1).

La curiosité est antérieure à la réflexion, mais elle la provoque et s'allie à elle. « Quand la *réflexion*, cet acte de conscience qui crée la méthode, a-t-il dû se produire? Elle est toujours postérieure à la spontanéité, elle apparaît dès que l'esprit sent qu'il y a *problème*, dès qu'il est mis en demeure de répondre à une question qu'il ne peut résoudre instinctivement. Le simple fait de la question, de l'interrogation, est d'abord spontané. L'enfant est questionneur et curieux, et cependant il ne réfléchit pas encore, ou du moins il n'a qu'une réflexion très rare, très obscure. *Ce qui détermine l'esprit à réfléchir, ce n'est donc pas la curiosité même, c'est la difficulté qu'il rencontre à la satisfaire*; il n'y a vraiment problème qu'à ce moment. Qu'on suppose en effet la curiosité satisfaite instinctivement à mesure qu'elle naît, la réflexion devient inutile, l'usage spontané de la raison suffit à résoudre les questions à mesure qu'elles se présentent. Mais il n'en va pas ainsi; l'équilibre est fréquemment rompu entre la puissance spontanée de l'esprit et la difficulté qui s'impose; à chaque instant sa curiosité pousse son intelligence instinctive; il est alors obligé de tâter ses propres forces, de les disposer et d'organiser le siège de l'inconnu (2). Ce que M. Sully Prudhomme appelle ici, en définitive, *réflexion*, c'est la logique elle-même conçue, à la façon kantienne, comme une critique de la raison humaine plutôt que comme un art de bien penser. L'aptitude à la réflexion n'est donc que l'esprit critique, habitude mentale acquise, qui peut se développer à des degrés très inégaux chez les divers esprits.

(1) Cf. *Les Chercheurs.* (*Le Prisme*). — *Le Zénith*, II.
(2) *Préface à la Traduction de Lucrèce*, p. x, xi.

L'inégal développement de la *réflexion*, ainsi définie comme esprit de méthode, comme faculté de critique et comme aptitude à l'observation psychologique, est, aux yeux de M. Sully Prudhomme, la cause fondamentale de la diversité des opinions humaines touchant les objets de la curiosité. « Ce qui sépare les divers esprits, en dehors des mobiles passionnels, ce n'est pas la différence des points de vue qui est plutôt propre à les faire converger; c'est leur inégal progrès dans la réflexion qui fait que leur vue a des portées très différentes. En visant la même chose, fût-ce du même côté, ils l'analysent différemment et ne s'en font pas la même idée, sans pour cela s'en faire une idée fausse. A proprement parler, les esprits ne sont pas en état de se contredire, parce qu'ils ne se rejoignent pas; les uns devancent les autres... Sans voir nécessairement faux, ils voient plus ou moins profondément; ils n'ont pas même la ressource de communiquer entre eux. Le même mot peut affecter autant de significations différentes qu'il existe de degrés possibles dans l'analyse de l'objet désigné, et certains mots compris des uns peuvent être tout à fait dépourvus de sens pour les autres... La diversité des opinions ne prend donc pas uniquement sa source dans l'erreur ni dans une incompatibilité essentielle des intelligences. Chaque homme est capable d'analyser jusqu'à un certain degré qui n'est pas le même pour tous; en tant qu'il juge l'objet par le rapport qu'il abstrait de ses perceptions, il ne se trompe pas, mais d'autres peuvent abstraire des mêmes perceptions un rapport différent, plus étendu ou plus restreint. Si donc le vocabulaire ne fournit pas autant de mots distincts que l'objet comporte de *définitions progressives*, le malentendu et le désaccord sont inévitables. La raison est une, mais la réflexion se développe par moments successifs dans l'éducation de la pensée individuelle et dans l'histoire de la pensée humaine; et à chaque moment de ce progrès les mêmes perceptions d'un objet, plus profondément analysées, changent de signification pour l'intelligence (1). » L'auteur tire de son analyse cette règle qui contient en elle toute une discipline de la

---

(1) *Préface à la Traduction de Lucrèce*, p. XVII, XVIII.

pensée philosophique : « *La bonne éducation des facultés consiste non pas à substituer la réflexion à la spontanéité, mais à exercer le plus possible la première pour bien juger le témoignage indispensable de la seconde.* »

Ce serait une erreur et un danger, en effet, de sacrifier à la logique pure, à la méthode, la spontanéité de l'esprit. On pourrait y perdre de précieuses certitudes ou d'excellents moyens d'investigation sans y gagner aucune extension de la faculté de connaître. « La réflexion tend à une méthode unique, mais progressivement et, comme tous les esprits ne possèdent pas au même point cette faculté d'analyse, il se produit en réalité autant de méthodes artificielles qu'il y a de degrés dans la réflexion. Ces méthodes sont le plus souvent vicieuses, parce qu'elles soumettent l'étude de toutes choses à un régime logique incomplet, qui n'est applicable qu'à un certain nombre de faits... Quand elle est poussée au delà de son domaine propre, une méthode artificielle perd les avantages de la spontanéité et nous met en défiance contre elle-même. Cela est si vrai qu'on appelle toujours malgré soi des systèmes au bon sens, qui n'est autre chose que la spontanéité de l'esprit humain. Et il arrive souvent que, pour juger ses propres doctrines, le philosophe se dessaisit de la direction réfléchie, voulue, de son intelligence, la remet à la nature par un retour de confiance, et laisse en lui une souveraine raison, la raison pour ainsi dire impersonnelle, prononcer en dernier ressort sur la validité de ses travaux méthodiques. Quel penseur n'a senti parfois toute son œuvre revisée, infirmée ou confirmée par cette secrète juridiction? Il ne faut pas en être dupe car elle n'est pas toujours le bon sens, elle n'est souvent que le sens commun; et, tandis que le premier est, en quelque sorte, la résultante harmonieuse et instinctive de toutes les facultés intellectuelles, le second n'est la plupart du temps que la somme des préjugés traditionnels (1). »

Ce que M. Sully Prudhomme présente ici en théorie, il l'a mis en pratique dans sa propre philosophie. Passionnément

---

(1) *Préface à la Traduction de Lucrèce*, p. XIII, XIV.

curieux de toutes les hautes questions spéculatives, capable de pousser très avant et avec une grande rigueur la réflexion telle qu'il la définit, il a toujours été jusqu'au bout de ses raisonnements, toujours aussi il a reculé devant les conclusoins sceptiques qu'il devait logiquement en tirer, et finalement est revenu après un long circuit à son point de départ, c'est-à-dire à l'affirmation spontanée et énergique de vérités de bon sens dont il ne pouvait effectivement douter. C'est ainsi que, rencontrant au cours de son analyse des notions morales le concept du désintéressement, condition du mérite, il dira : « Si contradictoire que soit au point de vue rationnel l'idée du désintéressement, cette idée n'en régit pas moins les jugements d'ordre pratique *sans éveiller plus de doute réel, efficace en moi* que celle du libre-arbitre. Je dis *doute réel et efficace*, parce que je distingue profondément ce doute-là de celui que j'appellerai *logique*. Celui-là dérive de la dialectique, il résulte d'une conclusion que le raisonnement tire de données accordées. Or, dans certains cas, lorsqu'il s'agit de choses les plus complexes, les plus difficiles à définir, nous ne pouvons admettre la conclusion logique, sans pouvoir néanmoins découvrir aucun vice dans le raisonnement qui l'a engendrée. Nous sommes avertis par l'insurmontable répugnance du plus intime de notre être qu'elle est fausse. Dans ce cas, si la dialectique irréprochable conclut au doute, c'est en vain : *nous ne doutons réellement pas, et la conclusion n'exerce aucune influence sur notre conduite;* le doute est demeuré en nous purement logique et nous gardons la conviction que, si le raisonnement a été impeccable, les données sur lesquelles il est établi ne sont que spécieuses et n'auraient pas dû être accordées. Cette distinction entre deux formes du doute est capitale à mes yeux; elle est le fondement de mon repos moral et elle justifie l'inconséquence, si facile à relever, entre les concepts rationnels et les maximes pratiques chez la plupart des hommes (1). » Si donc il y a « conflit entre l'intuition qui affirme et la déduction qui nie (2) », l'intuition, acte de la pensée spontanée, peut en dernier ressort prévaloir contre la

(1) *Que sais-je?* p. 207, 208.
(2) *Lettre inédite à. C. II.*

réflexion critique; mais ce n'est évidemment qu'après que l'effort de réflexion aura d'abord été poussé aussi loin que possible dans le sens où le problème s'est posé.

III

Cette analyse nous amène à rechercher avec M. Sully Prudhomme si la curiosité a des lois et comment les problèmes doivent se poser pour être bien fondés et susceptibles de solution. « Dans quelle mesure les questions touchant la cause, les conditions et le but de tout objet sont-elles légitimes et solubles ? Remarquons d'abord qu'elles se posent à l'occasion et sur les données de l'expérience externe, mais qu'elles ne sont pas imposées par celle-ci. Nous ne percevons en effet que la contiguïté, la simultanéité ou la succession de nos sensations... Aucune idée de puissance ni de communication de mouvement ne peut sortir de la seule coordination de nos sensations, si l'expérience interne ne puise dans les forces qui constituent notre propre activité les types des moteurs extérieurs du monde perçu. De là les concepts de la cause, du comment et du pourquoi des objets, de là le mouvement de curiosité (1). » C'est une thèse essentielle de la philosophie de la connaissance de M. Sully Prudhomme que cette origine empirique et subjective des catégories scientifiques et métaphysiques. Sa doctrine sur ce point est plus voisine de celle de Maine de Biran que de celle de Kant. Ce sont, à ses yeux, les données de la perception interne qui seules fournissent à la pensée les idées premières de relations applicables aux objets de la perception externe. « Voici un arbre : d'où vient que notre esprit outrepasse la perception de cet arbre, ne s'en contente pas, sent de l'inconnu, interroge et demande l'origine, la manière d'être et le but de cet objet ? Il est clair que l'esprit serait hors d'état de poser ces questions dont les termes ne lui sont pas fournis par l'expérience externe, par la perception seule de l'ob-

---

(1) *Préface à la Traduction de Lucrèce*, p. LXII.

jet, si déjà les notions d'origine, de cause, de moyen et de fin, n'existaient en lui, acquises ou innées avant qu'il interrogeât. *Et si nous allons au fond de toute interrogation, quelle qu'elle soit, nous trouvons qu'elle implique toujours un premier terme abstrait ou prédicat indéterminé, et un second terme ou sujet qui ne sera spécifié que par une détermination du prédicat.* Ainsi, l'arbre que voilà est le sujet qui ne paraît pas suffisamment spécifié tant qu'on ignore d'où il vient, comment il est organisé, à quelle fin il existe ; et il s'agit de déterminer son *origine*, son *mode d'être*, et sa *fin* (1). »

Dans ces remarques vont sortir : 1° *Les lois fondamentales de la curiosité*, au point de vue purement logique ; 2° La théorie qui fait de l'*anthropomorphisme* le principe de toutes les questions que l'homme se pose sur le monde extérieur et de toutes les réponses qu'il se donne.

« *Toute question posée sur un objet implique : 1° une idée générale empruntée par le sujet au dépôt de ses notions antérieurement acquises, idée d'un genre qu'il présume, à tort ou à raison, contenir l'espèce inconnue, c'est-à-dire le caractère encore indéterminé propre à l'objet ; 2° la détermination à faire de cette espèce dans ce genre, de ce caractère dans l'essence de l'objet* (2). »

De cette loi générale vont se tirer les deux règles fondamentales de la curiosité, *la règle de recevabilité* et la *règle de solubilité*.

« 1° Règle de recevabilité : *Une question n'est fondée que si le prédicat convient au sujet, si une détermination du premier est de nature à spécifier le second, condition qui n'est pas toujours appréciable.* Demander, par exemple, où est la pensée, ne sera pas une question fondée, s'il n'est pas préalablement prouvé que la pensée est susceptible de localisation, si ses rapports avec l'espace sont inconnus (3). »

(1) *Préface à la Traduction de Lucrèce*, p. LXIII.
(2) *Que sais-je?* p. 63.
(3) *Préface à la Traduction de Lucrèce*, p. LXIII. — « La question n'est fondée, n'a de sens et de portée qu'autant que l'espèce à déterminer n'est pas faussement présumée par le sujet appartenir au genre dans lequel il la classe. *Pour être recevable, légitime, elle doit être appropriée à l'objet qu'elle vise.* » (*Que sais-je?* p. 63).

Cette règle est liée à l'idée même de rapport et au rôle des rapports dans la pensée. M. Sully Prudhomme définit le rapport ou relation de la façon suivante : « Dans le langage courant on dit de deux choses qu'elles n'ont rien de commun quand elles n'ont pas de rapport, et de deux choses qui sont mises en communication par une troisième qu'elles sont mises en relation ou en rapport. Cette troisième chose ne les ferait pas communiquer s'il n'y avait rien entre elles qui leur fût commun. On dit encore qu'il y a relation ou rapport entre deux choses qui, sans communiquer entre elles, ont néanmoins quelque chose de commun, un caractère quelconque. Il y a donc *relation* ou *rapport* entre deux choses quand chacune d'elles participe *de* ou *à* quelque chose qui leur est commun. — Le *rapport* de deux choses, c'est la détermination de l'une quelconque des deux, au moyen, *en fonction* de l'autre, ou la détermination de l'une et de l'autre au moyen d'un terme de comparaison emprunté à leur élément commun, d'une unité de mesure, par exemple, s'il s'agit de grandeurs. »

« L'expression d'un rapport est donc une comparaison précise, et par suite *il n'y a de rapport entre deux choses qu'en ce qu'elles ont de comparable*. Bien qu'inexprimée, la détermination d'une chose par une autre existe en dehors de la pensée humaine, par cela même que ces choses en rapport existent, et avec le même degré de précision qu'elles : cette détermination n'est insuffisante, imparfaite, qu'autant que ces choses elles-mêmes ne sont pas entièrement distinctes l'une de l'autre. Mais dans la pensée qui les conçoit, leur rapport peut n'être pas et, le plus souvent, n'est pas susceptible d'une expression rigoureuse; il ne représente pas une détermination précise, non point parce que ces choses sont indistinctes effectivement, mais parce que l'esprit est impuissant à en exprimer le rapport; il ne l'exprime alors que par une comparaison vague et approximative, ou même il renonce à les comparer. Trois données concourent donc à la formation de tout rapport, à savoir deux choses, habituellement appelées les *termes* du rapport, et une troisième qui leur est commune; le nom de *terme* lui convient comme aux deux premières ; je l'appelle le *moyen terme* du rapport (1). »

2° Règle de solubilité : « *Une question posée n'est rendue soluble que si les données fournissent un système de rapports s'impliquant tous et impliquant à la fois le sujet et la détermination du prédicat supposée connue.* Les rapports doivent s'impliquer tous, car ils concourent tous à la spécification du sujet, et par conséquent ils coexistent en lui et par lui ; ils sont liés entre eux par l'unité même de son essence. Le problème, de quelque nature qu'il soit, doit, en un mot, pouvoir être *mis en équation* (2). » Cette seconde règle est appliquée avec la même rigueur que la première dans les sciences positives. « En algèbre, la chose est évidente, l'équation exprime un jugement basé sur des grandeurs ; mais le principe de la mise en équation s'étend à des données quelconques ; seulement l'égalité entre grandeurs est remplacée par une identité de rapports d'une catégorie différente. Dans les sciences naturelles, chaque problème n'est soluble qu'aux mêmes conditions ; il faut que les données fournies, soit par la définition, soit par l'expérience, soit par l'hypothèse, présentent une série de rapports impliquant la détermination cherchée et formant avec elles une unité qui les lie tous entre eux. La solution du problème général de la nature est soumise à la même règle ; seulement les données sont les lois partielles découvertes. Quand des lois distinctes ont été bien établies, on s'efforce de découvrir des rapports nouveaux qui les relient et les identifient dans une nouvelle loi supérieure. Le problème du monde reste insoluble tant que les lois partielles découvertes qui en sont les données n'arrivent pas à concorder, tant qu'il existe des lacunes dans la série des rapports constants qui rattachent tous les phénomènes ; et la science ne travaille qu'à remplir peu à peu ces vides, à renouer ces solutions de continuité, en cherchant l'identification des lois connues. Les hypothèses sont, en quelque sorte, des ponts jetés provisoirement d'une loi partielle à l'autre, et elles servent de liens provisoires jusqu'à ce

---

(1) *Définitions fondamentales*, Définition 33.
(2) *Préface à la Traduction de Lucrèce*, p. LXV.

qu'elles soient vérifiées et deviennent lois, ou soient supplantées par la découverte de la vraie loi. Ainsi la série ininterrompue et indéfinie des rapports tend à se renouer et à se clore : l'œuvre de la science consiste à en compléter les termes pour en faire la somme (1). »

En résumé toute la méthode des sciences consiste à observer la nature des choses afin de ne se poser à leur sujet que des questions recevables et de ne chercher entre elles que des rapports réels. « *Questionner un objet, c'est tendre à le définir, car toute interrogation dans son prédicat présume un genre où elle classe, à tort ou à raison, l'objet interrogé et où elle demande une réponse qui le spécifie par une différence. Il s'ensuit que la définition exacte d'une chose prescrit les seules questions qui puissent être pertinemment posées à l'égard de cette chose considérée soit en elle-même, soit dans ses relations avec son milieu, et conditionne les réponses à ces questions* (2). »

Les erreurs commises peuvent toutefois venir de la relativité de toute connaissance et des degrés variables de l'attention apportée par les investigateurs aux caractères des objets qu'ils analysent. « L'initiative que prend l'intelligence dans la conception des rapports entre données sensibles lui permet, d'un côté, d'en concevoir qui ne correspondent pas à ceux du dehors, et, d'un autre côté, l'expose, par manque ou vice d'attention, à en affirmer qui même n'existent pas du tout. De là deux sources d'erreur; dans le premier cas, *si elle les attribue à l'objet*, dans le second cas, *par absence d'objet*. Or les annales de la connaissance humaine relatent des erreurs unanimes et persistantes de l'une et de l'autre origine (3). »

IV

D'où viennent donc ces erreurs commises par les philosophes, et dans la façon illégitime dont ils posent les problèmes, et dans les solutions vicieuses ou prématurées qu'ils

---

(1) *Préface à la Traduction de Lucrèce*, p. LXVI.
(2) *Les Causes finales*, p. 73-74. Paris, F. Alcan.
(3) *Que sais-je ?* p. 190.

en donnent? « Leur illusion est facile à mettre en lumière. Ils ont puisé dans l'expérience interne certaines notions qui conviennent à l'essence humaine, et arbitrairement ils en font les prédicats des questions qu'ils adressent à chaque chose et au tout. Ils appliquent les attributs de leur propre essence, l'économie de leur propre vie à l'univers entier. Mais cette application est-elle légitime? Les questions qu'ils adressent au monde sont-elles fondées? Cela revient à demander si tout est humain dans l'univers, car à cette condition seulement elles seront légitimes. » L'*anthropomorphisme* serait donc l'erreur fondamentale qui les induirait à appliquer aux objets du monde extérieur des attributs qui ne leur conviennent point. Mais cette erreur est-elle radicalement évitable? Une analyse plus serrée de l'acte même de connaissance établira que tout ce que nous savons de l'être est ce que nous découvrons en nous et, que, entre l'erreur de l'anthropomorphisme enfantin qui attribue à une tuile une intention méchante et l'application scientifique à cette même tuile d'un prédicat comme la force, il n'y a qu'une différence de degré.

« L'homme pour connaître doit communiquer avec l'objet, c'est-à-dire avoir quelque chose de commun avec lui; il doit participer de sa nature, il n'en connaît même que ce en quoi il participe de sa nature. Supposons donc l'essence humaine analysée et faisons un tableau de tous les attributs irréductibles à l'analyse qui le composent (sensibilité, pensée, volonté, force musculaire, étendue, mouvement, nombre, etc.). Nous aurons précisément la liste des seules catégories de l'être que l'homme puisse connaître, en un mot le monde *intelligible* à l'homme, monde qui n'est peut-être qu'une très petite partie de l'univers. *L'homme ne perçoit que des essences analogues par quelque élément à la sienne.* Toutes les fois que nous percevons un objet par nos moyens d'observation, nous sommes certains que les attributs que nous percevons ont leurs analogues dans notre essence; c'est la condition même de toute perception (1). » « Quelque chose de l'essence humaine est, à doses variables, fatalement impliqué dans toutes

(1) *Préface à la Traduction de Lucrèce*, p. LXVII.
(2) *Ibid.*, p. LXVIII.

les idées humaines formées sur les données sensibles de l'impression; l'esprit impose son intime constitution et sa forme à ses produits; le tempérament et le caractère du sujet pensant contribuent à en altérer l'objectivité adéquate. Une idée ne pourrait être intégralement objective que si la nature du sujet était identique à celle de l'objet (1). » M. Sully Prudhomme accepte comme vérité première de sa théorie de la connaissance l'antique aphorisme : « *le semblable n'est connu que par le semblable* (2);* » et il place à la base de tout jugement formulé sur la nature d'un objet une inférence par analogie. Mais cette projection des attributs humains dans l'objet peut tantôt fournir à la science positive ses plus exactes assertions, tantôt induire l'esprit humain dans les plus grossières erreurs. « Nous pouvons très bien nous méprendre sur le degré d'analogie de l'objet avec notre essence... Une juste attribution, une exacte appréciation de leur analogie, exige une analyse des données de la conscience et de l'expérience dont les enfants et les peuples naissants sont encore incapables. Plus grave encore est l'erreur des philosophes, lorsqu'ils attribuent, non pas à l'objet qu'ils perçoivent, mais à l'univers entier qui échappe à leur perception et qui renferme sans doute des catégories absolument étrangères à l'essence humaine, les qualités mêmes de cette essence (3). »

Dans les limites d'une exacte analogie, l'*anthropomorphisme* (en employant ce terme dans un sens très étendu et non péjoratif) fournit à l'esprit ses catégories et ses axiomes. « La cause, la fin, le moment, le lieu, ne sont que des abstractions des propres conditions de notre nature active, révélée par la conscience. Or les axiomes expriment simplement que tout objet perçu est soumis aux mêmes conditions, et il y est soumis précisément parce qu'il est perçu et, à ce titre, participe de notre essence qui le perçoit... Il y a dans l'axiome proprement dit attribution faite à l'objet d'un élément qui n'y est

---

(1) *Les Causes finales*, p. 47-48.
(2) Cf. plus loin, l'application de ce principe à la théorie du libre arbitre.
(3) *Préface à la Traduction de Lucrèce*, p. LXVIII.

pas manifesté par l'analyse; et cet élément puisé, selon nous, dans notre propre essence, nous l'attribuons à l'objet perçu parce qu'il ne serait pas perceptible s'il ne participait de notre essence. Nous jugeons les choses, en tant qu'elles sont humaines et selon le degré où elles le sont (1). »

« S'il n'existait rien de commun entre le sujet pensant et l'objet, aucune relation ne pourrait s'établir entre eux et par suite toute connaissance serait impossible. Il n'y a donc jamais pensée sans que l'objet participe à la nature du sujet. Si donc on définissait l'anthropomorphisme l'erreur commise par un sujet qui fait participer de sa nature l'objet auquel il pense, comme cette participation est la condition même de la pensée, il s'en suivrait que celle-ci serait anthropomorphique par essence, nécessairement erronée. Il n'en est rien : aussi convient-il de distinguer le cas où le sujet attribue avec raison à l'objet une qualité réellement commune à l'un et à l'autre, du cas où au second le premier attribue par erreur une qualité qui lui est exclusivement propre. C'est dans ce dernier cas seul qu'il y a anthropomorphisme... On définira donc avec précision l'*anthropomorphisme* : *l'erreur commise par l'homme quand il attribue à un objet quelque chose de sa nature ou de sa condition qui n'a rien de commun avec la nature ou la condition de cet objet* (2). »

A vrai dire, il est assez difficile de déterminer où commence et où finit cette *communauté* d'essence entre le sujet et l'objet, si tout attribut, quel qu'il soit, est humain et procède de l'expérience interne. M. Sully Prudhomme ne s'est guère expliqué sur ce point, non plus qu'il n'a donné de critérium précis pour déterminer à quel moment l'analogie anthropomorphique cessait d'être scientifique pour devenir imaginaire. La seule règle qu'il formule à ce sujet n'est pas, semble-t-il, de nature à lever toute difficulté : « Quand les caractères communs à l'objet et à l'essence humaine, tout en appartenant à celle-ci, ne lui appartiennent pas en propre, ne sont pas de ceux qui la spécifient en la distinguant de toute autre, leur identité dans l'objet et dans l'homme ne les affecte nullement

(1) *Préface à la Traduction de Lucrèce*, p. LXIX.
(2) *Les Causes finales*, p. 46, 51.

HÉMON.

7

d'anthropomorphisme. Bien loin d'être une cause d'erreur elle est, au contraire, la garantie de l'objectivité de l'idée formée (1). »

V

Pour résumer cet exposé de la logique de M. Sully Prudhomme, nous dirons avec lui : « L'homme *perçoit*, c'est-à-dire que ses sensations forment des groupes ou des unités, et il *juge*, c'est-à-dire qu'il affirme des rapports entre ces unités ou entre les éléments d'une même unité. Il perçoit et juge spontanément, sans avoir conscience de la fonction intellectuelle qu'il exerce, jusqu'à une certaine limite à partir de laquelle il commence à réfléchir. La réflexion consiste en un retour conscient de la pensée sur son acte, et elle commence lorsque la curiosité est plus exigeante que l'esprit n'a d'intelligence instinctive. La réflexion a pour résultat une direction voulue de la pensée, une méthode, par suite, une analyse plus profonde des éléments contenus dans les unités spontanées ; et enfin une vue plus exacte des rapports impliqués dans les données de la sensibilité. Les unités spontanément perçues ne peuvent être que *désignées* ; elles ne se *définissent* que par la science progressive de leurs rapports extrinsèques et intrinsèques. Les définitions sont donc, pour un même objet, fort différentes selon la science de ces rapports, elles sont donc subordonnées à l'état de la connaissance réfléchie. Un même objet est donc susceptible d'autant de significations dans les divers esprits qu'il y en eux de degrés différents de réflexion. Telle est, en dehors des mobiles passionnels, la cause intellectuelle de la diversité des opinions. »

« La *curiosité* a pour principes 1º *l'expérience interne* qui nous révèle notre existence, notre activité et ses modes, en un mot les catégories de notre être ; 2º les *axiomes*, c'està-dire la conviction que chacune de ces catégories est

---

(1) *Que sais-je ?* p. 65.

applicable à tout objet perçu, en tant qu'il participe de notre essence comme perçu. Nous ne pouvons connaître de l'objet que ce par quoi il est en communication avec nous, ses déterminations dans les catégories qui sont précisément les nôtres. *Notre science ne peut donc excéder la connaissance de nos catégories appliquées à nos perceptions.* Tel est le domaine, telle est la limite du savoir de l'homme. Toute application de nos propres catégories à l'univers entier est arbitraire et n'offre aucun caractère scientifique (1). »

Les erreurs suscitées par l'application des catégories humaines à des objets qui ne les comportent pas seront évitées par des analyses préalables, (rationnelles ou expérimentales selon les cas), des essences de ces objets. L'esprit, ainsi instruit, *ne posera que des questions recevables, c'est-à-dire telles que le prédicat convienne au sujet, soit de nature à le spécifier, et des questions résolubles, c'est-à-dire telles que les données fournissent un système de rapports s'impliquant tous et impliquant à la fois le sujet et la détermination du prédicat supposée connue.* Dans aucun cas la science humaine ne peut excéder les limites de la perception ; toute question posée sur un objet qui échappe à la perception est donc vaine et ne comporte que des solutions imaginaires, non seulement viciées par l'anthropomorphisme, mais inutiles puisqu'il n'existe peut-être pas d'objet du tout auquel elles correspondent.

(1) *Préface à la Traduction de Lucrèce*, p. LXXIII, LXXIV.

CHAPITRE II

L'Être et le Connaissable.

I. Analyse de l'idée d'être et de l'acte de connaître. La *notion*. — II. Énoncé des problèmes relatifs à la connaissance de l'être. III. Problème de la réalisation dans l'univers d'une conscience intégrale de ce qui s'y passe et de ce qu'il est. Rapports du connu, de l'inconnu et de l'inconnaissable. — IV. *L'objet métaphysique*. — V. Les *idées absolues*, catégories de l'essence humaine envisagées dans l'ensemble des termes qui s'y rapportent. Leur origine. Elles ne peuvent déterminer l'objet métaphysique.

I

La précédente analyse des fonctions intellectuelles de la pensée humaine n'est encore qu'une critique préliminaire à la position des problèmes philosophiques en eux-mêmes. Armé de cette méthode prudente et précise, M. Sully Prudhomme n'abordera pas ces problèmes avec la témérité des métaphysiciens dogmatiques qui ou bien dépassent dans leurs principes ce qu'il est donné à l'homme de pouvoir affirmer avec certitude, ou bien, se disant *à priori*: « nous avons à connaître la cause et la fin du monde », posent à l'univers des questions qui peuvent être mal fondées. Il se demandera avec les savants, dont il loue et adopte l'attitude plus patiente et plus circonspecte : « Qu'y a-t-il à connaître au monde pour l'esprit humain? » Toutefois, il ne se bornera pas à « observer des faits, sans savoir dans quelle direction il sera entraîné par eux » : c'est là une tâche qu'il laisse aux chercheurs spécialisés dans les diverses sciences. Généralisant le problème du rapport de l'être et de la connaissance humaine, il l'aborde en métaphysicien et en logicien; il s'efforce de déterminer *a priori* à quelles conditions la science est possible, ce qu'elle peut ou non atteindre, et à quels signes on peut reconnaître qu'elle touche à ses limites.

Deux données élémentaires se sont présentées à la pensée du philosophe lorsqu'elle a commencé à réfléchir pour dresser le bilan de ses connaissances : *l'idée de l'être* et *l'acte de connaître*. Une première et sommaire analyse devra fixer les caractères de l'une et de l'autre avant que soit posée cette question fondamentale : comment peut se concevoir la connaissance au sein de l'être, la conscience de l'être, la représentation d'un objet dans la pensée d'un sujet?

Qu'est-ce d'abord qu'être? « Être ou exister, c'est, faute d'une définition meilleure, « n'être pas rien, être quoi que ce soit à un titre quelconque ». L'existence de l'être ne fait pas question puisqu'il est impossible de concevoir quoi que ce soit où elle ne soit engagée. L'*Être* n'est pas à proprement parler un concept métaphysique, puisqu'il n'échappe pas à la conscience et aux moyens d'expérience de l'homme. Ce que la raison conçoit de l'être, c'est qu'il est nécessaire, absolu, existant en soi et par soi, infini, éternel. « L'affirmation de l'être ne comporte pas de preuve, parce que la proposition sur quoi elle se fonde, à savoir que l'anéantissement total de l'être est impossible, est évidente par elle-même. La contre-partie de cette proposition, à savoir que l'univers n'a pu commencer d'exister, est évidente aussi par elle-même. Les deux propositions sont comprises dans la formule unique : « L'être est éternel », laquelle est un axiome au même titre que les axiomes de la géométrie; le contraire en est absurde (1). » Là se borne tout ce que l'intelligence humaine peut concevoir et exprimer de la plus abstraite de ses idées et du plus permanent des objets de sa connaissance.

Comment, d'autre part, se présente, dégagé de toutes les difficultés métaphysiques que peut faire surgir à son sujet la réflexion critique, l'acte même de la connaissance? Toute connaissance est dite la *représentation* d'un objet. « Qu'est-ce

---

(1) *Que sais-je?* p. 52.

que la représentation ? On dit qu'une chose A en représente une autre B, quand on substitue volontairement A à B dont la perception est moins prompte, ou moins facile, ou impossible, et qu'on affecte A à noter dans la pensée et dans la mémoire l'existence passée, présente ou future de B, sans que d'ailleurs A participe en rien de ce qui distingue B des autres choses, c'est-à-dire en rien des caractères qui définissent B. Par exemple, en algèbre, des lettres représentent des valeurs sans avoir rien de commun avec celles-ci, par pure convention. La représentation est alors un signe conventionnel, un pur symbole. On dit encore qu'une chose en représente une autre quand la première, sans avoir non plus rien de commun avec la seconde, s'y substitue d'elle-même sans convention préalable, par une concomitance constante, de telle sorte qu'il suffit de percevoir la première pour penser à la seconde... La chose qui représente est alors par concomitance constante un signe ou symbole de la chose représentée. L'efficacité de ce signe, tout comme celle du signe conventionnel, requiert que la chose signifiée ait été préalablement perçue... Enfin on dit qu'une chose en *représente* une autre, quand elle en est le similaire ; la première alors représente la seconde par tout ce qu'elle a de commun avec ce qui caractérise celle-ci. La chose représentative, dans ce troisième cas, n'est pas à proprement parler un *signe*, c'est un *exemplaire*, mais un exemplaire incomplet et seulement impliqué dans la chose représentée... Une pareille représentation est, à proprement parler, *expressive* de la chose représentée ; elle en est l'*expression*. C'est ce caractère expressif qui confère à certaines représentations la qualité de *notions* ; elles renseignent, en effet, sur leurs objets par ce qu'elles ont de commun avec eux (1). »

« La *notion* suppose dans le sujet une aptitude spéciale, l'aptitude à entrer dans l'état indéfinissable qu'on appelle conscient. Or pour y entrer, il faut d'abord qu'il y ait communication entre le sujet et l'objet. Il faut donc que ces deux termes du rapport qui constitue la notion, participent d'un troisième qui leur soit commun, puisque c'est ce qu'ils ont

---

(1) *Psychologie du libre arbitre*, ch. v. § 1, p. 66, 67, 68.

de commun qui fournit au sujet de quoi former la représentation expressive de l'objet. Mais ce n'est pas assez de poser un sujet apte à connaître et un fond commun entre lui et un objet de connaissance pour qu'il y ait notion du second dans le premier. Encore faut-il que l'état conscient soit déterminé dans le sujet par quelque action exercée sur lui par l'objet et qu'il réagisse contre cette action; encore faut-il, autrement dit, qu'il reçoive et sente une *impression* de l'objet et que des sensations nées de l'impression il fasse une synthèse qui le lui représente, en un mot une *perception* (1). »

Toute notion présente en outre un caractère d'objectivité. « Un état conscient n'est une *notion* qu'autant que le sujet a conscience de l'impression comme d'une action exercée sur lui par un agent dont il se distingue, qui fasse naître en lui, plus ou moins formulée, l'*affirmation du moi* en opposition à un monde extérieur, à un *non-moi*. J'ai dit : *plus ou moins formulée;* j'ajoute *implicite* même. Remarquons, en effet, qu'un sujet peut avoir conscience d'une chose sans avoir conscience qu'il en a conscience, c'est-à-dire sans qu'il y ait réflexion. Quand une notion est déterminée pour la première fois par une impression du dehors, du *non-moi*, l'affirmation du *moi* implique conscience (réfléchie ou non) qu'il y a *nouveauté* pour le sujet; de là l'étonnement. De l'étonnement naît l'interrogation qui est une réaction intellectuelle du sujet contre l'objet. »

« En résumé, j'entends par *notion* d'une chose quelconque (intérieure ou extérieure à moi) la synthèse de deux facteurs, à savoir : 1° un état déterminé tout d'abord dans ma conscience par l'impression de cette chose sur elle grâce à l'intermédiaire nerveux de mes sens, ou même sans cet intermédiaire (introspection); 2° l'affirmation faite implicitement par moi que cette chose existe en moi ou hors de moi. J'ajoute que la notion m'est possible parce qu'il y a *en moi* certains caractères communs avec la chose, ce qui permet à ma conscience de communiquer avec celle-ci. La notion est dite *concrète* quand elle représente son objet tel qu'il

(1) *Psychologie du libre arbitre*, p. 69, 70.

était perçu pendant qu'il s'offrait par l'impression à mon observation externe ou interne ; la notion est dite *abstraite*, quand elle ne représente qu'une ou quelques-unes des données constitutives de l'objet, abstraites arbitrairement de ma perception par mon activité mentale. Tout ce que la notion a de commun avec l'objet est dit *objectif* en elle, et l'identité de ses caractères avec ceux qui la spécifient est appelée son *objectivité*. Tout le reste en elle étant exclusivement des états de moi-même, de ma propre conscience, sujet de l'impression qui la provoque, est, à ce titre, appelé *subjectif*. »

« La notion est une idée, mais le sens du vocable *idée* est plus large que celui du vocable *notion*, car une notion est essentiellement et intégralement représentative de quelque chose de réel, en un mot *objective*, tandis qu'une idée peut n'être qu'en partie objective. Elle peut être formée par la combinaison que fait arbitrairement l'activité intellectuelle de données sensibles dues à des impressions reçues; ces données sont ainsi les termes objectifs de rapports tout subjectifs que je crée entre elles (1). »

Il n'est guère de points de cette première analyse qui ne soulèvent de nombreux problèmes logiques et métaphysiques. Mais du moins, jusqu'à nouvel ordre, on peut se contenter de noter, comme le fait ici M. Sully Prudhomme, d'une façon aussi précise que possible ce qu'on entend généralement par connaître.

II

L'Être peut se présenter tantôt sous un aspect éternel, invariable, non transitoire, non actif, tantôt, au contraire, en tant que monde accidentel, sous des aspects changeants, successifs, dont les variations semblent procéder de l'activité de l'Être.

D'autre part, on peut concevoir l'Être soit comme existant en soi, sans être représenté à titre d'objet connu dans une

---

(1) *Psychologie du libre arbitre*, ch. v, § 1, p. 73, 74.

conscience, soit comme représenté dans la conscience d'un être pensant et prenant alors l'aspect de *monde phénoménal* (1). Or le monde phénoménal n'est pas indépendant du monde réel ; il se présente comme son image, comme son double, pour ainsi dire. La connaissance est cette sorte de duplication du monde dans la conscience d'un sujet. Une connaissance intégrale de l'univers serait donc la conscience intégrale de tout ce qui y existe dans la pensée d'un sujet. Mais le sujet qui connaît l'être est lui-même un être, donc une partie de l'être, et il a, à ce titre, à se connaître lui-même en tant qu'objet. Diverses questions se poseront au sujet de cette relation de la connaissance et de l'être :

1º Une question très générale, qui englobe les autres : M. Sully Prudhomme « *cherche à concevoir réalisée dans l'univers une conscience intégrale de ce qui s'y passe et de ce qu'il est, de la nature la plus intime des unités collectives, individuelles ou personnelles qui le composent.* » Cette conscience *réalisée* serait une connaissance adéquate du tout de l'être, autrement dit la représentation subjective de toute réalité devenue objet pour la pensée d'un sujet, la science intégrale.

2º Dans cette connaissance serait compris l'absolu de l'être, ce que l'être est en soi par delà les variations du monde accidentel, en d'autres termes l'objet métaphysique. La connaissance d'un tel objet est-elle possible ?

3º Dans cette connaissance serait comprise la conscience de la nature la plus intime des unités individuelles ou personnelles qui composent le monde, à commencer par celle du sujet qui se connaît lui-même et qui, d'après ce qui se passe en lui, infère ce qui se passe au dehors. La conscience réfléchie atteint le fond de l'être ?

4º Dans cette connaissance serait comprise la conscience de ce qui *se passe* dans le monde, c'est-à-dire de ce qui s'y

---

(1) Un phénomène est un accident de mon for intérieur dont j'ai conscience, qui a le plus souvent pour cause un accident extérieur et à ce titre en est le signe en moi. A ce point de vue, j'oppose sous le nom de *subjectif* le monde phénoménal au monde accidentel extérieur appelé *objectif*. » (*Que sais-je?* p. 13.)

présente sous une forme accidentelle et transitoire. Or les accidents et phénomènes ne peuvent se concevoir autrement qu'en l'être et par l'être. Quel est donc le rapport de l'être considéré dans son fond métaphysique avec l'être considéré dans ses variations superficielles, de l'objet métaphysique avec l'objet de la connaissance scientifique?

5º Parmi les variations du monde accidentel les unes semblent déterminées, prévisibles, donc constantes, les autres, au contraire, semblent procéder d'une activité libre, c'est-à-dire telle que ses effets soient relativement indéterminés et imprévisibles. Si donc il est dans le connaissable des éléments contingents, comment la conscience intégrale et absolue de l'être se réaliserait-elle?

Toutes ces questions se ramènent à chercher 1º *Quel est le rapport entre l'être conscient et l'être inconscient?*

2º *Quel est, dans l'être conscient, le rapport de l'être conçu sous son aspect absolu et de l'être conçu sous son aspect relatif?*

3º *Quel est dans l'être conscient le rapport de l'être relatif conçu sous une forme déterminée et constante avec l'être relatif conçu comme susceptible de variations contingentes sous l'action d'une cause libre?*

La première de ces trois questions est celle de la nature de la connaissance et de ses limites. Elle peut se poser et se résoudre *a priori*. — La seconde est celle des rapports de la métaphysique et de la science. — La troisième est celle du rapport du déterminisme scientifique avec les formes de causalité (finalité et liberté) qui semblent échapper à l'induction scientifique. Dans toutes l'objet de la recherche est de déterminer le rapport du connaissable à l'inconnaissable dans l'Être conscient de soi comme sujet et ayant la notion de soi-même comme objet (1).

(1) *Que sais-je?* p. 69, 70.

III

Le premier problème qui se pose est celui de *la réalisation dans l'univers d'une conscience intégrale de ce qui s'y passe et de ce qu'il est.* La constitution même de l'univers permet-elle en lui la conscience intégrale de lui-même? Si l'être de l'univers est unique, le monde accidentel n'existant d'ailleurs que par et dans l'être (c'est la thèse de Spinoza), la communication entre tous les éléments constitutifs de l'univers est intelligible. Mais, « si l'univers est multiple, s'il est une collection d'êtres, comme cela seul *est* qui existe en soi et par soi, il ne peut y avoir rien de commun entre les êtres, sans quoi, contrairement à leur définition, ils existeraient à quelque degré les uns par les autres, les uns dans les autres. Par suite, je ne conçois aucune communication possible entre eux, et je suis obligé d'en conclure que la conscience de l'univers par lui-même y doit être divisée, morcelée, qu'il existe autant de consciences partielles de l'univers que d'êtres qui y sont respectivement objets de connaissance à eux-mêmes. Si donc cette hypothèse exprime la réalité, il n'y a nulle part une conscience intégrale de l'univers. » M. Sully Prudhomme, envisageant l'hypothèse de Leibniz, ne superpose pas au concert des monades la pensée divine, conscience intégrale et actuelle de l'univers. Toujours il répugne à cette introduction d'une personnalité métaphysique et transcendante dans l'ordre universel, et il incline au panthéisme.

La connaissance de l'être par lui-même implique conscience; mais qu'est-ce d'abord que ce fait de la *conscience* et qu'implique-t-il à son tour? « En analysant les conditions impliquées dans le fait même de conscience, je rencontre une difficulté nouvelle, intrinsèque, à la connaissance de l'être par lui-même (1). » La conscience, telle qu'elle se présente dans l'homme, révèle au sujet son *existence* et son *activité*, non

---

(1) *Que sais-je?* p. 70.

son *être* même. Elle n'est même pas capable de lui apprendre si son être est un ou composé. « Ma conscience, laissant indéterminée la nature de l'unité qui me confère l'individualité personnelle, donne ouverture à cette hypothèse sans laquelle ce que je sens indivisible en moi, ma personne, ne serait pas un être indivisible, mais n'aurait d'autre réalité ni d'autre indivisibilité que celles d'une résultante. Une résultante existe sans doute, mais dépourvue d'être proprement dit, car l'être n'appartient qu'à ses composantes. Je ne me reconnais en état ni d'admettre ni de rejeter cette supposition (1). »

C'est bien dans son être, non dans ses modifications que le sujet puise la conscience réfléchie de lui-même. Mais son *moi* ne se connaît et ne s'affirme qu'à l'occasion des modifications internes suscitées en lui par une cause externe. Toutefois, lorsqu'il s'est rendu compte de la relativité des qualités sensibles d'abord attribuées à l'objet, c'est bien à son être qu'il a attribué ces impressions comme états, tout en rapportant à l'objet leur cause déterminante. « Il résulte de cette analyse que, sous l'impression du monde extérieur, il y a conscience *immédiate* en moi de mon existence, en tant qu'être et de ma personnalité, mais cette conscience immédiate n'est pas assez profondément *interne* pour atteindre l'*être* que je suis et qui me conditionne (2). »

D'où vient donc cette limitation de la conscience ? « Est-elle imputable à une impuissance uniquement humaine, ou faut-il y reconnaître une impossibilité absolue et générale ? Je me représente nettement ce que c'est pour un individu que d'avoir conscience de certaines choses, de son existence, par exemple, d'une modification de soi ; j'en ai fait sur moi-même l'expérience. *Or il s'agit de savoir si dans un individu, quel qu'il soit, il est possible que l'être ait conscience de l'être même?* (3) » M. Sully Prudhomme est ainsi amené à analyser la notion même de *conscience* et à reprendre le problème fondamental de la psychologie rationnelle résolu positive-

---

(1) *Que sais-je?* p. 71, 72.
(2) *Ibid.*, p. 73.
(3) *Ibid.*, p. 74.

ment par Descartes et négativement par Hume et Kant.

« Prendre conscience suppose deux termes : un sujet pensant et un objet pensé. Dans le cas où l'objet est extérieur au sujet, le sujet ne peut prendre conscience de l'objet même; il devrait pour cela prêter sa conscience à l'être même de celui-ci. Il ne peut communiquer avec lui que par des modifications qu'il en reçoit; chez l'homme, c'est par l'intermédiaire des sens... Pour qu'il y ait connaissance d'un objet extérieur par un être, il faut : 1º que cet être reçoive de l'objet des modifications qui en soient les signes en lui; 2º qu'il prenne conscience de ces signes et de certains rapports établis entre eux; 3º qu'il ait conscience de l'objectivité de ces rapports, c'est-à-dire de leur correspondance avec ceux qui au dehors caractérisent l'objet en le distinguant de tout autre, le définissent. Il résulte de ces conditions *qu'un être pensant aperçoit seulement, exclusivement ce qui se passe en lui-même et ne fait qu'en induire ce qui se passe au dehors* (1). »

Dans le cas où un être pensant se propose de prendre conscience de son être même comme objet, la tentative de cet être sera vaine. « Tout acte de conscience réfléchie, de connaissance, implique un dualisme, l'opposition d'un objet à un sujet. Or dans le cas présent, l'être pensant ne peut réaliser cette condition. En effet, il ne pourrait être objet à lui-même qu'en *se doublant lui-même*, car il ne s'agit plus, comme dans le cas précédent d'un objet impressionnant un sujet pour s'y faire représenter par un signe. *Comment l'être s'impressionnerait-il lui-même et comment pourrait-il être intégralement représenté par une modification de lui-même?* Et, à supposer qu'il pût se représenter à lui-même, ce serait encore se dédoubler; il ne s'agirait plus, en effet, d'un acte de conscience constatant des rapports entre des signes, mais bien d'une prise de possession *intégrale* de l'objet par la conscience du sujet au moyen d'un signe ; or un signe identiquement conforme à ce qu'il représente, n'est plus à proprement parler un signe, c'est un exemplaire. La représentation dans ce cas,

---

(1) *Que sais-je?* p. 75.

entièrement égale et substituable à l'être même représenté, n'en différant à aucun égard, supposerait donc une multiplication de l'être par lui-même en lui-même, c'est-à-dire une création *ex nihilo* d'un être en tout pareil au premier; conséquence absurde (1). Me voilà donc logiquement amené à nier la possibilité pour l'être d'avoir une conscience réfléchie, en un mot connaissance de l'être même. Cette conclusion m'étonne et m'inquiète beaucoup. J'ai peut-être mal raisonné ou raisonné juste sur des prémisses incomplètes et inexactes. Bien que je n'aperçoive pas par où elle est absurde, je ne laisse pas de m'en défier et je ne me résigne pas à voir par les raisons que j'ai dites l'univers destitué de la conscience de son être (2) . »

Prenant acte de l'aveu de l'auteur lui-même, nous pouvons nous demander au passage si cette déduction ne pèche pas en effet par les principes. Les postulats qu'elle suppose ne peuvent, semble-t-il, manquer d'entraîner de telles difficultés, étant de nature à se détruire l'un l'autre. M. Sully Prudhomme admet à la fois 1° qu'il existe pour l'homme un monde extérieur (3); 2° que l'homme ne connaît jamais que ce qui se passe en lui-même, ne peut sortir de lui-même et ne conçoit rien que d'après lui-même. — Idéalisme ou réalisme? Si la première thèse est accordée, comment s'opère la communication de la pensée avec le monde extérieur et la projection dans un objet des attributs du sujet? Comment le

---

(1) « S'il est vrai que l'idée est une représentation expressive de l'objet, pour que le sujet pût se former une idée de son substratum, il faudrait que cette idée exprimât ce dernier, c'est-à-dire qu'elle impliquât les caractères intrinsèques, constitutifs de l'être; en un mot qu'elle s'identifiât à l'être, de sorte que, en réalité, le sujet contiendrait simultanément deux exemplaires de l'être dont l'un serait lui-même en tant qu'objet exprimé et l'autre un nouveau lui-même en tant que représentation expressive du premier. Il s'ensuit que former l'idée de l'être, ce serait le créer; conséquence absurde, l'être ne se concevant qu'éternel, aussi incapable de sortir du néant que d'y rentrer. » (*Psychologie du Libre-arbitre*, chap. v, § 4.)

(2) *Que sais-je?* p. 76, 77.

(3) « Oserai-je demander une concession? Elle est, hélas! énorme. Qu'on daigne m'accorder le postulat suivant, si fortement ébranlé par Kant : « Il existe pour l'homme un monde extérieur... » (*Que sais-je?* Préface, p. 7).

sujet prend-il *conscience* de l'objet, puisque M. Sully Prudhomme identifie, comme termes synonymes, conscience et connaissance? Comment l'objet peut-il *modifier* le sujet? Toutes questions non résolues. D'autre part, — en laissant de côté la communication de l'être de l'objet avec l'être du sujet, — M. Sully Prudhomme part de la théorie empiriste et phénoméniste des *impressions* et des *idées représentatives* pour admettre : 1º qu'il n'y a de connaissance que là où il y a eu *impression* (1), condition non réalisée dans le cas de la conscience réfléchie; 2º que, dans la pensée, l'objet n'est jamais représenté que par son signe, c'est-à-dire, en somme, n'est jamais connu en lui-même, si la connaissance, telle que la définit M. Sully Prudhomme est une *identification* véritable du connaissant et du connu (2). Or, de deux choses l'une : ou il faut adopter entièrement la position empirique et définir la connaissance à la façon de Hume, sans introduire aucune relation métaphysique entre les phénomènes sous lesquels la conscience n'atteint ni cause ni substance; ou, si l'on conçoit que la connaissance est une fusion intégrale de l'être du sujet avec l'être de l'objet, la théorie des idées-signes ne suffit pas et le problème de la conscience de l'être par lui-même peut se résoudre par la théorie de l'intuition, présentée à la façon de Descartes ou de Reid. Répondant à une objection possible à la manière même dont il conçoit l'acte de connaître, M. Sully Prudhomme confesse au lecteur que « s'il le conçoit possible sans deux termes dont l'un soit représenté par l'autre, lui-même n'est pas capable d'attacher le même sens au mot connaître (3) ». Or, cette dualité du *représentant* et du *représenté* se conçoit plus aisément dans le rapport du sujet à l'objet extérieur que dans celui du sujet avec lui-même pris pour objet; aussi, comme tous les empiristes et criticistes, M. Sully Prudhomme est-il relativement moins embarrassé pour expliquer la perception sensible que la conscience réfléchie, étant admis ce double postulat qu'il

---

(1) « *Comment l'être s'impressionnerait-il lui-même?* »
(2) « *Le sujet ne peut prendre connaissance de l'objet même : il devrait pour cela prêter sa conscience à l'être même de celui-ci.* »
(3) *Que sais-je?* p. 77.

existe une pensée apte à recevoir des impressions et des objets aptes à lui en fournir. Nous n'aurons pas à nous étonner de retrouver chez notre auteur, à propos du problème de substance, la thèse phénoméniste qui se dégage déjà ici de sa critique du fait de conscience.

La difficulté que rencontre M. Sully Prudhomme à concevoir réalisées les conditions de la conscience de soi dans un individu va s'aggraver encore lorsqu'il cherchera à se représenter la conscience intégrale de l'univers réalisée quelque part, c'est-à-dire la science faite. « A supposer que chaque être individuel eût pleine connaissance de lui-même, ces diverses connaissances séparées ne se centralisant nulle part, nulle part le Tout ne serait entièrement connu. Cette individualité consciente, pour que sa connaissance fût entière, adéquate à l'objet, devrait prendre *conscience immédiate* du monde extérieur, de ce qui n'est pas elle. Or cette conséquence est absurde, car pour un individu, prendre conscience immédiate d'une chose, c'est faire de sa propre conscience celle de cette chose, c'est en cela devenir cette chose même. L'individu ne saurait à la fois conserver sa personnalité définie par sa conscience et aliéner celle-ci. » — L'équivoque précédemment signalée entre les termes *conscience* et *connaissance* subsiste ici. Aussi, lorsque M. Sully Prudhomme envisage cette dernière hypothèse « l'omniscience réalisée dans l'univers sans être concentrée nulle part, sans être attribuée à aucun sujet conscient individuel », ne peut-il reconnaître en aucun cas que la conscience puisse être impersonnelle. »

Une autre équivoque subsistait aussi dans toute cette déduction ; M. Sully Prudhomme lui-même la relève. S'agit-il ici de la *conscience* universelle de tout l'être par lui-même, telle que la conçoivent les théologiens quand ils parlent de l'omniscience divine, ou de la *science* universelle, telle qu'elle se réaliserait dans la pensée d'un être humain parvenu à se représenter intégralement le connaissable ? C'est la première de ces hypothèses seule qui est envisagée, et il faut bien convenir que la question, telle qu'elle est prise ici, n'est guère soluble du moment où il s'interdit de réaliser dans une *per-*

sonne transcendante, conçue à l'instar de la personne humaine, mais avec des attributs infinis, la conscience de l'être. « Il ne m'échappe pas que le *sujet* dont l'on s'agit dans la question qui m'occupe, c'est l'être métaphysique, et que les attributs de cet être engendrent dans les jugements humains des contradictions qui n'empêchent pas la chose contradictoire en apparence d'exister réellement. Mais ici la conscience de soi est appliquée à l'être métaphysique et il s'agit de savoir si elle est un attribut métaphysique. L'objection porte à faux, n'est pas valable (1). » Il serait aussi oiseux que vain de poser la question de la conscience universelle de l'être dans l'être conçu comme absolu métaphysique, si tout le raisonnement que nous venons d'exposer n'était destiné dans la pensée de M. Sully Prudhomme à préparer ces conclusions : 1° que la *conscience* de ce qui *se passe* dans l'univers et dans le moi n'implique pas et ne peut pas impliquer la connaissance adéquate de *l'être* de l'univers et du moi; 2° que quelque chose dans l'être reste nécessairement inconnaissable et inconscient; 3° que la conscience ne se concevant qu'en un sujet individuel, c'est-à-dire dans une partie seulement de l'être, elle ne peut, en raison de sa relativité et de sa limitation nécessaires, se concevoir comme intégrale. D'où il suit que si la *science*, définie comme une connaissance partielle et relative de l'être dans une conscience individuelle, est possible, la *métaphysique* définie comme une conscience universelle et intégrale de l'être absolu dans une pensée qui soit à la fois le Tout et la représentation objective du Tout est inconcevable dans l'être métaphysique et inaccessible à la pensée humaine. En d'autres termes, la notion de l'objet métaphysique requérant un mode de connaissance qui n'est pas départi à l'homme reste à jamais interdite à l'humanité; quant à supposer cet objet métaphysique plutôt conscient qu'inconscient, c'est une hypothèse gratuite et sans issue puisque son affirmation comme sa négation entraînent des conséquences absurdes et posent une antinomie.

« En résumé, de la critique précédente il résulte que pour

(1) *Que sais-je?* p. 81.

l'esprit humain (tel du moins que je le trouve en moi), il est contradictoire de supposer l'univers rendu tout entier et intégralement intelligible à un individu pensant, quel qu'il puisse être, comme aussi de supposer une connaissance *impersonnelle* de l'univers par lui-même et même une connaissance impersonnelle de quoi que ce soit. Ainsi, alors même que ma conclusion initiale ne serait pas acceptée, alors même que, dans l'univers, l'être ne serait pas entièrement impénétrable à sa propre conscience, *il y demeurerait nécessairement de l'être inconscient.* Il existerait un inconnu irréductible pour toute intelligence, pour n'importe laquelle, humaine ou autre, quelque chose d'*absolument inconnaissable*... Dès lors je dois écarter comme irrationnelle, irréalisable l'hypothèse de la connaissance adéquate et universelle, de la science intégrale, soit dans l'individu, soit dans tout l'être sans distinction, soit personnelle, soit impersonnelle. Toutefois je puis ne pas rejeter cette hypothèse tout entière et la rendre recevable à la condition d'en exclure toute contradiction ; or, pour cela je suis obligé d'en restreindre la portée. Considérons donc la somme du connaissable dans ces conditions nouvelles. »

« Elle se divise en trois parts. Si l'on concède que l'être n'échappe pas nécessairement tout entier partout à la conscience de soi-même, la première part comprend ce que, chez l'individu le plus conscient de l'univers, l'être peut, par intuition immédiate, apercevoir de l'être même. La seconde part comprend le plus grand nombre possible d'événements distincts que l'individu, pourvu des plus efficaces moyens de communication par le monde phénoménal avec le monde accidentel, puisse constater de celui-ci sous tous les rapports particuliers et immédiats constatables entre ces événements sans induction, ni déduction, ni abstraction, c'est-à-dire le maximum du devenir accessible à l'observation directe pour l'individu le mieux organisé à cet effet. La troisième part enfin comprend les rapports constants les plus généraux, autrement dit le minimum de lois que l'individu le plus intelligent puisse logiquement dégager des données empiriques acquises par le précédent ; en d'autres termes encore, l'identification la plus complète possible de ces données par la découverte de leurs caractères communs (1). » En trois mots, le connaissable comprend : 1° les données subjectives de la conscience; 2° les données concrètes de l'expérience sensible; 3° les abstraits scientifiques. L'être en tant qu'être reste inconnaissable.

« J'ai donc établi une distinction, indiquée par la nature des choses, telle qu'elle m'apparaît, entre : 1° *l'inconnaissable absolu*, c'est-à-dire l'inconnaissable pour n'importe quel être pensant; 2° le *connaissable*, qui n'est pas le connu, mais que s'assimile progressivement la conscience dans l'être individualisé et de plus en plus personnalisé par l'évolution universelle; 3° le *connu*, l'état le plus avancé de la science, à un moment donné de cette évolution dans la personne la plus consciente de l'univers et la mieux organisée de toutes pour connaître; 4° la *science humaine*, la condition faite et la position tant acquise que promise à l'esprit humain dans l'ordre intellectuel (2). »

IV

Ce que M. Sully Prudhomme entend par *objet métaphysique* c'est donc, d'après l'analyse précédente, ce qui dans l'être est conçu soit comme radicalement inconscient en soi, soit comme absolument inaccessible à la conscience humaine. « L'objet métaphysique proprement dit est ce qui échappe dans l'être à ma conscience et à mes moyens d'expérience. *Il n'y a de métaphysique dans l'être que l'inconcevable. La métaphysique commence où la clarté finit* (3). » Dans cette catégorie de l'inconnaissable rentrent : 1° l'être métaphysique défini par d'autres attributs que les prédicats ontologiques abstraits; 2° l'insaisissable substratum qui se cache, comme nous le verrons, derrière les phénomènes subjectifs et objectifs; 3° la cause active qui préside au devenir universel dans le monde accidentel; 4° le principe inconnu qui permet et produit la

(1) *Que sais-je ?* p. 85, 86, 87, 88.
(2) *Ibid.*, p. 88.
(3) *Ibid.*, p. 51.

modification du sujet conscient par un objet distinct de lui-même ; 3° le principe de toute variation contingente des effets des lois constantes de l'univers sous l'action d'une cause libre. Or tout ce qui peut être conçu et affirmé de l'objet métaphysique a pour caractères 1° *de n'être pas compris dans les catégories applicables au connaissable;* 2° *de ne se formuler jamais que d'une façon antinomique,* à telle enseigne que cette contradiction soit le signe distinctif du caractère métaphysique d'une proposition. Ces deux points devront être encore établis.

M. Sully Prudhomme pour simplifier l'expression du rapport qui existe entre la connaissance, le connaissable et l'inconnaissable, le traduit mathématiquement. « Soit X l'inconnaissable absolu, que la précédente déduction a démontré inaccessible à quelque sujet conscient que ce soit; X est une constante. Soit C, le reste, le connaissable de l'univers, ce terme désignant les lois éternelles qui peuvent être dégagées de la masse des expériences individuelles et transitoires, coordonnées entre elles et la connaissance intuitive de l'être par l'être, dans la mesure où elle est possible. C est une constante. Soit y la somme des connaissances humaines à un moment donné de leur histoire; y est une variable qui dépend de ce moment. Soit enfin x la partie encore inconnue du connaissable, la différence entre C et y. On a toujours *fonction* $(y, x) = C$. « L'homme peut-il espérer qu'un jour, par l'accroissement continu de y, il réduira x à zéro (1), de sorte qu'il n'y aura plus d'inconnu pour lui que X? Il faudrait, pour qu'il y réussît, qu'il fût, dans le Tout, l'individu le plus conscient et dont la conscience eût le plus de communication avec le reste de l'univers. Or, l'individu a de commun avec ce qui n'est pas lui, avec le monde extérieur, certaines catégories (par exemple dans l'ordre physique, l'étendue corporelle, la durée, la force, le nombre; dans l'ordre psychique, la sensibilité, la pensée et la volonté)... Mais rien ne nous garantit que ces diverses catégories soient les seules qui existent dans l'univers. De ce que nous ne pouvons pas en

---

(1) Cf. plus loin la théorie du rapport entre x, le *mystère*, et X, *l'inconnaissable* à propos de la métaphysique religieuse, ch. vi, *Le Divin*.

imaginer d'autres, il ne s'en suit pas qu'il n'y en ait effectivement pas d'autres, de même que de l'impossibilité où est l'aveugle-né d'imaginer la lumière, il ne résulte pas que la lumière n'existe pas pour les yeux des autres hommes. Pourquoi n'y aurait-il pas dans l'univers des individus participant à d'autres catégories qui leur permissent de communiquer avec des choses dont l'accès est interdit à l'intelligence humaine, dont nous n'avons même pas la moindre idée? Grâce à ces catégories, ils seraient capables de poser à l'être des questions dont nous n'avons non plus aucune idée. »

« L'homme n'est même pas capable de répondre aux questions que ses propres catégories lui permettent de poser. Admettons, en effet, que son œuvre scientifique soit achevée, qu'il soit parvenu à synthétiser toutes les lois partielles consignées dans les sciences positives, et à les convertir en une seule loi formulée algébriquement par une seule équation, de manière à pouvoir exprimer numériquement, moyennant le minimum de mesures empiriques requises, tout phénomène tombant sous son observation interne ou externe. Le champ de la connaissance se trouverait clos pour lui avant que son intelligence fût entièrement satisfaite, car une loi, si compréhensive qu'elle pût être, quand même elle ne laisserait hors de ses prises aucun événement de l'univers, ne serait encore que l'expression de ce qu'il y a de commun à tous les événements sous leur diversité, c'est-à-dire une constatation d'ordre accidentel encore. *Cette loi expliquerait tout excepté elle-même.* L'esprit humain se demanderait encore ce qui la détermine et sa raison d'être. *Cette raison est métaphysique pour lui;* elle gît soit dans X, soit dans ce qu'il ne pourra jamais pénétrer de x. En effet, la métaphysique humaine a précisément pour objet ce qui resterait encore inconnu à l'homme après l'achèvement supposé du travail de son intelligence sur les rapports tirés par elle des données que lui fournit la double expérience interne et externe, c'est-à-dire après la plus grande généralisation possible de ces rapports. Dans notre équation il y a donc pour y une valeur maxima inférieure à C et par suite pour x une valeur minima supérieure à zéro. *Ce minimum, ajouté à X constitue tout le domaine de l'inconnaissable, c'est-à-dire de la métaphysique pour l'homme* (1). »

V

Ce que l'esprit humain appelle *l'objet métaphysique* n'est rien de positif ni de défini. C'est ce résidu insaisissable de ce qu'a pu atteindre l'effort intellectuel d'un être capable de curiosité et de réflexion. Tout ce qu'on en dit devrait donc logiquement être négatif, ou plutôt on n'en devrait rien dire du tout. Cependant il est des attributs, habituellement considérés comme métaphysiques, qui sont appliqués par la plupart des hommes à l'inaccessible objet métaphysique, attributs dont les notions figurent, nous l'avons vu, parmi les données premières de la conscience réfléchie : *le nécessaire, l'inconditionnel, l'infini, le parfait*. Or, selon M. Sully Prudhomme, ces *idées absolues* ne sont pas proprement métaphysiques; les appliquer à l'être, ce n'est pas déterminer ce qu'il est au delà de ses formes connaissables; elles ne sont que « *des catégories de l'essence humaine envisagées dans l'ensemble des termes qui s'y rapportent.* » C'est donc à tort que les systèmes philosophiques prétendent, en spéculant sur ces concepts abstraits et en les attribuant comme prédicats à un sujet métaphysique hypothétique et inconnu, pénétrer dans le domaine de l'inconnaissable.

« Quant aux idées absolues (*le nécessaire, l'infini, l'inconditionnel, le parfait*), on les considère souvent comme dépassant dans leur objet l'essence humaine et la sphère de l'expérience. Nous avons des réserves à faire sur ce point. Remarquons qu'elles ne posent aucune catégorie qui ne soit impliquée dans l'essence humaine : substance, relation,

---

(1) *Que sais-je ?* p. 96, 97, 98, 99, 100.
« Dans cette hypothèse, la plus favorable à la science positive, le monde qu'elle s'est donné pour objet ne serait encore que *relativement*, non *absolument*, expliqué. L'explication en serait *incomplète, bien qu'irréprochablement déduite des données empiriques* ». Cf. *Les Causes finales*, 4º Lettre, p. 84, 85, 86, où le même argument est développé.

qualité, quantité, nous ne trouvons rien de plus dans ces idées et tout cela est dans l'homme. L'homme n'en imagine pas d'autres, parce qu'il ne peut rien imaginer hors de ses propres catégories, mais rien ne prouve que celles-ci soient les seules. Le nombre et la nature de nos idées absolues sont donc déterminés par le nombre et la nature de nos catégories essentielles. »

« Pour ce qui est de leur formation, nous croyons qu'elles naissent de notre réflexion sur les caractères de notre activité intellectuelle. Voici comment nous l'entendons. Nous constatons que toutes nos catégories essentielles : être, relation, qualité, quantité, sont limitées et dépendantes, en un mot *déterminées;* vivre, c'est le constater, et nous ne vivons que par le milieu qui nous borne. Nous sentons que nous ne nous suffisons pas, que nous ne sommes pas par nous-même. En outre, tous les objets extérieurs dont l'existence est liée et nécessaire à la nôtre nous apparaissent également déterminés par d'autres objets : nous ne percevons que le relatif, le fini et le contingent, si loin que nous poussions notre expérience dans chacune des catégories : être, relation, qualité, quantité. Ainsi, d'une part, nous existons et ne pourrions exister par nous-même, et, d'autre part, les choses que nous percevons successivement existent et ne pourraient non plus exister par elles-mêmes. Mais si, au lieu de nous arrêter à nous-même, et à chaque terme successivement perçu hors de nous dans chaque catégorie, nous considérons immédiatement l'ensemble de tous les termes, il est clair que nous ne concevrons pas cet ensemble comme étant relatif et fini. Il faut bien qu'il soit par lui-même, car il existe, et, ne laissant rien hors de lui, il ne peut être déterminé à l'existence par aucune autre chose. *Nos propres catégories peuvent donc prendre un caractère absolu, quand elles sont envisagées dans l'ensemble des termes qui s'y rapportent.* Ainsi tout phénomène est impliqué dans un *substratum*, lequel est lui-même un mode plus ou moins immédiat de la substance, qui est en dernière analyse le fond de toute réalité, et à ce titre ne saurait exister que par elle-même; — une grandeur, finie et limitée pas une grandeur de même nature, et celle-ci par une autre, en d'autres termes ce qui est borné n'est que partie par définition même; or la somme de toutes les parties, et la grandeur totale qui, n'étant plus portion, n'est plus limitée, est infinie; — tout fait a d'autres faits pour conditions, tout est produit par une cause, mais le système complet de tous les faits et de tous les actes ne dépend plus que des rapports qu'il implique, c'est-à-dire de sa propre essence, il est absolu; enfin tout ce qui progresse est imparfait, mais la somme conçue de tous les degrés progressifs constitue l'idéal qui est la perfection (1). Nous voyons donc comment toutes nos catégories, être, quantité, qualité, relation, deviennent absolues, dès que nous considérons en chacune d'elles l'ensemble des déterminations qu'elle comporte, en un mot, son *tout*. Mais nous pouvons aller plus loin et concevoir, sans les imaginer, toutes les catégories de l'univers y compris celles qui, n'étant pas les nôtres ne nous sont pas connues; nous pouvons concevoir le tout de chacune, c'est-à-dire son absolu, et enfin la somme des absolus ou le Grand-Tout. Mais remarquons bien que cette conception est d'ailleurs complètement creuse, elle n'est qu'une idée de savoir possible, l'activité de notre esprit fonctionnant à vide, sous sa propre réflexion. Spontanément nous ne concevons pas, nous ne faisons que percevoir avec le sentiment de la limitation et de la dépendance de notre être à l'égard des autres, et de ceux-ci à l'égard d'autres encore; mais *la réflexion* s'attachant, non plus aux actes successifs de la fonction de percevoir, mais au caractère illimité de son exercice, *fait la somme de ses puissances et non de ses opérations accomplies.* Par suite elle dépasse la portée de la perception et se borne à concevoir. Telle est, selon nous, l'origine des idées absolues sur lesquelles toute métaphysique est fondée (2). »

Ainsi, d'une part, les *idées absolues*, de par leur origine même, n'ont pas de portée proprement métaphysique, n'étant que des catégories humaines généralisées, et, d'autre part, elles expriment non *ce qu'est l'être*, mais *quelles sont les*

---

(1) Cf. dans la pièce précédemment citée : *Métaphysique*, l'expression poétique de la genèse des catégories rationnelles.
(2) *Préface à la Traduction de Lucrèce*, p. LXX, LXXI, LXXII.

conditions de l'être. La métaphysique requerrait pour se constituer positivement d'autres déterminations que celles que nous pouvons atteindre ; telle qu'elle se présente dans les systèmes philosophiques, elle n'est qu'un travail stérile de la pensée s'efforçant, par la réflexion, d'isoler autant que possible la forme de la matière dans sa connaissance. « La métaphysique n'est bonne qu'à exercer l'intelligence dans sa faculté d'abstraire ; le terrain de la métaphysique est en somme le point de contact de l'intelligence avec la cause initiale de l'univers phénoménal. Le contact est tout superficiel, car ce n'est pas *connaître* l'essence intime de cette cause que de l'avoir conçue nécessaire, existant par soi, et par suite infinie et absolue. *Les conditions d'existence d'une chose ne révèlent pas ce qu'elle est.* Qu'est-ce qui dans cette chose est infini et absolu ? Voilà ce qu'il importerait de savoir, et voilà ce que nous ne savons pas. Ce n'est pas la métaphysique, c'est la religion qui offre une notion du contenu de la cause initiale, de son essence intime, nous enseignons que cette cause est infiniment juste et bonne, absolument libre, etc. C'est dans l'essence humaine que la religion puise le catalogue des attributs divins en élevant à la perfection les attributs moraux de l'homme. La métaphysique est muette sur la moralité de son objet. Elle n'en apprend que l'ontologie la plus abstraite, les conditions d'existence, rien de plus. Elle est tout entière dans le concept du nécessaire (1)... »

L'esprit humain se trouve donc enfermé dans cette alternative : ou il dogmatise, et il tombe alors dans les erreurs de l'anthropomorphisme en appliquant à l'Être des catégories tout humaines qui peut-être ne conviennent pas à l'objet métaphysique ; ou, s'il n'attribue à celui-ci que les *idées absolues*, ces catégories abstraites devenant vides ou négatives dès qu'on dépasse les limites du connaissable, leur application à un objet transcendant ne détermine cet objet que d'une façon ou extrinsèque, ou conditionnelle, ou négative, sans en exprimer aucunement l'essence. Que le caractère erroné de la première de ces attributions soit décelé par la réflexion

---

(1) Lettre inédite à M. A.-E. Sorel, 1893.

critique, ou que l'insuffisance et le caractère illusoire de la seconde fassent constater à l'esprit l'inanité de toute ontologie métaphysique, la conclusion qui s'impose est la même : *nous ne pouvons rien savoir ni rien affirmer de l'objet métaphysique, parce que tout ce que nous en disons est ou faux, ou vide de sens, ou négatif* (1).

(1) Voir dans la IVe partie, chap. I, la position et la discussion critique des *Antinomies spéculatives*.

CHAPITRE III

La Substance.

I. Problème de l'unité ou de la multiplicité de l'être. — II. Analyse des notions de *substance* et de *substratum*. — III. Examen des données de l'expérience externe sur le monde extérieur. Problème de la matière. La matière en physique, en chimie, en physiologie. — IV. Examen des données de l'expérience interne. Problème de l'unité du *moi* et de l'existence d'une substance spirituelle. Conclusions phénoménistes. — V. Problème des rapports du psychique et du physique. Matérialisme et spiritualisme. Critique des deux systèmes. — VI. Le monisme. Critique de cette doctrine. Conclusions suspensives.

I

Dans le relevé des données immédiates de sa conscience réfléchie, M. Sully Prudhomme a rencontré les faits suivants : 1º une conception de l'idée de l'être; 2º des perceptions attribuées au *moi* en tant qu'états et rapportées à des objets distincts du moi, comme à leur cause; 3º une perception interne du moi par lui-même; 4º l'idée d'un rapport existant entre l'être, le monde accidentel (constitué par les objets de la perception externe) et le monde phénoménal (constitué par les représentations conscientes du moi); 5º une répugnance invincible à ne pas dépasser ces conceptions toutes relatives de l'*accident* et du *phénomène* et à ne pas concevoir derrière ce qui passe quelque chose qui soit en soi et par soi, qui existe d'une façon absolue, invariable et permanente.

De l'Être, la pensée humaine ne peut, comme nous l'avons

vu, affirmer que les conditions d'existence et énoncer qu'il est. Mais dire qu'il est et qu'il a pour attributs l'existence absolue, l'éternité, la nécessité, c'est admettre implicitement déjà que ce qui passe, change, s'oublie n'est pas ce qui *est*, à proprement parler, qu'il n'y a d'objet intelligible et fixe pour la pensée que par delà les phénomènes, c'est, en un mot, *substantifier* l'être et faire de toutes choses ses modes. Dès lors va se poser le problème de la *substance* problème métaphysique par excellence, puisque toute solution qu'on en donne spécule sur le rapport de l'objet métaphysique inconnaissable avec le monde phénoménal connaissable.

Le problème de la substance peut se poser d'une façon générale et absolue sous cette forme : *L'Être de l'univers est-il un ou multiple?* Cette question reste distincte d'une autre que suscitera l'application de l'axiome de causalité : *Le connaissable de l'univers est-il variable ou constant?*, et, d'une autre encore, liée à la catégorie de finalité : *Pourquoi l'univers est-il ce qu'il est?* — Le même problème de la substance peut se poser d'une façon plus particulière à l'occasion de l'expérience externe et à celle de l'expérience interne : 1° Quel est l'objet réel et constant (dit *matière*) qui se conçoit comme *substratum* des perceptions associées et comme principe de leur synthèse objective? 2° quel est l'objet réel et constant (dit *âme*) qui se conçoit comme *substratum* des phénomènes conscients aperçus par le moi en lui-même et comme principe de l'unité personnelle? — Et, si ces deux *substrata* sont conçus comme distincts, quel est le principe de leur communication dans l'être humain, communication qu'attestent empiriquement d'une façon indubitable des faits comme *l'expression*, à la fois physiques et psychiques ? — M. Sully Prudhomme examine, après tant d'autres philosophes, ces classiques problèmes.

II

Tout d'abord, de même qu'il importe de ne pas confondre le concept non-métaphysique de l'être avec le concept métaphysique de l'essence absolue de l'être, on devra distinguer la notion *scientifique* et toute relative du *substratum* de la notion *métaphysique* et absolue de la *substance*.

« Un événement quelconque, d'ordre psychique ou autre, une sensation, par exemple, ou un déplacement dans l'espace, ne se crée pas de rien. Il est déterminé par quelque chose dans quelque chose ; tout événement suppose constamment la présence de quelque donnée immédiate dont il est une variation ou une modification. Cette donnée constante et immédiate est ce que j'appelle son *substratum*. »

« Dans une synthèse de propriétés constamment associées, ce qui les maintient groupées et fait persévérer chacune d'elles sous les modifications qui la révèlent, ce qui fait de cette synthèse un objet pour la pensée, chose distincte, portant son nom, cette donnée, en tant que lien persistant et subsistant, est encore un *substratum*, principe de son unité et de sa durée. — Cette donnée, dis-je, *subsiste* et persiste : est-il possible que, par l'effet des modifications, elle ne soit plus du tout ce qu'elle était, c'est-à-dire que, au lieu d'être simplement modifiée, elle soit *totalement changée*, de sorte qu'il y ait substitution intégrale de l'événement dont la donnée est le siège à la donnée même ? Non, car dans cette hypothèse il faudrait qu'il y eût anéantissement préalable de celle-ci et par suite création *è nihilo* de l'événement : ce dernier ne serait plus une variation, puisqu'il n'impliquerait rien d'aucun antécédent. »

« Les définitions précédentes me semblent répondre à l'idée que se font les savants de ce qu'ils appellent aussi un *substratum*. Pas plus que moi, en effet, ils n'entendent par un substratum ce que les métaphysiciens nomment *la substance* (l'être en soi et par soi). Consciemment ou non, la logique induit les savants à concevoir tout phénomène, c'est-à-dire tout état de conscience, et aussi tout événement dont le phénomène est le signe naturel en eux, comme une variation, et, par suite, à considérer ce qui varie, à savoir la donnée sous-jacente (*sub-stratum*), le sujet de la variation (1) ».

« La notion de substratum est chez les savants à la fois spontanée et importante. De ces divers **substrata** il leur suffit de reconnaître ce que leur en révèle l'observation, soit externe, soit interne, rien de plus. Or *ce que celle-ci leur révèle, ce n'est nullement l'être même de ces substrata*, qui est impénétrable à l'intuition, c'en est seulement l'*existence* et les *propriétés*. Aussi longtemps qu'ils bornent là le champ de leurs recherches, la métaphysique proprement dite en demeure exclue. Sans doute, la raison humaine réclame une donnée immédiate, ultime, qui ne soit pas une variation, mais existe par soi et en soi et supporte tout l'édifice des substrata accidentels. C'est dans cette ultime donnée que le *substratum*, tel que je l'entends avec les savants, s'identifierait avec la substance des métaphysiciens. La science positive, purement expérimentale, n'a pas à s'occuper de cette identification qui échappe à l'observation humaine. Les adeptes de cette science n'échappent cependant pas au péril de créer des entités métaphysiques; ils parlent d'*atomes*, de *forces*. Il n'est donc pas hors de propos de préciser le sens des mots qui signifient les choses d'ordre transcendantal. » (2).

Cette distinction parfaitement fondée, malgré sa subtilité apparente, s'accusera mieux encore si l'on définit, à un point de vue cette fois métaphysique, la *substance*, ses *attributs* et ses *modes*.

« L'être métaphysique existe par lui-même. D'où se déduisent les conséquences que voici : il n'a pas eu de commencement, il n'aura pas de fin; il ne dépend de rien que de sa propre essence; il n'a pas de limites, il est impossible qu'il n'existe pas; ce qui s'exprime par les qualificatifs : *nécessaire, éternel, absolu, infini*. L'esprit humain ne peut imaginer l'éternité, l'indépendance absolue, l'infinité, la néces-

---

(1) *Définitions fondamentales*. Définition 68.
(2) *Définitions fondamentales*, Définition 68, p. 156, 157.

sité; il ne peut qu'en admettre l'existence. Encore moins peut-il se faire une idée du sujet de ces qualificatifs, de l'être même auquel ils s'appliquent. L'expérience et l'analyse permettent-elles, sinon de s'en faire une idée, du moins de définir quelques-uns de ses rapports avec l'Univers tel qu'il se révèle aux sens et à la pensée de l'homme; de reconnaître si l'être y existe unique ou multiple et comment le monde des événements se rattache à l'Être? On en peut douter, car les plus grands esprits, les Spinoza, les Leibnitz, par exemple, sont divisés dans leurs réponses à ces questions. Je me bornerai à en poser les termes aussi clairement que je le pourrai (1). »

« Supposons successivement éliminées de l'Univers les différences qui s'y sont produites. Puisqu'il a existé avant leur apparition, il a donc existé sans elles. Mais il y en a peut-être qui n'ont pas eu à se produire, qui ont coexisté de tout temps avec lui. On conçoit donc, dans notre hypothèse, un moment où, sans nulle atteinte à son être, l'Univers doit n'impliquer aucune différence ou n'impliquer que des différences inhérentes à son être même, sans lesquelles il n'existerait pas, et par suite irréductibles. L'élimination supposée a dès lors touché la limite au delà de laquelle l'Univers serait entièrement éliminé, anéanti. Or on ne peut le concevoir totalement anéanti; on est donc logiquement induit à lui reconnaître une ou plusieurs manières d'être ou qualités éternelles, fondamentales. S'il n'en avait qu'une, son être serait donc simple, ce qui n'est pas possible, puisque l'expérience atteste qu'il y a diversité en lui, et comment la diversité dériverait-elle de la simplicité? Ce n'est donc pas une seule, mais plusieurs manières d'être distinctes, plusieurs qualités qui coexistent en lui de tout temps. Elles demeurent irréductibles sous toutes les autres différenciations qui ne sont que des changements. A proprement parler, on ne peut même pas dire qu'un changement, un événement soit une manière d'être, car l'*être*, dans l'acception où nous prenons ce mot, ne se conçoit pas prenant naissance et muable. Aussi les ma-

(1) *Définitions fondamentales*, Définitions 69, 70, 71, 72, 73, 74, p. 157, 158, 159, 160.

nières d'être ou qualités éternelles sont-elles seules partie intégrante de l'être ; elles le constituent en ce sens qu'il n'existerait pas sans elles et n'existe que par elles. » « Les métaphysiciens nomment *substance* l'être, *attributs* les manières d'être ou qualités constitutives de la substance, *modes* les manières d'être ou qualités persévérantes impliquées dans les attributs, *accidents* les différences temporelles sujettes à commencer et à finir (1). »

Les questions qui surgissent à l'occasion de la substance proprement dite et de ses rapports avec les attributs, modes et accidents qui constituent ce que nous en connaissons, restent ainsi parfaitement distinctes de celles que les sciences posent à la Nature touchant les substrata réels ou hypothétiques des phénomènes observés. Les sciences positives ne doivent, nous l'avons vu, viser que des rapports ; ce que désigne le terme *substratum* n'est que la condition réelle d'une synthèse d'éléments donnés, c'est-à-dire d'un rapport (2). Il n'est pas besoin de pénétrer la substance de l'être pour connaître et expliquer les synthèses naturelles qui se présentent à la conscience ; mais une telle connaissance reste nécessairement toute relative et superficielle. C'est pourquoi nous devons rechercher si, par delà le substratum connu ou présumé des phénomènes, nous n'atteignons pas grâce à l'expérience soit externe, soit interne jusqu'à ce que M. Sully Prudhomme appelle le « tuf métaphysique ».

III

« Par l'*expérience externe* que nous tenons de nos sens, nous constatons en nous des affections auxquelles nous attribuons des causes hors de nous ; par l'*expérience interne*, nous constatons dans nos affections et dans nos actes quelque

---

(1) *Définitions fondamentales*, Définitions 75, 76, 77.
(2) J'entends par *synthèse* le conditionnement de plusieurs choses soit par l'une ou quelques-unes d'entre elles, soit réciproquement les unes par les autres, de sorte que, dans un cas comme dans l'autre, elles sont toutes par là en rapport entre elles. — La mise en rapport de plusieurs choses dans leur synthèse en constitue l'*unité*. Quand l'unité syn-

chose de nous-mêmes, si peu que ce soit (1). » Sur la foi de ces deux données, nous concevons et déclarons réelles deux choses connexes : un monde extérieur, constitué par l'ensemble des causes qui nous modifient, et un *moi*, sujet conscient et existant à qui sont rapportées toutes les modifications aperçues dans l'expérience interne. Ces deux objets ont-ils une réalité substantielle ? Les attributs qui les caractérisent nécessairement sont-ils inhérents à l'être en lui-même ou leur relation avec la substance reste-t-elle problématique ? Quel témoignage nous apporte l'expérience externe sur la substance du monde extérieur, appelée matière ? Quel témoignage nous apporte la conscience sur la substance et le principe de notre personnalité psychique ?

« Le monde s'offre dans la perception de l'enfant, comme dans la nôtre, en groupes naturels de sensations liées entre elles d'une manière constante et qui correspondent à l'unité directement inaccessible de leur cause extérieure. Cette unité, nous l'appelons vie, cohésion, impénétrabilité, etc., quand nous nous préoccupons d'en définir le principe ; mais à l'esprit de l'enfant elle s'impose comme lien des sensations groupées, sans qu'il songe à distinguer ses sensations de leur cause extérieure, l'image sensible de l'objet réel qui la fait naître en lui. Plus tard, la réflexion conduit l'homme à examiner l'unité du groupe sensible acceptée jusque-là instinctivement, à l'analyser dans ses perceptions élémentaires pour découvrir le principe de cette unité ; et, comme il ne le trouve confiné dans aucune perception élémentaire, il l'attribue à une influence extérieure à la donnée sensible, ne tombant pas sous les sens, mais coordonnant les sensations, qu'il appelle force, vie, âme etc. Cette seconde distinction des êtres n'est déjà plus spontanée, mais elle est le résultat d'une observation encore superficielle. Cette connaissance réfléchie est la plus commune, c'est à peu près la métaphysique de tout le monde... La connaissance spontanée fait con-

---

thétique est suffisamment constante pour faire des choses synthétisées un tout distinct et déterminé, ce tout représente une chose définissable nouvelle. » *Définitions fondamentales*, Définition 71, p. 142.

(1) *Préface à la Traduction de Lucrèce*, p. xx.

cevoir comme existant hors du moi des états sensibles du moi, elle *extériorise* les sensations mêmes et les montre comme des propriétés et non des signes de l'objet extérieur. Il s'est écoulé des siècles avant que ce mirage pût s'évanouir sous la réflexion ; la physique d'Aristote prouve à quel point il est naturel à l'esprit ; la gloire de Descartes et de la physique moderne est de l'avoir dissipé. Mais beaucoup de savants en sont encore cependant à cette connaissance demi-réfléchie dont nous voulons signaler la faiblesse et le danger ; ils infèrent encore de la sensation à l'objet sans avoir complètement et résolument distingué l'une de l'autre. Nous allons, pour essayer de les en convaincre, passer en revue leurs notions de l'être des choses dans les sciences fondamentales, physique, chimie, physiologie (1). »

La physique moderne a pour mission principale d'étudier la cause extérieure des sensations, les propriétés des corps qui nous les rendent perceptibles. Elle a établi que les sensations sont relatives aux divers sens et que le phénomène extérieur qui affecte les nerfs est toujours le même, à savoir la vibration, un mouvement identique en nature au mouvement constaté et créé par le toucher. « Ainsi la méthode de la physique consiste jusqu'à présent à tenter la conversion de tous les phénomènes d'impression en simple mouvement d'un milieu élastique ébranlant les nerfs. Si donc nous pouvons acquérir quelque notion de l'être des choses qui nous impressionnent, nous ne l'acquerrons qu'en étudiant *la cause du mouvement et de la résistance dans le phénomène du toucher...* Mais cette dernière définition de la matière, si bien justifiée par l'état actuel de la science, identifie absolument la matière à ce qu'on nomme la *force* et rend inintelligibles les idées d'inertie, de masse, de solidité et même de volume, telles qu'elles sont encore conçues par la plupart des physiciens. J'imagine que la matière est essentiellement étendue, inerte, solide ; c'est conserver les illusions de la connaissance spontanée. Quand nous sentons qu'un objet nous résiste, nous sentons que nous déployons

---

(1) *Préface à la Traduction de Lucrèce*, p. XXIII.

contre lui une activité spéciale que nous appelons force musculaire ou physique ; or le sentiment que nous avons de cette force déployée par nous nous révèle en même temps la nature de la chose qui nous résiste, par la raison bien évidente que deux choses qui n'auraient rien de commun ne se rencontreraient en rien, et que, en tant qu'elles se rencontrent, elles sont de même nature. *Tout ce que nous savons de l'objet nommé matière, c'est qu'il est analogue sinon identique à la force que nous lui opposons.* Tout revient donc à examiner ce qu'est cette force, et nous ne pouvons interroger sur ce point que la conscience, notre propre activité physique... Nous ne connaissons, en effet, de la nature des objets que ce qu'elle a d'identique à la nôtre.

« Le physicien, après l'analyse qu'il a dû faire de la cause extérieure de nos sensations, ne peut donc plus accorder au mécanicien que le monde des corps est un système de forces agissant sur des mobiles passifs et distincts d'elles-mêmes, sur des quantités de matière inerte ou masses : *il n'y a dans la nature que de la substance active* (1) ». La définition moderne de la masse, comme expression du rapport qui existe entre la valeur numérique d'une force constante quelconque et la valeur numérique de la vitesse pendant l'unité de temps, ne préjuge déjà plus le concept métaphysique de la matière inerte et ne se tire que des effets de l'activité, quelle que puisse être la nature intime de l'être actif. D'autre part, l'hypothèse de l'unité et de l'identité des forces physiques affectant diversement nos sens tend aussi à réduire la matière à l'énergie. « La physique tend ainsi à établir que le monde sensible est composé de forces de même nature que la force humaine. Les corps sont des systèmes de forces qui se manifestent à nous soit par leur résistance immédiate au

(1) « J'entends par la force mécanique la force musculaire considérée à l'état inconscient et abstraction faite de son antécédent psychique, de la volition qui en conditionne l'exercice, qui la met en train et la règle. C'est ce concept arbitraire et fictif qui me semble avoir fourni aux fondateurs de la mécanique le type de la cause d'où procèdent les résistances opposées par le monde extérieur à la force musculaire développée par la volonté, et aussi les changements de lieu, les déplacements dont l'homme n'est pas la cause volontaire et qu'il attribue à des choses extérieures à lui-même. » *Définitions fondamentales*, Définition 57, p. 139.

toucher, soit par l'intermédiaire d'agents qui sont forces aussi et transmettent leur ébranlement aux nerfs; et ces agents semblent devoir se réduire à deux : l'air considéré comme véhicule du son, et un milieu ou éther affectant par ses divers états nos autres sens. Le moment n'est donc sans doute pas éloigné où cette science, trouvant la synthèse de ses grandes découvertes, en dégagera une notion simple des causes extérieures de nos sensations et renversera pour sa part l'hypothèse spontanée d'une matière brute, distincte des puissances qui s'y manifestent (1). »

Pour la chimie, plus encore que pour la physique, la notion d'une matière brute et inerte devient de plus en plus inintelligible. « Les phénomènes chimiques modifient les corps dans leur unité spontanément perçue, c'est-à-dire que par la composition et la décomposition des corps connus, ils en offrent de nouveaux à notre perception; par là ces phénomènes révèlent dans les corps d'autres propriétés distinctives que les propriétés communes à tous et dites physiques. » « La propriété chimique, nommé *affinité*, que nos sens ne peuvent directement atteindre, provoque la combinaison et la maintient; elle est donc un principe vraiment essentiel de distinction des corps, car elle détermine en s'exerçant la formation d'unités nouvelles perçues par nos sens... Comme nos sens n'atteignent point l'affinité, nous ne sommes plus autorisés à l'identifier absolument aux forces physiques ». « Ainsi, d'une part, non n'avons aucune sensation directe de l'affinité; ne tombant pas sous nos sens, elle se soustrait encore à la définition vulgaire de la matière; d'autre part, comme ses effets se manifestent indirectement dans nos sensations par les agents physiques et qu'elle entre en relation avec eux, il faut qu'elle participe de leur nature active. Il semble donc qu'on ait encore moins en chimie qu'en physique le droit d'admettre des masses inertes soumises à des forces différentes d'elles en nature. Quant à la nature spécifique de l'affinité, elle nous est trop inconnue pour que nous nous en formions une idée véritable, puisque nous n'en

---

(1) *Préface à la Traduction de Lucrèce*, p. XXIII à XXVIII.

trouvons pas le type exact et complet dans nos forces propres, les seules qui tombent sous notre conscience (1). »

« La physiologie nous découvre à son tour des puissances plus secrètes, plus inaccessibles encore à nos sens et qui créent une distinction nouvelle dans les corps chimiquement définis, en conférant à certains d'entre eux une unité spéciale qu'on nomme *la vie*. » Mais la réflexion a écarté peu à peu la distinction, moins simple à concevoir qu'on ne l'avait cru d'abord, entre l'être vivant et l'être qui ne l'est pas. On eut bientôt découvert que la plupart des mouvements observés dans l'organisme, loin de procéder d'un principe spécial, ne sont que des applications particulières des lois physiques et chimiques. On ne vit plus d'antagonisme entre ces lois et les lois vitales. La vie prenant ses conditions mêmes et ses moyens d'action dans les données physiques et chimiques, ne parut plus être une résistance, une lutte contre les tendances de la matière brute; elle se révéla comme un degré supérieur dans le développement des activités matérielles. On distingua la substance organisée de la matière brute, sans faire de la vie un principe substantiellement distinct de la matière et l'asservissant. »

« La vie, autant que la science actuelle peut l'atteindre, ne paraît donc être ni une résultante des forces physiques et chimiques, ni un principe extérieur à la matière. Elle est la matière même, manifestant une de ses propriétés ou forces dans les conditions physiques et chimiques requises. Mais, pour concevoir ainsi la vie, il faut évidemment restituer à l'idée de matière toute sa richesse et toute sa portée; il faut en bannir l'idée d'inertie. Il faut comprendre que la matière n'est pas distincte de la force, qu'il n'existe dans la nature que de la substance active; qu'enfin, loin d'avoir pour caractère propre d'être massive et inerte, la matière n'est que par son activité dont les divers modes s'appellent propriétés, puissances ou forces. *Une force, c'est la matière même agissant par une de ses propriétés; la matière est la substance même des forces* ». « Cette vue réhabilite la matière jusque là si méprisée,

---

(1) *Préface à la Traduction de Lucrèce*, p. xxix, xxxi, xxxii.

si ravalée au profit d'une certaine classe de substances spirituelles qu'il fallait bien imaginer pour expliquer les phénomènes actifs. La matière, réduite à une masse inerte, ne pouvant rien sur elle-même ni par elle-même, n'avait d'autre propriété que de subir l'action de ces êtres hypothétiques appelés forces, principes vitaux, esprits ; tandis qu'en fait ces êtres ne sont qu'une abstraction des propriétés actives inhérentes à la matière, inséparables d'elle, et qui sont toutes conditions et bases les unes des autres, suivant une gradation dont la série des êtres marque le progrès depuis le caillou jusqu'à l'homme. Il convient donc de reléguer le puéril mépris de la matière parmi les naïvetés de la connaissance spontanée ; mais il faut en même temps lui rendre ses vrais attributs et la concevoir dans toute sa puissance et sa complexité (1). »

D'après ces analyses, les diverses sciences exactes appliquées à la matière et aux différentes manifestations qui la révèlent aux sens de l'homme, après avoir prématurément cru pouvoir atteindre la substance de l'être et définir la nature du substratum des phénomènes matériels, sont arrivées 1° à réduire de plus en plus la pluralité et la diversité imaginaire des substances ; 2° à modifier la primitive notion du *substratum matériel*, conçu d'abord comme masse inerte, e à assimiler ce substratum à un des attributs humains, la force, en dissociant toutefois de son élément mécanique l'élément psychique qui l'accompagne dans la conscience humaine (en d'autres termes, le dynamisme s'est substitué progressivement au matérialisme primitif) ; 3° à reconnaître que, si l'activité est le substratum le plus intelligible des phénomènes matériels, la *substance des forces*, la *matière*, ne tombe du moins pas elle-même sous l'expérience externe, n'est pas objet d'intuition, donc reste d'ordre métaphysique.

« La notion de matière, telle qu'elle se forme instinctivement dans la connaissance spontanée par l'usage irréfléchi des sens, est purement illusoire, et, loin de nous révéler la nature vraie de l'être extérieur qui impressionne nos sens,

(1) *Préface à la Traduction de Lucrèce*, p. xxxiii, xxxiv, xxxv.

nous induit à la confondre avec les sensations mêmes... Quand l'esprit passe de la connaissance spontanée à la connaissance réfléchie, la matière, l'être extérieur dont nos sens reçoivent l'impression, apparaît sous un jour nouveau. Cet être n'étant concevable que comme une chose massive, inerte, de substance étendue et compacte, subissant aveuglément des impulsions que l'esprit rapportait à des êtres distincts d'elle et personnifiés par l'imagination sous les noms de force, vie, âme, divinité; la matière désormais dépouille ses apparences grossières, se révèle active, capable de puissance, et les moteurs qu'on plaçait hors d'elle sont rendus à son essence propre sous le nom de propriétés. Mais là ne se borne pas le progrès de l'analyse. La conception d'une masse douée de propriétés actives ne satisfait bientôt plus l'esprit réfléchi. Ces deux termes, masse et activité propre, lui semblent contradictoires, il atteint à la notion plus haute, plus large, de l'être actif sans mélange d'éléments sensibles tels que l'étendue subjective et la masse. Il renonce dès lors à imaginer la matière, parce qu'imaginer, c'est nécessairement subjectiver, c'est voir la chose à travers soi-même et non en elle-même, c'est y mêler du moi. L'esprit se contente donc de la concevoir, c'est-à-dire de constater son existence, sa faculté de produire tels effets sensibles, et d'en découvrir les lois, en se gardant de chercher dans les effets la représentation de leur cause. La pure conception de la matière est donc bien différente de son image... Une représentation quelconque de la matière dans l'esprit est illusoire et exclut nécessairement de l'essence matérielle tout ce qui n'est pas réductible à la figure et à l'inertie, c'est-à-dire tous les attributs de la vie, de la pensée et de la volonté. Ceux, au contraire, qui se bornent à concevoir l'être extérieur, abstraction faite de toute image, n'ont aucun motif raisonnable de scinder cet être extérieur en deux substances, matière et esprit, plutôt qu'en mille. Ils ne se croient pas autorisés à rattacher les divers ordres de phénomènes à autant de substances distinctes. Ils ne se sentent même pas en état d'affirmer qu'il y ait dans le monde perceptible des substances distinctes, car tout se lie et se tient solidairement dans nos perceptions. »

« *L'expérience externe soumise à l'analyse réfléchie, ne nous apporte donc aucune distinction radicale des êtres considérés dans leur substance.* Elle ne constate ni matière, ni esprit, dans le sens vulgaire de ces mots; elle fait concevoir seulement un tout indivisible qui se manifeste par des groupes de phénomènes d'ordres différents. Ces groupes divers supposent dans le tout des propriétés ou puissances et forces diverses leur conférant l'unité. Autant d'unités ainsi formées, autant d'individualités auxquelles nous donnons des noms. La connaissance spontanée, par un travail instinctif de nos fonctions sensibles et intellectuelles, nous révèle immédiatement les plus utiles à notre conservation; elle n'est qu'un degré supérieur de l'instinct des bêtes et vise le même but. La réflexion analyse ensuite ces unités, en sépare le subjectif de l'objectif, et fait le premier triage du *moi* et du monde extérieur, fondement et condition de la science (1). »

IV

L'analyse critique des données de l'expérience externe a amené M. Sully Prudhomme, d'une part, à préciser les concepts et hypothèses que les sciences de la nature, en l'état actuel des connaissances humaines, ont été amenées à prendre pour principes; d'autre part, à constater que nos sens ne nous permettent pas d'atteindre la *substance* de l'être matériel, lors même que nous assignerions aux phénomènes sensibles un *substratum* réel et intelligible, la force, qu'on peut concevoir comme un des attributs de l'être inconnaissable.

Une analyse semblable des données de l'*expérience interne* aboutira-t-elle à d'autres conclusions?

« Toute notion d'unité vient de la conscience, et toutes les idées de force, de vie, d'âme que nous attachons aux groupes sensibles, ne sont que des applications au monde extérieur des données de la conscience. Ces applications sont-elles

---

(1) *Préface à la Traduction de Lucrèce*, p. XLVIII, XLIX, L, LI.

légitimes? Le sont-elles toutes et dans quelle mesure?.. Il y a une conscience spontanée et une conscience réfléchie, c'est-à-dire que l'esprit peut faire retour sur les témoignages de la conscience comme sur ceux des sens et séparer là aussi le subjectif de l'objectif. Tout homme prononce « moi » spontanément, dès qu'il sent quelque intérêt à se distinguer des autres êtres, mais peu d'hommes sont capables de descendre en eux-mêmes, de considérer ce moi et de s'en faire une idée. La conscience réfléchie ne se borne pas à sentir le moi, elle le pense. Elle n'est pas, à vrai dire, une faculté spéciale de l'intelligence, elle n'est qu'une application particulière de la réflexion prenant pour objet l'être affecté et le distinguant de ses affections (1). »

« Le principe de connexion de mes états conscients, que je sens réel, ma conscience réfléchie l'atteint-elle directement, abstraction faite des événements qu'il synthétise? Atteint-elle tout le *moi*, non pas seulement ce qui s'y passe, mais ce qu'il est? Y a-t-il, pour employer le langage de Maine de Biran, une *aperception immédiate interne*? J'avoue que, pour ma part, je ne me connais pas intégralement : je n'aperçois de moi-même que mes sensations, perceptions, idées, sentiments, jugements, volitions, souvenirs, l'existence d'un lien qui met en rapport mutuel ces divers éléments internes et aussi l'existence en moi de prédispositions à être ainsi modifié (2). » Cette question est importante à tous égards, car, si vraiment l'être des choses extérieures ne nous est pas absolument étranger et inconnu, c'est parce qu'il communique avec le nôtre, et nous ne connaissons de l'un que ce qu'il a de commun avec l'autre. Il y va donc, dans une exacte analyse de l'acte de conscience, de tout ce que nous pouvons savoir d'ontologie.

« Il est certain d'abord que l'homme ne sait pas ce qu'il est en substance; quand il dit *moi*, il constate l'existence de son être, de son unité individuelle et identique sous la variété de ses modifications; mais il n'aperçoit pas sa nature intime; sinon, il n'aurait pas besoin d'étudier sa propre

---

(1) *Préface à la Traduction de Lucrèce*, p. LII.
(2) *Que sais-je?* p. 20.

essence par expérience et de constituer une psychologie, il connaîtrait *a priori* par intuition directe tous les modes de son activité. Nous croyons en effet qu'il n'y a pas d'aperception immédiate interne, mais que la conscience du moi ne naît qu'à l'occasion de quelque affection de notre être... On imagine qu'on aperçoit immédiatement l'être du moi, parce qu'on abstrait les perceptions de conscience comme toutes les autres, et qu'ainsi l'on conçoit l'activité du moi après en avoir reçu les divers actes ; mais cette conception, postérieure, ou tout au plus simultanée, n'est jamais, selon nous, antérieure à la perception de ces actes et n'en est jamais indépendante. L'être du moi est pour l'esprit qui l'étudie un inconnu objectif au même titre que les choses extérieures (1). » « Le témoignage de ma conscience laissant indéterminée la nature de l'unité qui me confère l'individualité personnelle, donne ouverture à cette hypothèse dans laquelle ce que je sens indivisible en moi, ma personne, ne serait pas un être indivisible, mais n'aurait d'autre réalité ni d'autre indivisibilité que celle d'une résultante (2). » Si donc le sens interne ne révèle au moi ni son être foncier, ni même le principe de son unité, la connaissance subjective est aussi impuissante que la connaissance sensible à atteindre la substance.

Rien ne permet donc, d'une part, de rattacher à une substance spéciale, l'*âme*, les phénomènes conscients, ni, d'autre part, d'affirmer l'opposition substantielle de la matière et de l'esprit. « La conscience, tout en posant notre personne, reconnaît que cette personne est en relation avec ce qui n'est pas elle, qu'elle fait partie d'un milieu où elle a ses racines, et que, par conséquent elle a quelque élément commun avec le reste de l'univers, sans quoi toute communication avec lui serait impossible. Comment concilier la personnalité, l'individualité avec la communication qui suppose un fond impersonnel et universel ? Problème redoutable, que la conscience pose sans être compétente pour le résoudre, puisqu'il implique la nature de l'être qu'elle n'atteint jamais. On voit

(1) *Préface à la Traduction de Lucrèce*, p. LII, LIII.
(2) *Que sais-je ?* p. 72.

combien la distinction des substances, impossible à établir d'après les seules données de l'expérience externe, demeure incertaine quand on s'adresse à l'expérience interne (1). »

V

Nous voici logiquement amenés, par l'application de la méthode de M. Sully Prudhomme, à l'énigme métaphysique et à l'antinomie qu'on rencontre au bout de toute déduction de ce genre. La réflexion sur les données immédiates de la conscience dans l'expérience soit externe, soit interne, n'a pas atteint l'être absolu du monde non plus que celui du moi. L'interprétation critique de ces données a toutefois dégagé d'une façon plus précise et plus exacte l'idée des conditions et du substratum des phénomènes physiques et psychiques, sans d'ailleurs parvenir à maintenir l'irréductible opposition qu'admettait de prime abord entre eux la connaissance spontanée. Mais comme, d'après les déductions relatives à l'idée même de conscience et au rapport de la conscience et de l'être, il est impossible de séparer la personnalité individuelle de la conscience, comme il est impossible aussi de concevoir que le moi soit à lui seul tout l'être, puisqu'il ne se connaît qu'à l'occasion de sa communication avec un objet distinct de lui, comme enfin cette communication du *moi* et du *non-moi* implique que le moi a conscience de ce qui est lui en même temps que de ce qui n'est pas lui, — ce qui est contradictoire —, voici venir l'antinomie après l'énigme.

Qu'est-ce qui est? Quelle est la substance qui constitue le fond permanent de l'être derrière les manifestations passagères du monde accidentel et phénoménal? Telle est l'énigme métaphysique que l'intuition ni la réflexion ne parviennent à résoudre. Il ne reste d'acquis que la connaissance de deux attributs fondamentaux de cette substance inconnue, *l'énergie* et *la conscience*, dont l'un est commun aux deux aspects de l'être, physique et psychique, et l'autre propre au psy-

(1) *Préface à la Traduction de Lucrèce*, p. LIV, LV.

chique seul. — « Comment concilier la personnalité, l'individualité avec la communication qui suppose un fond impersonnel et universel ? » Première antinomie qui implique la question de l'unité ou de la pluralité de l'être, conçu à la fois comme un dans son tout, et comme multiple à cause de l'opposition des deux termes objet et sujet, moi et non-moi toujours engagés dans toute connaissance objective ou subjective. Comment concevoir l'unité substantielle et essentielle de l'être si l'un des attributs que nous sommes fondés à appliquer à l'une de ses manifestations, qui est notre moi conscient, ne convient à son autre manifestation, qui est le monde matériel, qu'à condition d'être dépouillé, par abstraction, de conscience ? Plus explicitement, comment l'énergie ou force, attribut commun à la matière et à la pensée, peut-elle être identique en moi et dans le monde matériel, si en moi elle est consciente et voulue, tandis que dans la matière elle est toute mécanique ? Seconde antinomie qui nous obligera à nous poser plus loin, avec M. Sully Prudhomme, le problème de la vie et des causes finales.

La première de ces antinomies est résolue dans divers sens par les doctrines matérialistes et spiritualistes et par le monisme panthéistique. M. Sully Prudhomme examine la valeur de ces diverses solutions.

« Au point où nous en sommes de notre analyse, nous rencontrons le nœud de toutes les querelles des matérialistes et des spiritualistes sur l'être de l'homme et de l'univers. En effet, il s'agit de savoir si la conscience, en révélant le moi, conduit à la connaissance d'un être distinct de l'être déjà manifesté à l'expérience externe, ou si, au contraire, la conscience ne fournit qu'un moyen de plus d'interroger celui-ci et d'en constater certaines modifications, dites psychiques ou morales, que les sens ne sont pas organisés pour atteindre. Il n'y aurait alors qu'un seul être se révélant à nous par des modifications différentes, les unes accessibles aux sens et constituant le monde physique, les autres accessibles à la seule conscience, formant le monde moral dont le théâtre est le moi. »

« Les matérialistes et les spiritualistes tranchent la question par de pures hypothèses qui violentent les données de l'observation. — Les spiritualistes, considérant la perception du moi, un et indivisible, par la conscience comme une révélation immédiate d'un être propre, distinct en substance de tous les autres, séparent profondément le monde moral du monde physique, l'âme du corps. Ils se condamnent ainsi à rendre, non seulement insoluble, mais encore inconcevable, la communication manifeste de ces deux mondes, leur subordination réciproque. S'ils n'ont rien de commun, ils ne peuvent soutenir aucune relation, et s'ils ont quelque chose de commun, ce milieu qui les unit est impliqué dans l'un et l'autre à la fois, et ils ne sont pas substantiellement distincts. Les spiritualistes sont très intéressés à maintenir la conception d'une matière brute, inerte et massive, parce qu'elle autorise à distinguer cette matière de l'élément moral de l'essence humaine. Mais, à mesure qu'ils avilissent davantage le monde physique, le corps, ils sont plus embarrassés de ses relations avec l'âme. »

« Les matérialistes ont un intérêt tout contraire. La conscience pour eux ne fait que révéler l'unité d'un ensemble de phénomènes non accessibles aux sens, il est vrai, mais ne relevant pas d'une substance distincte de celle qui tombe dans les sens et qui est la matière. La matière a des effets que les sens perçoivent et d'autres qui se manifestent à la seule conscience, laquelle n'est elle-même qu'une fraction de l'organisme, une résultante des actions combinées de la matière, au même titre que les autres fonctions de l'économie. Tout s'explique à leurs yeux par systématisation d'éléments matériels (1). Il leur importe évidemment de contester tout fait de conscience qui créerait un abîme entre le monde moral et le monde physique... Ils n'ont aucune raison pour tenter une distinction de substance, la matière leur suffit; mais ils s'efforcent de réprimer les hautes prétentions de l'esprit métaphysique, puisqu'il faut que l'être s'explique tout entier par la matière. »

« Ni l'une ni l'autre de ces deux opinions extrêmes sur la

(1) Cf. Dans cette même *Préface*, la critique très serrée de l'atomisme épicurien et de la théorie atomique.

nature de l'être ne nous satisfait. Nous venons de le constater; *on ne sait rien de l'être, par quelque voie qu'on essaye de le pénétrer; toute distinction de substances est donc hypothétique et téméraire, faute de données sérieuses.* Conclure de l'unité personnelle du moi, révélée par la conscience à une unité substantielle du moi distincte et indépendante, comme font les spiritualistes, c'est analyser incomplètement l'acte de conscience, c'est isoler le moi du reste du monde, c'est, dans tous les cas, *prononcer sur ce qu'on ignore.* »

« D'autre part, admettre comme le font les matérialistes, que les phénomènes moraux sont avec les phénomènes physiques dans un rapport tel que les uns naissent des autres par production, composition ou transformation d'éléments de même substance, c'est *affirmer sans preuves.* L'expérience nous montre bien que toute modification apportée au corps a son retentissement dans l'état moral du moi, et que réciproquement le corps se ressent de toutes les affections du moi. Mais l'expérience n'a jamais démontré que ces deux unités, le corps et le moi, pussent convertir mutuellement les uns dans les autres les phénomènes qui les caractérisent. » (1) La *détermination* des phénomènes de l'un de ces ordres par ceux de l'autre n'implique pas *production.*

« On ne peut douter qu'entre le monde accidentel objectif et le monde accidentel subjectif n'existe quelque chose de commun, car ils communiquent entre eux : un état psychique, par exemple, détermine certaines modifications physiques et réciproquement, ou encore le visage d'un individu en exprime l'essence et cela suppose des caractères communs à la perception sensible appelée le visage et à cette essence (2); mais le lien de ces deux mondes, leur fondement identique dans l'être, échappe tout à fait à l'observation interne. La conscience qui a pour champ le second, perçoit tout au plus par celui-ci l'existence du premier et les rapports mutuels des événements qui s'y accomplissent; elle ne peut outrepasser les bornes du for intérieur pour saisir la transition de l'un à l'autre et pénétrer par là leur même racine. Il

---

(1) *Préface à la Traduction de Lucrèce*, p. LV, LVI, LVII, LVIII.
(2) Cf. La théorie de l'*Expression.*

y a donc pour elle une lacune insondable, un abîme entre les deux. Aussi la psychologie physiologique rencontre-t-elle un obstacle infranchissable à son progrès. Le plus haut résultat qu'elle puisse espérer atteindre (il serait, à vrai dire, fort important), c'est d'établir que le monde phénoménal, le monde conscient est l'exacte doublure du monde accidentel objectif, qu'il n'existe pas un événement auquel ne soit attaché un état conscient à quelque degré, si peu que ce puisse être. Mais, à supposer que ce résultat fût atteint, le problème de la communication entre ces deux mondes ne serait pas pour cela résolu, car c'est, en réalité, un problème métaphysique. » (1)

Le problème de la communication des substances reste irrésolu parce que toute communication implique un rapport et qu'il ne peut y avoir de rapport qu'entre choses ayant une nature commune. « Distinguer l'âme du corps, l'esprit de la matière, ce n'est pas seulement affirmer l'irréductibilité de deux ordres différents d'événements, c'est affirmer en outre que le siège de l'un constitue un être métaphysique distinct de l'être métaphysique, siège de l'autre; que les modifications de la première de ces deux substances (l'âme) peuvent bien avoir pour conditions les modifications de la seconde (la matière), mais que celle-ci ne conditionne aucunement l'existence de celle-là. Comme la substance existe par soi, celle du psychique et celle du physique seraient entièrement indépendantes l'une de l'autre quant à leur existence. Dans une telle hypothèse, ou bien chaque âme serait une partie intégrante, mais individualisée de la substance psychique,

---

(1) *Que sais-je?* p. 162, 163. — « Comme nous ne savons pas ce que c'est que la matière non plus que l'esprit, nous ne devons pas attacher d'importance à ne pas davantage savoir comment ils sont unis. Peut-être même n'y a-t-il pas lieu de se poser cette question, car dire que deux choses sont unies, c'est dire qu'elles ont quelque chose de commun qui constitue un même fond substantiel à toutes deux. Deux choses qui différeraient par leur être ne sauraient rien avoir de commun, ni par conséquent être unies. L'âme et le corps, quelque idée qu'on se fasse de leurs essences respectives, sont liés par un fond substantiel commune puisqu'ils communiquent entre eux. Mais la substance dont ils sont deux manifestations distinctes est située à une distance infinie de notre intelligence. » (*Lettre inédite à M. A.-E. Sorel*).

ou bien cette substance ne serait pas unique, elle serait multiple : il y aurait autant de substances psychiques que d'âmes. Les âmes, individualités psychiques, en d'autre termes les *personnes morales*, seraient, dans tous les cas, immortelles, et même éternelles en ant qu'elles participeraient, comme substances des attributs de l'être métaphysique. L'univers se composerait d'atomes matériels, centres d'activité mécanique, et de monades spirituelles, centres d'activité morale, de vie consciente, dont la virtualité comme celle des atomes asserait progressivement de la puissance à l'acte dans le cours de l'évolution universelle pour composer des associations tant morales (familles, tribus, peuples) que physiques (corps solides, liquides, gazeux, cristaux, organismes végétaux et animaux). Ce que j'appelle *centre d'activité* soit physique, soit psychique, est suffisamment indiqué pour que je puisse me passer de définir cette expression avec plus d'exactitude. Quels que soient les centres d'activité dans l'Univers, l'observation constate qu'ils sont en mutuelles relations, que du moins chacun d'eux est en relation avec d'autres. Or cela n'est possible que s'ils communiquent entre eux par quelque moyen terme, comme je crois l'avoir établi dans la définition du rapport. Quel peut être ce moyen terme, si l'on suppose que les centres d'activité sont des substances, au sens métaphysique de ce mot, c'est-à-dire des choses dont chacune existe par soi, est, par suite, absolue, entièrement indépendante des autres n'ayant donc rien de commun dans la réalité avec aucune autre? L'hypothèse de l'âme considérée comme une monade substantielle et communiquant avec d'autres choses, est donc contradictoire au fond. »

« Cette même définition du rapport fournit une objection décisive à la distinction foncière des deux espèces de centres d'activité, de l'âme et du corps. Le seul fait, constaté par chaque homme sur lui-même, qu'un vouloir conscient peut déterminer l'extension dans l'espace d'un muscle matériel, cette action seule d'un moteur psychique sur un moteur physique suffit à montrer qu'ils sont l'un et l'autre en relation et que, par suite, il y a dans la réalité quelque chose qui leur est commun. Le psychique et le physique, l'âme et le corps, sont donc tous deux impliqués dans un moyen terme, connexe de quelque manière à la donnée fondamentale, à l'être métaphysique, substance de l'Univers. La méthode expérimentale conduit les savants par la physiologie du cerveau jusqu'au tronc commun d'où bifurquent la branche de l'activité psychique et celle de l'activité physique. Au point de divergence de ces deux branches dont l'une a pour fruits achevés les faits de conscience parfaitement distincts tels que les idées claires, les désirs violents, et les autres les faits purement mécaniques, tels que les actions de la pesanteur, la science observe et analyse les faits qui participent du physique et du psychique dans les proportions variables à l'infini depuis le rudiment d'organisme que révèlent les cristaux, jusqu'aux organismes animaux où la conscience se manifeste pleinement. La *vie* consiste en ces deux ordres de faits dans les synthèses qui constituent ce qu'on a nommé les trois règnes de la Nature (1). »

On peut donc conclure que tous les dogmatismes métaphysiques qui prétendent spéculer sur la substance de l'être sont également illégitimes, mais que, cependant, le choc des thèses contraires n'aura pas été sans profit.

« Les spiritualistes sont certainement fondés à soutenir que les phénomènes moraux n'ont pas leur principe dans les phénomènes physiques, bien qu'ils y aient leurs conditions, mais les matérialistes ont raison d'affirmer que rien n'autorise à distinguer en substance le monde moral du monde physique. Voilà ce qu'il faut retenir des deux doctrines. (2) »

VI

Ces conclusions sont, en somme, à peu près négatives puisque le spiritualisme et le matérialisme sont renvoyés dos à dos et que le problème de la substance reste irrésolu.

---

(1) *Définitions fondamentales*, Définition 60, p. 157. — Cf. IV° Partie, chap. 1 : *Critique des Antinomies spéculatives*.
(2) *Préface à la Traduction de Lucrèce*, p. LVIII.

Ce qui s'en dégage cependant de positif, c'est, d'une part, que le problème est mal posé dans les systèmes qui viennent d'être critiqués ; d'autre part, c'est que l'hypothèse du monisme présente plus de vraisemblance que le spiritualisme pur, que le matérialisme pur ou que le dualisme classique qui n'est qu'un compromis bâtard entre eux. « Le mieux serait de bannir des discussions philosophiques les mots *matière* et *esprit* en tant qu'ils désignent des substances et de les employer seulement pour désigner deux ordres évidemment distincts de phénomènes. L'étude expérimentale de ces phénomènes, sans opinion préconçue touchant leur substratum, un ou multiple, rectifierait bien des idées fausses nées du sens traditionnel, aujourd'hui suranné de ces mots. On arriverait bientôt à reconnaître que l'abîme qui séparait ces choses n'était qu'une lacune de la science, leur incompatibilité une apparente contradiction de deux analyses incomplètes, opérées à des degrés inégaux de réflexion (1). »

« Nous sommes, quant à nous, porté à penser que ces deux ordres de phénomènes sont irréductibles l'un à l'autre, en tant qu'ils relèvent de deux modes distincts de l'être universel ; mais nous croyons qu'ils trouvent l'un et l'autre dans cet être unique et commun, hors duquel il n'y a pas de relation possible entre les mondes, leur fondement et leur principe respectifs. On ne peut dire que l'âme soit issue du corps, mais l'âme et le corps, ou plutôt l'ensemble des phénomènes moraux et celui des phénomènes physiologiques, peuvent être deux manifestations de la substance unique, où gît profondément la loi de leurs mutuels rapports. Si l'on cherche leur lien dans la sphère circonscrite où ils se manifestent à l'expérience externe et interne, on ne le trouvera pas. Le lien commun de toutes les unités que nous percevons de l'âme et du corps, et de toutes choses, c'est l'*Être universel*, c'est ce que nous appellerions Dieu, si ce mot n'éveillait dans les esprits autant d'idées différentes qu'il y a de degrés à l'éducation de la pensée (2). »

(1) *Préface à la Traduction de Lucrèce*, p. LXI.
(2) *Ibid.*, p. LIX.

Cette conception, M. Sully Prudhomme ne la présente pas comme un système, mais comme « une simple conjecture, une sorte de préliminaires de conciliation entre les données de l'expérience externe et celles de l'expérience interne, où il donne provisoirement audience à toutes les aspirations de l'esprit humain, depuis l'idéalisme jusqu'au positivisme (1). »

Elle n'en a pas moins ses sympathies : « Sans parti pris de ma part, mes conclusions militent en faveur du monisme. Plus j'étudie, plus j'y verse (2). » Est-ce à dire, cependant, que le monisme soit une solution pleinement satisfaisante du problème de la substance ? M. Sully Prudhomme ne le croit pas non plus et il critique cette doctrine comme les précédentes : « L'hypothèse du monisme simplifie de la façon la plus séduisante la position même du problème. Les deux mondes seraient tellement associés que tout événement objectif aurait son parallèle subjectif; ils ne seraient en quelque sorte que les deux faces d'une même médaille. Le phénomène exprimerait l'accident et l'être serait le fond commun à tous deux. Toutes les difficultés engendrées par l'hypothèse contraire de deux substances distinctes, corps et âme, esprit et matière, affectées aux ordres de faits irréductibles, se trouveraient par là supprimées. Rien de plus tentant que cette solution. » Elle soulève pourtant des difficultés qui nous ramènent à l'impossibilité de concevoir une conscience impersonnelle : « J'ai supposé que le phénomène, l'état conscient, est l'idée de l'événement qu'il accompagne; mais il s'agit de concevoir la réalisation de cette idée, comment elle se produit, pour éviter d'attribuer l'existence réelle à une chose abstraite de la réalité par mon esprit, car, d'après les données de l'expérience, une idée n'existe qu'à certaines conditions dont je ne peux la séparer sans l'anéantir. L'idée, telle que je la trouve en moi (et je ne sais ce qu'elle est ailleurs), ne va pas sans un système de conditions

---

(1) *Préface à la Traduction de Lucrèce*, p. LIX.
(2) *Le problème des causes finales*, p. 174. (Cet aveu est de 1902, la critique du monisme de 1896 et les déductions relatives à la substance de 1859).

qui la détermine; ce système s'appelle un cerveau, une fonction intellectuelle ou une âme, selon le point de vue de celui qui en parle; mais dans tous les cas, en la supprimant, on laisse l'idée suspendue, en quelque sorte, dans le vide, sans cause ni racine dans le monde accidentel non plus que dans l'être. Considérer l'idée, abstraction faite de tout cerveau, de tout principe pensant, c'est former une pure fiction qui ne la dispense nullement, si elle doit rentrer dans la réalité, de satisfaire aux conditions empiriques reconnues nécessaires à son existence. Or, dans l'hypothèse moniste, qu'est-ce qui représente le système de conditions susdit? En un mot, *qu'est-ce qui se pense?* Est-ce l'événement même? Doit-on regarder tout événement du monde accidentel comme représentant ce système, comme se pensant lui-même, comme ayant conscience de lui-même, si peu que ce puisse être, de sorte que le phénomène, l'idée, en serait tout ensemble le produit et le signe intellectuel? J'aperçois une difficulté essentielle, une impossibilité foncière à ce qu'il en soit ainsi. On ne peut admettre, en effet, que le phénomène soit déterminé par une impression sur l'événement, car une impression sur celui-ci en serait une altération, en ferait donc un autre événement; pour qu'il subsiste, il faut donc que le phénomène l'accompagne sans impression. L'événement, l'individu conscient, n'a donc affaire qu'à lui-même. Mais alors je retrouve là, posé dans les mêmes termes, le problème relatif à la connaissance de l'être par l'être, que j'ai dû résoudre négativement (1). »

« On ôte toute prise à cette objection en supposant que ce n'est pas l'événement même qui détermine le phénomène dont il est accompagné et que ce n'est pas non plus une impression exercée sur l'événement; mais que l'un et l'autre sont causés simultanément par leur *substratum* commun, par l'être; en d'autres termes, que l'être a conscience de tous ses actes, qu'en lui l'activité et la pensée sont solidaires, toujours présentes l'une à l'autre comme un miroir inséparable d'un objet changeant qu'il réfléchit en s'y accommodant

---

(1) Cf. IVe Partie, ch. II, *L'Être et le connaissable.*

toujours. Le seul inconvénient de cette hypothèse est d'outrepasser le champ de l'expérience où opère le savant et d'introduire l'objet métaphysique dans les explications. Cet inconvénient ne me touche guère, car maintes fois, bon gré mal gré, sans en avoir conscience, le savant l'y introduit; mais il le fait légitimement s'il n'affirme rien de l'inconnaissable sinon qu'il existe et est le principe de tout le monde accidentel objectif et subjectif, de tous les événements et de tous les phénomènes. »

« Si je ne souscris pas encore à la doctrine moniste, c'est pour d'autres raisons. Je n'oublie pas que le psychique est humain ou du moins manifesté à l'homme, uniquement par la conscience de l'homme même, ce qui menace de soustraire à l'application de cette doctrine tout ce qui n'est pas humain, et qu'est-ce que l'homme dans l'univers? Prudemment restreinte à la portion du monde accidentel et phénoménal qui embrasse le règne animal sur la terre, je me sens disposé à l'admettre. J'ajoute toutefois que je ne pourrais m'y décider qu'après qu'elle aurait rendu compte de l'unité de la conscience individuelle(1). »

Telle est, en dernière analyse, l'attitude réservée qu'adopte M. Sully Prudhomme dans le débat philosophique touchant la substance. Si sa doctrine ne va pas, comme le pur phénoménisme empiriste ou criticiste, jusqu'à nier radicalement l'axiome de substantialité, il s'interdit du moins de donner à la substance une détermination intrinsèque et se contente d'en mettre le concept au rang des *idées absolues* qui constituent l'ontologie abstraite.

(1) *Que sais-je?* chap. x, p. 164 à 172.

CHAPITRE IV

Les Causes.

I. Problème du *devenir* et de l'*activité* de l'être. Questions qu'il implique. — II. Analyse de la notion de *cause*. Types de causalité. Le déterminisme. — III. Problème du principe et des origines de la vie terrestre. — IV. Problème des *causes finales*. Critique de la notion de finalité et de la doctrine finaliste.

I

Dans les précédentes analyses critiques l'être n'avait été envisagé que sous un aspect en quelque sorte statique. Qu'il s'agît de la conscience qu'il prend de lui-même dans l'acte de connaissance ou de son existence absolue et permanente comme substance, ses variations n'étaient pas encore considérées, non plus que leurs causes et leurs raisons. Mais l'être, dans le monde accidentel et phénoménal, se présente sous des formes infiniment diverses et changeantes qui constituent ce que nous connaissons de lui et dont nous ne pouvons nous empêcher de rapporter à lui l'origine. Si la *substance* de l'être nous échappe, du moins saisissons-nous les manifestations de son *activité*, entendant par ce terme la cause des variations de l'univers. Une nouvelle série de problèmes va donc se poser si l'on considère le monde dans son *devenir* et si l'on recherche les causes et les lois qui le déterminent.

« Outre l'attribut l'éternité et ses dérivés, il en est encore un que je conçois propre à l'être, l'*activité*, sans néanmoins pouvoir pénétrer la nature foncière de ce qui agit. Voici comment j'arrive à former ce concept. S'il n'y avait rien de commun, dans l'univers, entre ce qui ne s'y peut s'anéantir et ce qui n'y est que transitoire, si ces deux ordres de choses étaient entièrement distincts et séparés l'un de l'autre, toutes les variations, tout cet ensemble d'événements qui retentit dans les consciences individuelles et s'y traduit en *phénomènes*, et dont la conscience humaine, en particulier, reçoit les impressions par les sens, tout ce qui n'est pas éternel, en un mot, se déterminerait donc soi-même à l'existence, existerait donc en soi et par soi, conséquence absurde comme exactement contraire à la définition de l'accident opposé à l'être. *Il y a donc entre l'être et le monde accidentel quelque chose de commun, c'est-à-dire une relation, et c'est une relation de cause à effet.* Mais d'autre part, l'être, s'il a quoi que ce soit de commun avec ce monde, implique donc de l'accidentel, conséquence contraire à sa définition même. Ainsi *l'être doit à la fois participer du monde accidentel pour le causer et n'en point participer pour demeurer éternel.* Voilà encore une antinomie. Comment la résoudre ? Elle tient à la nature de l'être qui m'est inaccessible ; je ne peux donc que le constater. Il n'en demeure pas moins certain que, s'il m'est interdit de concevoir la relation qui unit les deux termes opposés, empiriquement du moins je perçois l'existence de cette relation : elle est un fait. Ce fait m'est révélé par des similaires réduits que je trouve de la cause en moi-même et que j'appelle *force musculaire*, *volonté*, en relation avec les éléments qu'ils déterminent. Sans doute, j'ignore ce que sont en eux-mêmes ces principes d'activité psychique et physique, mais je peux du moins affirmer qu'ils sont antérieurs à la variation et capables de la déterminer, qu'ils sont la variation à l'état *virtuel*... Il résulte de ces observations que l'être de l'univers est *actif*, et que, en dernière analyse, le monde accidentel objectif et le monde phénoménal qui en est la représentation consciente sont la somme des effets produits par l'activité de l'être dans l'univers sans que l'être en soit diminué, ni accru (1). » « Ce en quoi consiste l'être,

---

(1) *Que sais-je ?* p. 57, 58, 59. — Cf. IV⁰ Partie, chap. v, § 1.

je l'ignore ; mais le monde accidentel m'en offre du moins d'innombrables manifestations, telles que les divers mouvements qu'étudient l'astronome, le physicien, le chimiste, etc., le processus si complexe appelé la vie chez le végétal et chez l'animal. En cet inconnaissable à l'homme gît le principe de toute activité, ou plutôt ce principe ne se distingue pas de l'être même, il ne fait avec celui-ci qu'une même et indivisible chose (1). »

C'est donc dans toute son ampleur que M. Sully Prudhomme se pose le problème des causes en se plaçant à un point de vue de métaphysicien. Ce problème comprend à la fois celui du rapport de l'être avec le monde accidentel et phénoménal ; — celui des bases du déterminisme scientifique ; — celui de l'application du concept de finalité à certaines formes de causalité où semble se trouver engagée une activité analogue au vouloir humain ; — celui enfin du libre arbitre humain, forme de causalité telle qu'elle semble échapper à toute détermination constante et par là introduire sans cesse dans le monde de l'inconnaissable jusqu'au sein du connaissable même.

II

Notons tout d'abord que M. Sully Prudhomme ne confond pas plus la détermination d'un fait conséquent par un fait antécédent, telle que l'observent et la généralisent les sciences de la nature, avec la causalité proprement dite, qu'il n'avait assimilé le *substratum* scientifique à la *substance* métaphysique. « La science se contente d'observer comment un phénomène est déterminé par d'autres qui le précèdent ou l'accompagnent, quelles sont ses conditions d'existence et non plus quelles sont ses causes car elle a reconnu que les prétendues causes étaient elles-mêmes des phénomènes déterminés, et non point des puissances particulières capables de se déterminer à l'action pour modi-

(1) *Que sais-je?* p. 90.

fier leur milieu, comme paraît le faire notre propre activité d'où nous tirons l'idée de cause (1). » La *cause* proprement dite est, pour M. Sully Prudhomme, un *principe actif*, véritable facteur métaphysique qui resterait encore à déterminer lors même que la connexion des événements naturels aurait été empiriquement établie.

« Pour que, à un titre quelconque une chose C en conditionne une autre A, c'est-à-dire soit facteur déterminant de celle-ci, il faut qu'il y ait entre elles quelque chose de commun, quelque milieu qui les mette en communication, en rapport. Quand la communication requiert la durée, quand l'existence de A est essentiellement postérieure à celle de C, le simple rapport de succession n'explique par la détermination de A par C, au contraire, c'est cette détermination même qui détermine ce rapport et elle suppose l'existence d'une donnée métaphysique appelée *cause* impliquée dans C et dont A est appelé l'effet. »

« Cette donnée métaphysique est un *principe actif*. On ne peut concevoir immuable ce qui détermine quelque chose dans la durée, on ne peut concevoir le repos déterminant le moindre changement. La cause a donc pour caractère essentiel de ne pas persévérer dans le même état, d'être apte à se modifier. Cette aptitude est ce que j'appelle son *activité*. Son *efficience* consiste en ce qu'elle transmet à son milieu, par ce qu'elle a de commun avec lui, sa propre modification intrinsèque et y détermine par là quelque changement (événement, variation, etc.) qui est son *effet*. C'est par son activité efficiente qu'elle est un *agent*. La modification intrinsèque par laquelle la cause est déterminante est son *action* ou son *acte*. Toutefois le mot *acte* est par extension appliqué à son effet aussi, à tout changement extrinsèque qu'elle détermine. Je définis donc *la cause ; une condition impliquant une activité qui la rend apte à l'efficience, c'est-à-dire apte à détermier l'existence d'une chose postérieurement à sa propre existence, chose qui est son effet* (2). » « S'il y a un obstacle quelconque à la détermination de l'effet, l'action interne de la cause, au lieu

(1) *Préface à la Traduction de Lucrèce*, p. LXXVI.
(2) *Définitions fondamentales*, Définitions 52, 53, p. 134, 135.

de se communiquer au milieu, demeure dans les limites de la cause même, s'y concentre et s'y accumule : elle y existe alors à l'état dit *potentiel* ». (1) « Une cause C peut avoir pour effet E de déterminer à l'efficience une autre cause C' dont l'effet E' n'existerait pas sans l'action préalable de C, mais qui ne serait pas amenée à l'existence par cette action seule. On dit que c'est une *cause ocasionnelle* de E', tandis que C' en est la *cause efficiente* (2). »

On voit d'après ces diverses définitions quelle idée M. Sully Prudhomme se fait de la causalité qui ne se distingue pas proprement de l'activité. Sans rejeter le concept tout empirique de la causalité réduite à une consécution régulière et inconditionnelle, il prétend le dépasser en atteignant jusqu'au principe même de l'efficience des causes. Cette introduction d'un élément dynamique dans la causalité amènera M. Sully Prudhomme à ne pas séparer, comme le font beaucoup de philosophes, les problèmes relatifs à l'activité humaine des problèmes relatifs à l'énergie mécanique dans le monde matériel. Comme il n'a pu d'après ses déductions sur le substratum des phénomènes matériels, définir la matière autrement que par la force, attribut qui procède lui-même d'une des catégories humaines fournies par l'expérience interne, il n'a pas à établir de différence essentielle entre l'activité humaine et l'énergie cosmique. La trame des événements naturels est une, l'être est un : la causalité, principe du devenir dans le monde accidentel et phénoménal, doit être également une. Or la seule forme de causalité dont nous ayons l'intuition immédiate en nous étant *l'activité*, ce n'est que par l'action que nous pouvons définir la cause.

Toutefois, si l'on s'en tenait systématiquement aux connexions superficielles des phénomènes, en s'interdisant la recherche de la cause efficiente des événements, on pourrait être amené à substituer à cette notion vivante et concrète de l'activité le concept abstrait de force mécanique. Ce concept arbitraire et fictif résulte de l'analyse que la réflexion opère sur la nature de *l'effort volontaire*, donnée à la fois psy-

---

(1) *Définitions fondamentales*, Définition 54; p. 135.
(2) *Ibid.* Définition 55, p. 136.

chique et physique. C'est ainsi que « quand un enfant agit sur un dynamomètre, par un grand effort il n'y opère qu'un faible déplacement. La résistance mécanique du ressort mesure la force musculaire, parce qu'elle est de même nature, mécanique aussi. Le ressort analyse par là l'effort; il y sépare l'élément physique de l'élément psychique (le vouloir) » (1). Le déterminisme scientifique, après avoir opéré cette dissociation rejette l'un des termes et le réduit pas abstraction à l'autre. « J'entends par *déterminisme* l'explication des événements de toutes sortes, en un mot de l'Univers accidentel, par le conditionnement des phénomènes les uns par les autres, abstraction faite de toute spéculation métaphysique sur les causes efficientes des événements (2). »

Ce déterminisme scientifique, s'abstenant de prêter aux causes une efficience véritable, qui ne pourrait se concevoir qu'à l'image de la volonté humaine, tendra donc à donner de l'Univers une conception mécanique. N'observant dans la nature que des mouvements et des déplacements (3), il ne s'inquiète ni des agents qui les produisent ni des fins en vue desquelles ils sont sans doute disposés. Spéculât-il sur le *substratum* des phénomènes matériels et réduisît-il ce substratum à la force ou énergie, ce que désigne ce mot n'est pas à proprement parler une *cause* métaphysique, mais seulement un principe inconnu, capable de déterminer en nous des impressions tactiles de résistance ou des impressions visuelles de changement de lieu. » Toutefois, les savants confèrent généralement à leurs conceptions symboliques et hypothé-

(1) *Les Causes finales*, p. 80, en note.
(2) *Définitions fondamentales*, Définition 67, p. 152.
(3) « Le *mouvement* est la manifestation d'une force mécanique dans le champ de la conscience humaine par l'intermédiaire de l'organe à la fois actif et sensitif du toucher, exerçant l'effort musculaire sur un même point d'application dont cette conscience observe le déplacement en même temps que la résistance. — Le *déplacement* diffère du mouvement en ce que la sensation de résistance est entièrement exclue de la perception qui le définit. Dégagé de la manifestation complexe appelée *mouvement*, il est représenté isolément par le sens de la vue qui en fournit le signe naturel dans le champ visuel (étendue à deux dimensions, abstraction faite de la profondeur; celle-ci est introduite par inférence tirée de l'expérience tactile concomitante avec l'expérience visuelle. » *Définitions*, 68, p. 140.

tiques du substratum des phénomènes matériels et du principe actif de leurs modifications un caractère quasi-métaphysique (1). Ils croient que, par delà « le déterminisme expérimental qui logiquement n'implique pas la nécessité des relations générales et constantes des lois du monde qui tombe sous les sens et la conscience », il y a « une nécessité métaphysique dont nous n'avons connaissance qu'en tant qu'elle appartient à l'existence du substratum de ce monde (2) ».

De là les deux postulats que les savants positivistes prennent pour fondements de l'induction et sur lesquels ils tendent à construire une métaphysique mécaniste et déterministe de l'univers :

1° Les causes qui déterminent les événements naturels sont d'ordre purement mécanique, c'est-à-dire se conçoivent à l'image de la force musculaire considérée à l'état inconscient et abstraction faite de son antécédent psychique, la volition;

2° La constance des rapports empiriquement établis entre les événements naturels a pour principe une nécessité métaphysique excluant toute variation, toute indétermination dans l'enchaînement des causes et des effets.

De tels postulats outrepassent le domaine purement scientifique, si toutefois on ne se contente pas de leur conférer une valeur toute relative. Le premier a pour conséquence de bannir du déterminisme scientifique toute explication tirée du vouloir intentionnel ou de la finalité. Le second entraîne la négation de toute contingence et de toute liberté dans l'Univers, partant la négation du libre arbitre humain. Deux problèmes vont donc se poser, celui de l'explication scientifique des données naturelles dont un aveugle mécanisme ne semble pas suffisamment justifier le comment et le pourquoi, et celui du libre arbitre, puissance psychique à

---

(1) « Le savant ne s'en tient pas à considérer la cause déterminante comme un rapport constant de succession immédiate entre deux phénomènes, constatation tout empirique ; il outrepasse les limites du champ de l'expérience directe et, par cette induction, fondée sur l'analogie, il considère le premier phénomène comme la manifestation d'un principe actif dont l'idée lui est fournie par l'énergie musculaire. » (*Causes finales*, p. 80.)

(2) *Causes finales*, p. 125.

la fois attestée par la conscience et niée par le déterminisme scientifique.

Ces deux problèmes ont particulièrement hanté la pensée de M. Sully Prudhomme; c'est à leur discussion que sont consacrés ses plus récents travaux. La publication, en 1898, d'un article du D^r Ch. Richet sur l'*Effort vers la vie et la théorie des causes finales* (1), dans la *Revue scientifique*, fournit à M. Sully Prudhomme l'occasion de s'expliquer sur ces matières dans une suite de lettres qu'il fit paraître en 1899. Précédemment déjà l'auteur avait publié dans la *Revue de Métaphysique et de Morale*, et annexé à un de ses ouvrages une étude sur *l'Origine de la vie terrestre* (2).

III

Le fait de la *vie* terrestre est plus difficilement explicable par la seule action des forces mécaniques que les phénomènes physico-chimiques (3). Le tout organisé et agissant que constitue l'être vivant est quelque chose de plus qu'un simple agrégat d'éléments matériels réagissant les uns sur les autres selon les seules lois de la pesanteur; c'est une synthèse d'une nature spéciale, une synthèse organique qu'on peut définir : *une synthèse solidaire qui reçoit son unité de ce qu'on nomme la vie, processus défini par les fonctions qui font l'objet de la physiologie et de la psychologie*, quel que puisse être d'ailleurs le moteur de ces fonctions, commun à toutes, ou qu'il y en ait un distinct pour chacun des deux groupes qu'elles forment. — Un *processus* est un événement complexe considéré dans la succession des changements qui le constituent, et considéré le plus souvent au point de vue de leur corrélation, non pas seulement chronique, mais surtout causale (4). »

(1) *Le problème des causes finales*, in-18, Paris, F. Alcan, 1899.
(2) *Revue de Métaphysique et de Morale*, juillet 1893. — Appendice à *Que sais-je?* 1 vol, in-12, Paris, Lemerre, 1896.
(3) Cf. *De l'Origine de la vie terrestre*, passim.
(4) *Définitions fondamentales*, Définitions 60, 65, p. 141, 148.

Les caractères qui définissent la *vie* ne se dégagent nettement qu'à la réflexion. « La notion la plus naïve de la vie est toute faite d'anthropomorphisme; les enfants la puisent dans leur propre conscience. Ils prêtent spontanément la vie à toute forme dont l'expression ressemble de près ou de loin à la physionomie humaine, ou qui leur semble soit se mouvoir comme eux-mêmes par une activité propre, autonome, par une volonté, soit donner quelque signe de sensibilité... Pour l'intelligence novice la vie est caractérisée par le phénomène de conscience; c'est donc le dernier stade qui en fournit la première notion. Mais à mesure que par l'observation et l'étude le point de vue se déplace et le sens du mot vie se scinde et s'élargit à la fois. La vie purement physiologique, caractérisée par un mécanisme inconscient assurant la réparation des matériaux dont est composé l'individu, son développement selon un certain type et sa reproduction, est alors distingué de la vie spirituelle, soumise, elle aussi, aux lois de l'hérédité et à une évolution (parallèle à celle du corps)... Le caractère des phénomènes de conscience spécifie la vie spirituelle, mais il laisse entière la question métaphysique du lien de la psychologie avec la physiologie. » « Dans le milieu terrestre, la vie spirituelle est toujours conditionnée par la vie organique et ne s'en sépare jamais; celle-ci, au contraire, dans toute une série d'organismes (la série animale), à mesure que les formes se simplifient, semble devenir plus indépendante de celle-là, depuis l'homme jusqu'à l'espèce la plus inférieure où l'animal ne se distingue plus du végétal. A partir de ces types ambigus diverge et s'élève, en compliquant ses formes, parallèlement à la série animale, une autre série organique (la série végétale), où la vie organique apparaît complètement isolée de la vie spirituelle, faute de système nerveux. Le développement des formes selon des types hérités, la nutrition et la reproduction sont seules communes aux deux séries. Toute une composante, la plus haute, de la vie intégrale (psycho-physiologique), à savoir l'aptitude à la conscience, de même sans manifestation dans la vie végétale. En somme, d'innombrables édifices moléculaires, de formes définies et très variées (organismes végétaux et animaux), offrent à l'observation soit externe et directe, soit interne (sens intime) étendue par analogie, des phénomènes dont la coordination et les lois constituent un système de caractères spéciaux. Ces caractères recensés plus haut (nutrition, reproduction, conscience, etc.) se partagent en deux groupes (le physiologique et le psychique) irréductibles aux propriétés physico-chimiques, et susceptibles de se manifester soit concurremment (chez les animaux supérieurs), soit, du moins en apparence, à l'exclusion du second (chez les animaux inférieurs et les végétaux). Nous appelons la *vie* l'ensemble de ces caractères spéciaux (1). »

A l'occasion de ce fait de la *vie*, ainsi défini, deux questions distinctes se posent, l'une mi-scientifique, mi-métaphysique, l'autre métaphysique. La première est celle de savoir quel principe explicatif comportent et requièrent les faits biologiques ; la seconde est celle de la nature et de l'origine de la vie terrestre.

IV

Toute fonction vitale est une action, toute action est accomplie par un agent en vue d'une fin dont son effort est le moyen. Lors donc qu'on est en présence des manifestations de la vie, rien n'est plus naturel que d'en tirer l'explication d'un rapport de finalité entre le processus qui la constitue et un but qui est la continuation de la vie même. Il ne s'agit pas ici, bien entendu, de la finalité universelle assez enfantine et grossièrement anthropomorphique où se complaît la philosophie des causes finales. Il ne s'agit pas davantage de savoir *pourquoi* il y a la vie. « Mais, dit le Dr Ri-

(1) *Sur l'origine de la Vie terrestre, Que sais-je?* p. 244, 246, 247, 248, 249, 250. Nous omettons volontairement ici l'exposition d'une hypothèse hasardée par M. Sully Prudhomme touchant l'origine de la vie, celle de l'existence d'un principe mécanique spécial, le *potentiel de vie*, force naturelle révélée par ses effets, comme la pesanteur. Un tel principe étant métaphysique, la méthode même de notre auteur devrait lui interdire de spéculer sur son essence; aussi bien M. Sully Prudhomme n'a-t-il attaché depuis qu'une importance secondaire à sa théorie du *potentiel de vie*.

chet(1), si nous ne savons pas pourquoi la vie existe, pourquoi il y a des êtres vivants, au moins pouvons-nous fort bien concevoir pourquoi telle forme de vie existe, et donner une explication, erronée ou non, ingénieuse ou téméraire, mais passable en somme, de certaines particularités dans l'organisation ou la fonction des êtres. Cette finalité première est même tellement évidente *à priori* qu'on ne peut guère songer à la nier. Les plus acharnés adversaires de toute téléologie doivent donc se ranger à notre opinion, au moins dans certains cas... Pour moi, en voyant les moyens à la fois minutieux et puissants que la Nature a mis en œuvre pour assurer la perpétuité de l'espèce, je ne peux pas supposer que ces extraordinaires et compliqués mécanismes, d'une harmonie prodigieuse, soient l'effet du hasard. J'y vois là une volonté très arrêtée, comme un *parti-pris*, en vue d'un résultat... Il y a absolue nécessité à émettre cette double proposition : d'abord que les êtres tendent à vivre ; et ensuite qu'ils sont organisés pour vivre, et bien organisés... A la loi de la lutte pour la vie vient s'ajouter une autre loi : *l'effort vers la vie*, qui est comme la conséquence de la première loi. L'effort pour la vie est vraiment une cause finale. Aussi, dans toute théorie biologique, faudra-t-il, pensons-nous, tenir compte de cette loi que nous formulons ici, la *loi de l'effort vers la vie* (2). »

Telle était la thèse formulée par le Dr Richet. Situation piquante et paradoxale : ce fut le poète qui s'éleva contre la théorie des causes finales et le savant qui la défendit.

S'appuyant sur sa conception de l'esprit scientifique et sur sa théorie de la connaissance, M. Sully Prudhomme refuse à son adversaire de souscrire à l'emploi de termes comme *vouloir*, *effort*, *nature*, entachés d'anthropomorphisme. Non que l'anthropomorphisme soit nécessairement une source d'erreur ; toute catégorie appliquée aux phénomènes procède de lui. Mais il peut induire l'esprit en erreur si d'une façon abusive on assimile les causes naturelles à la volonté humaine :

(1) Dans l'article de la *Revue scientifique* auquel répondit M. Sully Prudhomme.
(2) *Le problème des causes finales*. Premier chapitre *passim*.

Cette objection prépare la critique plus serrée encore que M. Sully Prudhomme va instituer du concept finaliste en lui-même et de ses applications à la science. Ce concept est plus complexe qu'il ne semble à première vue ; voici les facteurs essentiels qu'on y découvre en l'analysant. « 1° Un double facteur d'ordre purement intellectuel, analogue sinon identique à l'activité mentale de l'homme, à savoir : 1° Une représentation anticipée, une idée préconçue d'un événement A quelconque à réaliser, dont le substratum préexiste de toute éternité et dont le conditionnement préexiste aussi d'ores et déjà, mais à l'état virtuel, je veux dire comme pratiquement possible grâce au concours des agents d'ordre mécanique et des lois cosmiques dont l'expérience a découvert et constamment vérifié quelques-unes ; — d'autre part, une pensée organisatrice à la fois intuitive et déductive, capable de discerner dans les données cosmiques présentes et de combiner les moyens qu'elles offrent de préparer A et de le déterminer à l'existence ;

2° Un facteur de nature mixte et d'ordre pratique, analogue à la volonté humaine. Il est requis pour effectuer la transition métaphysique de l'idée à l'acte et pour conformer le second à la première. Associé à l'idée préconçue de A, ce facteur en demeure le dépositaire et le mandataire jusqu'à ce que A soit réalisé ; il inaugure, régit et assure cette réalisation. Dans le cas spécial de l'évolution de la vie dans le milieu terrestre, c'est lui qui fait communiquer et entrer en composition l'idée de la fonction avec ce milieu pour adapter la forme de l'organe à cette idée, et c'est lui qui, en outre, dirige l'évolution de l'organe. Par cette communication et cette intervention, il est constitué résultante psycho-mécanique inconcevable, il est vrai, mais dont le type est néanmoins fourni par la réalité, car il est emprunté à *l'effort*, phénomène indivisément psychique et mécanique dans le déploiement de l'énergie musculaire (1). Il est bien entendu que l'analogie du psychique attribué à la cause finale avec le psychique humain peut-être plus ou moins lointaine et peut

---

(1) *Les Causes finales*, p. 53, 54.

l'être extrêmement; toutefois, chacun des facteurs de cette cause, par cela même que la conscience humaine en a fourni le type, est un équivalent similaire de celui auquel il correspond dans l'activité psychique de l'homme (1). »

L'hypothèse finaliste fait donc nécessairement intervenir un facteur psychique, conçu à l'image du psychique humain dans le processus de la vie. Le déterminisme mécanique, postulé par la science positive, refuse d'admettre une telle intervention d'un principe métaphysique (2). « L'hypothèse finaliste est fondée sur la prévention que des données exclusivement mécaniques ne suffisent pas à expliquer toute la structure de certaines formes, telles que les formes définies adaptées aux fonctions de la vie ; que cette adaptation requiert une donnée de plus, d'ordre psychique, agissant sur le processus mécanique. Recourir à cette hypothèse, c'est donc, au point de vue du déterminisme exclusivement mécanique, renoncer à expliquer scientifiquement ce genre de structure et en appeler à la métaphysique. »

Le vice de l'hypothèse finaliste, ce n'est pas, à la rigueur, cette insertion d'un facteur psychique dans la trame des phénomènes organiques. C'est que « le concept des causes finales implique celui d'un acte inconditionné, ou du moins incomplètement conditionné, partant soustrait, en tout ou en partie, au déterminisme expérimental institué par l'application rigoureuse de la méthode de Bacon. Il en résulterait que l'hypothèse finaliste n'aurait pas droit de cité dans la science positive, fondée par le déterminisme, et relèverait essentiellement de la métaphysique. » Or, si l'on admet avec les savants finalistes que l'acte du psychique organisateur n'est pas inconditionné mais au contraire déterminé comme l'acte du psychique humain par les lois du déterminisme psychologique, « pourquoi l'invariable connexion de tel fait d'ordre psychique ou mécanique avec tel antécédent, connexion que le finaliste tient pour nécessaire et partant aveugle, et qui pour cela lui semble incompatible avec l'adaptation organique en tant que réalisé, ne lui semble-t-elle pas pour la même

---

(1) *Les Causes finales*, p. 88, 89, 90.
(2) *Ibid.*, p. 91.

raison incompatible avec cette même adaptation en tant que préconçue? Pourquoi, par exemple, la *réalisation fatale* d'une forme adaptée à la vision lui paraît-elle tout à fait invraisemblable, tandis que la *conception* également fatale de cette même forme lui paraît non seulement vraisemblable, mais requise pour en expliquer la réalisation? Ces deux jugements sont contradictoires. Le finaliste est donc mis en demeure ou de reconnaître qu'il a recours au déterminisme intellectuel pour parer à l'insuffisance qu'on lui impute dans l'ordre matériel, ce qui est un cercle vicieux, ou d'admettre que la pensée organisatrice du monde vivant est soustraite au déterminisme, postulat métaphysique étranger à la science positive (1). »

L'analyse même des éléments de la cause finale aboutit aux mêmes conséquences. Si le psychique organisateur se représente idéalement une combinaison d'éléments matériels situés dans l'espace, ou ce rapport de position est déjà réalisé, et l'objet préexiste en ce cas à la pensée, ou il ne l'est pas, et alors la pensée du rapport en précède la réalisation dans l'espace, ce n'est plus l'objet même de la pensée qui la détermine, puisqu'il n'existe pas encore et attend d'elle son existence. Les éléments du rapport, fussent-ils fournis à la pensée, cette condition nécessaire n'est pas suffisante pour déterminer présentement à l'existence l'idée de ce rapport, puisqu'il n'est pas présentement réalisé par ces facteurs. « Qu'est-ce donc qui la détermine à l'existence? Direz-vous que c'est quelque antécédent dont elle serait la représentation? Mais alors cet antécédent serait identique au rapport de positions qu'elle prédétermine, de sorte que la genèse de cet antécédent soulèverait le même problème que celle de ce dernier. Vous êtes donc réduit à supposer que l'idée préconçue du rapport est déterminée par quelque antécédent dont elle ne serait pas la représentation. Ainsi l'idée du rapport complexe de positions, constituant la forme organique dans votre hypothèse, n'est déterminée par aucune condition du milieu où elle naît, elle échappe à toute cause efficiente, en

---

(1) *Les Causes finales*, p. 97, 98.

un mot, elle ne relève pas du déterminisme expérimental (1). »

« Je me crois donc en droit de conclure que la cause finale, par sa définition même, qui la distingue de la cause efficiente, est constituée indépendante de celle-ci, en d'autres termes, soustraite au déterminisme. Le savant, quoi qu'il en ait, ne peut donc en formuler l'hypothèse sans renoncer au principe qui fait la sécurité de ses recherches, et transgresser les limites du champ de la science positive en pénétrant dans celui de la métaphysique (2). »

Cette conclusion négative de sa critique du concept de finalité était déjà admise par M. Sully Prudhomme lorsqu'il écrivait dans sa *Préface à la traduction de Lucrèce* : « La science abandonne peu à peu l'axiome de finalité, elle conçoit l'ordre du monde comme un équilibre résultant subséquemment de la concurrence et de l'opposition des forces, mais non plus comme une harmonie préétablie en vue de laquelle les forces auraient été mesurées et proportionnées; étant données des forces quelconques, n'agissant que pour agir, pour persévérer respectivement dans leur essence, de leur rencontre résultera nécessairement un système soit équilibré, soit en voie d'équilibre, qui ne différera en rien d'un système prémédité dont les forces auraient été calculées pour l'harmonie obtenue, car dans les deux cas l'équilibre ou l'ordre n'existera qu'aux mêmes conditions; donc, pour connaître les rapports qui constituent l'état actuel du monde, ces rapports étant identiques dans l'une ou l'autre hypothèse, il est superflu d'introduire dans une pareille recherche la préoccupation d'une fin; la fin ne serait utile à l'étude des rapports que si elle pouvait être connue avant eux, chose impossible, puisqu'elle ne se définit que par eux. La fin nous est utile pour juger nos actes volontaires, parce que nous la posons nous-mêmes avant d'agir, et nous jugeons nos actes par leur conformité à la fin voulue, mais ceux qui nous voient agir ne la connaissent que par l'accomplissement de nos actes, et, n'en eussions-nous prémédité

---

(1) *Les Causes finales*, p. 99, 100, 101, 105.
(2) *Ibid.*, p. 105.

aucune, ils nous attribueraient un dessein quelconque d'après le résultat de notre action, toute machinale qu'elle serait. Nous sommes les spectateurs en face de la Nature, observons ce qu'elle fait, mais ne préjugeons pas qu'elle l'a *voulu* (1). »

(1) *Préface à la traduction de Lucrèce,* p. LXXVI, LXXVII.

CHAPITRE V

Le Libre arbitre.

I. Position du problème du libre arbitre. Analyse psychologique de la *volition* ; définition du *libre arbitre*. — II. Examen de l'argument déterministe tiré du principe de causalité nécessaire. *Constance n'est pas nécessité*. — III. Examen critique de l'objection tirée de la contradiction du concept. — IV. Preuve indirecte du libre arbitre. Argument contre la nécessité universelle tiré de l'origine empirique de l'idée du libre arbitre. Problème de la nature et de la formation des idées, en tant qu'il intéresse celui du libre arbitre.

I

Si les données immédiates de la conscience réfléchie pouvaient échapper à toute réflexion critique, le problème du libre arbitre ne se poserait même pas, car rien n'est plus naturel à l'homme que de croire spontanément à l'autonomie de son vouloir, condition de sa personnalité même. Aussi beaucoup de personnes ne mettent-elles pas plus en doute leur liberté que l'existence du monde extérieur ou la possibilité pour elles d'atteindre la substance des choses. Pratiquement, cette intuition interne suffit à fonder la croyance qui sert de postulat à toute la vie morale ; mais il s'agit ici de certitude spéculative. Si donc on affirme la réalité du libre arbitre humain, il est requis de le définir, d'en établir la possibilité soit *a posteriori* soit *a priori* et de suivre les conséquences de son affirmation ou de sa négation.

C'est à l'occasion de l'exercice même de l'activité volontaire et consciente que naît le concept du libre arbitre. L'activité intentionnelle que nous n'avions vue se manifester que du dehors dans les processus de la vie, prend ici un caractère subjectif et son essence n'est plus, dès lors, problématique. La spontanéité et l'indépendance du vouloir constituent une donnée de l'expérience interne à laquelle s'attache une croyance immédiate et que le *doute réel et efficace* n'atteint pas, quand même le *doute logique* ou *dialectique* ferait surgir sur ce point des antinomies. Cette constatation est importante à retenir, car elle prépare un retour à l'intuition immédiate, soit qu'on s'en fie au cœur contre la raison, soit même qu'on établisse, comme le fera M. Sully Prudhomme au moyen d'une démonstration préalable, l'infaillibilité de l'expérience interne (1).

Le caractère libre du vouloir se manifeste à la conscience par l'opposition des états passifs et des états actifs : « Parmi les variations dont je suis le sujet, il en est un grand nombre qui se révèlent à moi comme subies, reçues par moi. Je m'en reconnais le sujet tout passif : telles sont, par exemple, mes sensations brutes qui suivent immédiatement les impressions du monde extérieur sur mes nerfs sensitifs. Il y en a d'autres qui me semblent moitié reçues, moitié formées par moi-même. Telles sont mes perceptions composées de sensations élémentaires, synthèses que je discerne après plus ou moins de tâtonnements..., ou les créations de mon activité mentale qui ne se contente pas d'utiliser des sensations offertes toutes groupées par l'impression, mais les recevant séparément les rapproche pour les synthétiser à mon gré... Il est enfin des variations de moi que je sens procéder de moi-même exclusivement : telles sont mes volitions. Celles-ci, j'ai conscience de n'en être pas seulement traversé ; je les sens dépendre de moi et uniquement de moi. Avoir conscience que je veux, c'est *avoir conscience d'une variation psychique en moi telle que je n'y sens absolument rien d'étranger à moi, que je n'y sens que moi.* Cette conscience spontanée d'être exempt de toute contrainte extérieure à moi dans l'exercice de mon vouloir se traduit en moi par celle de pouvoir au même instant faire ou ne pas faire une action dont

---

(1) Cf. IV° partie, chap. I. *Critique des Antinomies spéculatives.*

j'ai l'idée préconçue, me l'interdire ou en commencer l'exécution, sauf empêchement hors de moi à la continuer... *Le libre arbitre, tel qu'il apparaît à la conscience spontanée peut donc se définir : l'entière indépendance de l'acte volontaire* (1). »

Mais si l'on applique à ce concept la **réflexion critique**, diverses difficultés vont surgir que la clarté du témoignage du sens intime ne suffit pas à lever dès l'abord. L'indépendance de l'acte volontaire suppose en effet : 1° que l'agent se détermine par lui-même à l'action, c'est-à-dire échappe à la nécessité universelle qui semble régir les phénomènes naturels dont l'ordre constant est établi par la méthode expérimentale ; 2° qu'il possède un mode d'activité distinct de la causalité purement mécanique, puisqu'il connaît son effort, en préconçoit le but et par là met en acte le rapport de finalité ; 3° que rien ni dans sa propre essence, ni dans la notion qu'il se fait de tout ce qu'il connaît n'empêche le sujet de concevoir et d'affirmer ce caractère indépendant de son vouloir. En d'autres termes, l'affirmation du libre arbitre humain requiert la thèse de la contingence des futurs, l'irréductible opposition de l'activité psychique et de la causalité mécanique, et une solution du problème de l'origine des idées et de la portée objective de la connaissance humaine. Or chacune de ces thèses présente un caractère métaphysique ; son développement dialectique aboutit à des antinomies, ou bien il conduit la pensée soit à s'en fier sans preuve à son intuition première, soit à postuler ce qu'elle ne peut démontrer. L'argumentation de M. Sully Prudhomme peut se ramener à trois chefs principaux : 1° le problème du libre arbitre, suite naturelle du problème des causes efficientes et finales, est envisagé au point de vue cosmologique ; 2° le concept du libre arbitre est soumis à une critique directe conformément aux règles qui dominent la théorie du connaissable ; 3° la question est résolue par des postulats ou des hypothèses que cette double critique préalable rend légitimes.

(1) *Psychologie du Libre arbitre*, chap. i, p. 19, 20.

II

Le plus classique des arguments du déterminisme contre l'affirmation du libre arbitre est celui qui se tire de la nécessité des lois de la nature, nécessité qui, après avoir été postulée comme fondement de l'induction expérimentale, est de jour en jour confirmée par les progrès des sciences exactes. La possibilité de fonder sur des prémisses empiriquement établies des déductions que corrobore la constante réalisation des événements naturels ainsi prévus doit exclure désormais toute croyance à la contingence des futurs, que le facteur de cette contingence s'appelle hasard ou libre arbitre. Tout fait a une cause, tout rapport causal constant est nécessaire et constitue une loi de la nature : tel est l'axiome admis par le déterminisme scientifique. Reconnaître à l'homme le pouvoir de se déterminer par lui-même, c'est admettre qu'il y a dans la trame des phénomènes des commencements absolus, des effets sans cause, des rapports sans loi : thèse absurde que rejette formellement la pensée scientifique. — Cet argument est ambigu ; il contient deux propositions de portée très inégale qu'il importe de distinguer et de discuter séparément : 1° l'hypothèse du libre arbitre est en opposition avec les constatations empiriques des sciences positives ; 2° elle enferme une contradiction intrinsèque et implique la négation du principe de causalité lui-même. A la première de ces propositions M. Sully Prudhomme oppose une fin de non-recevoir au nom de la méthode scientifique même ; sur la seconde il se rallie à l'argumentation présentée par Kant dans la troisième *Antinomie de la Raison pure*.

Le déterminisme scientifique, sans remonter jusqu'à la critique du concept même du libre arbitre, prend pour accordé que les uniformités naturelles sont nécessaires, et, de plus, que toute relation causale est d'ordre mécanique. Or ce sont là de simples postulats, fort commodes sans doute comme idées directrices dans les investigations scientifiques, mais dépourvus de toute portée métaphysique. Un savant qui s'en tiendrait strictement aux constatations positives ne devrait ni affirmer ni nier le libre arbitre, car une telle discussion est hors de sa compétence. « L'expérience se borne à constater l'existence et les relations intrinsèques du monde des événements; elle ne fournit pas de quoi prouver qu'il ne pourrait être différent de ce qu'il est, et, encore moins, qu'il ne peut pas ne pas exister, car elle le considère en lui-même exclusivement : or nous savons qu'il n'existe pas par lui-même; il n'est que l'acte infiniment multiple et variable d'un substratum dont l'existence s'impose à la raison comme nécessaire, mais dont l'être demeure impénétrable à l'intelligence comme il reste inaccessible à l'expérience. Il est donc interdit aux savants qui professent et exercent rigoureusement la méthode de Bacon de se prononcer sur la nature intime, sur les conditions intrinsèques de l'activité de ce substratum; ce serait déserter le domaine de l'expérience pour faire de la métaphysique. Ils sont logiquement tenus de se borner à recenser les caractères empiriques des événements, à en dégager les caractères généraux et les rapports constants. Or *constance n'est pas nécessité*. Aussi toute prévision fondée par eux sur une loi ainsi découverte ne saurait être, pour le logicien rigoureux, qu'un *acte de foi*. L'expérience par elle-même, par ses seules ressources, ne saurait leur garantir absolument rien pour l'avenir. Elle n'atteint que certaines conditions, celles qui se trouvent à la portée restreinte des sens humains. Je me demande dès lors s'il serait absolument impossible que, parmi ces conditions, celles dont le concours s'était jusqu'à présent manifesté comme infaillible pour déterminer tel événement, fussent elles-mêmes conditionnées par des propriétés inconnues, inconnaissables du substratum universel et fussent, à ce titre, modifiables inopinément (1). » Certes les lois qu'a dégagées l'investigation scientifique se présentent comme stables et l'on peut s'appuyer sur elles pour faire des prédictions avec toute l'assurance qu'autorise une extrême probabilité. « Quand les savants ont observé que tel phénomène a toujours suivi la

---

(1) *Les Causes finales*, p. 111, 112.

rencontre soit fortuite, soit préparée de certaines conditions et que les mêmes conditions se représentent, ils en peuvent induire, avec une confiance appuyée sur la plus extrême vraisemblance, que le même phénomène se reproduira d'autant plus que l'expérience ne leur fournit aucune occasion de douter qu'il doive être toujours ainsi, de croire qu'il en puisse jamais être, par exception soudaine, autrement (1). » Il importe cependant, tout en ne contestant aucunement le bien-fondé des inductions empiriques, de maintenir la distinction entre la nécessité métaphysique et le déterminisme tel que la méthode expérimentale conduit et autorise à le définir. Ce dernier, en effet, laisse indéterminée la solution du problème de l'activité spontanée, c'est-à-dire initiale, question impliquée dans celle des origines du monde des événements : or c'est précisément là que réside tout l'essentiel du débat.

Si les savants commettent cette confusion du déterminisme expérimental et de la nécessité métaphysique, c'est d'abord parce qu'une longue habitude d'assigner avec sécurité des rendez-vous aux événements sur la foi des lois empiriques a créé chez eux « une pente irrésistible et inconsciente à regarder comme ne pouvant pas ne pas se produire ce qui, dans les mêmes conditions accessibles à l'expérience et définissables, s'est toujours produit, et à négliger par là comme si elle était impossible, absurde *à priori*, l'éventualité d'autres conditions infiniment plus profondes, susceptibles de varier, qui seraient imposées à celles-là par l'activité foncière du substratum commun à toutes (2). »

Mais une autre raison, plus sérieuse, vient de ce que les sciences exactes partent en général d'une conception toute mécanique du rapport causal. C'est là une affirmation métaphysique illégitime qui suppose démontrée l'identité de l'énergie purement mécanique avec l'activité consciente et volontaire. « Or ces deux facteurs de la vie, le physique et le psychique, sont demeurés jusqu'à présent irréductibles l'un à l'autre, encore que leurs patentes relations attestent qu'ils

(1) *Les Causes finales*, p. 114.
(2) *Ibid.*, p. 121.

communiquent entre eux... Si en outre, on considère que le type de la force mécanique est une abstraction opérée par la conscience sur la donnée empirique fort complexe, psycho-mécanique, du mouvement musculaire, dont la vitesse et la direction sont conditionnées, (librement ou non) par tous les antécédents mentaux qui le conditionnent lui-même, il pourra sembler au moins téméraire de tenter l'explication de cette donnée tout entière par un seul de ses éléments constituants, et précisément par celui que la conscience témoigne être consécutif et subordonné aux autres (1). » Derrière le postulat du déterminisme mécaniste, il y a une cosmologie matérialiste qui attribue un substratum matériel à tous les faits indistinctement, mécaniques ou psychiques. Mais, « en réalité le substratum universel se révèle comme à la fois mécanique et psychique, fournissant, dans le monde des événements, à la conscience son principe métaphysique, comme le leur à la pesanteur et à l'étendue ; mais les savants le simplifient, et de ce qu'il ne peut pas ne pas exister, ils infèrent implicitement qu'il ne peut pas ne pas agir comme il agit, en d'autres termes que le monde des événements ne peut pas ne pas exister tel qu'il est. Or cette inférence est gratuite : *exister nécessairement* et *agir nécessairement* sont deux choses dont la première peut ne pas prescrire la seconde. Elles paraissent même plutôt incompatibles ; car pour la raison humaine n'est-il pas inconcevable que la nécessité n'implique pas l'immutabilité ?.. Pour moi, concevoir l'être nécessaire, donc éternel, déterminant le devenir m'est aussi impossible que de concevoir, dans le processus du devenir universel, des commencements absolus d'action, en un mot des *initiatives indépendantes*. L'un et l'autre cas n'en sont pas moins fournis par l'expérience, le premier par les sens, qui témoignent du perpétuel devenir dans le monde perceptible, œuvre du substratum universel, le second chez l'homme, par la conscience sous le nom de libre arbitre (2)... » Ainsi formulée, l'objection porte non seulement contre le monisme matérialiste sous-jacent à la thèse du

(1) *Les Causes finales*, p. 118, 119.
(2) *Ibid.*, p. 122.

déterminisme mécanique, mais encore contre une doctrine panthéistique du type de celle des Éléates ou de celle de Spinoza.

« En résumé, conclut M. Sully Prudhomme, il y a un déterminisme expérimental qui logiquement n'implique pas la nécessité des relations générales constantes des lois du monde, qui tombe sous les sens et la conscience ; et il y a une nécessité métaphysique dont nous n'avons connaissance qu'en tant qu'elle appartient à l'existence du substratum de ce monde ; au delà, en ce qui touche l'activité causale de ce substratum, nous ne sommes en état de rien affirmer à cet égard. Il s'ensuit que la science positive, purement expérimentale, telle que l'a instituée la méthode de Bacon, donne pour fondement à la foi dans la constance des lois qu'elle formule une induction de même valeur que celle qui en présume l'universalité en étendant aux faits inaccessibles les relations préalablement reconnues générales entre les faits observables. Dans l'un et l'autre cas l'induction suppose accordé que, au delà des conditions déterminantes à portée de l'expérience, au delà des causes efficientes, il n'existe pas de conditions capables de se révéler inopinément perturbatrices des premières. En réalité nous n'avons pas le droit de l'affirmer (1). » Il n'est d'ailleurs pas plus légitime de déclarer la liberté et la finalité inutiles et étrangères à l'évolution universelle que de les déclarer indispensables. La relation du substratum universel avec les événements qui se succèdent dans le monde phénoménal sous des aspects ou mécaniques, ou psychiques, ou indivisément psychiques et mécaniques, est métaphysique et, comme telle, elle échappe entièrement à la science positive. Toute l'argumentation du déterminisme scientifique contre le libre arbitre humain est donc ou viciée par une pétition de principe, ou dénuée de fondement.

(1) *Les Causes finales*, p. 124, 125.

III

La discussion qui précède supposait admise la définition du libre arbitre comme entière indépendance du vouloir, donc comme commencement absolu d'un événement contingent et non déterminé. Mais ce concept lui-même est-il intelligible? Une telle définition n'enferme-t-elle pas de contradictions *in adjecto* qui rendent absurde et stérile toute argumentation touchant le libre arbitre? Autre chose, en effet, est *sentir* par une intuition interne l'acte du vouloir s'exerçant spontanément, autre chose est définir le mode de causalité appartenant à ce vouloir et se représenter dans quelles conditions se produit dans le monde cet événement nouveau qui est l'acte volontaire. Or, si le concept du libre arbitre était en soi contradictoire, quelle affirmation pourrait porter sur une chose dont l'essence serait inintelligible ou se déroberait à la raison dès qu'on essaierait de la déterminer? Cette objection, beaucoup plus grave que la première, ne repose plus sur un postulat qu'il est loisible de ne pas agréer; elle est d'ordre intrinsèque et ne met en jeu que le principe de contradiction.

Que le libre arbitre soit attribué à l'homme ou à la cause première, tout anthropomorphe, du monde accidentel, la difficulté reste la même car, en tout état de cause, le concept du libre arbitre est la négation même de celui de causalité. « Le concept du libre arbitre me semble le plus irrationnel qu'on puisse tenter de former. J'en prendrais mon parti de bon cœur, me contentant de me sentir libre dans mes volitions aussi nettement que je me sens vouloir; mais ce concept n'est pas seulement au-dessus de mon intelligence, il me paraît contradictoire au premier chef, partant, impossible à former pour n'importe quelle intelligence (1). » « Je rencontre tout de suite des contradictions entre le témoignage de ma conscience spontanée et celui de la critique ration-

---

(1) *Que sais-je?* p. 91-92.

nelle. D'après le premier, dans la volition l'acte n'est pas nécessité, aucun antécédent ne le prescrit infailliblement; d'après le second, reconnaître qu'il ne dépend que de moi, cela n'en est pas moins reconnaître qu'il dépend d'un antécédent, puisqu'il exprime ce que je suis, c'est-à-dire qu'il est prescrit infailliblement par mon essence, en un mot, c'est reconnaître qu'il est nécessité. Délibérer consiste à mettre en évidence la conformité parfaite de l'acte, une fois résolu, à mon essence, par suite sa nécessité. En outre, affirmer qu'au même moment je puis vouloir une chose ou une autre, c'est admettre que ces deux volitions sont également indépendantes et que par conséquent celle qui prévaudra, n'étant en rien nécessitée, constituera un commencement de processus actif. Quel que soit donc (désir ou autre) son antécédent, il est, quant à l'entrée en exercice de mon activité volontaire, comme s'il n'existait pas, en ce sens qu'il n'est pas partie intégrante de celle-ci; c'est par elle-même et d'elle-même qu'elle entre en exercice. En d'autres termes, un acte absolument indépendant, qui, par conséquent, ne tient d'aucun autre ce qui le définit, c'est un acte qui n'est pas communiqué. Il contient donc en soi sa détermination, et par là c'est un changement initial dans le monde accidentel, une *initiative*, comme je l'ai nommé. Or une pareille variation, affranchie de toute condition, répugne à la raison autant qu'une création *ex nihilo*. La raison, en effet, est mise en demeure de concevoir le passage du repos au mouvement sans que les conditions du repos soient préalablement modifiées, *ce qui est contraire à l'axiome de causalité tel qu'il s'impose à l'esprit humain pour l'explication du processus universel* (1). » « Être absolument libre d'agir ou de s'abstenir, de faire ou de ne pas faire une chose, c'est demeurer absolument indépendant de tout motif de choisir, car un motif qui ne laisserait pas l'option indéterminée introduirait la nécessité dans la délibération. C'est donc pour l'agent ne dépendre de rien, pas même de ses prédilections, car elles sont prescrites par son être; c'est donc pour lui, en dernière analyse,

---

(1) *Psychologie du Libre arbitre*, chap. II, p. 21, 22.

ne dépendre même pas de son être, bien que sa volition délibérée ne soit au fond qu'une modification de son être et l'exprime : conséquence contradictoire (1). »

Cette contradiction avait été déjà relevée par Kant dans la troisième Antinomie et M. Sully Prudhomme se rallie entièrement à l'argumentation de l'auteur de la *Critique de la Raison pure*. Mais, tandis que Kant résout l'antinomie de la Nature et de la Liberté transcendantale en proclamant la relativité de la catégorie de causalité et en distinguant le caractère empirique de l'agent de son caractère intelligible, M. Sully Prudhomme se contente de constater l'impuissance de la raison à exprimer autrement qu'en termes contradictoires la définition du libre arbitre. A ce signe se reconnaît le caractère métaphysique du concept. Mais s'ensuit-il que ce qu'exprime le mot libre arbitre à l'occasion du sentiment de l'intuition interne n'ait aucune existence? S'ensuit-il surtout que l'impossibilité de définir positivement le libre arbitre entraîne l'affirmation de son contraire, la nécessité? En aucune façon. La thèse de l'antinomie n'est pas plus exempte de contradiction que l'antithèse, et la conclusion dialectique reste ambiguë.

Mais un fait essentiel subsiste : c'est que, même après cette critique négative instituée par la conscience réfléchie, le doute effectif n'atteint pas la croyance spontanée du philosophe en son libre arbitre. Qui donc aura le dernier mot, de « l'intuition qui affirme » ou de la « déduction qui nie? » La réponse à cette question implique une solution générale et typique de toutes les antinomies sur laquelle nous aurons plus tard à revenir (2). En l'espèce, voici comment M. Sully Prudhomme en tire parti au sujet du problème du libre arbitre : « Quand le doute rationnel n'est pas en même temps effectif, il y a lieu de se demander s'il est valable, si, au lieu d'être la marque d'une impossibilité inhérente à la nature des choses, il n'est pas le signe d'une impuissance de la pensée débordée par son objet; en d'autres termes : si, quoique réel, cet objet n'est pas tel qu'il condamne l'esprit à se con-

(1) *Que sais-je?* ch. ii, p. 92.
(2) Cf. IV⁰ partie, chap. i, *Critique des Antinomies spéculatives*.

tredire en essayant de l'exprimer par un jugement. Je le crois avec sécurité pour l'avoir vérifié sur tous les jugements d'ordre métaphysique que j'ai tenté de former. Or, parler du libre arbitre, c'est s'exposer à rencontrer l'*activité*, principe de l'acte senti libre. Avant d'agir, j'ai conscience que ce principe, quel qu'il soit, existe en moi à l'état latent (*virtuel*, pourrais-je dire) et qu'il est entièrement indépendant; je constate simplement cette donnée, illusoire ou véridique, de ma conscience spontanée. Or, en tant que mon activité à l'état latent fait partie intégrante du substratum que j'appelle *moi* et échappe aux prises de mon intelligence, je la reconnais d'ordre métaphysique. Par suite, le caractère d'entière indépendance que, en sortant de l'état latent, elle communique et imprime à son acte sous forme de volition, est également métaphysique, c'est-à-dire incompréhensible pour l'intelligence humaine. Or, quand celle-ci prétend expliquer et formuler par un jugement ce qui lui est incompréhensible, elle en est avertie par une contradiction impliquée dans ce jugement. Mais, chose de première importance, *elle n'a pas le droit d'en conclure qu'il est sans objet, que son objet n'existe pas* (1). »

En résumé, donc, s'il est admis que ce qui est réel peut n'être pas intelligible sans que cette inintelligibilité d'un objet rende impossible son existence; si l'on accorde en outre que « les raisons explicites n'ont aucune influence sur nous, tant qu'une intuition sourde et implicite ne nous pousse pas dans le même sens (2), » l'argument tiré des contradictions intrinsèques du concept du libre arbitre reste sans efficacité contre l'invincible croyance de l'homme en l'indépendance de son vouloir. Reste donc à scruter l'origine et l'autorité de cette intuition victorieuse : c'est dans cette dernière analyse que M. Sully Prudhomme a présenté sur le problème du libre arbitre les vues les plus neuves et les plus profondes.

(1) *Psychologie du libre arbitre*, ch. II, p. 28, 29.
(2) William James, *L'Expérience religieuse*, cité par M. Sully Prudhomme. Paris, F. Alcan.

IV

L'idée du libre arbitre, vraie ou fausse, est présente dans la conscience humaine, et la croyance, fondée ou non, en la réalité de ce qu'elle représente, s'impose irrésistiblement sur la foi d'une donnée de l'expérience interne. Deux questions se posent alors : 1° *Si cette idée existe, d'où vient-elle ?* 2° *Si cette croyance résiste à l'épreuve du doute critique, où puise-t-elle cette évidence immédiate ?* Toutes deux, ces questions se rattachent au problème de l'origine des idées et à celui des causes du doute et de l'erreur. Jamais, jusqu'ici, le problème du libre arbitre n'avait été abordé de ce biais ni poussé jusqu'à cette limite extrême. Si l'argumentation présentée par M. Sully Prudhomme dans les précédentes analyses était toute pénétrée de l'esprit de Kant, celle qu'il va développer maintenant se rapproche beaucoup plus de la méthode cartésienne. Deux preuves, l'une indirecte et *a priori*, l'autre directe et fondée sur l'analyse même de l'acte de connaître, s'ajouteront à l'arsenal déjà si imposant des arguments suscités par cet irritant problème du libre arbitre.

L'idée première de la preuve indirecte tirée de l'origine empirique de la notion du libre arbitre avait été esquissée par M. Sully Prudhomme dans une brève note communiquée au Congrès de Psychologie de Paris en 1900 (1). « Qu'il y ait ou non, écrivait l'auteur, dans l'Univers des événements non nécessités, toujours est-il que l'homme a l'illusion au moins, sinon la véridique assurance, qu'il en existe un, au témoignage de sa conscience dans l'exercice de sa volonté. Je m'en tiens à cette constatation tout empirique et je m'en étonne, car *n'est-il pas surprenant, si tout est nécessité dans l'Univers, qu'un état mental y trouve de quoi représenter, même illusoirement, la non nécessité ?* De quelle combinaison de facteurs nécessaires peut donc sortir une image, vraie ou

---

(1) Elle est brièvement indiquée aussi dans les *Causes finales*, p. 128, 129, et dans la lettre inédite publiée dans le présent ouvrage, p. 51.

fausse, de quelque chose qui n'implique absolument rien de leur nécessité et même en représente le contraire? » Voici, dans son ensemble textuel, l'original développement donné par M. Sully Prudhomme à cette objection, dirigée contre la doctrine de la nécessité. « Si les partisans de la nécessité universelle reconnaissent, comme j'ai tenté de le montrer, que certaines choses dont les concepts sont contradictoires peuvent cependant exister, parce qu'elles sont métaphysiques, ils opposeront au libre arbitre un autre argument que la contradiction impliquée dans son concept. Ils allégueront que tous les événements qu'il leur est donné d'observer sont conditionnés et déterminés à l'existence nécessairement. Ce n'est qu'à la dernière extrémité qu'ils admettront l'entière indépendance d'un événement, et, si l'expérience interne témoigne qu'il en existe un, l'acte volontaire, ils déclarent, jusqu'à preuve du contraire, faillible cette expérience et illusoire l'idée d'un pareil acte. Examinons de près leur hypothèse. Selon eux, le processus universel est une succession d'événements dont chacun est conditionné par ceux qui le précèdent, de telle sorte que son antécédent immédiat le détermine immanquablement à l'existence, en un mot le nécessite. Ainsi, aucun événement n'existe par soi, n'existe sans être nécessité par quelque antécédent et, par suite, n'est un commencement absolu de processus. Le processus universel exclut donc précisément ce qui caractérise le libre arbitre. Remarquons en outre que l'idée du libre arbitre, en tant qu'événement psychique, appartient, au même titre que tous les autres événements, au processus universel, et, par conséquent, y est, d'après l'hypothèse même, déterminé à l'existence par quelque antécédent immédiat. Cela posé, je dis que l'objection des déterministes à outrance est non-avenue. En effet, « un événement n'est idée du libre arbitre qu'autant que l'entière indépendance de l'action, c'est-à-dire le commencement absolu de l'action, y est impliquée à l'état mental, à l'état d'idée. Or *comment le processus universel supposé par eux tout entier nécessité, peut-il fournir, même à l'état mental, le caractère d'un commencement absolu?* Ces déterministes sont donc mis en demeure d'exclure du processus de tous les événements ce que leur doctrine reconnaît comme événement existant. »

« Peut-être répondront-ils qu'il suffit, pour former l'idée du libre arbitre de concevoir simplement le contraire de celle de la nécessité, que ce concept est déduit de données empiriques et appartient par là au monde accidentel comme tout autre concept. Je nie qu'il puisse être réalisé par ce procédé. Il s'en faut, en effet, que le contraire d'une chose puisse être déduit de cette chose. *Le contraire d'une chose en est une autre du même genre que la première et positive comme elle, mais dont les caractères spécifiques impliquent l'intégrale négation des caractères spécifiques de la première.* Par exemple, dans le genre *passionnel* la peine est le contraire de la joie, dans le genre *moral*, l'injuste l'est du juste, dans le genre *esthétique*, le laid du beau, dans le genre *sensitif*, le froid du chaud, dans le genre *mécanique*, la faiblesse de la force, etc. Dans chacun de ces genres, le caractère spécifique de l'un des termes exclut totalement celui de l'autre, n'a rien qui permette de le constituer. Pour que deux choses soient dites contraires, il ne suffit pas que l'une soit simplement la négation de l'autre, car si chacune n'était que cela, aucune ne poserait rien ; or un contraire est quelque chose de positif. »

« En résumé, l'idée de l'indépendance absolue, c'est-à-dire d'une activité exempte de toute condition nécessitante, existe dans l'univers, et elle n'a pu se former que si une telle activité y existe réellement. Ma propre activité psychique, sous le nom de *vouloir*, est cette activité même ou, du moins, en participe, et l'indépendance absolue dont elle jouit se révèle à ma conscience spontanée sous le nom de *libre arbitre* (1). » Cette argumentation repose, d'une part, sur une application de la théorie générale du *rapport*, et, d'autre part, sur ce postulat que « *toutes les idées sont constituées par des facteurs primordiaux d'origine empirique*. Elle suppose, en outre, accordé « que *les rapports impliqués dans les idées sont d'origine empirique, tout comme leurs termes, de sorte que l'idée erronée ou illusoire pèche par l'inexacte correspondance entre le*

(1) *Psychologie du Libre arbitre*, chap. IV, p. 60, 61, 62, 63.

rapport qu'elle implique et tel rapport donné par l'expérience soit externe, soit interne, mais qu'il n'y a pas dans une idée un seul rapport faux qui n'ait dans la réalité quelque correspondant plus ou moins éloigné. »

Qu'est-ce, en effet, que connaître, en dernière analyse? Prendre conscience de ce qui dans un objet est commun à lui et à l'essence du sujet qui le connaît, ou, pour le sujet même, prendre conscience de soi. *Le semblable ne peut connaître que le semblable ou être connu que du semblable; deux choses n'ont commerce entre elles que si elles ont un rapport, c'est-à-dire quelque chose de commun de quoi ou à quoi elles participent l'une et l'autre.* « La notion d'une chose quelconque (intérieure ou extérieure à moi) est la synthèse de deux facteurs, à savoir : 1º un état déterminé tout d'abord dans ma conscience par l'impression de cette chose sur elle, grâce à l'intermédiaire nerveux de mes sens, ou même sans cet intermédiaire (introspection); 2º l'affirmation faite implicitement par moi que cette chose existe en moi ou hors de moi. J'ajoute que la notion m'est possible parce qu'il y a en moi certains caractères communs avec la chose, ce qui permet à ma conscience de communiquer avec celle-ci (1). »

« Je ne peux connaître un objet, m'en faire une idée qu'autant qu'il existe quelque chose de commun entre cet objet et ce qui est apte en moi à la conscience, et il faut d'abord qu'il communique avec cette part de moi affectée à prendre conscience, à sentir et à penser; il faut qu'il la rencontre, en un mot, qu'il l'impressionne. Si ce qui sent et pense en moi était exclusivement psychique, l'impression et, par suite, la connaissance des choses physiques, me serait impossible. Aussi est-ce grâce à mes nerfs sensitifs, grâce à mon système cérébro-spinal, où le physique et le psychique s'identifient, que je puis connaître les trois dimensions et la pesanteur, par exemple. Ainsi je possède un organe d'expression qui me permet de me représenter les caractères des choses physiques comme des choses psychiques par ceux de mon propre substratum. Ces représentations expressives

---

(1) *Psychologie du Libre arbitre*, p. 73.

sont les idées ; elles sont spécialement des notions quand l'activité mentale n'y indroduit rien qui ne corresponde intégralement et exactement à une donnée du monde existant, en un mot rien d'arbitraire (1). »

« L'idée n'est pas capable de représenter l'être des choses, de leur support métaphysique, mais, par cela même qu'elle se définit par la propriété de représenter expressivement les événements et leurs rapports, c'est-à-dire ce par quoi les principes actifs, quels qu'ils soient, se manifestent dans l'espace et dans la durée, il n'y a rien en elle qui ne participe de quelque réalité soit interne, soit externe, soit intégralement et exactement soit en partie et d'une manière approximative au moyen de l'abstraction et de l'imagination créatrice. C'est l'expérience qui fournit à l'imagination tous les matériaux et tous les moyens termes des rapports que celle-ci crée entre eux (2). »

« Ai-je prouvé le libre arbitre ? se demande en concluant M. Sully Prudhomme. Je n'ose le croire. Je n'aperçois pas, à vrai dire, le vice de ma démonstration, mais je préfère accuser de cet aveuglement un manque de sagacité chez moi plutôt que de pécher par une fallacieuse présomption. J'espère, du moins, avoir attaqué le problème d'une façon qui, mieux exploitée, pourrait en avancer la solution. Je commence, en effet, par mettre la métaphysique hors de cause, en prévenant et écartant la difficulté que suscite tout d'abord à l'intelligence humaine le caractère métaphysique de l'activité libre. La question est ainsi cantonnée dans le domaine de l'expérience et ramenée sur le même plan que toutes celles qui relèvent de la science positive. Cela fait, je me borne à considérer le processus universel des événements, et, parmi ceux-ci, l'idée du libre arbitre. Il m'apparaît alors que cette idée, par cela même qu'elle existe, est objective, ne peut pas ne pas être vraie, et, pour le reconnaître, je fais de ma raison le même usage que font de la leur les savants pour mettre en évidence n'importe quelle vérité d'ordre expérimental (3). »

(1) *Psychologie du Libre arbitre*, p. 82, 83.
(2) *Ibid.*, p. 83.
(3) *Ibid.* p. 84.

CHAPITRE VI

Le Divin.

I. Critique de l'idée de Dieu au point de vue spéculatif. L'*Être* n'est connu ni comme Substance, ni comme Cause première. — II. Les religions. Notions du *Mystère*. Théisme, panthéisme, athéisme. — III. Critique des formules dogmatiques du christianisme. — IV. Récapitulation des conclusions de la Philosophie spéculative. Agnosticisme métaphysique.

I

Il n'y a pas de philosophie spéculative où n'ait dû être agité, sous quelque forme que ce soit, et résolu dans un sens ou dans l'autre, le problème religieux. Ce problème s'est posé à M. Sully Prudhomme sous deux aspects distincts dont l'un se rattache à sa Philosophie de la Raison, l'autre à sa Philosophie de l'Aspiration. L'Être absolu que désigne le nom de Dieu peut, en effet, se concevoir sans attributs moraux, comme substance universelle et cause première, ou au contraire comme pourvu d'attributs moraux, justice, bonté, etc. Dans le premier cas il est *conçu*, dans le second il est *senti*; ici il est l'objet d'un acte de foi, là, celui d'une définition métaphysique. La foi mystique peut coexister avec l'incertitude spéculative : M. Sully Prudhomme lui-même en a fourni une preuve éclatante dans sa magistrale étude sur la « *Vraie religion selon Pascal* ». Dieu peut être l'objet idéal et mystérieux d'une aspiration, sans se révéler à l'entendement du croyant. Présentement, nous plaçant exclusivement au point de vue spéculatif, nous devons avec M. Sully Prudhomme considérer Dieu comme objet de réflexion rationnelle, abstraction faite des élans qui peut-être le rendent « sensible au cœur, non à la raison. ».

C'est avec un esprit libre de toute adhésion à un dogme religieux, à toute confession, à toute obédience que M. Sully Prudhomme aborde la critique des problèmes de la théologie rationnelle. Non qu'il n'y ait en lui un grand fond de religion, ou plutôt de mysticisme sentimental; il est peut-être, comme nous le verrons, le plus mystique des libre-penseurs. Mais il n'a pas la foi; il répugne à l'emploi de la méthode mystique en matière philosophique et scientifique. Il résiste résolument aux suggestions de son cœur, lorsqu'il entreprend d'examiner d'une façon lucide et impartiale des questions qu'enveloppe pour la plupart des penseurs un épais nuage de préjugés. C'est pourquoi nous trouverons dans sa doctrine les éléments d'une philosophie de la religion en accord avec le reste de ses croyances, malgré l'absence de foi religieuse chez lui. Le problème de l'*objet du sentiment religieux* ne se posera pour lui qu'à l'occasion des manifestations affectives de l'*aspiration* esthétique et morale dans sa conscience d'artiste, de poète et d'homme de bien.

Il ressort d'abord de la critique des concepts d'*Être*, de *Substance*, de *Cause*, instituée déjà par M. Sully Prudhomme, que notre intuition n'atteint Dieu ni comme Tout de l'Être, ni comme Substance, ni comme Cause première. Tous les concepts qu'arrive à formuler l'ontologie métaphysique sont vides ou négatifs, donc insuffisants pour déterminer positivement l'essence de l'Absolu. « Ce n'est pas la métaphysique, c'est la religion qui offre une notion de la Cause initiale, de son essence intime en nous enseignant que cette cause est infiniment juste et bonne, absolument libre, etc... La métaphysique est muette sur la moralité de son objet (1). » Les *idées absolues* (éternité, infinité, nécessité, etc.) définissent l'*Être*, mais non *Dieu*, à moins qu'on ne déforme, en forçant le sens historique de ce terme, le concept d'une personne divine pour l'identifier à la *Substance*, comme l'a fait Spinoza. La *Substance* échappe pour nous à toute détermination, nous

---

(1) Lettre à M. A.-E. Sorel.

ne pouvons donc rien dire d'elle, sinon qu'elle est, ce qui ne lui confère pas à proprement parler un caractère divin. La *Cause première* enfin n'est pas plus accessible à notre entendement : « Existe-t-il une cause initiale, première, qui ait déterminé toutes celles que reconnaissent les événements constitutifs de l'évolution universelle et dont l'observation et l'expérience nous ont révélé quelques-unes? La question est d'ordre métaphysique. Tout ce qu'on peut dire à ce sujet, c'est qu'une succession *indéfinie* de causes se déterminant les unes les autres dans le passé est inintelligible. Pour l'esprit humain toute série de faits requiert une limite antérieure au présent, un commencement (1). » Le raisonnement qui fait aboutir à une cause *première* la série des causes secondes repose sur ce que « l'infinité dans le passé est impossible à une succession d'événements. Or concevoir une chose comme impossible ne serait-ce pas, dans certains cas, pour l'esprit humain, témoigner simplement de l'impossibilité où il est de la concevoir possible, non point parce qu'elle est irréalisable, mais parce qu'il n'est normalement pas organisé pour en concevoir la réalisation? C'est précisément le cas de toutes les données métaphysiques, et celle-là en est une (2). » Les antinomies auxquelles aboutit toute tentative de détermination de l'objet métaphysique semblent donc *a priori* interdire à l'homme toute assertion dogmatique touchant l'Inconnaissable.

II

Mais outre cette « métaphysique absolue de l'univers, à savoir ce qui y est inconnaissable pour n'importe quel être conscient, il existe une multitude de métaphysiques relatives et particulières, d'un champ variable toujours plus étendu que celui de la métaphysique absolue. Cette distinction explique la genèse et l'évolution des cultes (3). »

---

(1) *Définitions fondamentales*. Définition 56, p. 138.
(2) *Ibid.*, Définition 56, p. 138, 139.
(3) *Que sais-je?* p. 122.

Dans l'inconnu que tente sans cesse de connaître la pensée humaine, il y a, nous l'avons vu (1), ce qui est radicalement inconnaissable, soit X, et ce qui reste inconnu encore dans le connaissable, soit x. Or cette part inexplorée du connaissable ne se révèle que peu à peu à l'individu conscient qui doit la conquérir. « Il existe toujours entre le connaissable pour telle espèce et ce qui en est présentement connu par l'individu le plus intelligent de cette espèce une différence, une marge, susceptible de décroître encore, qu'il est incapable de mesurer. S'il savait où placer la limite exacte du connaissable pour son espèce, il déterminerait par là-même à la fois ce qui reste encore de permis et ce qu'il est à tout jamais interdit à celle-ci de connaître, le domaine de la science et celui de la métaphysique pour elle. Dans l'impuissance invincible où il est d'en préfixer exactement la limite, il est naturellement porté à confondre avec l'objet métaphysique la part encore inexplorée du connaissable. C'est cette confusion qui a suscité dans l'espèce humaine l'emploi du mot *superstition* opposé au mot *religion*. L'homme en effet appelle *religion* toute institution d'un hommage à la cause première et suprême que son intelligence requiert pour expliquer et justifier l'univers ; il appelle *divinité* ce principe souverain de toutes choses qu'il a d'abord vaguement discerné, puis d'âge en âge déterminé avec plus de réflexion... Cette cause première et suprême, ce principe souverain ne doit être cherché que dans la métaphysique absolue dont l'objet est ce qui échappe à toute conscience. Mais, en fait, historiquement, l'homme n'est arrivé que fort tard à placer et à chercher la divinité où elle est. Les questions qu'il a d'abord posées à l'univers pour l'expliquer et le justifier n'avaient pour prédicats que les catégories impliquées dans sa propre essence (2). » De là le polythéisme naturaliste primitif, tout anthropomorphique et tout superstitieux.

Ce qui aux yeux des hommes primitifs restait inexpliqué dans les objets de la nature revêtait un caractère mystérieux et divin : « Tant que l'homme manqua de sécurité dans son

---

(1) Cf. II° partie, chap. ıı, *L'Être et le Connaissable.*
(2) *Que sais-je?* p. 122, 123, 124, 125.

milieu au point d'appréhender sans cesse la dépendance où il se sentait des objets extérieurs, ce qu'il en ignorait n'était pas seulement pour lui de l'inconnu, c'était en outre du *mystérieux*, je veux dire de l'inconnu scellé, redoutable ou secourable, arbitre voilé de sa destinée. Or le mystérieux c'est pour l'âme le *divin*, dès qu'elle y place le principe qui explique et justifie toutes choses, et qu'elle lui attribue une volonté assez puissante pour modifier en totalité ou en partie les conditions et les lois du monde accidentel, un cœur assez indulgent pour l'écouter quand elle le conjure de les changer en sa faveur, assez clément pour exaucer sa prière. » Mais avec les progrès de la science l'inconnu perd peu à peu ce caractère divin. « Le premier coup de hache porté impunément par une main téméraire sur un bois sacré devait ébranler la pieuse légende qui prêtait à ce bois quelque hôte mystérieux. Le jour, en y pénétrant, dissipa l'horreur des ténèbres qui en faisaient un sanctuaire. La divinité qui le hantait dut émigrer plus loin, dans un autre asile, lequel à son tour perdit son caractère sacré aussitôt qu'on osât le violer. Un fil ne devait-il pas suffire pour conduire et noyer dans un puits la foudre et en même temps le dieu qu'en avait armé l'imagination populaire? Ainsi, à mesure que l'esprit humain, cherchant à tâtons des issues à son cachot d'ignorance, en explorait les sombres murs, il les sentait céder à ses poussées et se rassurait de plus en plus. Le mystère circonvenu et palpé devenait d'abord simplement de l'inconnu, puis reculait de proche en proche devant les investigations hardies de l'expérience interprétée par la raison. Délogé des profondeurs de l'ombre presque universelle, mais décroissante, où il régnait dans les premiers âges, il se retira ainsi peu à peu jusqu'à son dernier refuge, désormais fixe et inviolable, jusque dans la région métaphysique dont la frontière pose le *nec plus ultra* à la science humaine. Cette retraite continue que le *mystère* effectue de son domaine provisoire vers son domaine légitime et définitif, opérée avec une lenteur variable chez les divers peuples, constitue l'évolution religieuse de l'humanité; son point de départ est le fétichisme, et elle se poursuit dans les différentes formes du polythéisme pour aboutir au monothéisme (1). »

Après avoir recensé, dans un exposé historique où nous ne le suivrons pas, les divers stades de l'évolution du mysticisme jusqu'à la plus parfaite formule théologique, celle du christianisme, M. Sully Prudhomme conclut : « Ce qui différencie cette dernière et plus haute formule de toutes les doctrines religieuses antérieures est facile à dégager. L'expérience et la connaissance du milieu ambiant se sont progressivement accrues chez l'homme; en même temps l'inexpliqué a décru, et les dieux particuliers, inventés faute de mieux pour servir de causes aux principaux événements du monde accidentel et en suppléer les causes véritables, ont peu à peu, les uns après les autres, perdu leur utilité; leur nombre a diminué à proportion. L'esprit humain s'est alors aperçu de la vanité de ce polythéisme instable, éphémère et indéfiniment réductible. Il s'avisa dès lors de confier la recherche et la définition des causes prochaines à ses aptitudes naturelles, à son pouvoir d'observer, d'expérimenter, de déduire et d'induire, et par une exaspération de son activité spéculative, il fit, en quelque sorte, un saut par-dessus tout le monde accidentel, avant d'en avoir achevé la science, pour atteindre directement et tout de suite à la cause première. Les commencements de cette entreprise furent humbles : la science positive ne reçut sa méthode que très tard et procéda jusque-là par tâtonnements dans les ténèbres avec des temps d'arrêt et des reculs, et, d'autre part, ce ne fut point sans tremblement que l'âme affronta le suprême inconnu, principe de toutes choses, dont la puissance se mesurait pour elle à l'immensité de la création et dont le mutisme cachait tous ses desseins. Cet inconnu lui apparut comme une personne douée d'une volonté redoutable et emprunta son caractère divin à son double caractère mystérieux et anthropomorphique... Dans certains esprits, l'Inconnu suprême dépouilla les attributs fascinateurs du mystère, tout en conservant la personnalité qui en fait un Dieu, et le *théisme*, qui n'est au fond qu'une métaphysique

(1) *Que sais-je ?* p. 128, 129.

divine sans culte, hérita de l'objet des religions supérieures, tout en répudiant ce qu'elles y ajoutent de sacré. L'histoire religieuse en témoigne donc : c'est vers le monothéisme que, dans l'espèce humaine, converge le mysticisme, interprétation à la fois craintive et précipitée de l'inconnu. Le moment où il y atteint coïncide avec celui où il s'évanouit en cédant la place à une doctrine purement rationnelle, au théisme, qui, tout en le supprimant, consacre la plus haute et la plus parfaite formule de *l'objet mystique, le divin.* Mais, parce qu'il individualise le divin, le mysticisme en expose la personnalité anthropomorphique à l'attaque la plus dangereuse, qui menace de la supprimer d'un seul coup. La doctrine contraire, en effet, le *panthéisme,* fruit de la dialectique pure, soustraite aux influences du cœur, destitue de toute personnalité comparable à celle de l'homme l'inconnu irréductible de l'univers. Ce système exclut toute divinité anthropomorphique et ne reconnaît qu'un seul et même substratum fondamental, à toutes les unités individuelles et personnelles, un seul être leur fournissant à toutes le principe d'existence, d'activité, de conscience, manifesté en chacune d'elles par les accidents et les phénomènes dont elle est le siège et dont les rapports permanents définissent son essence (1). »

En dépit des objections qu'il a été conduit logiquement à diriger contre le monisme, c'est à cette doctrine qu'est présentement rallié M. Sully Prudhomme, de son aveu formel (2). Or lui-même reconnaît « qu'il n'y a, en dernière analyse, aucune différence entre le panthéisme de Spinoza et l'athéisme. Le concept de la divinité, dans la pensée des monothéistes, implique, le concept d'une unité personnelle, distincte de toutes celles qui composent le monde accidentel et phénoménal, et implique en outre, le concept d'un être indivisible pour substratum à cette personne distincte, et enfin le concept de la création de ce monde et de son substratum par cet être. Remarquons que la création ne peut être que *ex nihilo*. En effet, il faut un substratum au monde que Dieu veut créer; mais où Dieu le prendrait-il? Puisque rien

(1) *Que sais-je?* p. 151, 152, 153, 154.
(2) Entretien du 30 août 1905 : « *C'est fait.* »

n'existe encore que lui, il devrait donc l'emprunter à son être propre; mais alors, en se scindant, il reconstituerait le polythéisme; il faut donc qu'il le tire de rien, qu'il crée le monde de rien. Or l'athée prétend que l'univers n'a pas été créé, qu'il se passe de toute divinité, que, partant, il contient en lui-même sa cause et sa raison d'être, et qu'ainsi on trouve l'une et l'autre au fond de tout, dans la racine substantielle de toutes choses. Le panthéisme ne professe pas une autre doctrine; l'étymologie du mot panthéisme est fallacieuse, car placer Dieu indivisément partout équivaut à l'exclure entièrement de l'univers (1). »

Sans le dire très expressément, M. Sully Prudhomme considère comme logiquement supérieure au théisme même la conception panthéistique de l'univers. Si donc il s'en tenait à une philosophie purement spéculative, il serait panthéiste et athée. Mais, dans sa philosophie de l'aspiration, des considérations d'un autre ordre l'amèneront à envisager sous d'autres rapports le problème du *divin*. Présentement, tout en inclinant au monisme panthéistique, il se trouve aux prises avec une antinomie métaphysique. S'il admet la personnalité divine, il voit se dresser devant lui les classiques objections tirées de l'anthropomorphisme théologique, de la création *ex nihilo*, de la pluralité et de la communication des substances; s'il admet l'unité de la substance impersonnelle de l'univers, comment concevoir que cet être prenne conscience de soi, s'individualise et agisse? (2).

III

A l'appui de cette assertion que toute proposition définissant la nature de Dieu, conçu à la façon du théisme comme personne et comme créateur, est contradictoire, M. Sully Prudhomme a entrepris la critique des dogmes chrétiens dans un très curieux appendice à son livre de *La vraie religion selon Pascal*. « Si l'on critique, d'après les propres principes de

---

(1) *Que sais-je?* p. 154, 155.
(2) Cf. Les deux sonnets des *Epreuves*: *Les Dieux; Scrupule*.

Pascal, les formules dogmatiques des mystères, on est conduit à définir l'incompréhensibilité tout autrement qu'il ne le faisait lui-même d'après leur définition générale reproduite par le catéchisme du diocèse de Paris. On est obligé de reconnaître que ces formules ne se peuvent comprendre, non pas parce qu'elles désignent un objet qui dépasse la portée de la raison humaine, mais parce que les significations respectives de leurs termes consécutifs sont incompatibles entre elles et que par suite le groupement de ces termes est dépourvu de sens. La relation entre le sujet et le prédicat ne comporte aucune affirmation rationnelle ni aucun acte de foi, parce que, en réalité, cette relation fait défaut ; elle n'est pas obscure, elle n'est pas non plus transcendante ; elle n'existe pas (1). »

Soit, par exemple, le mystère de la Trinité. « La formule, s'adressant à notre créance, nous sommes en droit de demander qu'elle ait un sens quelconque. Assurément il ne s'agit pas de pouvoir expliquer le fait énoncé, car, s'il nous était explicable, il ne serait pas mystérieux ; il s'agit simplement d'examiner si la formule propose réellement quelque chose à notre créance. Pour qu'elle le fasse, il faut que chacun des mots qui la composent soit attaché à un objet plus ou moins défini, réel ou imaginaire, mais, dans tous les cas, assez nettement indiqué pour ne pouvoir être confondu avec nul autre. Le mot *Dieu*, dans la religion chrétienne, signifie : un esprit infiniment parfait, créateur et conservateur de l'Univers. Qu'un pareil esprit existe ou non dans la réalité, il nous suffit de constater le sens attaché par l'Église au mot Dieu. Quel est le sens du mot *personne* : que signifie-t-il ? La formule même du mystère la définit : une chose d'essence spirituelle et une individualité distincte ; cette formule en effet déclare expressément que chacun des objets signifiés par le mot *personne* est d'essence divine et ne se confond avec aucun des deux autres. Donc, conformément à l'indication même de l'objet ainsi nommé, et en y appliquant le contrôle conseillé par Pascal pour assurer le respect de cette convention, contrôle qui consiste à *substituer mentalement*

(1) *La vraie religion selon Pascal*, p. 392. — Cf. IV° Partie, chap. I, § 3. *Critique des Antinomies spéculatives.*

la définition au défini, dire qu'il y a trois personnes en Dieu, c'est dire qu'il y a en Dieu trois individualités distinctes. D'autre part, cependant, la formule du mystère déclare qu'il n'y en a qu'une, celle de Dieu même : le Père est Dieu ; le Fils également ; le Saint-Esprit également ; les trois personnes divines ne sont qu'un seul et même être individuel. Dès lors, de deux choses l'une : ou bien le mot *personne* change implicitement d'acception dans la même formule, et alors la règle de Pascal, à savoir *qu'il faut prendre garde qu'on n'abuse de la liberté qu'on a d'imposer des noms en donnant le même à deux choses différentes*, est violée ; ou bien si l'on prétend que ce mot n'y est pris que dans une seule acception, il faut reconnaître qu'il n'y est effectivement pris dans aucune, car on lui impose de signifier une individualité distincte et non distincte en même temps, ce qui est annuler la chose à signifier, autrement dit, ne rien signifier du tout. Le mot *personne* est alors destitué de toute signification, et par suite la formule du mystère n'a aucun sens. Elle n'est pas, à proprement parler, au-dessus de la raison humaine, elle ne propose rien à n'importe quelle intelligence. »

« Considérons maintenant le mystère de la création *è nihilo*. L'Église enseigne que Dieu a tiré le monde du néant. Substituons aux définis les définitions : l'expression *tirer de* signifie un contenu qu'on extrait d'un contenant, et l'expression *le néant* signifie le non-être. Or évidemment ce qui n'est pas ne peut contenir quoi que ce soit, même à l'état virtuel. Prise à la lettre cette formule est trop manifestement contradictoire. Pour la critiquer avec loyauté nous devons nous rendre compte de ce qu'elle signifie au fond. Dans le langage précis des sciences expérimentales on nomme *cause* d'un événement la condition qui suffit pour le déterminer en venant s'ajouter aux conditions qui se bornent à y contribuer. Si, comme il arrive toujours dans le champ de l'expérience, cette cause est elle-même causée, les philosophes l'appellent *cause seconde* ; ils appellent *cause première* celle qu'ils conçoivent comme existant dans le secours d'aucune autre chose, en un mot par soi. Nous supposerons admises ces définitions soit de choses, soit de mots. D'autre part donc, d'après le mystère de la création è *nihilo*, Dieu est la cause du monde : en tant qu'existant par soi il en est la cause première et, comme avant la création, rien n'existait que lui, il en est la cause unique. Mais d'autre part en quoi consiste l'efficience d'une cause première et unique? Pour la raison humaine, son efficience consiste à réaliser son effet en le constituant d'une portion de ce qui la constitue elle-même, en cédant (nécessairement ou librement) quelque chose d'elle-même. Prétendre que son effet a procédé d'elle sans lui rien emprunter c'est articuler un énoncé dépourvu de sens, inintelligible parce qu'il est non pas supérieur, mais contraire à la raison. Or d'après le dogme de la création è *nihilo*, une volition divine a suffi pour que le monde existât (que la lumière soit ! et la lumière fut) sans que Dieu cédât rien de son propre être, sans qu'il en communiquât rien à la créature. Il s'ensuit que ce mystère met l'esprit en demeure de se faire de la cause première et unique une idée incompatible avec l'idée qu'il s'en fait logiquement, c'est-à-dire de se mettre en contradiction avec lui-même. Ce mystère est, certes, des plus choquants, mais rien n'importe davantage aux chrétiens que d'y croire pour fuir le panthéisme. Avant la Création Dieu, étant seul, était tout. S'il avait tiré de soi ses créatures, il n'eût pas cessé d'être substantiellement tout ; la somme des êtres eût été Dieu. Par la création le panthéisme se fût substitué au monothéisme et rien ne répugne davantage à l'esprit chrétien. Il a donc fallu admettre que Dieu n'a pas tiré de soi ses créatures ; comme d'ailleurs il existait seul, il a donc dû les tirer du néant (1). »

Les autres dogmes chrétiens, Péché originel, Incarnation, Rédemption, Fins dernières, Eucharistie, sont soumis, dans leurs formules canoniques, à un examen critique du même genre. En instituant cet examen, M. Sully Prudhomme n'a eu aucunement l'intention d'attaquer la religion chrétienne en elle-même ni d'engager avec ses sectateurs une polémique théologique. Il s'est appliqué seulement à démontrer par l'absurde l'impuissance de la pensée humaine et du langage humain à concevoir et à exprimer l'essence de l'inconnais-

---

(1) *La vraie religion selon Pascal*, p. 392, 393, 394, 395.

sable et son rapport avec le monde connu. Sa méthode dialectique décèlerait aussi bien des contradictions logiques de ce genre dans les autres métaphysiques religieuses que dans celle du christianisme. C'est pourquoi il conclut non pas seulement à l'inintelligibilité des dogmes chrétiens, mais à l'inanité de toute théologie spéculative; pourquoi aussi il adopte en pareille matière la prudente réserve du positivisme.

« La métaphysique humaine, telle que je l'ai définie, est aujourd'hui exactement cantonnée. Pour les hommes parvenus au degré supérieur de la culture intellectuelle et morale, l'objet métaphysique, cet inconnaissable sans l'existence duquel serait inconcevable celle de l'univers, se distingue nettement de tout le monde accidentel révélé en partie à la conscience humaine par le monde phénoménal. L'invasion de l'idolâtrie sous toutes les formes, spécialement sous la forme polythéiste, dans le domaine de la métaphysique humaine, est définitivement repoussée par l'élite du genre humain. Pour cette élite il ne reste plus en présence que le monothéisme, religieux ou philosophique, et l'opinion neutre qui élimine tout anthropomorphisme du concept de l'objet métaphysique et même ne cherche pas à le concevoir, puisque il est inconnaissable. Cette opinion, qui est plutôt une mesure de prudence intellectuelle qu'une doctrine, se borne à prémunir l'esprit contre toute assimilation du principe éternel de l'univers à l'essence psychique aussi bien qu'à l'essence physique de l'homme, assimilation téméraire et démentie par l'économie du monde accidentel, par le défaut de toute moralité, au sens que l'homme attribue à ce mot, dans les forces qui régissent ce monde, par l'absence de toute bonté et de toute justice dans les relations normales des espèces vivantes entre elles. Selon la même opinion, l'être dans l'univers et sa relation immédiate avec le monde accidentel demeurent inaccessibles à la connaissance et peut-être même les catégories du monde accidentel n'ont-elles pas toutes des signes correspondants, des représentations dans le monde phénoménal dont la conscience humaine est sur la terre le siège instable et le théâtre limité (1). »

---

(1) *Que sais-je ?* p. 158, 159. — Cf. *Préface.*

V

Presque tout est négatif dans ce que M. Sully Prudhomme a dû conclure de ses méditations sur les bornes du savoir humain. S'il a pu, en fixant dans sa théorie de la curiosité et de la réflexion, poser les bases de la méthode la plus sûre, l'application de cette méthode aux problèmes de la connaissance de l'Être en soi, de l'unité ou de la pluralité de la substance, du rapport des causes avec l'être et des causes efficientes avec les causes finales et de l'objet de la métaphysique religieuse, cette application ne l'a conduit qu'à l'agnosticisme spéculatif. Sous aucune forme l'Être ne se révèle à la pensée par l'expérience externe ni par l'expérience interne : le phénoménisme est donc la conséquence nécessaire de cette constatation. L'absurdité logique de toute thèse métaphysique, scandale pour la raison en quête d'évidence dans l'intuition et de suite rigoureuse dans la déduction, décourage toute tentative de construction métaphysique. Ou formuler des propositions contradictoires, ou dogmatiser en vain sur un objet absolument caché, telle est l'alternative à laquelle la raison du philosophe est acculée toutes les fois qu'elle essaie de franchir les limites de la connaissance positive. En deçà de ces limites la science peut du moins parvenir à des certitudes relatives; mais, n'atteignant jamais que des rapports, elle laisse indéterminée la nature foncière des choses entre lesquelles ces rapports sont conçus. « Si importantes que soient pour l'homme ses découvertes dans le monde accidentel, si belles qu'elles soient par l'exiguïté même du flambeau comparée à l'étendue de la surface éclairée, encore ce flambeau n'éclaire-t-il qu'une surface et dans les limites prescrites par son rayonnement (1). »

« Je sais que l'Être est impénétrable. Comme il est d'ailleurs la source de tout le monde accidentel, je ne connaîtrai jamais rien de l'origine des choses qui tombent sous mes sens.

---

(1) *Que sais-je ?* p. 192.

Je n'en pourrai pas davantage connaître la fin, du moins sans nulle incertitude ; car si les lois qui en régissent l'évolution m'apparaissent invariables et me permettent même, une fois formulées, de prédire certains événements de cette évolution, je n'ai nulle assurance rationnellement fondée que leur constance ait le caractère de l'éternité. Comment pourrais-je l'affirmer, puisque ces lois ne sont, au fond que des propriétés de l'activité de l'être et que j'ignore dans quelles conditions l'être agit, en quoi consiste sa puissance ? »

« J'ignore également si l'être est un ou multiple. Sans doute, la connexion manifeste de tous les phénomènes entre eux dans la conscience individuelle, dans l'unité du moi, et, à la limite du moi avec les événements extérieurs qui les déterminent et y correspondent, enfin la connexion de tous ces événements qui se conditionnent les uns les autres, sans doute cette solidarité générale dénonce l'existence d'un être où elle se réalise. Mais rien ne me prouve qu'une pareille solidarité entre les faits n'ayant d'ailleurs absolument rien de commun avec ceux qui composent le monde accidentel dont je fais partie ne constitue pas un autre monde distinct et séparé de celui-ci, et une multitude d'autres encore également distincts et indépendants. Or s'il en est ainsi, chacun de ces mondes requiert un être métaphysique dont il soit l'acte. Je ne suis nullement porté à croire que cette supposition soit vraie, qu'il y ait plusieurs êtres métaphysiques indépendants les uns des autres, car, si je puis admettre pour chacun d'eux la *nécessité* de l'existence au même titre que je la reconnais à l'être du monde où je vis, je ne conçois d'aucune manière celle de leur *pluralité*. Je ne conçois pas pourquoi il y en aurait nécessairement tel nombre plutôt que tel autre, ou une infinité. »

« La pluralité et la diversité *originelles* ne me semblent pas des conditions nécessaires : aussi dois-je avouer que l'argument dont je viens d'user contre l'hypothèse d'une pluralité d'êtres métaphysiques se retourne, pour m'embarrasser, contre la pluralité originelle des attributs que je suis bien obligé pourtant de supposer à celui dont j'affirme l'existence dans notre cosmos. Ces attributs, je ne prétends certes pas les définir ni les dénombrer ; mais l'évidente multiplicité, l'évidente variété des événements de ce cosmos réclament dans l'être un principe d'activité multiple et variée, et je ne puis éviter de le constater. Comment donc concilier la pluralité des caractères originels de cette activité avec leur nécessité ? Je sens là une antinomie irréductible ; ma raison en est accablée comme par toutes celles que j'ai déjà signalées dans l'objet métaphysique. La création *ex nihilo* répugne éminemment à mon intelligence, mais la prodigieuse diversité des types, et, dans chaque espèce, la pluralité infinie et jamais constante des individus la confondent presque au même degré... »

« Je voudrais bien que mon souci scrupuleux d'éviter l'anthropomorphisme dans les questions que je pose à l'univers et dans mes interprétations de ses énigmes fût jugé excessif et qu'il me fût permis d'y moins sacrifier, car s'interdire de rien prêter d'humain à l'être qui anime et dirige tout le monde accidentel, c'est se condamner à un isolement effrayant au milieu de cette foule de fantômes dont aucun ne paraît en savoir plus que moi sur sa nature, son origine et sa destinée(1). Pourtant eux et moi nous communiquons tous, à une profondeur insondable, avec notre cause éternelle, absolue, nécessaire, infinie. Puisque tous nous tenons d'elle ce que nous sommes, il y a certainement quelques caractères de fraternité entre nous et de paternité dans nos relations avec elle. Mais combien cette fraternité et cette paternité ressem-

---

(1) « Vous êtes ignorants comme moi, plus encore,
Innombrables soleils ! La raison de vos lois
Vous échappe, et, soumis, vous prodiguez sans choix
Les vibrantes clartés dont l'abîme se dore.

Tu ne sais rien non plus, rose qui viens d'éclore,
Et vous ne savez rien, zéphyrs, fleuves et bois !
Et le monde invisible et celui que je vois
Ne savent rien d'un but et d'un plan que j'ignore.

L'ignorance est partout ; et la divinité
Ni dans l'atome obscur, ni dans l'humanité
Ne se lève en criant : « Je suis et me révèle ! »

Étrange vérité, pénible à concevoir,
Gênante pour le cœur comme pour la cervelle,
Que l'Univers, le Tout, soit Dieu sans le savoir ! »

Scrupule. (*Les Épreuves. Doute.*)

blent peu à celles qui unissent les hommes et dont j'emprunte ici l'image! De même que les éléments dont est fait mon individu ne peuvent être tous sans aucun rapport avec les autres individus de mon milieu, de même, par l'étendue au moins mon corps a du rapport avec les astres, ma force avec celle qui les pousse; ainsi rien de ce que je suis ne saurait *totalement* différer de notre commun principe, rien de ce que je sens, rien de ce que je pense, ne saurait lui être *totalement* étranger, mon énergie volontaire n'est pas *totalement* différente de son activité. Mais ce par quoi je lui ressemble doit être si éloigné, si général, si dépouillé de tous les traits propres qui le caractérisent, si indéterminé, que je n'ai aucune chance de me faire une idée, même approximative, de son essence intime en la comparant à la mienne; c'est comme si j'entreprenais d'employer les caractères de mon corps à définir le soleil... Du moins ne saurai-je pas ce que je suis, quelle est ma part de l'être, si même j'en participe, si, comme j'ai essayé tant de fois de le deviner, je ne suis qu'une résultante plus ou moins durable d'accidents conjugués, ou quelque indissoluble monade de substance consciente, à tout jamais lancée dans l'immense tourbillon des indivisibles, à la fois physiques et psychiques, dont les synthèses indéfiniment variées se font, se défont et se refont sans trêve? Je l'ignore, hélas! tout à fait, car ma conscience ne m'en révèle rien. Je n'aperçois que mes modifications; mon regard intérieur rencontre un rideau noir devant le couloir qui aboutit de mon côté à ma vie psychique, et de l'autre côté à son substratum et à son principe (1). »

C'est, semble-t-il, avec une sérénité relative que le penseur, en M. Sully Prudhomme accepte ces conclusions sceptiques de la critique spéculative : « J'ai peur, écrivait-il à un de ses jeunes amis, alors élève de la classe de philosophie, que vous vous rendiez malheureux bien à tort. Si j'étais votre professeur, je vous dirais : Mon enfant, je ne possède pas la solution des problèmes que je vous propose; personne ne les connaît, mais c'est déjà beaucoup que de bien poser ces problèmes dont le vulgaire ne soupçonne même pas l'existence.

(1) *Que sais-je?* ch. XII *passim.*

Je fais l'éducation de votre curiosité plutôt que je ne la satisfais. Je vous donne à sentir les bornes de l'intelligence humaine ; il ne m'appartient pas de les reculer, mais il est utile de les connaître, lors même qu'on ne connaîtrait pas autre chose. Il est plus facile de se résigner à l'ignorance quand on a mesuré la portée limitée des instruments de la science humaine. On ne souffre dès lors pas plus de ne pouvoir atteindre la vérité suprême que de ne pouvoir décrocher une étoile (1). » Mais la résignation du poète et de l'homme de cœur est moins facile que celle du dialecticien. Il sent protester en lui contre ces négations accumulées des voix intérieures qui lui parlent un autre langage, celui de l'*aspiration*. Le doute sceptique auquel il est volontairement parvenu par l'application rigoureuse des principes rationnels est pour lui une torture. Un cri d'angoisse lui échappe :

« *Le doute est douloureux à traîner comme un deuil !* »

et ce poignant sonnet des Épreuves, « *Le Doute* » traduit le désespoir de la curiosité spéculative inassouvie :

« La blanche Vérité dort au fond d'un grand puits.
Plus d'un fuit cet abîme ou n'y prend jamais garde ;
Moi, par un sombre amour, tout seul je m'y hasarde,
J'y descends à travers la plus noire des nuits ;

Et j'entraîne le câble aussi loin que je puis ;
Or je l'ai déroulé jusqu'au bout : je regarde,
Et, les bras étendus, la prunelle hagarde,
J'oscille sans rien voir ni rencontrer d'appuis.

Elle est là cependant, je l'entends qui respire,
Mais, pendule éternel que sa puissance attire,
Je passe et je repasse, et tâte l'ombre en vain.

Ne pourrai-je allonger cette corde flottante,
Ni remonter au jour dont la gaîté me tente ?
Et dois-je dans l'horreur me balancer sans fin ? »

(1) Lettre inédite à M. A.-E. Sorel (1893).

TROISIÈME PARTIE

PHILOSOPHIE DE L'ASPIRATION

CHAPITRE PREMIER

L'Aspiration.

I. Passage de la philosophie spéculative à la philosophie de l'aspiration. — II. Analyse psychologique de l'état mental d'*aspiration*. Caractères de l'aspiration. Ses diverses formes. Problèmes suscités par l'aspiration.

I

C'est par un volontaire effort d'abstraction que M. Sully Prudhomme, dans sa philosophie spéculative, a systématiquement écarté toutes les données émotionnelles de la conscience réfléchie pour ne s'attacher qu'à l'analyse, à l'interprétation et à la critique des données intellectuelles. Mais en fait les unes n'ont pas moins de réalité et d'autorité que les autres; le philosophe doit nécessairement en tenir compte tant pour rapporter à leurs véritables principes l'Art, la Poésie, la Morale, doctrines vivantes parmi les hommes, que pour tenter de résoudre par le moyen de ces données nouvelles les énigmes métaphysiques dont la raison spéculative n'a pu percer le mystère. Quelle que soit l'origine de ces données affectives, elles existent, c'est un fait. Les actes et les croyances qu'elles suscitent ne sont ni si rares ni si inexplicables qu'on ne doive les prendre en considération au même titre que les affirmations fondées sur l'évidence axiomatique et la démonstration réfléchie. Rien n'est donc plus légitime qu'un « retour au cœur » après l'ingrat et décevant labeur où s'est d'abord obstinée la raison raisonnante. Il ne s'agit pas d'ailleurs de substituer d'emblée le mysticisme au rationalisme après la critique si rigoureuse que le philosophe a lui-même instituée de la méthode mystique. Ce n'est pas dans le surnaturel que cette philosophie des sentiments prend son point de départ, mais dans des faits psychologiques positifs, nullement problématiques, dûment établis par l'expérience et sur lesquels il est permis d'appuyer soit une théorie technique dans l'ordre du relatif, soit une métaphysique de l'aspiration, si l'on cherche à s'élever par cette nouvelle voie jusqu'à l'Absolu. Si donc la philosophie des sentiments aboutit à une sorte de mysticisme poétique en raison des hypothèses et des espérances qu'elle suggère à la pensée émue du poète, de l'artiste et de l'homme de bien, elle n'a rien en soi de mystique tant qu'elle ne franchit pas la limite, une fois pour toute, fixée par la critique rationnelle, qui sépare du connaissable l'objet métaphysique. Nous l'appellerons d'un nom agréé par M. Sully Prudhomme lui-même, le nom de l'état mental caractéristique auquel elle est tout entière suspendue : *Philosophie de l'Aspiration*. C'est maintenant le poète qui va commencer son examen de conscience, sans oublier toutefois les règles de la méthode appliquée par le penseur à la philosophie spéculative ni les conclusions auxquelles est parvenu ce dernier.

II

« L'invincible résistance de l'être à mes tentatives d'effraction m'a rejeté violemment dans le monde accidentel, dans le petit canton que mon for intérieur, théâtre ambulant, y occupe avec toute sa fantasmagorie de phénomènes. Je m'y enferme pour n'en plus sortir. Je me livre sans réserve à l'ivresse de cette féerie intérieure. Les décors dont elle est faite ne sont que des toiles peintes ; il suffirait d'un coup de vent pour les emporter. Dans leur appareil, ce qui offre quelque solidité, c'est précisément ce qui en est caché à mes yeux, c'est l'invisible bâti qui les soutient et dont le sens du toucher seul me révélerait la charpente à travers le voile coloré. Mais je ne veux plus m'occuper de la machine qui fait mouvoir les plans et les figures du tableau et y produit les changements à vue dont je m'émerveille, d'autant que mes mains n'en pourraient tâter que la surface et que le moteur est dans les dessous. Me voilà débarrassé d'un gros souci ; je puis avec délices, sans trouble, sympathiser aux passions des personnages qui occupent la scène, admirer leurs gestes, rire ou pleurer de leurs discours, approuver ou blâmer leurs actions, épouser enfin leurs intérêts qui m'avaient semblé, je l'avoue, si chétifs, si secondaires quand ceux de l'univers entier distrayaient mon attention et l'absorbaient tout entière. Je me félicite de mon retour à mes habitudes professionnelles. Je m'aperçois en effet que me voilà redevenu poète ou, plutôt, simplement homme, car la spéculation qui côtoie l'être métaphysique risque de s'égarer dans l'inconnaissable, et cet égarement est une déviation cérébrale qui relève de la tératologie. »

« Je ne doute plus, je contemple, j'admire, je m'enthousiasme, ou je m'indigne et me détourne avec horreur. Mes penchants et mes répugnances ont repris possession de ma volonté ; je suis rendu à mes instincts. A mesure que m'abandonne la curiosité de ce qu'il est interdit à l'intelligence humaine d'approfondir, de ce qu'elle n'a ni le don, ni, partant, le droit de connaître, à mesure qu'abdique en moi la critique rationnelle, *je sens renaître toutes mes aspirations, que l'examen paralysait*. Je retrouve ces élans, ces essors de cœur vers l'objet indéfinissable, situé hors de mes prises, bien au delà de mes atteintes, mais que les hauts exemples d'héroïsme et de charité, les arts, la musique surtout, me désignent avec une parfaite netteté comme promettant seul à l'élite de notre espèce toutes les sortes de félicité dont elle est capable (1). »

Ce que M. Sully Prudhomme désigne ici par cette expression, très spéciale à son vocabulaire, *l'aspiration*, est un état

---

(1) *Que sais-je?* p. 200, 201, 202.

mental dont il a donné à maintes reprises la description. Cet état est d'ordre affectif; il est caractérisé par l'apparition dans la conscience d'émotions très fortes et très intimes capables de déterminer chez celui qui les éprouve à la fois une jouissance intense, une sorte de ferveur religieuse et un élan vers l'action. Ces émotions, d'une nature toute spéciale, ne se confondent nullement avec les plaisirs ou les souffrances des sens non plus qu'avec les joies et les peines suscitées positivement chez une personne sensible par des objets réels et bien connus. Elles ont un objet presque indéterminé, lointain, pressenti, dont le sujet n'aurait pas même une idée s'il ne se trouvait dans cet état de rêve ou d'exaltation extatique. D'un mot, elles constituent *l'élan vers l'idéal* et correspondent assez bien à ce qu'on appelle d'ordinaire *l'amour platonique*.

L'*aspiration* a en outre pour caractère de donner à celui qui l'éprouve un vif sentiment de sa *dignité* propre, de sa valeur, de sa noblesse, sentiment qui s'étend vite à l'humanité tout entière, comme capable de si hauts ravissements. Elle est donc accompagnée d'un jugement de valeur et de convenance, d'une comparaison entre la nature humaine ainsi sublimée avec un état inférieur, celui du vulgaire. Le noble orgueil qu'elle fait naître est d'ailleurs dégagé de toute vanité personnelle, puisqu'il n'est que le sentiment d'une perfection souhaitée ou réalisée par le plus désintéressé des amours.

L'*aspiration* est essentiellement *spontanée*. M. Sully Prudhomme la rattache constamment à l'instinct et y voit volontiers la lointaine résultante d'une évolution ancestrale. C'est même à ce titre qu'il rattachera, comme nous le verrons, les sentiments esthétiques et moraux à l'évolution de l'espèce humaine et à la loi du progrès. Les données de l'aspiration participeront donc aux caractères de l'intuition et de la connaissance spontanée. La réflexion, en les approfondissant et en les critiquant, pourra modifier les déductions qu'il est permis d'en tirer, mais elle ne pourra les annuler elles-mêmes ni les subordonner à des certitudes d'un autre ordre. « Le poète chez moi ne peut rien sacrifier au philosophe, parce qu'il ne peut se défendre de croire véridique le témoignage de sa conscience (qui est un sens intime), et de croire révélatrice l'aspiration esthétique le confirmant, de s'y fier au même titre et au même degré qu'il se fie à l'évidence axiomatique et à la démonstration réfléchie (1). »

Enfin l'*aspiration* est un état *actif* plus encore qu'un état contemplatif. Elle suscite chez l'homme qu'elle anime un essor et un effort. « Le ravissement esthétique n'est pas purement passif ; c'est un enthousiasme qui fait *aspirer*, tendre vers un idéal ; c'est donc un essor (2). » L'artiste et le poète éprouvent pendant l'aspiration un impérieux besoin de créer ; l'homme de bien lutte, s'exalte, agit, il sent la nécessité d'imiter les grands exemples qu'il admire (3). De là cette sorte d'inquiétude qui se mêle à l'élan courageux et enthousiaste de l'homme aspirant à l'idéal, lorsque, partagé entre l'espoir de réaliser une si belle fin et la crainte de rester inférieur à sa tâche, il mesure l'effort à faire et le chemin à parcourir. « Un artiste n'arrive jamais au parfait contentement de soi-même, parce que le modèle que son idéal lui impose dépasse toujours sa puissance d'imitation. S'il est vaniteux, il peut s'applaudir d'être supérieur à ses rivaux, mais il n'en reste pas moins inférieur au maître invincible qu'il porte en soi et ne peut égaler, et il y a dans le secret désaveu de ses meilleures œuvres par ses aspirations une cause de mélancolie incurable (4). »

« L'âme qui admire le Parthénon est comme déliée, délivrée ; elle ne sait quel usage elle va faire de son délicieux affranchissement, car l'expression qui l'enchante ne lui impose rien, mais elle est rendue à elle-même, à l'exercice équilibré de toutes ses aptitudes, à tous ses vœux les plus chers, mais, hélas ! aussi les moins exaucés. La contemplation, en effet, éveille en elle une joie qui s'épanouit d'abord sans mélange, mais l'extase est en germe dans la contemplation. Dès qu'une œuvre d'art nous fait rêver, en nous donnant conscience de notre capacité de bonheur, elle nous fait

---

(1) Lettre à G. Hémon. Cf. *Suprà*, p. 52.
(2) *Ibid.*, p. 51.
(3) Cf. *Vaines Tendresses : La Vertu.*
(4) *L'Expression dans les Beaux-Arts*, p. 418.

bientôt par cela même sentir tout ce qui nous manque pour la **combler**; dès lors l'*aspiration* commence, et avec elle le sentiment mélancolique de l'inassouvi prend naissance (1). »

« En présence de la beauté plastique, de celle du visage surtout, contemplée de haut, je veux dire avec le regard épuré de l'artiste, le sentiment de la dignité réalisée et même virtuelle de notre espèce nous est suggéré. En moi du moins je le reconnais à ce signe que ma contemplation me fait *aspirer*, c'est-à-dire outrepasser par le rêve la limite du monde terrestre, essor dont la tentative, en m'exaltant, m'enchante, mais dont l'impuissance en même temps m'attriste, et du conflit de ces deux sentiments résulte une sorte d'extase mélancolique (2). »

« L'âme, en écoutant la musique symphonique, s'y peut plonger à une profondeur et sur une étendue sans limite, et les combinaisons de notes peuvent atteindre pour l'oreille à un tel degré de charme, et par suite à une telle puissance d'expression, que la sensibilité morale suffise à peine au retentissement infini qu'elle en reçoit. Alors commence l'extase, le pressentiment d'une sorte de vie surnaturelle qui passe la portée des facultés humaines ; le cœur s'ouvre à la possession de quelque objet indéfinissable, et en même temps se sent enchaîné à la condition terrestre qui le lui rend inaccessible. C'est un ravissement dont le délice est grave et confine même à la tristesse, car l'âme y sent à la fois l'infinité de son ambition et les bornes de sa puissance ; elle y reconnaît que ses aptitudes sont inférieures à ses aspirations ; elle jouit de son rêve et souffre de ne jouir que d'un rêve (3). »

« L'objet de la poésie est identique à celui de l'*aspiration*. Il est donc essentiellement *vague*, puisque c'est un type de vie supérieure dont nous ne pouvons nous former qu'une idée négative, par contraste seulement avec la vie terrestre. Pour les mystiques, aspirer c'est tendre à posséder Dieu même, et l'extase, qu'on pourrait définir l'aspiration satisfaite, est pour

---

(1) *L'Expression dans les Beaux-Arts*, p. 256, 257.
(2) *Que sais-je ?* p. 40.
(3) *L'Expressio... ns les Beaux-Arts*. p. 272, 273. — Cf. le beau vers de Guyau : « *Les ... plaisirs sont ceux qui font presque pleurer.* »

eux la contemplation immédiate de Dieu... Le poète, non plus que les autres artistes, n'essaie pas même de posséder son idéal sans intermédiaires. Il ne fait que le pressentir, en rencontrer ici-bas des fantômes et l'y reconnaître à l'étonnement ravi, en un mot à l'*admiration* qu'il en éprouve. Il le cherche donc autour de lui et en lui-même, c'est-à-dire d'une part dans les objets qualifiés *beaux*, qui le révèlent à l'homme par les sens, et d'autre part dans les penchants, les sentiments, les désirs, les actes volontaires qui procèdent de l'homme, et, honorés de la même qualification esthétique par la conscience morale, sont également ici-bas le signe naturel et le témoignage de cet idéal (1). »

« Une perception sensible, délicieuse, exprime une joie sans nom ; l'indétermination de cette joie permet de l'imaginer aussi grande qu'on veut : car l'*aspiration* à ce bonheur inqualifiable, qui échappe à toute prise comme à toute définition, c'est précisément l'*extase*. En résumé, l'*extase s'exprime par la perception* sensible la plus agréable, fournissant à l'imagination de quoi rêver indéfiniment sur une joie indéterminée. *Contempler*, c'est regarder avec extase, *admirer*, c'est jouir de la contemplation en jugeant la chose contemplée. Or ce qu'on admire dans la chose contemplée, c'est la *beauté* à savoir l'impression du bonheur idéal par une perception sensible éminemment agréable. Le beau, par sa nature même, est donc impossible à définir d'une manière adéquate, puisqu'il implique un élément indéterminé, l'idéal, qui est l'irréalisable auquel l'âme ne peut que rêver et aspirer. Pour que le beau pût être défini, il faudrait que l'âme connût par la possession ce qu'elle ne connaît que par les vagues inductions de son rêve, d'après le peu qu'elle possède actuellement. »

« Le beau absolu serait le rêve d'une âme humaine supposée parfaite et condamnée à la condition terrestre. La joie du beau ressenti, l'admiration, est toujours grave, elle fait couler des larmes, car il s'y mêle une haute mélancolie causée par le sentiment de l'inaccessible. Cette joie est néanmoins délicieuse et sereine, parce qu'on ne tente même pas d'attein-

---

(1) *Testament poétique*, Prose, p. 176, 177.

dre en réalité ce qu'on juge inaccessible, on l'atteint suffisamment par le rêve ; on jouit de le rêver, sans souffrir du vain souhait qu'il fait naître ; on ne désire, en effet, avec violence et douleur, qu'une chose qu'on juge possible et prochaine, et l'intensité du désir est proportionnelle à la probabilité présumée de la possession (1). »

« Une forme m'apparaît belle, je l'appelle ainsi quand elle est assez agréable pour déterminer, par sa puissance expressive, dans ma sensibilité passionnelle, dans mon cœur, un délice, de genre différent, mais ayant toutefois des rapports suffisants avec celui de la sensation pour en recevoir une excitation qui l'éveille. Cette joie délicieuse a tous les caractères de l'*aspiration*, car elle est grave, et, chose remarquable, elle l'est d'autant plus qu'elle me *ravit* davantage, au point de devenir mélancolique et même poignante, comme est le charme de certaines compositions musicales, lorsqu'elle me suggère des rêves paradisiaques. Je m'explique parfaitement ce caractère étrange, contradictoire en apparence, si j'identifie mon ravissement à l'aspiration, car alors je ne saurais jouir sans mélange d'un objet entrevu, mais inaccessible. Je n'y comprends plus rien, au contraire, si je méconnais ce que j'y sens ; mais je ne peux m'y tromper. Ah ! certes, j'*aspire* quand j'*admire*, et ce que j'admire, c'est l'Inconnaissable imprimant à la forme les caractères de l'essor dont elle anime tout le monde accidentel, et m'invitant à monter aussi (2). »

C'est à l'analyse des données de l'*aspiration* que M. Sully Prudhomme va s'attacher après avoir noté, dans les divers passages qui viennent d'être cités, les nuances de cet état moral. Ainsi se constituera chez lui une *Philosophie de l'aspiration*. Deux problèmes généraux bien distincts vont se poser dans cette philosophie. D'une part l'*aspiration*, considérée au point de vue psychologique, est un état émotionnel complexe qui n'apparaît ni chez n'importe qui, ni n'importe comment et n'importe quand : soit donc à déterminer aussi précisément que possible ses conditions et à fixer par là-même les moyens

(1) *L'Expression dans les Beaux-Arts*, p. 250, 251.
(2) *Que suis-je ?* p. 235, 236.

les plus propres à la faire naître. D'autre part, l'aspiration, considérée comme une sorte d'essor mystique vers l'idéal, objet transcendant qu'elle fait à peine entrevoir, semble révélatrice d'un autre monde supérieur (1) : soit donc à tenter une métaphysique de l'aspiration et à instituer une dialectique non de la raison pure pratique, mais de la sensibilité supérieure. Fidèle à sa méthode, M. Sully Prudhomme commence par l'analyse des diverses formes de l'aspiration avant de se hasarder à formuler des hypothèses en harmonie avec les élans de son cœur. Ces formes de l'aspiration sont au nombre de deux principales : l'*aspiration esthétique et poétique* et l'*aspiration morale*. L'aspiration religieuse se confond pour le poète de la *Justice* et des *Destins* avec les précédentes, car, rallié au monisme métaphysique et ne croyant plus à un Dieu personnel, il n'a d'autre religion que celle de l'Idéal humain de beauté, de dignité et de perfection. La philosophie de l'aspiration comprendra donc une étude analytique des principes de l'esthétique et de la poétique, et une étude analytique des principes de l'éthique. Puis, rapprochée de la philosophie spéculative avec laquelle elle entrera en conflit, c'est elle qui donnera naissance aux conjectures, inférences et postulats que les vœux du poète « *proposeront comme une poétique lumière à son entendement* » à défaut des certitudes à jamais inaccessibles que sa curiosité spéculative n'aura pu atteindre.

(1) « Je me dis bien souvent : De quelle race es-tu ?
Ton cœur ne trouve rien qui l'enchaîne ou ravisse,
Ta pensée et tes sens rien qui les assouvisse :
Il semble qu'un bonheur infini te soit dû.

Pourtant, quel paradis as-tu jamais perdu ?
A quelle auguste cause as-tu rendu service ?
Pour ne voir ici-bas que laideur et que vice,
Quelle est ta beauté propre et ta propre vertu ?

A mes vagues regrets d'un ciel que j'imagine,
A mes dégoûts divins il faut une origine ;
Vainement je la cherche en mon cœur de limon.

Et moi-même étonné des douleurs que j'exprime,
J'écoute en moi pleurer un étranger sublime
Qui m'a toujours caché sa patrie et son nom. »

L'Étranger (Les Vaines Tendresses).

CHAPITRE II

Théorie générale de l'Expression.

I. Problème des causes de l'émotion esthétique. — II. Psychologie de l'artiste. L'invention artistique. — III. Caractère esthétique de certaines sensations. Les *formes*. — IV. Analyse du phénomène de *l'expression*. Caractères communs aux perceptions sensibles et aux états moraux. — V. Analyse du phénomène de la *sympathie*. Expression subjective et expression objective. — VI. L'association des idées et la réminiscence dans l'expression. La rêverie. — VII. Principe de la classification des Beaux-Arts d'après la part d'expression subjective ou d'expression objective qui entre dans chacun d'eux. Détermination du type esthétique exprimé par chaque art. — VIII. Récapitulation et conclusion de la théorie de l'Expression.

I

Quoique uniquement poète et n'ayant guère pratiqué d'autres arts que l'art littéraire, M. Sully Prudhomme est extrêmement sensible à toutes les impressions esthétiques et la façon dont il en parle prouve à quel point son goût est juste et délicat en matière d'art musical ou d'art plastique. En relations constantes avec plusieurs de nos grands artistes contemporains, environné de leurs œuvres, curieux de toute beauté, M. Sully Prudhomme est lui-même un véritable artiste aussi qualifié que bien des praticiens professionnels pour tenter une théorie des Beaux-Arts. La qualité qu'il possède en outre à un degré plus éminent que beaucoup d'autres esthéticiens est cette habitude d'analyser et d'approfondir en philosophe les idées et les faits, d'appliquer même aux questions d'art les méthodes scientifiques, sans se laisser aller à subir le prestige des formules ni le mirage des sentiments en des matières où il est si difficile de voir clair et de parler juste, simple et net. Ce qu'il ressent en poète et en artiste, il l'analyse et l'interprète en savant avec autant d'aisance et de sûreté qu'il le traduit ailleurs en vers. De même qu'il y a dans toutes ses poésies un fond très substantiel d'idées, on trouve dans les pages de prose qu'il consacre à l'esthétique et à l'éthique une beauté de forme qui trahit les habitudes littéraires du poète. Beaucoup de ces pages, d'ailleurs, ne sont qu'une expression nouvelle d'idées d'abord condensées par l'auteur dans ses poèmes.

L'émotion artistique est une des données immédiates du sens intime. Qu'elle se manifeste sous la forme d'une jouissance toute sensuelle procurée à l'artiste par des sensations choisies, sous celle de l'expression, ou sous celle de l'aspiration esthétique, elle détermine un état mental caractéristique, le *sentiment du beau*. Au lieu de s'attacher d'abord à l'*idée du beau* que l'entendement dégage, après réflexion, de ce sentiment, M. Sully Prudhomme procède en psychologue. Il ne cherche pas la définition d'un concept : il observe « l'aptitude à comprendre l'expression des formes et à les rendre », il « s'attache à en étudier le jeu, à en apprécier la valeur », par l'emploi d'une méthode analytique et positive qu'il compare à celle de Helmholtz dans sa *Théorie physiologique de la musique* et à celle de Chevreul dans sa *Théorie des couleurs*. Ce que l'auteur de « l'*Expression dans les Beaux-Arts, application d'une théorie générale de l'expression à l'étude de l'artiste et des Beaux-Arts* », avait fait pour les arts plastiques, la musique, l'art dramatique et la chorégraphie dans cet ouvrage, l'auteur du *Testament poétique* l'a achevé, quoique avec moins d'ampleur, pour l'art poétique, dans cet ouvrage postérieur, comme publication, d'une vingtaine d'années au premier (1). C'est plutôt en raison de la diversité de leurs moyens d'expression qu'en raison de la différence des émotions esthétiques suscitées par les uns et les autres que M. Sully Prudhomme n'a pas assimilé l'art poétique aux autres arts. « Par les Beaux-Arts on entend seulement les arts plastiques, la musique, l'art du

---

(1) *L'Expression dans les Beaux-Arts*, 1883. — *Le Testament poétique*, 1901 et 1904.

comédien, la chorégraphie. Bien qu'on dise l'art oratoire, l'art poétique, l'art d'écrire, on ne range pas parmi les beaux-arts l'éloquence, la poésie, la littérature en général. Cette distinction verbale n'est nullement fondée, car le beau caractérise également ces deux classes d'art. Ce qui les différencie réellement, c'est que dans l'éloquence et les lettres, les signes prédominants sont conventionnels; ils sont fournis par le langage, ce sont les mots tandis que les formes, autrement dit les groupes de sensations visuelles ou auditives créés par les autres arts, constituent des signes expressifs sans convention (1). »

II

Le fait de l'émotion esthétique, comme celui de la création artistique et celui de l'aspiration, s'accomplit en un sujet que l'aptitude à se trouver dans de tels états fait qualifier *artiste*. Quels sont donc, d'abord, les caractères distinctifs du tempérament artistique?

« Le caractère le plus manifeste, sinon le plus éminent c'est d'abord une supériorité indépendante de l'intelligence et du cœur, à savoir la justesse et la finesse d'un sens qui prédomine en lui, la vue, par exemple, ou l'ouïe. Le sens est ici très distinct de son organe; l'un peut être excellent et l'autre imparfait chez le même homme. Ce contraste est fréquent; on peut être, en effet, bon musicien avec l'oreille dure, pourvu qu'on l'ait juste; on peut, fût-on myope, être peintre, pourvu qu'on ait le goût et le don de la couleur. Un homme n'est pas un artiste si chez lui aucun sens n'est particulièrement délicat, si certaines couleurs, certaines lignes, certains sons ne l'affectent pas comme des caresses ou des blessures; si pour lui les impressions n'ont point de nuances; en un mot s'il n'est sensuel à quelque degré. Nous usons du mot sensuel à dessein pour bien marquer qu'un véritable artiste veut jouir des couleurs, des lignes, des notes pour elles-

---

(1) *L'Expression dans les Beaux-Arts*, p. 3.

mêmes en tant que délectables aux sens; et, alors même qu'il les emploie à exprimer les sentiments les plus sublimes, il ne les rend expressives qu'en exploitant la volupté physique qu'elles éveillent. Dans toute émotion née des arts, même de l'ordre le plus élevé, c'est un état des sens qui détermine l'état moral; tel est le procédé de tout art (1). » Cet élément tout physique de l'émotion d'art, la sensualité, est en soi très distinct de l'*expression* proprement dite et peut exister sans elle, aussi bien dans les Beaux-Arts que dans l'Art des vers. « Tout art a pour condition première de flatter un de nos sens; quelles que puissent être les qualités d'une œuvre humaine, si aucun sens n'en est agréablement affecté, ce n'est pas une œuvre d'art. Les lignes, les reliefs, les combinaisons de couleurs, de sons et, en général, tous les composés de sensations constituent des FORMES dans l'acception la plus large de ce mot. Toutes les formes ne sont pas du domaine de l'art; la plupart sont indifférentes; une forme n'appartient à l'art que si elle est esthétique, c'est-à-dire soumise à certaines lois dictées avant tout par une délicatesse toute spéciale du sens qui doit en jouir, de la vue ou de l'ouïe. Il existe donc une beauté propre à la forme, *beauté toute voluptueuse* qui ne relève que des sens et n'a rien à démêler avec l'esprit ou le cœur. » « La forme peut causer un plaisir esthétique de deux manières différentes, soit par son charme sensuel, comme composé harmonieux de sensations, soit à titre de symbole, par la pensée ou le sentiment dont elle est le signe, en un mot, par l'expression (2). »

Les lois qui président à ces impressions sensorielles et sensuelles sont d'ordre physique et physiologique autant que d'ordre psychologique. Les plaisirs de l'œil et de l'oreille procèdent de rapports numériques exacts entre les vibrations lumineuses ou sonores. « *Une volupté atteste et vérifie un rapport.* A cet égard, le monde vivant et le monde mécanique se contrôlent mutuellement. Chaque phénomène optique ou acoustique relève donc à la fois des lois de la mécanique

---

(1) *L'Expression dans les Beaux-Arts*, p. 4. — Cf. Dans le *Testament poétique* la même théorie exposée à diverses reprises.
(2) *Testament poétique*, p. 195, 196. — *Prose*, p. 159, 160.

par les vibrations transmises et des lois de la sensibilité par les impressions de celles-ci sur l'être vivant. Il s'ensuit qu'un pareil phénomène est susceptible à la fois de deux notations distinctes, l'une pour l'artiste, l'autre pour le savant; la première consiste dans les témoignages agréables ou non de la vue et de l'ouïe; l'autre dans les formules mathématiques des systèmes de vibrations lumineuses et sonores (1). » C'est pourquoi il existe une technique psycho-physique et psycho-physiologique de tous les arts, technique qu'aucune esthétique ne peut négliger ni violer sans nuire à l'effet artistique.

L'harmonie, dans l'œuvre d'art, est à ce titre une propriété à la fois mathématique et physiologique distincte de la propriété morale d'expression. « Ainsi la première condition pour qu'un homme soit artiste c'est qu'il possède au moins un sens excellent, sur la foi duquel il puisse contrôler et apprécier les rapports mathématiques des vibrations qui ébranlent ce nerf spécial, pour jouir de l'harmonie correspondant à ces sensations (2). »

« Un véritable artiste ne sent pas sa nature entièrement définie par la seule perfection de sa vue ou de son ouïe; cette qualité, purement passive, n'explique pas la faculté de créer qu'il doit posséder, sous peine de n'être qu'un dilettante. L'excellence d'un sens éveille chez celui qui en est doué le besoin de procurer à ce sens des occasions de plaisir; et ce besoin provoque une recherche de sensations agréables qui incite à la création... Mais ce qui fait l'artiste proprement dit, ce n'est pas le besoin de créer, c'en est la faculté. »

L'esprit de l'artiste — né est attentif avant d'être inventif, mais l'invention véritable requiert une intention, l'acte volontaire du choix. « Parmi toutes les combinaisons de sensations dont un artiste apprécie la justesse en vertu de l'aptitude organique qui lui est commune avec tous les autres artistes de son espèce, il en est qui lui sont particulièrement agréables et chères, parce qu'elles correspondent à ce qu'on nomme son *tempérament*. Le tempérament d'un artiste, c'est sa nature même, physique et morale, dans toute sa com-

(1) *L'Expression dans les Beaux-Arts*, p. 6.
(2) *Ibid.*, p. 12.

plexité, en tant qu'elle détermine son choix entre toutes les combinaisons harmonieuses des sensations propres à son art. Le tempérament d'un artiste étant sa nature même, physique et morale, qui devient le principe de toutes ses préférences en art, c'est son tempérament qui lui fournit ce qu'on appelle son *idéal*; car un *idéal n'est rien autre que le terme abstrait nécessaire à toute comparaison*, en art comme en toute autre chose; de sorte qu'il suffit de faire un choix pour affirmer par là, bon gré, mal gré, qu'on a un idéal... En comparant deux choses, nous évaluons la qualité de chacune par cette qualité abstraite qui est notre idéal, et nous préférons celle des deux qui la possède à un plus haut point que l'autre... Tout artiste a donc un idéal parce qu'il n'y en a pas un seul à qui toutes les harmonies plaisent également (1). »

C'est tantôt par *conformité*, tantôt par *contraste* avec le tempérament que l'idéal est déterminé. « L'idéal d'un artiste peut, bien que déterminé par son tempérament, exprimer, non ce qu'il est, mais ce qui lui manque, et ainsi le traduire par opposition. » L'artiste ne dégage d'ailleurs son tempérament qu'à l'occasion de ces choix qu'il est amené à faire, entre les combinaisons harmonieuses, des plus conformes à sa nature et à ses goûts. « Cette sélection accuse de plus en plus l'individu dans ses œuvres, se continue autant que dure la vie de l'artiste et fonde ce qu'on nomme son *originalité*. Dès que le tempérament dégagé a suffisamment précisé l'*idéal* de l'artiste, il *invente* et *compose* avec une originalité croissante, jusqu'à ce qu'il ait épuisé son propre fond. Alors il commence à se répéter, ou, ce qui est pis, à chercher du nouveau hors de son tempérament, ce qui ne produit que des œuvres étranges et sans vie (2). »

« L'*invention* consiste à provoquer entre les sensations des rapprochements harmoniques, qui ne sont pas tous donnés par la réalité perçue, et qui parfois même, comme dans la musique, n'ont aucun similaire dans le monde extérieur. Cette invention ne fait rien de rien, elle ne crée ni les maté-

(1) *L'Expression dans les Beaux-Arts*, p. 13, 14.
(2) *Ibid.*, p. 15.

riaux sensibles ni les lois qui en règlent l'harmonie, elle fait seulement de ces lois à ces matériaux des applications que n'offre pas actuellement la réalité, ou que du moins elle n'offre pas entièrement... Les caractères que l'artiste choisit dans le modèle pour les mettre en relief sont ceux qui correspondent à ses passions, à ses aspirations ou à ses curiosités. Qu'il le veuille ou non, ce qui l'attache dans les objets, ce qui l'intéresse, c'est leur rapport à lui-même, les aspects qui le font vivre en quelque sorte davantage, par sympathie ou par contraste. Sa copie, fût-elle la reproduction d'une chose inanimée, d'un ciel ou d'un rocher, devient anthropomorphe, et c'est ce qui la distingue si profondément d'une photographie, quand même il veut la faire exacte (1). »

« La moindre invention oblige l'artiste à *composer*. Pour un artiste, composer c'est établir, entre les sensations choisies, un rapport tel qu'il en résulte une harmonie totale appropriée le mieux possible à son tempérament, et par suite, conforme le plus possible à son idéal... Il existe entre toutes les parties de l'œuvre une solidarité qui est leur harmonie même, et qui s'impose comme un problème à l'artiste jusqu'à ce qu'il en ait trouvé tous les liens. Tant qu'il n'y a rien dans un site, par exemple, qui détermine un choix d'éléments se composant bien, il n'y a pas de *motif* (2). »

« Il résulte de ce qui précède qu'*inventer* dans un art déterminé, en musique, en peinture, en sculpture, en architecture, c'est avant tout découvrir des harmonies exclusivement propres à cet art; en un mot c'est *penser dans cet art*; une idée musicale n'a rien de commun, en tant que musicale, avec sa propriété d'expression, toute relative à l'état moral de l'auditeur, état moral qui peut varier d'un auditeur à un autre selon les plus récents incidents de la vie de chacun... Il y a de même des idées picturales, sculpturales, architecturales, tout à fait irréductibles les unes aux autres. Ces idées plastiques sont ce que les artistes appellent les *motifs*, qu'il faut bien se garder de confondre avec les *sujets*. Le sujet à traiter peut convenir à plusieurs arts différents; par exemple,

(1) *L'Expression dans les Beaux-Arts*, p. 16.
(2) *Ibid.*, p. 17, 18.

une mère allaitant son enfant peut être représentée par un peintre ou par un sculpteur, mais cette donnée, dépourvue de toute forme sensible spéciale, ne devient *motif d'art* qu'à mesure qu'elle est *pensée* par un cerveau de peintre ou de sculpteur, et elle le sera tout différemment par l'un et par l'autre. Le *sujet* est donc ce qu'il s'agit précisément de traduire par le *motif* (1). »

Pour créer des *motifs*, l'artiste doit posséder la faculté de retenir et d'évoquer des *images*. L'image mentale n'est pas une sensation affaiblie, comme on le dit communément. « Le souvenir d'une forte brûlure n'est pas plus une faible brûlure, que le souvenir d'un kilogramme n'est un milligramme... Ce qui est vrai du souvenir de la résistance ou de la température l'est du souvenir de toutes les autres sensations, des plaisirs et des douleurs, des joies et des peines. Il faut les imaginer pour s'en souvenir; le souvenir n'en est pas la trace affaiblie, il en est l'image et nous ne savons rien de la nature psychique des images (2). Le mot *imagination* ne signifie pas seulement ce pouvoir passif de garder en nous, à l'état de souvenir, les traces des sensations; il désigne surtout la faculté active de combiner les éléments fournis par les souvenirs et d'en composer arbitrairement des images nouvelles. Cette faculté est d'une extrême importance dans les arts, c'est par elle que l'artiste est vraiment créateur (3).

De cette première analyse nous devrons donc retenir que la *sensation* joue dans les beaux-arts un rôle aussi essentiel que l'*expression*. L'artiste est un homme pour qui « la sensation a des harmonies d'une mathématique puissante, que l'oreille ou l'œil du vulgaire ne peut pas même percevoir, bien loin de les interpréter. Sans prétendre le moins du monde que les harmonies purement sensuelles constituent l'unique objet des arts, nous croyons toutefois qu'il n'y a pas d'artiste sans une aptitude spéciale à en jouir (4). »

(1) *L'Expression dans les Beaux-Arts*, p. 18, 19.
(2) Cf. *Les Causes finales*, p. 163, 164, où est indiquée l'antinomie soulevée par cette constatation.
(3) *L'Expression dans les Beaux-Arts*, p. 25.
(4) *Ibid.*, p. 34.

III

Le charme sensuel d'une perception sensible peut la rendre exquise sans lui conférer aucun caractère expressif. Une belle teinte franche, un son pur de violon sont un régal pour les sens exercés de l'artiste : ils peuvent le réjouir sans rien lui suggérer. Une personne dont l'aptitude sensorielle serait moins développée ne s'en délecterait pas comme lui, mais elle pourrait néanmoins être émue par ce que cette teinte ou cette note exprimerait : la gaîté, par exemple, ou la force. Il existe donc dans l'impression esthétique deux éléments distincts, l'élément *sensuel* ou *sensoriel* et l'élément *expressif*. Le premier s'expliquerait surtout par les lois de la physique ou de la psychologie physiologique, mais le second requiert une explication infiniment plus complexe et subtile, puisqu'il s'agit de comprendre comment une sensation peut susciter une émotion morale, exprimer un état de l'âme et créer entre deux âmes une sympathie telle que l'une comprenne l'émotion de l'autre à travers cette sensation. C'est ce fait de l'*expression esthétique* que M. Sully Prudhomme considère à juste titre comme le principe essentiel des arts et qu'il s'est appliqué à analyser de très près. Le problème psychologique que soulève la théorie de l'expression est celui du rapport de la sensation et de l'émotion. « La sensation est une donnée à la fois intellectuelle et affective; elle a pour condition une impression reçue par les nerfs. L'émotion, état affectif, a pour condition un jugement. Les sensations fournissent les matériaux à l'intelligence. » L'*expression* est le caractère que prend une sensation lorsqu'elle suscite une émotion morale.

Dans l'inventaire des données immédiates de la conscience nous avons précédemment relevé les faits psychologiques suivants :

a) Le monde extérieur se manifeste à nous par les perceptions dont il nous fournit les objets. Les sensations simples et brutes que nous recevons d'abord de lui s'organisent et se groupent de façon à nous donner les idées d'objets distincts. La *perception* est une première mise en œuvre des sensations par l'esprit, c'en est une synthèse. Ce groupement des sensations est tantôt fictif, comme lorsque nous cherchons des figures dans les fleurs d'un papier de tenture, tantôt conforme aux unités collectives extérieures que nous appelons les objets réels. La perception laisse une image ou un souvenir quand l'objet ne communique plus avec les sens; au point de vue purement esthétique le souvenir ne diffère pas de la perception directe, il lui est équivalent. « Nous appellerons *perceptions sensibles*, les groupes de sensations formant des perceptions distinctes, depuis les moins complexes qui sont presque des sensations simples, comme, par exemple, la perception d'un son ou d'une couleur, jusqu'aux plus composées, comme la perception d'une plante ou d'un animal (1). »

b) Dans les objets que nous percevons nous distinguons un *extérieur* et un *intérieur*. « L'*extérieur* de l'objet, c'est ce qui entre en communication directe avec nos nerfs sensitifs; derrière, il y a tout le reste, tout ce qu'on nomme matière, force, esprit, vie, etc... et que nous nommons le *fond* de l'objet ou son intérieur. » Ce fond n'est pas immédiatement perçu par le sujet, sauf dans le cas du toucher. Nous avons ainsi d'un même objet une représentation en nous sous la forme d'image et une notion objective comprenant d'une part l'idée de la surface de cet objet, de l'autre celle de son fond ou *intérieur*. « L'*intérieur* de l'objet, son *extérieur* et sa *représentation* en nous, au moyen de son extérieur et d'autres intermédiaires, sont trois choses à ne pas confondre. On les confond toutefois sans cesse dans la pensée spontanée et par suite dans le langage ordinaire (2). »

c) Par une illusion que la pensée spontanée ne corrige guère en général, nous attribuons indistinctement à l'objet lui-même toutes les qualités que nous percevons en lui et nous admettons que, si l'intérieur des objets nous échappe, leur extérieur du moins nous est connu. « Nous affirmons en

---
(1) *L'Expression dans les Beaux-Arts*, p. 51.
(2) *Ibid.*, p. 54.

outre que les aspects des objets nous sont extérieurs comme eux : que, par exemple, le bleu d'une fleur appartient à cette fleur, le son d'une cloche à cette cloche, la saveur et l'odeur d'un mets à ce mets, la fraîcheur d'un marbre à ce marbre. Nous ne réfléchissons jamais à ce qu'il reste de ces qualités à ces choses pendant notre sommeil, à ce qu'il en resterait si l'humanité disparaissait. Nous ne remarquons même pas dans le langage ordinaire certaines distinctions fausses et certaines équivoques, indices de la confusion des idées communes sur la perception. On dit, par exemple, de tel objet sonore et coloré qu'il *donne le fa* et qu'il *est bleu*, et l'on ne dira pas qu'il *est fa* et qu'il *donne le bleu*. Cette différence manifeste bien que l'on considère la couleur comme faisant partie intégrante de l'objet, et le son comme ne lui appartenant pas aussi intimement, comme étant plutôt déterminé qu'assimilé par lui... La couleur paraît *inhérente* à l'objet, le son n'y paraît qu'*adhérent*. »

« Spontanément et avant réflexion, dans les perceptions de la vue, nous rapportons notre sensation à l'objet qui la cause, et nous la lui attachons comme une qualité inhérente à lui et extérieure à nous; dans les perceptions du goût, nous subissons la même illusion ; dans celles de l'odorat, nous faisons de notre sensation une attribution variable et indécise ; dans celles du son, nous l'attribuons à l'objet comme une qualité non pas inhérente, mais accidentelle et adhérente seulement, ce qui est une moindre illusion; enfin dans les perceptions de température, et surtout du toucher, nous distinguons nettement de l'objet ce qui nous est propre (1). »

d). La réflexion dégage ainsi ce qu'il y a de subjectif de ce qu'il y a d'objectif dans les sensations. Cette distinction, en esthétique, ne préjuge en rien l'affirmation ou la négation de la réalité d'un monde extérieur. L'esthétique postule cette réalité sans s'embarrasser des difficultés métaphysiques que peut soulever la distinction substantielle des deux mondes. Mais elle distingue aussi d'une façon positive et très utile ce qui revient à l'objet de ce qui revient au sujet dans la per-

---

(1) *L'Expression dans les Beaux-Arts*, p. 57, 60.

ception dont l'art va s'emparer pour en faire un signe expressif. Or ce qu'il y a d'objectif c'est : « 1° La réaction des points résistants dans les perceptions tactiles; 2° Les divers degrés d'intensité, d'acuité et de vivacité de chaque sensation, degré qui correspond à des différences dans l'amplitude et la vitesse des vibrations imprimées médiatement ou immédiatement au nerf spécial par l'objet; en un mot les variations d'intensité, d'acuité, et de vivacité déterminées par l'impression; 3° Les rapports de situation et de succession que soutiennent entre elles les sensations. »

« Ce qui est subjectif dans la perception, ce qui ne nous renseigne pas sur la nature de l'objet, c'est : 1° La nature intrinsèque de chaque sensation, ce qu'elle est par elle-même, en tant qu'elle n'est pas comparée à d'autres, et que ses divers degrés d'intensité, d'acuité et de vivacité ne sont pas comparés entre eux; en un mot ce qu'il en reste, abstraction faite de ce que l'intelligence y considère de relatif; — 2° Tout ce que dans l'interprétation de l'objet celui qui perçoit introduit de lui-même par anthropomorphisme, c'est-à-dire par une assimilation souvent abusive de la nature de l'objet à la sienne propre, et par association d'idées ». Le champ du toucher est tout objectif, celui de la vue tout subjectif, mais l'association des deux ordres de sensations a créé une confusion entre elles; cette confusion a déterminé la projection des images visuelles dans le monde extérieur, créé une association inséparable entre le relief et l'image visuelle et fait concevoir la perspective. La *forme* d'un objet se définit à ce titre par sa figure tactile combinée avec sa figure visuelle, abstraction faite de la couleur. C'est cette *forme* objective que la sculpture prend pour modèle.

e). La précédente distinction va servir à déterminer la différence qui sépare la connaissance scientifique des objets du monde extérieur de leur représentation esthétique. Appliquant ici sa théorie de la *connaissance anthropomorphique et du rapport*, M. Sully Prudhomme pose ce principe : « Nous ne connaissons un objet extérieur à nous, quel qu'il soit qu'à la condition de communiquer avec lui, d'une façon ou d'une autre, soit directement, soit indirectement; d'où il suit, que l'objet ne peut nous être connu s'il n'y a rien de commun entre sa nature et la nôtre, et qu'il nous est d'autant mieux connu que sa nature a plus de caractères communs avec la nôtre. *Pour nous, connaître un objet, c'est donc, au fond, avoir conscience de sa nature par l'intermédiaire de la nôtre en prenant conscience de ce qui se trouve dans la nôtre de commun avec la sienne* (1). » « Les sciences se proposent de nous faire connaître le monde extérieur par les lois qui régissent les rapports des objets entre eux, et n'ont pour atteindre ce but qu'à enregistrer les lois qui régissent les rapports objectifs de nos perceptions sensibles entre elles. » La part d'anthropomorphisme est donc aussi réduite que possible dans cette connaissance très objective. Mais si nous prêtons aux choses quelque caractère propre à notre nature, si nous les humanisons, la perception, de *signe représentatif* qu'elle était, devient *signe expressif*. C'est alors en poètes, en artistes, non en savants que nous nous représentons les objets. « Il résulte de la précédente analyse que les objets du monde extérieur nous sont connus de deux manières différentes, soit par l'assimilation que nous faisons de leurs rapports entre eux aux rapports entre les états de conscience (perceptions sensibles) déterminés en nous par leurs impressions sur nos sens; soit par l'assimilation que nous faisons de leur nature même à la nôtre en percevant ce qu'il y a de commun entre leurs attributs essentiels et ceux que nous révèlent en nous nos propres états de conscience (2). »

C'est ici que va se manifester nettement le fait de *l'expression*. Il y a des perceptions qui sont plus que des signes et qui soutiennent avec leurs objets un rapport beaucoup plus intime qu'un lien de convention ou de coexistence habituelle. » Ces perceptions, en effet, nous révèlent non seulement l'existence des objets extérieurs, mais encore *l'essence* même de ceux-ci, parce qu'il y a dans ces perceptions sensibles des propriétés qui leur sont communes avec eux. En percevant une mélodie, par exemple, nous percevons l'état moral de tristesse ou de joie dans lequel se trouvait réellement ou par

---

(1) *L'Expression dans les Beaux-Arts*, p. 69, 70.
(2) *Ibid.*, p. 71.

imagination le compositeur, parce que la lenteur ou la précipitation du rythme reproduit la langueur ou la vivacité du sentiment. Le lien entre la perception sensible et l'objet n'est ici ni la convention, ni l'habitude naturelle et héréditaire, c'est l'identité de caractère chez l'une et chez l'autre. Aussi ne pouvons-nous pas dire qu'une pareille perception sensible soit un *signe* : elle est certainement plus qu'un signe, elle est non pas symbolique mais *expressive* (1). »

IV

Les divers états conscients qui se produisent simultanément ou successivement dans l'esprit s'associent par le fait même de leur contiguïté et sont rapportés en même temps par le à *moi* lui-même. « Tous les états de conscience tiennent, de l'unité même du sujet qui en est le siège, quelque communauté de nature. Or dans le champ de la conscience nous trouvons des états intérieurs que nous avons appelés les *perceptions sensibles*, et d'autres états intérieurs, tels que les idées, les volitions, les passions, rapportées à tort ou à raison par le commun des hommes à trois facultés dites l'intelligence, la volonté et le cœur, et que nous appellerons des *états moraux*. *Il existe donc des caractères communs aux perceptions sensibles et aux états moraux, et ce sont précisément ces caractères que nous appelons expressifs.* Nous ne faisons pas là une hypothèse, mais une simple constatation (2). »

(1) *L'Expression dans les Beaux-Arts*, p. 73, 74.
(2) *Ibid.*, p. 77. — C'est ce fait que M. Sully Prudhomme avait déjà exprimé dans quelques uns de ses poèmes :

« J'ai dans mon cœur, j'ai sous mon front
Une âme invisible et présente.
Ceux qui doutent la chercheront :
Je la répands pour qu'on la sente.

Partout scintillent les couleurs,
Mais d'où vient cette force en elles ?
Il existe un bleu dont je meurs
Parce qu'il est dans les prunelles.

A l'appui de cette constatation psychologique, l'auteur de l'*Expression dans les Beaux-Arts*, secondé par le subtil et savant poète de *La Vie intérieure*, fait appel aux nombreuses corrélations que l'on rencontre dans la langue entre les épithètes appliquées aux perceptions sensibles d'une part, aux états moraux, de l'autre. « Dans toute langue formée on trouve une analyse spontanée des éléments communs aux états moraux et aux sensations qui composent les perceptions révélatrices du monde physique extérieur. Cette analyse est entièrement approfondie et intime grâce au nombre de tâtonnements et d'épreuves auxquels a été soumise la comparaison des états moraux avec les perceptions sensibles... Les poètes ont été très probablement les premiers créateurs du vocabulaire moral. C'est leur aptitude à comparer les états moraux aux phénomènes du monde physique qui a sans doute facilité les premières désignations de ces états et par suite leurs dénominations. Dans une comparaison poétique, l'esprit est sollicité à saisir ce qu'il y a de commun entre le physique et le moral, à abstraire ce commun caractère, pour

> Tous les corps offrent des contours,
> Mais d'où vient la forme qui touche ?
> Comment fais-tu les grands amours,
> Petite ligne de la bouche ?
>
> Partout l'air vibre et rend des sons,
> Mais d'où vient le délice intime
> Que nous apportent ses frissons
> Quand c'est une voix qui l'anime ?
>
> J'ai dans mon cœur, j'ai sous mon front,
> Une âme invisible et présente.
> Ceux qui doutent la chercheront :
> Je la répands pour qu'on la sente. »
> (*L'Ame. — La Vie Intérieure, Stances et Poèmes*).

« L'âme a sa gamme intime et les sens ont la leur :
L'artiste sait toucher ces deux claviers ensemble
Et, par l'émotion du nerf profond qui tremble,
Exprime et fait vibrer la joie et la douleur.

Seule, la volupté n'est qu'un trouble qui charme,
Mais l'art l'enchaîne au cœur par un chaste unisson,
Et soudain la couleur, le contour et le son
Font éclore un sourire ou perler une larme. »
(*L'Art, II. Stances et Poèmes*.)

l'envisager à l'exclusion de tout le reste. *Les poètes opèrent donc l'abstraction par comparaison*, et leurs abstractions sont parfois très profondes et très subtiles. Ils ont par essence le génie du rapprochement; seuls ils démêlent entre des objets d'ordres différents les caractères comparables que nul ne discernait. *Qui n'analyse pas ne compare pas, et qui ne compare pas n'est pas poète* (1). » Nous ne pouvons que renvoyer le lecteur au très curieux et très complet tableau que M. Sully Prudhomme a dressé de ces corrélations verbales expressives. C'est un précieux document pour l'écrivain soucieux de n'employer que des métaphores justes autant qu'une des preuves les plus irréfutables de la théorie de l'Expression (2). Pour donner quelques exemples de ces qualifications communes aux perceptions sensibles et aux états moraux, des épithètes comme *amer, aigre, fade*, empruntées au goût ; *blanc, noir, pâle, terne*, convenant aux couleurs ; *brûlant, tiède, glacé*, applicables aux températures ; *juste, faux, criard*, aux perceptions des sons et des couleurs ; *affamé, assouvi, altéré*, aux besoins, sont applicables aussi à des états moraux. L'*intensité* (*fort, faible, vif*), la *résistance* (*dur, doux, mou, tendre, ferme*, etc.); le *mouvement* (*attachant, entraînant, choquant, saisissant, piquant, pénétrant, déchirant*, etc.); l'*extension* (*large, profond, haut, bas, élevé*, etc.); la *figure* (*droit, aigu, acéré, saillant, plat*, etc.), fournissent des qualificatifs communs aux deux ordres : esprit *profond*, sentiment *bas*, amour *tendre*, mot *piquant*, la *noirceur* d'une intention, une volonté *âpre*, une humeur *aigre*, un caractère *sombre*, etc., etc. Il existe donc une intime corrélation entre des états moraux, absolument subjectifs par conséquent, et les perceptions qui, à tort ou à raison, sont rapportées par nous aux objets qui affectent nos sens. Toute la théorie de l'Expression dans les Beaux-Arts repose sur cette constatation (3).

La perception expressive est donc celle qui convient à la

---

(1) *L'Expression dans les Beaux-Arts*, p. 80.
(2) Ce tableau est annexé, dans *l'Expression dans les Beaux-Arts*, au chapitre vii du livre II. — Cf. au point de vue des applications littéraires, notre chapitre sur la Poésie scientifique, et *l'Expression*, p. 189.
(3) *L'Expression dans les Beaux-Arts*, L. II, chap. vii.

fois un élément sensoriel et un élément moral. La perception d'un ciel de mai est expressive parce qu'elle éveille un sentiment de joie à l'occasion d'une sensation visuelle. C'est en tant qu'expressive qu'une telle perception peut devenir esthétique. M. Sully Prudhomme distingue deux formes fondamentales de l'expression, l'expression *subjective* et l'expression *objective*. « La perception expressive nous révèle ou bien uniquement notre propre état intérieur qui y correspond, comme lorsque l'azur du ciel éveille en nous un sentiment de joie sereine, ou bien l'état intérieur d'autrui, comme lorsque nous voyons un visage irrité. Dans le premier cas, l'expression ne fait que nous révéler à nous-mêmes, elle est *subjective*; dans le second cas elle nous renseigne sur autrui, elle est *objective*. L'*objectivité* de l'expression est très distincte de celle des notions scientifiques. Les renseignements scientifiques que nous procurent nos perceptions sensibles ne sont que des rapports en nous correspondant à des rapports hors de nous. L'expression nous fait communiquer avec la nature intime de l'objet; elle nous fait atteindre non le relatif, mais l'essentiel, non des lois, mais des états intérieurs. L'expression objective par excellence est cette révélation qui nous permet de *lire* sur les visages ce qui se passe derrière; mais celle-là même ne nous apprend rien de l'objet qui soit étranger à notre nature. » « Il ne faut pas confondre la propriété expressive d'une perception avec son objectivité. Les perceptions les moins objectives, comme les odeurs (1) et les couleurs, peuvent être expressives. Tel parfum, par exemple, suscite par sa douceur et sa finesse un sentiment de qualité analogue, la tendresse, l'espérance vague. Une couleur sombre nous attriste; le rose, le vert nous égaient. Mais ni le parfum, ni la couleur ne nous renseignent sur leur cause (2). »

(1) Cf. la belle pièce des *Vaines Tendresses* : *Parfums Anciens*.
(2) *L'Expression dans les Beaux-Arts*, p. 92.

V

D'où vient, sous l'une et l'autre forme, cette puissance expressive de la sensation? M. Sully Prudhomme la rapporte à un fait mental caractéristique, la *sympathie*. Dans *l'expression subjective*, la *sympathie* est le phénomène qui se produit dès que le moral tend à prendre un caractère qui lui soit commun avec la perception sensible. Cette tendance de la personne morale, de l'âme à reconnaître quelqu'une de ses propres qualités dans une sensation physique, est le fondement de toute expression.» Une mélodie par exemple, par son rythme lent ou vif peut porter l'auditeur à la mélancolie ou à l'entrain; en déclarant triste ou gaie cette musique, cet auditeur applique à des sons, perceptions sensibles, une qualification qui ne convient qu'à lui-même : c'est un effet de sympathie subjective.

Dans l'expression objective il en est de même : « Me voici en présence d'un homme. Aussitôt que son extérieur a agi sur mes sens et que je l'ai perçu, le caractère expressif de ma perception tend à faire jaillir en moi, dans mon intérieur, un caractère correspondant; ainsi mon état moral tend à devenir l'état exprimé, grâce à l'intermédiaire de ma perception sensible... Quand un enfant voit un homme en colère, son visage reproduit l'expression de la colère un peu avant d'exprimer la peur, car il n'a peur qu'après avoir conçu l'idée de la colère, et il l'exprime en même temps qu'il la conçoit. Au théâtre, les visages des spectateurs reproduisent les expressions de ceux des artistes. Pour que les traits de l'enfant ou du spectateur se contractent ou s'épanouissent, il faut bien que l'intérieur, chez eux, ait été disposé à reproduire lui-même l'état de l'intérieur exprimé...Cette propriété que nous possédons de reproduire dans notre intérieur les états de l'intérieur d'autrui (dussions-nous nous soustraire aussitôt à cette tendance spontanée) est la plus complète manifestation de la *sympathie*.

« L'expression objective produit en nous un retentissement imitatif de l'état exprimé; sous cette influence nous

nous sentons en quelque sorte *devenir autrui*, dans la mesure, d'ailleurs restreinte, de notre passivité. Or, cette aliénation accidentelle de nous-même est involontaire; c'est une surprise exercée par autrui sur nous, à laquelle nous consentons ou refusons notre adhésion. Sous l'influence d'une expression, on éprouve ce que fait éprouver une obsession; nous sentons notre indépendance atteinte. Ou bien la passion étrangère qui nous possède est conforme à notre nature, et alors nous nous y abandonnons volontiers; ou bien elle y est contraire, et alors nous en souffrons, et nous nous soustrayons à un état qui se fait nôtre malgré nous. Dans le premier cas nous avons affaire à un hôte, dans le second à un intrus; dans les deux il y a un étranger chez nous. La sympathie agréable nous donne l'impression d'une visite agréable d'ami; la sympathie désagréable, dite antipathie, celle d'une visite d'importun; ce n'est pas là le pur sentiment d'amour ni le pur sentiment de haine, ce sont ces deux sentiments compliqués de celui d'une invasion acceptée ou repoussée. Ce sentiment d'invasion est un des facteurs de l'*admiration*, de l'*enthousiasme* et de l'*extase*, qui sont par excellence des états sympathiques (1). »

Si *sympathiser* c'est se représenter l'*intérieur* d'un objet ou d'une personne en lui prêtant ses propres états moraux, toute sympathie a pour base l'*anthropomorphisme*. « Nous ne pouvons connaître les essences latentes, les intérieurs exprimés par les formes que d'après notre propre essence, et nous connaissons de ces intérieurs seulement ce qu'ils ont de commun avec celle-ci. Or le mode interne de perception que nous avons de notre essence s'appelle la conscience; le peu que nous pouvons connaître des essences latentes nous est donc donné par le peu que notre conscience nous apprend de la nôtre. N'atteignant immédiatement l'essence vivante qu'en nous, c'est notre propre essence qui seule nous sert de terme de comparaison pour apprécier celle d'autrui. Mais il nous faut un soin extrême pour ne jamais attribuer à l'essence exprimée plus qu'il ne lui revient de sa communauté de na-

(1) *L'Expression dans les Beaux-Arts*, p. 93, 94, 95, 96, 97.

ture avec la nôtre. Le type que nous fournit la conscience, tend donc à se substituer au vrai concept des essences étrangères, à les accroître, à envahir ainsi le monde et à le faire homme, à l'humaniser sous une infinité de formes diverses. »
« L'anthropomorphisme s'introduit spontanément dans notre manière de contempler la nature. Il en résulte que bien rarement nous interprétons exactement les dehors des objets; car dans la forme de tout objet naturel nous sommes enclins à confondre deux choses distinctes dont l'une est réelle et l'autre illusoire, à savoir la représentation de l'essence latente qui constitue le fond de l'objet, son intérieur, et la représentation de notre propre essence que nous y transportons à notre insu par anthropomorphisme. Presque toujours la représentation réelle est supplantée ou au moins adultérée par cette représentation fictive qui nous rend ce que nous prêtons à l'objet, de sorte qu'elle est *expressive* sans être sûrement *instructive* (1). » « Supposons que je sois en présence, non pas d'un homme, mais d'un être qui ne soit ni de même espèce que moi, ni complètement étranger à ma propre essence : en présence d'un chien, par exemple. Je constate qu'il y a encore expression pour moi, car il y a encore visage, au sens qu'on attache ordinairement à ce mot, mais l'expression n'est plus aussi nette, aussi révélatrice; je suis tenté encore de l'interpréter par des caractères tirés de ma propre essence qui est humaine; j'attribue au chien des qualités qui sont en moi ou contrastent avec les miennes, mais qui, dans tous les cas, sont humaines... Si je cherche l'expression d'un être plus différent encore, d'une plante, d'une rose, je jugerai que mon interprétation devient une conjecture sans fondement sérieux et se réduit à une comparaison poétique sans vérité. Enfin devant une chose inanimée, un rocher, par exemple, mes sens sont, comme dans les cas précédents, affectés par un extérieur et mon intérieur en reçoit une émotion que, par habitude, je puis rapporter encore à un intérieur analogue au mien, comme à sa cause première; mais tout aussitôt la réflexion me dissuade de lui attribuer des propriétés morales.

(1) *L'Expression dans les Beaux-Arts*, p. 100.

Dans ce cas, l'expression, au lieu de me renseigner, me tend un piège et me trompe ; elle n'est plus aucunement révélatrice de l'intérieur, elle est purement poétique, ou plutôt il n'y a plus d'expression objective, car il manque au phénomène que nous avons ainsi nommé un des deux termes extrêmes de la communication : l'intérieur réel de l'objet n'est pas de nature à être révélé par son extérieur impressionnant nos sens. En résumé, depuis l'extérieur du rocher jusqu'à celui de l'homme, en passant par les innombrables variétés d'aspects de plantes et d'animaux, toutes les choses de la nature, par cela seul qu'elles impressionnent nos sens, font naître en nous un ébranlement qui se propage jusqu'à notre intérieur pour y devenir expressif, c'est-à-dire que nous sommes enclins à supposer sous l'extérieur un intérieur analogue au nôtre, et cette présomption, parfaitement justifiée quand nous regardons un homme, l'est de moins en moins à mesure que l'être considéré est en quelque sorte moins humain, et elle devient purement illusoire quand l'objet est inerte et n'a, dans son essence, plus rien d'humain. Ainsi l'*expression*, du premier au dernier terme de cette série d'apparences extérieures, *devient la révélatrice fictive, de positive poétique*, ou plus exactement *d'objective subjective* (1). »

« On peut dire qu'en général les formes des minéraux, des végétaux et des animaux qui peuplent la terre, au lieu de nous représenter les essences latentes qui les revêtent, ne font à nos yeux, avant toute réflexion, qu'imiter et symboliser l'essence humaine; nous la leur prêtons à des degrés divers dans la mesure où ces formes les comportent. Ainsi la plupart des objets tirent pour nous leur expression de quelque rapport vague avec la physionomie de l'homme, depuis le rocher et la plante jusqu'au singe. La poésie entière en fait foi (2). »

La *sympathie*, cause psychologique de l'*expression esthétique*, fournit donc un exemple de l'anthropomorphisme, ce mode de conception dont nous avons vu, par ailleurs, les manifestations dans l'ordre intellectuel. Elle comprend une

---

(1) *L'Expression dans les Beaux-Arts*, p. 188, 189, 190.
(2) *Ibid.*, p. 104.

double attribution de caractères subjectifs à l'objet : 1° attribution analogique des sentiments ressentis par le sujet au moral de l'objet supposé pourvu d'attributs moraux, d'où contagion affective, imaginaire ou réelle, entre le sujet et l'objet; 2° attribution à l'objet, conçu dans son intérieur, de qualités inférées de sa forme extérieure et dont le rapport avec cette même forme extérieure est connu déjà dans la nature du sujet. Cette seconde attribution est généralement la condition nécessaire, sinon suffisante, de la première, car nous ne sommes tentés de prêter nos sentiments qu'aux choses qui nous ressemblent le plus. La faculté de sympathiser avec d'autres êtres à l'occasion de perceptions expressives semble donc liée à une fonction poétique et anthropomorphique de l'imagination.

VI

A ce facteur de la sympathie s'en ajoute un autre dans l'expression : c'est *l'association des idées*, telle qu'elle se présente surtout dans la *réminiscence* et la *rêverie*. Dans la rêverie les images s'enchaînent, s'appellent, se déroulent, sans que la volonté intervienne aucunement dans ce travail spontané. « On peut définir la *rêverie* : la contemplation intérieure d'une succession d'états de conscience spontanément associés (1). La rêverie est troublée par le moindre accident qui vient rompre la chaîne des termes, et alors la volonté intervient pour la renouer par un effort de réminiscence... L'opération de réminiscence consiste à reconnaître la chose oubliée dans ses ressemblances de plus en plus circonscrites avec des objets du même genre, puis de même espèce, puis de même variété ; et certes rien n'est plus curieux que cette confrontation dont l'un des termes est comparé, sans être présent, et, pour ainsi dire, jugé par défaut. Dans la réminiscence on ne sait pas ce qu'est l'objet oublié, mais on sait ce qu'il n'est pas et l'on en reconnaît successivement les caractères dans ce qui

(1) Cf. la description poétique de la rêverie dans *le Prisme* : (*La Rêverie*), et *les Épreuves* : Sieste, Hora prima.

lui ressemble. Il n'y a pas de procédé de généralisation et d'abstraction plus subtil que la réminiscence, car elle saisit et exploite les rapports les plus éloignés entre ce qu'elle a et ce qu'elle cherche ; le fil le plus ténu lui est bon pour lier ces deux termes et passer du premier au second dans le dédale de l'oubli. Souvent, dans la rêverie, la spontanéité est aussi sagace que la réflexion ; les rapports se démembrent, se ramifient, s'étendent jusqu'à la plus flottante indétermination ; les ressemblances se généralisent d'elles-mêmes d'objet en objet, et de proche en proche, de manière à relier graduellement de la façon la plus inattendue deux termes ordinairement fort étrangers l'un à l'autre. Cet état confine au songe proprement dit, et même au sommeil, car il implique l'oubli graduel des différences qui sont les vives saillies des choses. Dans l'effort de la réminiscence l'esprit passe en revue les objets relatifs à celui qu'il cherche, et comme il ne le reconnaît qu'en partie, il nie en même temps qu'il affirme, autrement dit il est préoccupé des différences autant que des ressemblances ; mais dans la rêverie au contraire, ce sont les ressemblances qui mènent seules la pensée, c'est une perception continuelle de rapports communs. Dans l'effort de réminiscence l'esprit discute, dans la rêverie il assiste et subit... (1). »

Cette évocation inconsciente ou cherchée d'éléments psychiques associés contribue à l'expression sans constituer l'expression elle-même. L'association des idées proprement dite n'implique rien de plus que la contiguïté de deux idées dans la conscience, sans qu'il y ait entre ces idées une parenté intime. « Nous devons nous garder de confondre l'expression proprement dite avec l'association des idées qui produit la réminiscence et la rêverie. Par exemple, la sensation du bleu peut être accompagnée en nous de l'image d'une femme qui portait un ruban bleu dans sa coiffure. Cette couleur n'*exprime* pas pour cela nécessairement cette personne, mais nous la *rappelle* seulement. Le plus grossier banc de pierre pourra nous la rappeler sans l'exprimer le moins du

---

(1) *L'Expression dans les Beaux-Arts*, p. 107, 108.

monde, si nous nous sommes assis avec elle sur un banc semblable. Pour qu'il y ait expression, il faut, nous l'avons dit, qu'il y ait dans la sensation quelque chose qui soit aussi dans l'essence exprimée, il faut un caractère commun à l'une et à l'autre, caractère souvent très subtil et extrêmement difficile à dégager, alors même qu'il est puissamment expressif. Il se peut que la couleur qui la *rappelle* l'exprime aussi, mais le caractère commun à cette sensation de couleur et à cette personne pourra être très rebelle à l'analyse ; ce sera une sorte de suavité propre à l'une et à l'autre, qui pourra n'avoir pas de nom dans la langue. Le poète, par les délicatesses et les artifices de son art, sera peut-être capable d'abstraire ce caractère commun et de le signaler. Si l'on fait passer une série de parfums exquis sous les narines d'un homme qui cherche dans les sensations de l'odorat l'expression d'un sentiment dont il a joui, il ne trouvera pas tous ces parfums équivalents pour exprimer ce sentiment, il fera certainement un choix, et il lui sera néanmoins impossible de nommer la qualité qui appartient à la fois au sentiment exprimé et à tel parfum qui exprime mieux ce sentiment que tel autre. Il faut en accuser l'imperfection du langage plutôt que celle de l'expression. Mais celui des parfums qui, dans ce cas, sera le moins expressif du sentiment éprouvé pourra être le plus capable de le rappeler, s'il nous a affecté en même temps que ce sentiment, s'il nous y fait rêver ; alors il agira par association d'idées, non par expression (1). »

« Mais si l'association des idées se distingue profondément de l'expression, elle y concourt toutefois de la manière la plus efficace en la précisant. Tous les caractères communs aux perceptions sensibles et aux états moraux sont très généraux, et, par conséquent, vaguement expressifs. Par exemple, une mélodie, par la vivacité ou la langueur de son rythme, exprime la joie ou la tristesse en général, parce qu'elle n'ex-

---

(1) Les divers points de cette subtile et pénétrante analyse s'illustreraient à souhait si l'on en rapprochait ces trois morceaux où M. Sully Prudhomme les a poétiquement traduits : *L'inspiration* (*Prisme*, p. 9) ; *Silence et nuit des bois* (*Solitudes*, p. 69) ; *Le Bonheur* (Chant II, *Les Ivresses*, *Festin céleste*, p. 166, 167, 168).

prime pas telle joie ou telle tristesse ; une même mélodie sera aussi propre à exprimer la joie attachée à l'espérance que la joie attachée à une douce possession présente. Si donc cette mélodie exprime l'espérance plutôt que tout autre mode de la joie, c'est seulement pour un certain auditeur, et grâce à l'idée qu'il y associe ; ce n'est pas, à vrai dire, par elle-même et pour tout le monde qu'elle exprime l'espérance ; c'est par l'application particulière que cet auditeur fait du caractère général expressif de la joie à celle qui lui est personnelle et dont le souvenir lui est suggéré par l'idée générale de joie qu'exprime la mélodie. Celle-ci laisse complètement indéterminée l'espèce de joie qu'elle exprime ; de là vient qu'un même morceau de musique bien qu'il éveille dans tout l'auditoire un même genre d'émotion, la joie, par exemple, exprime pour chaque auditeur une espèce différente de joie. La jouissance expressive d'une perception est donc toute relative à l'individu qu'elle affecte, parce qu'elle prend des déterminations différentes pour chacun selon les prédispositions de chacun. Le rôle de l'association des idées dans l'expression est donc extrêmement important. *Les caractères expressifs, communs aux perceptions sensibles et aux états moraux, ne sont en quelque sorte dans chaque individu que les matériaux fournis par la sensibilité physique à la sensibilité morale qui se les approprie et les façonne à sa ressemblance au gré de la réminiscence et du rêve.* »

« La rêverie exploite évidemment les matériaux de l'expression d'autant plus qu'ils sont plus indéterminés ; aussi l'expression objective porte-t-elle moins à la rêverie que l'expression subjective parce qu'elle détermine plus exactement la chose exprimée. Plus une expression est précise et nette, plus elle concentre sur elle l'attention, et moins elle favorise la rêverie (1). »

Il est maintenant possible de définir plus nettement les caractères de ce fait psychologique de l'*expression* et de distinguer l'une de l'autre les deux formes qu'il revêt.

« *L'expression objective d'un être pour un homme, c'est la*

---

(1) *L'Expression dans les Beaux-Arts*, chap. x, p. 105 et suivantes.

révélation de cet être à cet homme par la sympathie créée entre leurs intérieurs respectifs au moyen de l'extérieur du premier impressionnant les sens du second. » Plus simplement, « *l'expression d'un être pour un homme est la révélation du premier au second par la sympathie au moyen de la forme.* Cette expression objective est la plus révélatrice de toutes quand l'être exprimé à l'homme est son semblable ; l'expression des objets devient de moins en moins révélatrice pour l'homme à mesure que leur intérieur diffère du sien propre ; plus la différence des deux intérieurs est grande, plus la tendance sympathique est tôt réprimée par la conscience éveillée (1). »

« Nous pouvons maintenant définir la démarcation entre l'*expression objective* et l'*expression subjective*. L'expression est objective tant que la forme détermine dans l'homme une sympathie qui lui révèle, hors de lui, un intérieur existant ; elle est subjective quand la forme détermine une sympathie à laquelle ne correspond hors de lui aucun intérieur existant ; dans ce cas l'homme ému par la forme n'a d'abord, avant tout examen, aucune raison de lui refuser un intérieur correspondant et analogue au sien propre, car elle produit sur lui les mêmes objets sympathiques que si elle en exprimait un ; il supplée spontanément à ce qui manque au phénomène, il suppose cet intérieur à la forme. Tel est le principe de l'anthropomorphisme, auquel tous les hommes sont portés à soumettre la nature entière. C'est la source de la poésie. Il ne faut donc pas s'étonner si la poésie répugne à la science positive ; celle-ci commence où celle-là finit, c'est-à-dire lorsque la forme, considérée indépendamment de sa vertu sympathique, et dépouillée, par suite, de toute expression objective ou subjective, réelle ou imaginaire, ne constitue plus qu'un système de rapports au service de l'entendement. »

« En résumé, toutes les formes, dans la nature, ont plus ou moins la propriété d'émouvoir l'homme par sympathie et par conséquent d'être expressives pour lui, mais leur *expression* est tantôt *objective et réelle*, tantôt *subjective* et dans ce cas *imaginaire*, quand on lui attribue un objet extérieur qui

---

(1) *L'Expression dans les Beaux-Arts*, p. 116, 117.

n'existe pas. L'*expression subjective*, c'est-à-dire celle à laquelle ne correspond pas un intérieur dans un être existant hors de nous, nous révèle du moins notre propre intérieur, et en cela elle n'est point erronée, pourvu que nous résistions aux entraînements de l'anthropomorphisme, qui la dénature et l'objective. L'*expression subjective* est tout entière expliquée par l'existence du caractère commun, quelle qu'en soit la cause, et par la sympathie qui la dégage de la perception sensible et nous le fait reconnaître dans un état moral en nous. »
« Quant à l'*expression objective*, voici dans quel ordre s'enchaînent les conditions de ce phénomène : 1° le point de départ du phénomène est l'état intérieur de l'être observé; 2° l'extérieur de celui-ci participe de certains caractères de cet état et, impressionnant les sens de l'observateur, transmet ces caractères aux sensations qu'il détermine en ce dernier ; 3° l'observateur se forme avec ces sensations une perception, une image de l'être observé, dans laquelle sont impliqués ces mêmes caractères; et cette perception, à son tour, la communique à l'état intérieur qu'elle détermine par sympathie dans l'observateur; 4° l'observateur lit alors dans son propre état intérieur l'état de l'être observé. L'expression objective de celui-ci est alors accomplie (1). »

VII

Ces remarques générales sur l'*expression subjective* et *objective* vont permettre à M. Sully Prudhomme d'instituer une classification raisonnée des Beaux-Arts et de déterminer quel est le caractère esthétique essentiellement exprimé par chacun d'eux.

On peut considérer, d'une part, le degré d'objectivité des perceptions expressives utilisées par un art, de l'autre, la façon dont cet art suscite l'*aspiration*, telle qu'elle a été définie plus haut. Les arts les moins objectifs sont ceux qui, au moyen de sensations presque dénuées de caractères représentatifs, font naître cependant des émotions très vives, les unes délicieuses et légères, les autres profondes et poignantes.

De ces arts, les uns, comme les arts décoratifs ou comme la musique, ne reproduisent aucun objet existant, mais en parlant aux sens et à l'imagination, ils touchent la sensibilité qui goûte ou le charme voluptueux d'une sensation choisie, ou le caractère expressif d'une perception propre à suggérer un sentiment; les autres, comme l'architecture, créent des objets tout artificiels dont la beauté expressive procède non de leur ressemblance avec des objets naturels qui n'existent pas, mais des impressions morales qu'ils font sur la sensibilité de l'artiste. L'expression objective domine, au contraire, dans les arts plastiques qui reproduisent, en les modifiant plus ou moins cependant, les objets de la nature, de façon à intéresser l'esprit autant que les sens et le cœur. Moins, par conséquent, un art laissera à l'imagination émue le soin de créer l'objet peu défini dont les perceptions expressives lui traduisent l'essence, plus il s'attachera à reproduire des réalités prises pour modèles et artistiquement interprétées, et plus prédominera en lui l'expression objective sur l'expression subjective. On pourra donc classer les Beaux-Arts dans l'ordre suivant qui représente à la fois la part décroissante de l'expression subjective et la part croissante de l'expression objective dans les perceptions expressives dont chacun d'eux dispose pour susciter la jouissance esthétique et l'aspiration :

1° *Les Arts décoratifs;*
2° *L'Architecture;*
3° *La Musique;*
4° *La Sculpture;*
5° *La Danse;*
6° *La Peinture;*
7° *L'Art dramatique*

Ce groupement, quelque peu paradoxal, se justifie fort bien si l'on considère les moyens d'expression dont chaque art dispose, et l'espèce d'émotion esthétique qu'il fait plus particulièrement naître. « Il faut distinguer les œuvres d'art selon qu'elles empruntent plus ou moins leurs modèles à la nature, ou procèdent plus ou moins de l'imagination de l'artiste, c'est-à-dire qu'il faut observer dans quelles proportions elles sont objectives ou subjectives, depuis le portrait par exemple, qui est très objectif, jusque à la symphonie, qui est très subjective (1). »

Sans suivre l'auteur dans le détail des analyses très substantielles et délicates qu'il donne de l'expression dans les différents arts et des aptitudes esthétiques (2), notons brièvement les principales idées qui se dégagent de ces études d'esthétique particulière.

« Dans les arts purement décoratifs (orfèvrerie, céramique de luxe etc.) l'expression est avant tout subjective. La qualité agréable de la perception sensible que déterminera en nous une œuvre de ce genre nous suggère des idées de *grâce* et d'*élégance* qui intéressent l'âme à quelque degré. On concevrait difficilement que cette expression échappât à l'artiste même qui crée l'œuvre. S'il a ce qu'on appelle du *goût*, il doit être doué d'une certaine délicatesse dans le choix des formes, délicatesse qui ne paraît pas toute réductible à la sensibilité physique. » Le type esthétique à réaliser dans les formes d'un beau bijou ou d'un vase d'art est celui du *gracieux*, de *l'élégant*, du *joli*. « Une perception gracieuse est subjectivement expressive de l'exercice varié des facultés mentales, parce qu'elle implique le fonctionnement facile du sens de la vue; elle est aussi subjectivement expressive des sentiments doux par tout ce qu'il y a de doucement agréable dans la progression du regard sur une trajectoire qui l'intéresse en variant sa direction sans la fatiguer par aucune secousse. Une forme gracieuse est objectivement expressive d'une action variée qui ne nécessite que peu de force ou qui n'exige d'un agent fort aucun effort. »

« *La grâce est donc ce qu'il y a d'agréable aux sens et à l'âme dans une perception sensible à la fois variée et facile exprimant, soit l'exercice sans tension d'une force ou d'une faculté quelconque, soit la douceur d'un sentiment tempéré.* »

« Le *joli* paraît être une grâce dont l'expression exclut les idées de grandeur et de puissance. — L'*élégance* est la grâce sobre et simple, moins spontanée, capable d'avoir conscience

---

(1) *L'Expression dans les Beaux-Arts*, p. 232.
(2) *Ibid.*, livre III.

d'elle-même, sérieuse. — La *distinction* implique un choix; c'est l'élégance exquise. Elle suppose donc une civilisation assez avancée où un très grand nombre de formes ont été mises à l'épreuve du goût. — Une forme est dite *noble* quand elle exprime par une simplicité qui épargne à l'œil toute vive surprise des sentiments graves et sereins. — Une forme est plutôt *majestueuse* que noble, quand par ses proportions elle exprime la hauteur de la pensée, c'est-à-dire l'intelligence appliquée aux plus importants objets. La grâce noble et majestueuse confine à la beauté, et ne s'en distingue presque plus. »

En dépit des apparences qui sembleraient devoir ranger l'architecture, art très matériel, dans la catégorie des arts objectifs, c'est, au contraire, au rang des arts très subjectifs que M. Sully Prudhomme la place, au même titre que les arts décoratifs et la musique (1). En effet, l'architecte ne fait que matérialiser dans un édifice son rêve d'artiste sans avoir à copier un modèle existant dans la nature ni à y trouver sympathiquement des caractères moraux autres que ceux qu'il y met. Si l'architecte est tenu d'allier l'utile au beau et de se plier aux lois de la géométrie et de la mécanique, s'il a par cela même à vaincre les difficultés dont sont affranchis les autres artistes, il peut donner libre carrière à son génie inventif et les émotions esthétiques qu'il peut susciter par son art sont les plus puissantes et les plus nobles de toutes (2). Les arts décoratifs avaient à réaliser la *grâce*, l'architecture trouve dans le *beau* et dans le *sublime* son expression dominante. La grâce n'est pas, d'ailleurs, étrangère à l'architecture qui s'allie constamment à l'art décoratif. Mais à cet effet gracieux, né du sentiment de l'aisance d'un mouvement où l'œil n'est

---

(1) « Le visage d'un temple est immatériel
L'architecture a mis au cœur glacé des pierres
Et sous le voile épais de leurs pâles paupières
Un grand rêve, et leur peuple est monté vers le ciel.
. . . .
La frise imite un lierre et la colonne un arbre;
Mais l'édifice entier, sans modèle ici-bas,
Prend l'essor idéal d'une musique en marbre!
(*Pour les Arts*, sonnet à P. Sédille).

(2) *L'Expression*, l. III. ch. II, *passim*.

ni fatigué ni déçu, s'ajoute dans l'architecture un sentiment de sécurité et une satisfaction de la raison, lorsque les lignes se coupent à angle droit et que l'œil est obligé de modifier brusquement la direction de son mouvement. « C'est que nous sommes habitués à chercher toujours l'équilibre et la stabilité dans les corps soumis à la pesanteur, qui agit verticalement; or la verticale indique la stabilité et l'horizontale l'équilibre; nous trouvons, dès lors, remplies les conditions qui assurent l'assiette de l'édifice et que nous désirions instinctivement voir réalisées. Les proportions ont une extrême importance en architecture, car elles sont réglées par la résistance des matériaux et satisfont encore à notre besoin de sécurité. »

La pesanteur est, en effet, le facteur principal de tous les effets esthétiques obtenus par l'architecture. « La gravitation est la grande ordonnatrice du monde matériel. Nous lui devons la stabilité durable de tous les objets, car la chute même ne tend qu'à rétablir le repos. La pesanteur des corps a pour effet de les maintenir à la surface de la terre dont ils sont détachés. Mais comme cette force les y rappelle sans cesse, elle entre nécessairement en composition avec toutes les autres forces dont l'action intermittente les sollicite dans leurs directions respectives. La force musculaire et, par suite, la volonté qui en dispose se trouvent donc en perpétuel conflit avec la pesanteur. Nous ne pouvons exercer autour de nous aucune action qui ne commence par rencontrer un obstacle dans la pesanteur avant d'avoir réussi à l'utiliser... Vaincre cette muette et impitoyable loi que nous sentons comme une entrave à notre élan vers l'infini est le rêve instinctif et comme inné et héréditaire de notre race (1). »

Ce principe de l'architecture, quoique tout physique et mécanique en apparence, est aussi la source des deux émotions esthétiques d'ordre moral, le sentiment du *beau* et le sentiment du *sublime*, qu'exprime le beau architectural. « Cette beauté n'exprime point l'amour, dans le sens étroit du mot; elle exprime des émotions morales moins vives mais

---

(1) *L'Expression dans les Beaux-Arts*, p. 284, 285.

plus pures, les joies de l'intelligence et de l'activité volontaire. » Dans un bel édifice, en effet, se matérialise le génie humain maître de la pesanteur dont il a compris les lois : science et force au service de l'aspiration vers l'infini. Tantôt ce triomphe s'exprimera de façon paisible, durable, aisée par l'équilibre harmonieux des lignes, et ce sera le *beau*; tantôt, au contraire il s'affirmera d'une façon saisissante dans un renversement apparent des lois de la pesanteur, et ce sera le *sublime*.

Il y a une impression de beauté proprement dite, lorsque de la contemplation de l'œuvre d'art naît une extase propre à satisfaire l'aspiration de l'âme vers son idéal. « L'extase s'exprime par la perception sensible la plus agréable, fournissant à l'imagination de quoi rêver indéfiniment sur une joie indéterminée. Contempler, c'est regarder avec extase; admirer, c'est jouir de la contemplation en jugeant la chose contemplée. » C'est cet état de contemplation extatique et d'admiration raisonnée que suscite la pure beauté architecturale d'un monument équilibré comme le Parthénon. » « *En architecture, le beau, c'est l'expression pour l'âme de ses aspirations au bonheur par l'agréable ordonnance des matériaux où elle sent la pesanteur équilibrée et vaincue sans violence* (1). »

« Le *sublime* diffère du *beau*. Le beau fait naître l'extase, sentiment d'une distance infranchissable entre la vie terrestre et la vie pleine et supérieure à laquelle l'âme aspire. Le sublime soulève l'*enthousiasme*, c'est-à-dire la surprise admirative qu'on éprouve en voyant que cette distance, dans un cas extraordinaire, est franchie contre toute attente. Tandis que la beauté n'est que l'idéal rêvé, le sublime est l'idéal exceptionnellement réalisé. Le gracieux est tout terrestre, le beau a encore un pied sur la terre, le sublime avec ses ailes atteint le ciel : de là le ravissement étonné, le transport qu'il nous cause. On comprend pourquoi c'est surtout la volonté qui fournit à l'expression le trait sublime. L'héroïsme est sublime, parce que l'âme s'y montre maîtresse d'elle-même et par là entièrement créatrice du bien qu'elle conçoit; l'héroïsme

---

(1) *L'Expression dans les Beaux-Arts*, p. 250, 251, 256, 261.

réalise absolument l'idéal de la *dignité* humaine. » Or si cette volonté de l'homme est aux prises avec la plus formidable et la plus constante des puissances hostiles de la Nature, la pesanteur, son triomphe réalisera l'une des circonstances où éclate le plus sa dignité. » « *Le sublime architectural, c'est l'expression pour l'âme de sa dignité triomphante par l'image que les matériaux, hardiment ordonnés, lui offrent d'un essor puissant qui triomphe de la pesanteur.* »

« Tous les jeux de la grâce en architecture sont des variations sur ce thème unique : *la matière affranchie en apparence de la tyrannie de son poids* (1). »

Les arts les plus spécialement subjectifs par l'expression, comme les arts décoratifs et l'architecture, empruntaient à la nature des formes qu'ils interprétaient librement, mais qu'ils ne créaient pas de toutes pièces. *La Musique*, au contraire, est affranchie de toute imitation ; nulle part le rôle de l'imagination n'est aussi grand, nulle part non plus l'expression subjective n'est aussi nuancée et aussi puissante. « La musique est un art dont l'expression est éminemment subjective : elle est, en effet, l'art le plus indépendant du monde extérieur ; elle n'est pas soumise, comme l'architecture, aux prescriptions de l'utilité, ni, comme la sculpture, aux lois de l'imitation. Le monde extérieur peut bien lui fournir des *sujets*, des sujets d'opéras, par exemple, mais jamais de *motifs* ; le compositeur ne demande au poète que des inspirations, des données dramatiques qui, en définissant la nature des sentiments à exprimer, permettent de préciser l'expression musicale. Mais cette expression, l'artiste ne la doit qu'à son imagination ; il faut qu'il imagine les états moraux avec lesquels il sympathise, pour les exprimer. Aucun cri de la passion, aucun accent du cœur, ne lui arrive du dehors tout noté pour servir de modèle à ses compositions ; il ne peut emprunter à la nature que les traits les plus généraux de la joie ou de la douleur. L'expression, si objective qu'elle soit dans ses œuvres, y est encore, pour la plus grande part, subjective (2). »

(1) *L'Expression dans les Beaux-Arts*, p. 252, 261, 262.
(2) *Ibid.*, p. 267.

Le *beau*, dans la musique comme dans l'architecture, est exprimé par l'*extase* esthétique, état de rêve et d'aspiration vers un idéal indéfini. « C'est un ravissement dont le délice est grave et confine même à la tristesse, car l'âme y sent à la fois l'infinité de ses ambitions et les bornes de sa puissance ; elle y reconnaît que ses aptitudes sont inférieures à ses aspirations ; elle jouit de son rêve et souffre de ne jouir que d'un rêve. On peut donc dire que le *beau dans la musique dont l'expression est subjective c'est, par le charme pénétrant des plus ingénieuses et des plus profondes combinaisons de sons, l'expression de la vie idéale à laquelle l'âme aspire*. Comme l'idéal varie pour chacun selon son tempérament, ce beau est relatif en tant qu'expression, mais il est absolu par les qualités purement acoustiques qui en sont la condition, et qui, fondées sur des rapports mathématiques, sont reconnues par toute oreille bien faite (1). »

Deux arts fondamentaux empruntent directement à la nature les motifs de leurs compositions et ont une expression principalement objective : ce sont les arts plastiques, la *Sculpture* et la *Peinture*. Le sculpteur comme le peintre doit à la fois exciter le plus agréablement possible le sens de la vue et s'efforcer de traduire, par une copie non servile, les traits les plus expressifs de la vie d'un modèle.

Le sentiment que ces arts objectifs ont principalement à susciter, c'est l'*admiration*. Ce sentiment est essentiellement sympathique, car il suppose que nous nous représentons l'intérieur d'un autre être avec des perfections telles que nous ne puissions les refléter sympathiquement en nous-mêmes. « L'admiration est un étonnement qui implique hommage d'inférieur à supérieur. La fonction de l'artiste est de faire naître en nous l'admiration ; il y réussit donc d'autant mieux que sa puissance de sympathie est plus grande et lui permet de ressentir plus vivement, pour les interpréter plus exactement, les traits du modèle... Un artiste qui prétend nous intéresser par autre chose que le plaisir des sens, par l'expression des formes, doit donc être tel que chez lui l'essence

---

(1) *L'Expression dans les Beaux-Arts*, p. 272, 273.

humaine soit aussi complète, aussi parfaite que possible, pour rendre aussi étendu et aussi profond que possible le champ de l'action sympathique. » Il y a une sorte de fusion intime entre le tempérament d'un artiste et l'essence de son modèle. « Une œuvre d'art représentative, c'est la nature vue à travers un homme; voilà pourquoi elle est toujours à quelque degré subjective en même temps qu'objective et nous attache autant par l'une de ces deux qualités que par l'autre (1). »

La sculpture en faisant abstraction de la couleur, pour ne retenir des corps que leur figure, c'est-à-dire ce qui dans leur forme visuelle correspond à leur forme tactile, se prive d'un moyen puissant d'expression et devient un art très objectif. Par contre, aucun art n'exprime avec autant de force et de netteté le rapport de la physionomie avec le moral dans la personne humaine. La forme humaine peut être reproduite par le sculpteur tantôt au repos, dans une attitude détendue et fixe, tantôt en action, dans une pose exprimant la vie et le mouvement en puissance. Dans le premier cas, l'expression est surtout plastique et décorative; dans le second, surtout morale; dans une œuvre complète, « l'artiste doit arriver à concilier l'expression objective, c'est-à-dire la signification morale imposée à l'attitude et au geste, avec certaines conditions d'aspect général qui relèvent de la décoration par l'harmonieux accord des lignes, l'équilibre des masses et la compensation des vides et des pleins... » « Chaque sculpteur, interprétant la forme humaine, s'attachera de préférence soit à la *beauté d'expression passionnelle*, soit à la *beauté proprement corporelle*, soit à la *beauté subjective et décorative* (2). »

M. Sully Prudhomme fait une place, à côté de la Sculpture, à un art souvent oublié ou méprisé, l'*art de la Danse*. Cet art

(1) *L'Expression dans les Beaux-Arts*, p. 283, 284.

« O sculpteur, plus puissant que la Nature même,
Tu coules en airain ton modèle suprême
Dans le moule idéal qu'elle n'a pas rempli.

Ton regard dans la forme humble encore devine
Le pur contour élu par ton type accompli :
On te la livre humaine et tu la rends divine!
(*Pour les Arts. Devant l'Apollon du Belvédère*).

(2) *L'Expression dans les Beaux-Arts*, p. 286, 287.

constitue une sorte de sculpture en action et relève de l'esthétique du mouvement. Mais si les poses plastiques des danseurs réjouissent l'œil comme le feraient celles de statues animées, il s'ajoute à cet effet visuel, dans la chorégraphie, un effet auditif sans lequel la danse perd beaucoup de son expression. Les mouvements qui s'accomplissent suivant un rythme périodique suivent la cadence de la musique. « Si la musique n'est pas la condition essentielle de la danse, elle en est l'accompagnement naturel, par la raison qu'elle implique la mesure et la fournit à la danse, avec l'avantage d'ajouter le plaisir de l'oreille au plaisir des yeux. La danse, considérée comme art, peut donc se définir *une composition des mouvements de la grâce sollicités et réglés par la musique*... Ce concert des deux expressions parallèles simultanément empruntées, l'une à une perception visuelle, l'autre à une perception auditive, est très intéressant à étudier, car on y peut surprendre dans une parfaite identification les caractères expressifs communs aux figures mobiles et aux sons... Ces caractères sont ceux de la grâce même, c'est-à-dire une continuelle facilité à percevoir jointe à une perpétuelle surprise sans déception. » La danse n'exprime pas, comme la sculpture, la beauté plastique dépouillée, au moins en partie, de son expression passionnelle ; ce qu'exprime surtout la danse, grâce au concours de l'expression musicale qui précise la sienne, c'est au contraire la joie amoureuse dans toutes ses nuances, une joie animée quoique sereine (1). »

« L'art de la Peinture consiste essentiellement à interpréter et à représenter une perception visuelle qu'on prend pour modèle par une autre perception visuelle, au moyen d'une surface plane convenablement colorée. La perception qui sert de modèle peut être plus ou moins expressive soit objectivement, soit subjectivement. Nous dirons par suite que sa représentation par le tableau est d'une expression plus ou moins objective ou subjective. Si subjective que puisse être d'ailleurs l'expression du tableau, celui-ci emprunte toujours quelque chose au monde extérieur, tandis que la musique

---

(1) *L'Expression dans les Beaux-Arts*, p. 318, 319, 320.

(la note et la mélodie) peut être absolument subjective (1). »

Dans cet art figurent deux éléments très distincts, le *dessin* et la *couleur*, qui se composent ensemble sous diverses formes. Dans le dessin au trait l'artiste se borne à représenter la limite linéaire qui sépare l'objet du milieu ambiant; s'il y ajoute le modelé, la distribution des lumières et des ombres est à son tour figurée; dans le coloris monochrome, le dessin est accompagné du modelé et des divers degrés de vivacité des tons; enfin dans la peinture proprement dite, les couleurs et le dessin sont entièrement combinés. La présence ou l'absence de coloris varié distingue le dessin proprement dit de la peinture.

« La peinture, même la plus objective, l'est surtout, presque uniquement, par le dessin qu'elle implique. La qualité spécifique des couleurs n'a qu'une expression très peu objective. La peinture sans le dessin serait, par l'expression, beaucoup moins objective que la musique, car le mouvement a dans les sons avec l'émotion des caractères communs éminemment expressifs qui font défaut dans les couleurs. » L'expression de la ligne et du modelé est beaucoup plus objective que celle de la couleur. En sculpture où la ligne est tout, le coloris de la statue n'influe guère sur son expression. Dans le dessin, de même, la forme est expressive par d'autres caractères que la couleur. Aussi l'aptitude à jouir de l'un et de l'autre peut-elle ne pas se rencontrer également chez tous les artistes. « La jouissance que procure le dessin et celle que procure le coloris sont fort différentes et relèvent d'aptitudes distinctes; on peut jouir du dessin sans le coloris, même par le toucher seul, comme les aveugles; on peut jouir du coloris sans le dessin, en regardant, par exemple, un ciel sans nuages. La sensation de l'œil dans le dessin n'est jamais vive, car l'agréable n'y résulte que d'une variété d'orientation dont les nerfs sont peu affectés. Aussi le dessin s'adresse-t-il surtout à l'intelligence qui opère la synthèse des orientations pour qu'elles soient expressives. Il n'en est pas de même du coloris : le plaisir qu'on y trouve intéresse davantage la sen-

---

(1) *L'Expression dans les Beaux-Arts*, p. 324.

sibilité des nerfs. Le goût du dessin et celui de la couleur peuvent donc très bien ne pas se rencontrer dans le même tempérament. Mais, lors même qu'ils s'y rencontrent, il y a des motifs pour qu'ils ne s'accordent pas toujours. L'expression dans le dessin est le plus souvent objective, tandis que l'expression subjective domine dans le coloris; la même raison qui fait que le sculpteur n'éprouve nul besoin de peindre sa statue fait que le coloriste éprouve un besoin peu impérieux de préciser la forme avec une rigoureuse exactitude; le langage du dessin suffit au premier, celui du coloris suffit au second... Non pas, certes, que le coloriste soit indifférent à l'expression objective du dessin, mais inconsciemment il s'y attache moins qu'au charme du coloris dont l'expression subjective prête d'ailleurs davantage au rêve. En un mot, il existe un conflit latent entre les deux expressions, et, par suite, entre les deux données expressives, le dessin et le coloris. Cette concurrence peut devenir une hostilité, à moins que le génie pondéré de l'artiste ne sache en faire une harmonie (1). »

Il reste à dire un mot de la manifestation la plus objective de l'art, l'expression dans l'*Art dramatique*. Cet art consiste à représenter devant les spectateurs un personnage imaginé par un écrivain. Cet art est extrêmement objectif, et cela à divers titres : d'abord, l'acteur n'est pas, en général, le compositeur de l'action dramatique qu'il représente, il est sous la dépendance de l'auteur dont il doit comprendre sympathiquement l'œuvre; puis il a à pénétrer le caractère de son personnage, c'est-à-dire sympathiser encore avec un être déterminé, distinct de lui; enfin il doit dépouiller son propre caractère pour y substituer le personnage qu'il incarne. Un acteur est « le personnage en action, il constitue une œuvre d'art en mouvement, et ce mouvement est par excellence expressif des passions. » Mais ces passions, ce ne sont pas les siennes; ce personnage, ce n'est pas lui, c'est l'être fictif né de l'imagination du dramaturge; tout l'art de l'acteur est même de disparaître dans son personnage comme si le rôle

---

(1) *L'Expression*, p. 329, 330.

n'était pas joué, mais vécu : ainsi tout es objectif dans l'art dramatique proprement dit. « Il faut distinguer dans tout rôle joué trois éléments esthétiques différents, mais connexes. On peut admirer ou critiquer : 1° la moralité du personnage ; 2° le génie dramatique et le style de l'auteur qui le fait agir et parler ; 3° le jeu de l'acteur qui le représente. » De ces trois éléments, deux sont étrangers à l'art scénique, mais l'acteur en subit néanmoins le contre-coup ; il peut pâtir ou bénéficier de l'aversion ou de l'admiration que le personnage inspire, ou de la perfection littéraire de la pièce. Ce qui revient en propre à l'artiste dramatique, c'est l'interprétation de son rôle, quel qu'il soit. « Une belle interprétation d'un rôle consiste dans l'expression parfaitement adéquate des états intérieurs du personnage par toutes les ressources extérieures de l'acteur, qui les a profondément compris et ressentis par sympathie. Ce qu'on admire dans une belle interprétation, c'est donc la divination intime de ce qui se passe dans une âme soumise à certaines épreuves, et les ressorts les plus secrets qui, sous l'influence de chaque état moral de cette âme, mettent en jeu la physionomie et déterminent l'attitude, le geste et l'accent. L'idéal de l'acteur c'est de pénétrer aussi avant que possible dans l'âme du personnage et de faire que toute cette âme, qu'il s'est appropriée par sympathie, affleure sur ses lèvres et à la surface de son corps entier pour se révéler au spectateur par l'expression la plus fidèle et la plus saisissante. Le beau dans l'art dramatique, c'est cet idéal réalisé (1). »

VIII

Deux idées directrices dominent toute cette étude analytique des Beaux-Arts instituée par M. Sully Prudhomme : 1° l'opposition de l'*expression subjective* et de l'*expression objective* dans chacun de ces arts et la division des arts fondée sur la prédominance de l'une de ces expres-

(1) *L'Expression dans les Beaux-Arts*, p. 396. — Cf. Dans le *Prisme Pour les Arts*, suite de sonnets sur l'esthétique.

sions sur l'autre dans l'effet esthétique propre à chacun ;

2° l'appréciation des effets esthétiques fondée sur leurs rapports avec l'*aspiration*, élan caractéristique de l'âme vers l'idéal.

La première de ces idées n'implique rien de plus que l'observation précise des phénomènes psychologiques qui se produisent dans l'âme de l'artiste, phénomènes dont les plus essentiels sont l'*expression* et la *sympathie*, tels que nous les avons définis. Elle est la base de toute l'esthétique positive et scientifique de M. Sully Prudhomme. L'autre idée, au contraire, ouvre un horizon illimité sur le domaine métaphysique. Quel est cet objet innommé de l'aspiration, que dévoile à peine l'émotion esthétique et qui s'offre à la pensée de l'artiste comme l'infiniment désirable et la perfection idéale? L'esthétique positive révèle bien au théoricien dans quelles circonstances s'opère cette incomplète révélation de l'idéal et cet essor de l'aspiration : elle ne dit pas ce qu'est en soi l'idéal ni où tend exactement cette aspiration. Aussi les conjectures que peut concevoir la pensée du poète pour s'expliquer ce ravissement étrange qui est le sentiment de la Beauté, constitueront-elles une métaphysique de l'Art, distincte de l'Esthétique positive (1).

De celle-ci on peut tirer les conclusions suivantes. D'abord, la division des Arts d'après le caractère objectif ou subjectif de leur expression propre, sans leur conférer une supériorité comparative, permet du moins de comprendre à quels tempéraments artistiques les uns et les autres donneront les plus hautes jouissances esthétiques : « Il résulte de cette étude que les arts se divisent naturellement en deux classes et appartiennent à l'une ou à l'autre selon que, dans les œuvres, l'objectivité l'emporte sur la subjectivité, ou au contraire celle-ci sur celle-là. Par exemple, les œuvres des potiers, des orfèvres, les pas de ballets sont des œuvres plus subjectives qu'objectives; tandis que les productions des sculpteurs et des peintres, les créations des acteurs sont plus objectives que subjectives ». Pour s'en tenir aux Arts ma-

(1) Cf. IV° Partie, les chap. II et IV.

jeurs, la Musique et l'Architecture sont des arts subjectifs qui font plus aspirer et rêver que d'autres tandis que la Peinture et la Sculpture sont des arts surtout objectifs, plus intellectuels par conséquent. « Ce qu'exprime l'architecte ou ce qu'exprime le musicien (du moins dans ses compositions non dramatiques) n'est pas, comme l'objet représenté par le sculpteur ou le peintre, une chose dont l'essence soit déterminée et réalisée individuellement dans la nature ; c'est *une pensée purement architecturale, purement musicale*, autrement dit un beau qui sort tout entier de la conception de l'artiste, et qui, ne devant rien à un modèle extérieur, est affranchi de toutes les entraves de la fidélité. Une *pensée sculpturale* ou *picturale* est, par le modèle même qui l'inspire, liée à un système défini de sensations que lui impose la réalité extérieure ; elle est donc moins indépendante, moins illimitée, moins abstraite que la pensée architecturale ou musicale ; celle-ci gagne en largeur et en élévation ce qu'elle perd en précision. D'une part, l'architecte et le musicien ne recevant point de la nature les types de leurs œuvres, sont, à ce point de vue, nécessairement plus inventeurs, plus créateurs que les autres ; d'autre part, ils peuvent nous procurer des jouissances qui, par ce caractère plus indéterminé de l'expression, nous font rêver davantage et pressentir l'infini, le divin. En musique, le vague même de l'expression exprime le mystère de notre destinée, notre essentielle ignorance et nous en suggère l'angoisse, et c'est aussi ce vague qui nous permet d'appliquer l'expression musicale à nos propres états moraux. Un bel édifice, le Parthénon, nous parle un grave et serein langage que nous qualifions de noble, d'imposant, sans bien nous rendre compte à nous-même du sens exact de ces mots ; ils ne désignent, en effet, aucun objet déterminé ; leur objet ne peut être exactement défini, et, par suite, ouvre à l'aspiration un champ plus vaste (1). »

Quoique très manifestement M. Sully Prudhomme ait une prédilection pour ces arts qui font rêver et aspirer son imagination de poète, il refuse de poser la question d'excellence

---

(1) *L'Expression dans les Beaux-Arts*, p. 401, 402.

et de supériorité entre des arts qui n'ont ni les mêmes moyens d'expression, ni les mêmes problèmes à résoudre. « Toute comparaison entre eux n'aboutit qu'à restituer à chacun ses titres sans trouver de commune mesure pour évaluer leurs titres divers. Il faut donc se borner à examiner ce qui constitue la supériorité de chaque artiste dans son art. »

Qu'est donc, en dernière analyse, cet artiste, et quelle est sa fonction propre? Pour être artiste, un homme doit :

1º Posséder un sens excellent, sur la foi duquel il puisse apprécier et contrôler les rapports mathématiques des vibrations qui ébranlent le nerf spécial affecté à ce sens, pour jouir de l'harmonie des sensations correspondantes.

2º Être apte à choisir, composer et réaliser (ou noter) les combinaisons harmonieuses les plus conformes à son idéal prescrit par son tempérament (1).

3º Être organisé de manière que l'expression subjective de son idéal y soit le plus adéquate possible, c'est-à-dire être doué, à un degré éminent, de l'aptitude à la sympathie, et, partant, très sensible aux divers modes subjectifs de la grâce et à la beauté subjective.

4º Être, à un degré éminent, apte à sympathiser avec les essences latentes et, par suite, à en interpréter avec sagacité l'expression objective.

5º En outre, être apte à concevoir les types des formes qui expriment les essences latentes et, par suite, à éliminer de ces formes avec discernement ce qui n'y est qu'accidentel, pour leur conférer la grâce et la beauté objective. Le sentiment de cette beauté, étant celui de la perfection, implique l'*aspiration*. Un homme dépourvu de toute aspiration n'est pas un artiste.

6º Quand les essences latentes se révèlent par des manifestations volontaires, il entre dans les aptitudes de l'artiste de concevoir l'accomplissement de leur perfection par leur héroïsme, et d'exprimer cet accomplissement, c'est-à-dire de concevoir et de traduire le sublime.

7º La proportion d'expression subjective et d'expression

---

(1) « *Il a le Beau dans l'âme et l'âme à fleur des doigts* ».
(*L'artiste*, poésie inédite).

objective n'est pas la même dans les perceptions auditives que dans les perceptions visuelles ; elle varie, par suite, dans les œuvres d'art, selon que l'artiste s'adresse à l'ouïe ou à la vue, et c'est cette porportion qui assigne à chaque art et à chaque genre dans chaque art sa beauté propre ; qui ne la sent pas n'est pas artiste (1). »

Ces sept théorèmes d'esthétique résument toute la théorie de M. Sully Prudhomme sur l'*Expression dans les Beaux-Arts*.

« Quelle est donc la fonction de l'artiste ? Il interpose entre une essence latente et nous son propre tempérament, à travers lequel il nous la montre, de sorte que nous sympathisons avec ce que son œuvre nous exprime, et elle nous exprime seulement la part de l'essence latente avec laquelle il a lui-même sympathisé, c'est-à-dire son idéal. Ainsi, jouir d'une œuvre d'art, c'est goûter, au moyen de la forme, la joie de sympathiser avec l'idéal d'autrui. Quand cet idéal est aussi le nôtre, nous jouissons de l'œuvre d'art comme l'artiste qui l'a produite en jouit lui-même (sans éprouver toutefois la fierté de la création), et cette jouissance est pour nous celle d'une révélation, car l'artiste donne corps à notre idéal qui flottait indistinct dans notre imagination. Il ne peut cependant arriver à le déterminer avec une entière précision, parce que cet idéal n'est par essence qu'un rêve, sauf le cas du sublime où la volonté triomphe. En nous montrant notre idéal, l'artiste le laisse hors de nous, il ne nous le rend pas accessible, mais il nous permet d'en rêver mieux la réalisation en nous, la possession. Par le *sublime*, il nous procure l'enthousiasme, c'est-à-dire la généreuse fierté de voir réalisé l'idéal de la dignité humaine. Par le *beau*, il nous procure l'ivresse de l'admiration, qui est un étonnement délicieux et reconnaissant en présence d'une œuvre où notre idéal a pris corps ou d'une œuvre qui, n'exprimant pas notre idéal, nous initie à un idéal qui complète ou accroît le nôtre. »

« *Le beau dans les arts, c'est l'agréable en tant qu'expressif de l'idéal*. Dans une œuvre belle le caractère commun à la perception sensible et à l'état moral exprimé est dégagé de

---

(1) *L'Expression dans les Beaux-Arts*, p. 406, 407, 408.

tous les autres et mis seul en saillie par l'artiste, de sorte que le facteur physique et le facteur moral de la jouissance esthétique sont identifiés, rendus indiscernables. Aussitôt que l'un de ces facteurs tend à prédominer sur l'autre, le fragile équilibre des éléments qui constituent l'extase admirative est détruit, la sensualité l'emporte sur la pensée et sur le sentiment, ou bien, au contraire, la pensée et le sentiment font oublier ce qu'il y a de sensuel dans leurs signes physiques; l'œuvre d'art s'évanouit. *La mission de l'artiste consiste donc à fondre ensemble la volupté et la joie pour en composer indivisément la plus rare espèce de bonheur que l'homme puisse ressentir.* Dans la jouissance esthétique, en effet, les sens, l'intelligence et le cœur, qui sont ordinairement en conflit, vivent dans une parfaite harmonie, ne se distinguant plus entre eux, au service les uns des autres sans avoir à s'adresser aucun reproche d'usurpation. La volupté, devenue signe et verbe, s'élève et s'épure; l'idée symbolisée, faite chair, prend pour clarté la clarté même du jour; le sentiment se complaît dans sa propre expression en y puisant une plus intime conscience de lui-même; enfin l'artiste fait le plus fier usage de sa volonté, car il en use en créateur, et l'effort laborieux qu'exigent ses créations ajoute à leur valeur esthétique tout le prix du mérite. L'artiste, par la satisfaction que son œuvre procure simultanément à toutes ses facultés, semble donc marqué pour être le plus heureux des hommes. Il le serait, en effet, si sa sensibilité même, singulièrement aiguisée, ne lui rendait toutes les blessures plus vives dans la bataille de la vie. Dès sa première jeunesse, il lui faut lutter presque toujours pour faire prévaloir sa vocation, et, s'il est pauvre, il sent à toute heure les exigences à la fois les moins nobles et les plus impérieuses entraver l'essor de ses aspirations supérieures (1); quand même il a conquis l'indépendance et le succès, il est d'autant moins satisfait de ses œuvres que son goût est devenu plus délicat et son idéal plus élevé. Un artiste n'arrive jamais au parfait contentement de soi-même, parce que le modèle que son idéal lui impose dépasse

---

(1) Cf. *Stances et Poèmes : Damnation.*

toujours sa puissance d'imitation. S'il est vaniteux, il peut s'applaudir d'être supérieur à ses rivaux, mais il n'en reste pas moins inférieur au maître invincible qu'il porte en soi et ne peut égaler, et il y a dans le secret désaveu de ses meilleurs œuvres par ses aspirations une cause de mélancolie incurable (1). »

(1) *L'Expression dans les Beaux-Arts*, p. 410, 411, 412, 413.

CHAPITRE III

L'Expression en Poésie.

I. Place de la Poésie parmi les Beaux-Arts. Problème des caractères propres du vers. — II. Distinction du vers et de la prose. Lois du rythme. — III. Principes psycho-physiologiques de la métrique. Loi du moindre effort. Le *rythme régulier*; ses règles. — IV. La musique du vers. Théorie nouvelle sur la rime. — V. Essence propre de la Poésie et fonction du poète. L'aspiration poétique.

I

Si, dans le livre de *l'Expression dans les Beaux-Arts* M. Sully Prudhomme a fait la théorie de tous les arts, sauf de celui-là même auquel il a consacré son propre talent, la Poésie, ce n'est pas qu'il l'exclue de la liste des Beaux-Arts ni qu'il rattache l'expression en poésie à d'autres lois que l'expression musicale, sculpturale ou architecturale. Mais il a réservé l'étude de l'esthétique poétique pour un autre ouvrage (1), complément du précédent, où sa pensée est représentée d'une façon plus dispersée et moins systématique, mais assez nette et abondante cependant pour donner une idée complète de ses théories littéraires. Théoricien, M. Sully Prudhomme l'est toujours, en tout et partout, jusque dans l'art même auquel l'avait voué la spontanéité de son génie. Il ne s'est pas contenté de faire de très beaux vers, il a « renoncé lui même au bénéfice de la noble inconscience du

(1) *Le Testament poétique*, 1re édition, in-12, 1901. — 2e édition, revue et augmentée, dans le volume de *Prose* constituant le tome VI de la grande édition in-8°. C'est à cette seconde édition que renvoient nos références.

poète pour réfléchir sur son art » ; il en a scruté les règles, les principes, en a cherché les lois dans la physique, la physiologie, les mathématiques, voire dans la métaphysique, et, lorsque ses théories ont été prises à partie par de jeunes poètes, défenseurs d'une poétique moins sévère et moins traditionnelle, il les a mis en demeure, avant de leur laisser « édicter le bouleversement des lois admises qui régissent l'art poétique et qu'une tradition séculaire a fixées, d'analyser les fondements de ces lois pour en démontrer l'inanité et la caducité (1). » Son tempérament de savant et d'analyste reparaît donc là comme partout ailleurs, et c'est pourquoi c'est à un point de vue plutôt scientifique et technique que littéraire que nous allons examiner les idées de M. Sully Prudhomme sur l'art poétique.

Deux problèmes distincts se posent à propos de la poésie comme à propos de tous les autres arts :

1° Par quel mécanisme l'effet esthétique est-il produit dans le langage en raison d'un certain agencement déterminé des mots et des sons ?

2° Quelle est l'essence de la poésie comme art propre à susciter l'aspiration ? Quel est le caractère et le rôle du poète ?

Le premier de ces problèmes relève de la théorie générale de l'Expression esthétique et doit se résoudre par une théorie de la versification et de ses lois (2). Le second, psychologique et métaphysique, se rattache à la théorie de l'expression, « le vers étant la forme la plus puissante dont dispose le langage pour exprimer l'aspiration à la fois vague et infinie qui défraie les rêves du poète ». Dans les polémiques qu'il eut à soutenir contre les adeptes de la poésie décadente, notamment contre M. A. Boschot, en 1897, M. Sully Prudhomme s'est moins attaché à discuter les attaques de ses

---

(1) *Testament poétique* (grande édition in-8° de 1905), p. 108.
(2) « Dans cet opuscule aride (*Les Réflexions sur l'Art des vers*), je m'attache à distinguer avec netteté l'essence de la prose de celle des vers, parce que nos récents réformateurs me paraissent faire de la prose sans le savoir, et j'explique de mon mieux la genèse de la versification française par la loi physiologique du moindre effort appliquée à l'acoustique du langage rythmé, ce qui ne laisse aucune part à l'arbitraire dans la constitution du vers. » (Lettre à M. de Croze, *Testament poétique*.)

adversaires qu'à établir d'une façon positive et scientifique les principes suivants (1) : 1° *il existe une différence absolue entre la prose et le vers, ces deux verbes fussent-ils également propres à exprimer des conceptions poétiques;* 2° *l'art des vers est soumis, comme tout autre art, à des lois naturelles, susceptibles d'être scientifiquement déterminées, lois qui dérivent essentiellement de celles de la physiologie et de la physique.* Ce sont les preuves de ces deux thèses que nous allons exposer avant de nous poser avec M. Sully Prudhomme cette question : qu'est-ce que la Poésie ?

II

« Il convient de considérer la versification indépendamment de la poésie et de l'étudier tout d'abord, car la première ne suppose pas nécessairement la seconde. Le langage des vers n'est pas confiné dans la seule expression des sentiments poétiques (2). » La prose à son tour peut être extrêmement poétique et pourtant différer du vers par des caractères indépendants du fond même de l'inspiration. Or la distinction de la prose et du vers, au point de vue de la forme verbale pure, tend à s'effacer de jour en jour dans la poésie nouvelle : « Le triomphe des récentes écoles les plus avancées ne laisserait rien debout de ce qui, jusqu'à présent, a été considéré comme distinguant pour l'oreille le vers de la prose, sauf la rime, et encore la sacrifient-elles volontiers. Dans leurs poèmes, il faut s'en remettre à l'œil pour discerner si un membre de phrase est un vers ou un simple fragment de prose, selon qu'il est isolé du reste de la phrase et mis en vedette, ou qu'il y demeure incorporé. Ainsi l'évolution historique du vers, après tous les essais progressifs qui ont élaboré cette forme du langage sous le contrôle spontané et sur les indications concordantes d'oreilles spécialement douées et très nombreuses, cette évolution aboutirait à disloquer et à détruire son œuvre même au gré des fantaisies individuelles, à effacer

(1) *Prose*, p. 260, 261.
(2) Cf. le chap. de *la Poésie scientifique*.

toute différence entre le vers et la prose. Nous ne le croirons qu'à la dernière extrémité (1). » Avant d'en venir là, il importe de déterminer ce qui, au moins jusque ici, a nettement distingué la prose du vers.

Les mots remplissent, en tant que signes, une fonction *symbolique*, mais en tant que sons prononcés et entendus ou en tant que graphies perçues par les yeux, ils sont en outre *expressifs*, et, à ce titre, susceptibles d'avoir une esthétique propre, comme les sonorités musicales et les formes. En outre, « un long usage opère sur les mots, au double point de vue oral et graphique, une transfiguration singulière : l'habitude de l'oreille et de l'œil arrive à leur prêter une physionomie vivante, si étroitement liée à la chose signifiée qu'elle semble en participer, et qu'on finit par ne plus pouvoir séparer l'un de l'autre. Le signe verbal paraît être devenu de conventionnel naturel. Ce phénomène explique pourquoi les néologismes sont si odieux dans le vivant langage de la poésie, et pourquoi toute réforme de l'orthographe usuelle fait horreur au poète comme un attentat, comme une blessure ou une grimace infligée au cher visage d'une compagne sacrée (2) ». Tous les mots, cependant, ne sont pas expressifs; mais si par eux-mêmes ils le sont assez rarement, leurs rapprochements choisis et leurs enchaînements ordonnés le sont, en revanche, toujours et à un haut degré.

Dans les combinaisons des mots, la syntaxe est impersonnelle, mais le style, c'est-à-dire tout ce qui dans le langage échappe à la convention, est essentiellement expressif. Or le style a pour condition fondamentale la grammaire, pour instrument immédiat le son vocal, le clavier de la langue, en un mot la phonétique. Il doit exprimer par le choix des expressions et par le mouvement de la phrase l'âme de

---

(1) *Prose*, p. 46.
(2) *Prose*, p. 48. « Les gardiens de la langue, ajoute l'auteur, qui ont traîtreusement amputé le noble *y* du mot lys ne se doutaient donc pas de l'indignation qu'ils exciteraient dans l'âme des lettrés délicats? Ils ont sacrifié l'esthétique à l'économie d'un jambage! » Dans l'enquête récemment ouverte par l'Académie française au sujet de la réforme de l'orthographe, M. Sully Prudhomme s'est, comme M. F. Brunetière et pour les mêmes raisons, prononcé pour le maintien de la tradition.

l'écrivain, et ce qu'il sent des choses qu'il nomme. « Le style étant commun à la prose et au vers, sa vertu propre *d'exprimer par les qualités et les rapports des sons* leur est commune également. Si donc ces deux formes sont réellement distinctes, elles le sont par la façon différente dont la phonétique, dans l'une et dans l'autre, est employée à l'expression. Or la *versification* peut se définir : *l'art de faire bénéficier le plus possible le langage des qualités agréables et éminemment expressives du son.* La prose les utilise déjà, mais à un moindre degré, dans toutes les diverses catégories de la pensée par une progression musicale du langage. » « Il semble bien à première vue qu'un fragment de prose ne change de nature pour devenir un vers qu'en s'imposant quelques conditions nouvelles, empruntées au chant, abstraction faite de la gamme. C'est dans cette direction qu'il convient de chercher ce qui distingue essentiellement le vers de la prose, une définition du vers applicable à toutes les langues. *La fonction de toute poétique, au fond, consisterait à introduire le plus d'expression naturelle possible dans le langage, c'est-à-dire le plus de musique possible, mais sans le secours de la gamme* (1). »

La phrase, lorsqu'elle est prononcée, se trouve ponctuée par les arrêts de la voix sur les syllabes fortes. Les syllabes fortes principales scandent les divisions de la phrase déterminées par son sens et les intervalles de celles-ci sont eux-mêmes divisés par des syllabes fortes secondaires dont chacune est la dernière ou la pénultième de certains mots importants. « La diction est de la sorte accentuée plus ou moins, et par cela même nuancée, au moyen de temps d'arrêt où la voix appuie sur quelques syllabes et de ses passages sur les autres sans appuyer. Les rapports de succession des syllabes fortes sont-ils musicaux ? En d'autres termes, l'oreille y trouve-t-elle un charme correspondant à quelque loi acoustique ? Assurément, car leurs intervalles sont rythmiques. *Le rythme du langage est le lien chronique des temps d'arrêt de la voix sur les syllabes fortes, lien qui consiste dans un rapport tel entre les*

---

(1) Prose, *Testament poétique*, p. 50, 51.

intervalles de ces temps que chacun de ceux-ci soit attendu de l'oreille et en satisfasse l'attente. Or l'expérience témoigne qu'une phrase bien faite offre précisément ce caractère de ne causer aucune déception à l'oreille ; aucune des divisions ne lui en paraît ni trop longue ni trop courte : chaque membre de phrase, chaque période principale y est avec les autres en proportion, non pas strictement préfixée, mais variable dans une limite assignée par la succession des périodes précédentes. *C'est cette variabilité même qui, avec l'absence de consonnances régulières, distingue essentiellement la prose du vers dans la langue française* (1). »

« Le son peut varier en chacune de ses qualités (intensité, hauteur, timbre) et, de plus, occuper des positions successives sur la trajectoire du temps écoulé, se déplacer plus ou moins vite dans la mémoire. Le son vocal est donc susceptible de variations intrinsèques et, de plus, comporte un mouvement. Or les premières peuvent servir de jalons au second, en marquer les divisions ; de là le *rythme, mouvement phonique divisé en intervalles jalonnés par des variations dans la qualité du son.* Chaque intervalle s'annonce à l'oreille, est mesuré d'avance et attendu par elle (2). » C'est en effet le souvenir de la durée du précédent intervalle du rythme qui prédétermine la durée du suivant. « Non pas que l'une soit toujours tenue d'être égale à l'autre ; dans le rythme de la prose, rythme spontané, il suffit que l'essor de la voix fournisse au développement logique de la pensée un développement phonique de la phrase proportionné de telle sorte que celui-ci, dans chaque intervalle, ne semble à l'oreille ni trop long, ni trop court relativement aux intervalles antérieurs, car l'unité même du sens de la phrase en rend toutes les parties solidaires. Dans le rythme du vers, les intervalles sont prédéterminés par d'autres conditions à remplir, plus rigoureuses : ce sont les conditions du *rythme régulier*. Il nous faut les déterminer (3). » C'est en effet dans cette régularité ou cette irrégularité du rythme phonique que réside la différence fon-

(1) *Prose*, p. 53, 54, 55, 56.
(2) *Ibid.*, p. 60.
(3) *Ibid.*, p. 61.

damentale du vers et de la prose; c'est là aussi que M. Sully Prudhomme va trouver le principe scientifique des lois de la versification.

III

Ce principe, c'est la loi physiologique du *moindre effort* qui régit toutes les opérations instinctives, jointe à cette autre loi psycho-physiologique que le plaisir naît de l'exercice d'une activité normale et modérée. « L'oreille aime à la fois le nouveau, qui varie son plaisir, et le rappel de ce qui lui a plu; elle en accueille le souvenir comme le retour d'un ami.(1) Ces deux principes de jouissance opposés se concilient dans la perception musicale pour la rendre aussi agréable que possible, grâce à un troisième principe de jouissance auditive, à savoir *le rythme*, qui tempère le continuel changement des sons par une constante balance de leurs durées collectives dans la mémoire, et ajoute ainsi la confiance à la surprise. Cette synthèse compensatrice invite l'ouïe à une attente dont elle lui assure d'avance et lui procure la satisfaction; elle la charme donc sans avoir à lui demander pour être perçue aucun effort sensible, propriété esthétique par excellence et capitale dans la théorie musicale du vers. Pour l'ouïe, en effet, la condition non pas suffisante, mais nécessaire du plaisir, relève de loi générale du moindre effort, régissant toutes les opérations instinctives et peut se formuler comme il suit : *les impressions successives du dehors sur le nerf acoustique, si nombreuses qu'elles doivent être pour déterminer un son, ne rendent agréable la simultanéité ou le rapprochement de deux sons qu'autant que leurs mesures numériques sont entre elles dans un rapport facile à percevoir, simple par conséquent...* Si nous parvenions à *démontrer* que tout le charme musical du vers et toute sa structure spontanée s'expliquent par la combinaison des trois principes naturels sus-énoncés, la versification aurait trouvé une discipline

(1) Cf. la même théorie à propos de la musique, dans l'*Expression dans les Beaux-Arts*, p. 113 et 114.

impersonnelle et serait soustraite aux innovations capricieuses. »

« Nous pouvons d'abord définir *la régularité du rythme : elle consiste en ce que la durée de la période qui commence est égale à la durée de la précédente, conservée dans la mémoire, ou bien possède avec elle un commun diviseur...* C'est une décision instinctive de l'ouïe, prise pour la commodité de la perception et motivée par la puissance moyenne de la mémoire auditive, qui a limité dans le vers le nombre des périodes fixes. Il a été spontanément borné à deux par le commun usage. Ces deux périodes consécutives, dont se compose la durée totale du rythme régulier dans le vers, constituent les hémistiches et forment pour l'oreille un tout, une seule et même perception embrassant à la fois la perception présente de l'un et le souvenir encore présent de l'autre. La régularité du rythme plaît par la comparaison spontanée de ces deux éléments dans la perception collective. Mais quelle est, pour un même vers, l'unité de temps qui permet de les comparer ainsi, qui mesure les périodes du rythme régulier, c'est-à-dire les durées respectives des hémistiches ? Un vers peut être débité plus ou moins rapidement, mais, quelle que soit la vitesse de la diction, ces durées y demeurent dans un rapport qui ne saurait être arbitraire, sans quoi il n'y aurait pas de régularité possible pour le rythme. Or, d'une part, nous savons que pour un même vers une même syllabe variant de durée selon que sa place l'y rend faible ou forte, la durée d'aucune n'y peut servir d'unité de mesure aux périodes rythmiques; mais, d'autre part, le rythme régulier suppose un commun diviseur de leurs durées respectives : *il faut donc que la somme des durées syllabiques comprises dans l'unité de mesure rythmique soit constante.* C'est effectivement ce qui a lieu... En réalité il existe pour la versification autant d'unités de mesure rythmique différentes qu'il s'y applique d'espèces différentes de rythmes. Chaque sorte de vers a son rythme propre, régulier ou irrégulier, et chaque rythme régulier a ses propres modes de mesure. Toute unité de mesure rythmique est faite des durées inégales de plusieurs syllabes, mais, par contre, la somme de ces diverses durées y demeure constante. Quelle que soit l'unité de mesure rythmique, unité de durée des hémistiches, elle n'est pas arbitraire, elle est prescrite par les conditions mêmes que lui impose la loi du moindre effort. Cette unité de temps est tenue de partager la durée totale du vers de manière à y rendre aisément comparables pour l'oreille les durées respectives des deux hémistiches, à lui simplifier cette opération dans les limites suffisantes pour en bannir toute conscience d'effort (1). »

De cette loi fondamentale du rythme régulier M. Sully Prudhomme tire les trois lois suivantes qui peuvent s'appliquer à tous les mètres français.

1° *Les durées respectives des hémistiches sont entre elles dans le même rapport que les nombres respectifs de syllabes dont ils sont composés*, de sorte qu'on ne pourrait pas, dans un vers, supprimer une de celles-ci sans en reporter la durée sur la suivante, substituer, par exemple, une syllabe forte à deux faibles en ajoutant à la seconde la durée de la première. Inversement, on ne pourrait pas non plus substituer deux syllabes faibles à une forte.

2° *Dans les vers d'un nombre pair de syllabes, assez longs pour comporter un rythme régulier, la césure partage le vers de manière que les deux nombres respectifs de syllabes afférents aux hémistiches aient un commun diviseur, et l'unité de mesure du rythme est déterminée par le plus grand commun diviseur de ces deux nombres* (2).

3° *Dans le vers d'un nombre impair de syllabes la césure se place de manière à répartir les syllabes du vers le moins inégalement possible entre les deux hémistiches.*

Dans les vers très courts, le rythme n'a pas besoin d'être partagé ; mais, dès que le vers s'allonge, c'est-à-dire dès que la mémoire entre nettement en jeu, les nombres impairs (7, 9,

---

(1) *Prose*, p. 67, 68.
(2) Ainsi l'alexandrin comporterait, sans que la régularité du rythme fût brisée, les cadences fixées par le rapport du nombre 12 à ses diviseurs 1, 2, 3, 4, 6 : les césures peuvent se placer soit une fois à la 6ᵉ syllabe, soit 6 fois toutes les 2 syllabes, soit 3 fois toutes les 4, soit 4 fois toutes les 3, soit enfin à toutes les syllabes si elles sont comptées par les mots mêmes. L'hémistiche normal, d'après cette loi, serait déterminé par le plus grand commun diviseur 6 dans les vers qui ne sont pas scandés selon le rythme ternaire (trois groupes de 4).

11, 13) étant premiers ne peuvent se régulariser; aussi l'oreille répugne-t-elle à leur emploi. Quant aux vers plus longs encore, ils l'obligent à une synthèse qui la fatigue ; par suite elle en traite instinctivement chaque hémistiche comme un vers distinct, et le rappel trop lointain de la rime ne l'en empêche pas.

« Il résulte de cette analyse que toute innovation tentée désormais dans la phonétique du vers ne saurait aboutir qu'au simple démembrement d'une forme préexistante ou à un retour à la prose, *à moins que l'acoustique ne change.* »

Cette réserve, glissée ici par M. Sully Prudhomme dans sa conclusion, contient en puissance toutes les objections qu'on pourrait adresser à l'ingénieuse et solide théorie de la versification qu'il appuie sur la loi du moindre effort. Dans quel cas en effet l'effort est-il réduit au minimum, de telle sorte que l'effet esthétique soit par là favorisé ? C'est lorsque l'organe de l'ouïe s'est accommodé à une fonction déterminée par le retour constant d'excitations semblables; en d'autres termes, c'est lorsque l'oreille a pris une habitude. Or toute habitude est sujette à se modifier lorsqu'on soumet progressivement l'organe à un nouveau régime. C'est ainsi que nos pères eurent d'abord grand'peine à sacrifier la régulière cadence du vieil alexandrin classique quand Victor Hugo et les Romantiques inaugurèrent les rythmes les plus variés et les plus audacieux dans leurs vers. Boileau eût condamné comme incorrect le rythme ternaire (4 + 4 + 4), si euphonique, dont M. Sully Prudhomme s'est lui-même servi avec bonheur :

« *Sondant l'abîme | où court la Terre, | humble suivante .* »

Que dire alors des libertés de M. Rostand ou des harmonies si neuves de Verlaine ? Les lois de l'acoustique, certes, sont invariables; mais le rapport de l'effet musical esthétique à l'effort provoqué par l'audition est essentiellement variable, puisqu'il dépend d'une simple habitude. Ce qu'il importe donc de retenir de la théorie de M. Sully Prudhomme sur le rythme régulier, c'est que l'inconsciente numération d'où procède le sens de l'harmonie musicale s'opère dans l'audition des vers et que les habitudes de l'oreille sont déterminées par cette obscure intuition des rapports arithmétiques des vibrations sonores; c'est, en outre, que les lois de la métrique ont une base psycho-physiologique que le poète ne peut méconnaître et que l'analyse de chaque poétique traditionnelle permet de déterminer.

IV

Personne, d'ailleurs, ne convient de meilleure grâce que M. Sully Prudhomme de ce qu'il y a de relatif dans les lois qu'il a dégagées de la métrique classique. « Je n'oublie pas l'incalculable influence de l'habitude sur les perceptions et les jugements esthétiques. Ce n'est pas à mon âge qu'on refait l'éducation de ses sens. Par contre, j'ai d'autre part des raisons plus légitimes et non moins impérieuses de demeurer zélateur fidèle, incorruptible, de la versification traditionnelle; mes cadets la jugent monotone, impropre à traduire toutes les nuances de leurs émotions, et moi, au contraire, qui en ai l'oreille hantée depuis bien plus longtemps qu'eux, je ne m'en lasse jamais, j'en chéris le bercement qui n'endort que mes soucis inférieurs et m'élève comme un vol puissant et régulier. Les fibres les plus intimes, les plus ténues ont toujours trouvé sur la vieille lyre des cordes à leur unisson, prêtes à vibrer si mes doigts savaient les choisir (1) ». Mais si le poète, avec sa circonspection habituelle, ne présente sa théorie du moindre effort que comme une hypothèse, il déclare énergiquement, et avec raison, « n'attacher de prix qu'à la méthode positive dont il a essayé l'application parce qu'elle oblige à définir, à préciser », c'est-à-dire à porter le débat sur le terrain scientifique. « De deux choses l'une, ou les détracteurs et les partisans de la phonétique traditionnelle seraient tous conduits à s'avouer les uns aux autres que la phonétique du vers défie toute formule rationnelle et ne relève que de l'intuition ; par cela même chacun renoncerait à cri-

(1) *Testament poétique*, *Discours à l'Association générale des Étudiants. Prose*, p. 119.

tiquer l'opinion invincible des autres, et le débat cesserait faute d'objet; ou bien ils en pourraient démontrer rationnellement les lois phoniques, et les querelles tomberaient encore d'elles-mêmes » (1). Or, jusqu'à une preuve scientifique décisive de l'inanité de sa théorie, M. Sully Prudhomme s'estime autorisé à croire réalisé « *tout ce qui constitue le progrès que la nature de l'art des vers comportait, c'est-à-dire la régularité du rythme principal, le nombre des syllabes qui en détermine chaque période et celui qui fixe la longueur du vers, puis le jeu du rythme irrégulier dans ce concert.* » « En tant que le vers est musical, une révolution improvisée dans sa technique me semble aussi déraisonnable qu'une subversion soudaine des principes de la musique. Il n'est pas impossible que la fonction auditive évolue; dans tous les cas, il n'y a nulle part d'évolution subversive (2). »

Il est cependant une innovation que M. Sully Prudhomme, sans l'avoir d'ailleurs jamais introduite dans ses propres vers, propose aux poètes, et qui pourrait avoir de curieuses conséquences si on l'appliquait d'une façon suivie. « Je me suis aperçu que si l'oreille seule est consultée, les rimes se divisent en deux groupes qui n'ont pas exclusivement pour caractère distinctif la présence ou l'absence d'un *e* muet senti dans la syllabe finale du vers… Nous constatons par l'observation, c'est-à-dire indiscutablement, que les syllabes finales de certains mots imposent à la voix un arrêt brusque, tandis que les finales de certains autres ne lui prescrivent aucun arrêt immédiat et la laissent libre de prolonger l'expiration, comme une bille lancée sur un billard avec une vitesse initiale déterminée roule de moins en moins vite et ne s'arrête qu'insensiblement. La différence entre ces deux modes de cessation, l'un brusque et l'autre progressif et sans heurt, justifie les dénominations de *masculines* et de *féminines* appliquées, d'une part, aux rimes qui n'impliquent pas d'*e* muet senti, et, d'autre part, à celles qui en impliquent. Mais remarquons que beaucoup de mots dont la syllabe finale est masculine ont néanmoins cette

---

(1) *Testament poétique. La Versification. Prose*, p. 88.
(2) *Testament poétique. Discours à la Société des gens de lettres. Prose*, p. 247.

finale expirante, tels que les mots *bonheur, amour, devoir*. Les deux modes de cessation que je viens de signaler ne correspondent donc pas exactement aux deux espèces reconnues de rimes, les unes masculines, les autres féminines. Les féminines appartiennent au groupe des finales expirantes, dont beaucoup sont masculines. Il y a donc des *rimes fermes* et des *rimes expirantes*. Cette distinction n'est nullement arbitraire, car elle est donnée par la diction spontanée, tout comme la distinction des rimes masculines (dont les unes fermes et les autres expirantes) et des rimes féminines (qui sont toutes expirantes). Elle est donc légitime également, mais, en outre, elle est la seule fondamentale, puisqu'elle comprend l'autre et la dépasse. A ce double titre elle s'impose à l'étude des réformateurs soucieux de ramener la technique du vers à la phonique seule et au respect de l'observation et de la raison (1). »

Toutes les règles traditionnelles ou nouvelles de la versi-

(1) A ces brèves indications se borne ce que M. Sully Prudhomme a dit jusqu'ici de cette réforme. Il y manque la formule précise du critérium d'après lequel se reconnaîtraient de façon fixe et constante les expirantes et les fermes parmi les masculines. Cette distinction est certainement liée à la physionomie expressive du mot autant qu'à la qualité absolue des sons. Ainsi le mot *infini* semble se moduler en expirant, tandis que *puni* sonne court et ferme. A titre de simple complément approximatif, nous nous hasarderions cependant à proposer la division suivante :

Rimes fermes :

1° Les voyelles pures accentuées à la fin des mots : opé*ra*, azu*ré*, véri*té*, bolé*ro*, fleu*ri*, pa*ru*.

2° Les voyelles pures contiguës à d'autres voyelles sonores : Dana*é*, obé*i*, tra*hi*, Jé*hu*.

3° Les diphtongues sourdes avec ou sans consonnes finales : *feu, mou, neveu, point*, etc.

4° Toutes les finales brèves et les monosyllabes brefs : *roc, sec, tact, bras, col*, nec*tar*, fer*mer*, progres*sif*, cris*tal*, etc.

Exemple : *Le peuple s'amuse*, pièce où presque toutes les masculines sont fermes (*Les Solitudes*, p. 67).

Rimes expirantes :

1° Toutes les muettes.

2° Les diphtongues sonores appuyant une consonne : *bonheur, amour, devoir*, etc.

3° Les finales longues à son ouvert : hé*las*, alo*ès*, tour*ment*, cro*ît*, éc*lôt*, en*fants*, etc.

4° Les diphtongues filées : *nuit, noir*.

fication, fussent-elles appliquées avec la plus grande exactitude, ne suppléeraient pas au don naturel qui seul fait le poète : « Le nombre de syllabes requis, la césure correcte et la rime suffisante sont définissables, mais peuvent constituer un vers parfaitement plat, et le versificateur, à moins d'être poète, peut fort bien ne pas s'en apercevoir, s'illusionner sur la qualité de sa production. Ce sont là, en effet, les éléments rudimentaires du vers, l'ossature sans laquelle il n'existe pas du tout, mais par laquelle il n'existe pas encore; il y manque le mordant et le poli des consonnes, les timbres variés de leurs timbres et de leurs accents, qui seuls peuvent y ajouter les muscles, les nerfs, le sang et le souffle, en un mot la vie. A défaut de ces apports qui doivent compléter le canevas musical, le vers demeure inexpressif, dépourvu de toute originalité, il n'est pas, à proprement parler, *nombreux*. Or c'est à l'instinct, au sens du nombre, que je reconnais la réelle aptitude à l'art poétique. Par malheur, ce sens peut faillir au versificateur à son insu. Poète peut-être, mais par le cœur et l'imagination seulement, il ne l'est, hélas! qu'à demi. Parfois au rebours, il n'a du poète que l'oreille et, dans ce cas fréquent, il ne l'est encore qu'à moitié. Pour l'être entièrement, il doit sentir avec une profondeur et une vivacité rares, et céder à un incoercible besoin de rendre ce qu'il sent par le langage le plus musical

5° Les voyelles pures ou consonantes dans les mots comportant, par leur expression, un port de voix. Infini, *mort*, *fuir*, etc.
Exemple de strophes uniquement expirantes :

« Plein d'une angoisse de banni,
A travers la flore innombrable
Des campagnes de l'Infini
Je poursuis ce lis adorable.

S'il brille au firmament profond
Ce n'est pas pour moi qu'il y brille :
J'ai beau chercher, tout se confond
Dans l'océan clair qui fourmille... »

« Quand luira cette étoile un jour,
La plus belle et la plus lointaine,
Dites-lui qu'elle eut mon amour
O derniers de la race humaine! »

(*L'Étoile au cœur.*) — (*L'Idéal.*)

possible (1). » « Une seule condition s'impose essentiellement au vers, c'est de ne jamais être plat. Un vers est tenu de différer de la prose par une cadence qui n'est pas toute dans l'hémistiche et le nombre des syllabes. Un vers plat n'est pas vraiment un vers, parce que l'harmonie la plus expressive, cette harmonie ailée qui ne se définit ni ne s'enseigne, en est absente (2). »

V

Qu'est-ce donc proprement que la Poésie comme art, et qu'est-ce qu'un poète?

La Poésie, au même titre que les autres arts, comporte à la fois un charme sensuel, en tant qu'elle affecte agréablement le sens de l'ouïe par le rythme musical du vers, et une haute expression morale propre à faire naître l'aspiration. Ces deux éléments de l'esthétique poétique sont inséparables dans une œuvre parfaite, mais ils procèdent de deux aptitudes distinctes, et chez le poète lui-même, et chez l'homme de goût qui admire la beauté des vers.

« Tout art a pour condition première de flatter un de nos sens; quelles que puissent être les qualités d'une œuvre humaine, si aucun sens n'en est agréablement affecté, ce n'est pas une œuvre d'art. Il existe une beauté propre à la forme, beauté toute voluptueuse qui ne relève que des sens et n'a rien à démêler avec l'esprit ou le cœur... on n'est donc pas poète si l'on est insensible aux qualités purement acoustiques des vers, au rythme, au nombre, à la quantité, à la mesure, à la rime. L'oreille du poète n'est pas celle du musicien; il est même remarquable que le plus souvent le don de versifier et le don de composer en musique ne se rencontrent pas chez le même homme; toutefois, l'harmonie des syllabes scandées, bien qu'elle diffère de l'harmonie des notes accordées, n'en suppose pas moins une aptitude spé-

---

(1) *Prose*, p. 131, 132, *Sur la vraie et la fausse vocation dans l'art des vers*.
(2) Préface du *Bonheur*.

ciale de l'ouïe qui la sent et l'apprécie, et, sans cette aptitude organique, le poète n'existe pas. »

« Nous sommes aussi éloignés que possible de contester l'importance de la **forme en poésie** ; la forme y est aussi essentielle que dans tous les autres arts, mais elle n'y joue pas exactement le même rôle. La forme, en effet, peut causer un plaisir esthétique de deux manières différentes : soit par son charme sensuel, comme composé harmonieux de sensations, soit à titre de symbole par la pensée ou le sentiment dont elle est le signe, en un mot par l'expression. Or dans les autres arts, la beauté de la forme n'est pas nécessairement subordonnée à l'expression ; rien de moins expressif que le visage d'une statue grecque, il semble que l'artiste ait craint de nuire à la beauté plastique par la vivacité de l'expression ; un simple pot de terre de Chardin peut, sans signifier aucune idée, aucune passion, procurer au connaisseur, par la seule qualité des tons, les jouissances spéciales de la peinture. Dans le vers, au contraire la beauté de la forme ne peut nous procurer les jouissances propres de la poésie qu'autant que les mots assemblés deviennent, en composant une phrase, des signes expressifs d'une idée ou d'une passion. Personne de bonne foi n'oserait appeler beau un vers entièrement dénué de sens, quelque harmonieux qu'il fût... La poésie est de tous les arts celui qui peut le moins se passer d'*exprimer*, c'est-à-dire de s'adresser à l'intelligence et au cœur en servant de signe à des pensées et à des sentiments ; la poésie est essentiellement expressive. Le plaisir de l'oreille y accompagne donc toujours quelque idée ou quelque passion et en est inséparable. Il s'ensuit que les vers les plus poétiques sont ceux où la plus grande beauté d'expression est unie à la plus grande beauté de pensée ou de sentiment (1). »

Le poète éprouve à traduire ses états moraux ou à décrire les objets des difficultés plus grandes que les autres artistes. « Le vocabulaire est une palette aux tons invariables qui se juxtaposent mais ne se mélangent pas pour fournir les nuances. Il en résulte que ces tons ne représentent pas des choses in-

---

(1) *Prose*, p. 159, 160, 161. *Testament poétique : Sur la forme et ses rapports avec le fond en poésie*.

dividuelles; les mots, en effet, (sauf les noms propres) ne signifient que des genres, des espèces ou des variétés. La description est donc impuissante à composer une image adéquate de l'objet. Quand le poète y renonce il peut y suppléer par un détour; il peut indirectement susciter dans la mémoire du lecteur une image équivalente en lui communiquant son émotion, qui la lui suggère (1). Mais cette infériorité du langage est amplement rachetée; si, en effet, l'évocation qu'il tente perd en netteté à cause du sens collectif des mots, combien, par contre, le pouvoir qu'il leur doit de généraliser, d'abstraire et par suite d'exercer la raison offre d'avantages refusés à la peinture et aux autres arts! Combien la méditation greffée sur le rêve est féconde! Loin d'en sacrifier la profondeur délicieuse ou inquiétante, elle y plonge une sonde qui en tâte l'objet, et, mieux encore que le pinceau, le précise pour le cœur en invitant la pensée à justifier l'intime tressaillement par la profondeur même de ces causes. Elle ne l'approche pas de l'idéal, mais elle l'éclaire; elle le laisse à l'infini, mais elle en fait une étoile polaire en lui prêtant ses rayons (2). »

C'est, en langage poétique, dire que la Poésie est entre tous les arts celui qui fait le plus *aspirer*, le plus haut et le plus complet par conséquent. « La Poésie a, tout comme les autres arts, pour objet supérieur de susciter l'aspiration, et c'est même pour elle un devoir plus impérieux encore, parce qu'elle dispose, pour y parvenir, des ressources les plus puissantes : elle est en possession du langage qui lui permet de se les associer de quelque manière et dans une certaine mesure, et d'ajouter à ce qui lui est propre une contribution d'images (3). » « L'objet de la Poésie est identique à celui de l'aspiration. Il est donc essentiellement vague, puisque c'est un type de vie supérieure dont nous ne pouvons nous former qu'une idée négative, par contraste seulement avec la vie terrestre. Le poète, non plus que les autres artistes, n'essaie même pas de posséder son idéal sans inter-

(1) Cf. *suprà* notre chapitre sur la *Poésie scientifique*.
(2) *Prose*, p. 140, 141. *Testament poétique : Qu'est-ce que la Poésie ?*
(3) *Prose*, p. 139. *Ibid.*

médiaire. Il ne fait que le pressentir, en rencontrer ici-bas des fantômes et l'y reconnaître à l'étonnement ravi, en un mot à l'*admiration* qu'il en éprouve. Il le cherche donc autour de lui et en lui-même, c'est-à-dire d'une part dans les objets qualifiés *beaux*, qui se révèlent à l'homme par les sens, et, d'autre part, dans les penchants, les sentiments, les désirs, les actes volontaires qui procèdent de l'homme et, honorés de la même qualification esthétique par la conscience morale, sont également ici-bas le signe naturel et le témoignage de cet idéal (1). »

« Ce double et vaste champ où le poète le poursuit, hors de soi et en soi, dans toutes les formes, constitue par excellence le domaine de la poésie proprement dite, et le vers y remplit sa plus haute fonction. Ce domaine n'est pas nécessairement serein puisque la terre et l'espèce humaine y sont en jeu. Toutes les passions contribuent à le féconder. La poésie lyrique avec ses envolées échappe le plus possible à la servitude terrestre, mais, quand elle est personnelle, par la confidence des combats et des souffrances privés, elle risque d'y retomber. La poésie personnelle n'évite cet écueil que par la communion de l'individu avec autrui, du poète avec l'humanité. Plus il est homme, plus il en exprime les caractères essentiels par ses propres soupirs, plus il se rapproche de l'idéal poétique, mais aussi plus il incline à se détacher de lui-même pour sympathiser avec les douleurs et les joies des autres hommes. Il devient alors plus grand poète. Il entreprend des compositions épiques ou dramatiques. Ici se rangent les poèmes de longue haleine, historiques, légendaires ou sacrés, et la tragédie, forme sublime de l'aspiration. C'est en effet dans les luttes et les orages de la vie morale que l'âme tourmentée, mise à l'épreuve par les hostiles conditions de son existence terrestre, où les passions exaspérées le détournent violemment de la voie ascendante, prend conscience de la dignité par le remords ou par l'estime de soi, et se repliant sur elle-même, sonde les abîmes intérieurs qu'elle offre au bonheur véritable, à ce bonheur qui la fuit toujours

---

(1) Cf. *suprà*, le chap. *de l'Aspiration*.

et l'attire par delà l'horizon du regard (1). » « Le poète possède éminemment la faculté d'épouser toutes les émotions pour s'en faire l'écho. Exercer cette faculté lui est si essentiel, que s'il n'en rencontre pas autour de lui d'assez dignes occasions, il les emprunte à l'histoire ou il les imagine plutôt que de s'en passer; mais quand la réalité présente les lui fournit, rien ne saurait lui être plus favorable; il s'en empare aussitôt et fait vibrer son cœur à l'unisson des grandes secousses de son milieu social. Alors les sujets artificiels qui le plus souvent défraient les poèmes classés abdiquent devant les sujets vivants. Ceux-ci, beaucoup plus saisissants, font reculer tous les autres au second plan. Quand ils ont un caractère général répondant à de vastes courants d'idées et de sentiments nouveaux, il peut arriver que l'âme d'un peuple s'identifie à celle du poète qui la sent frémir en soi. Sa personnalité consiste alors dans son aptitude même à s'approprier pour les rendre avec le timbre et l'accent individuels, les soupirs, les cris, les appels de la conscience nationale, et même de la conscience humaine dont celle-ci participe. C'est bien aussi le poète qui les pousse, car il éprouve pour son propre compte les espoirs les regrets, les élans de confiance ou de révolte de ses compatriotes, qu'il s'agisse de politique, de religion ou de tout autre grand intérêt moral d'ordre positif ou transcendant. Ces conditions accidentelles ne se présentent guère qu'une fois ou deux par siècle; le poète qui les rencontre et n'y est point inférieur fait de la poésie personnelle susceptible d'être en même temps populaire, car ses intérêts propres ne se distinguent pas de ceux de la patrie et de l'humanité. Il y a conjonction, fusion de la poésie personnelle et de la poésie la plus élevée (2). »

(1) *Testament poétique*, p. 177, 178. — *Prose*, p. 147, 148.
(2) *Ibid., Introduction.*

CHAPITRE IV

Recherche des fondements positifs de la Moralité et de l'Éthique.

I. Données éthiques de la conscience. Rapports des croyances morales de M. Sully Prudhomme avec la morale chrétienne et le stoïcisme. — II. Analyse de la moralité. Justice, désintéressement, valeur morale, mérite, obligation: idée de la *dignité humaine*. Position du problème moral au point de vue social et au point de vue conscientiel. — III. Principe de la philosophie de l'histoire; l'histoire considérée comme une morale en action interprétée à la lumière de la psychologie. — IV. La sympathie comme lien social. Théorie de la *possession sociale*; ressort de la possession mutuelle des volontés. Les *régimes*. — V. Le problème social. Recherche des fondements positifs d'une Éthique. La vie politique. — VI. Le patriotisme. Analyse de l'idée de Patrie.

I

L'*aspiration* enferme deux éléments fondamentaux, dont l'un seulement a été jusqu'ici analysé et critiqué : une émotion spéciale, l'*admiration du beau*, principe de l'esthétique, et un sentiment, celui de la *dignité humaine*, accompagné d'un commandement intérieur, l'*obligation morale*, sentiment qui va devenir le principe de la morale. Ni les données esthétiques, ni les données morales immédiates de la conscience ne se présentent comme des notions scientifiques, c'est-à-dire des notions susceptibles d'une définition rationnelle exprimant la nature de leur objet et fournissant à l'esprit les éléments d'une certitude positive.

« Les perceptions esthétiques se distinguent des notions scientifiques en ce qu'elles sont concrètes et que l'élément subjectif n'y est pas distrait de l'élément objectif par la pensée ; au contraire tout y est employé à l'expression par la forme au moyen de la sympathie… L'objet du sentiment qui éveille dans l'homme la beauté psychique et celui qui traduit le beau plastique ou musical sont fuyants. Je me borne à conjecturer que, dans l'un et l'autre cas, c'est la dignité de l'espèce humaine. » « Quant aux notions éthiques d'où relève la moralité, elles me paraissent correspondre au même objet, mais elles se distinguent des précédentes par leur caractère impératif. Elles impliquent pour le sujet une mise en demeure par une autorité inconnue de favoriser, dans sa délibération, une convenance qu'il juge étrangère et parfois même contraire à la sienne. Or le concept du libre arbitre, d'un acte sans condition qui le nécessite, celui de l'obligation morale, chaîne sans contrainte, celui du désintéressement, abdication du *moi* par le *moi* sont demeurés jusqu'à présent pour moi rebelles à toute définition rationnelle (1). *Ce sont des actes de foi.* Ils s'imposent à l'intelligence, mais ils n'en reconnaissent pas la juridiction (2). » Ainsi les données morales sont présentées ici comme distinctes à la fois des notions scientifiques par leur caractère irrationnel, — ce qui nous avertit de suite du tour mystique que va prendre la morale de M. Sully Prudhomme —, et des aspirations esthétiques par leur caractère impératif, ce qui nous révèle *in limine* le lien de cette morale avec la doctrine Kantienne, autrement dit la doctrine chrétienne laïcisée.

L'âme de M. Sully Prudhomme est comme une église désaffectée où personne ne pratique plus le culte, mais où flotte encore l'odeur de l'encens éteint, où subsistent les symboles de la foi passée, où habite encore le Dieu qu'on adorait là. Chrétien, il ne l'est plus le douloureux poète des *Épreuves* et de la *Justice*, le subtil et rigoureux critique des dogmes et

---

(1) M. Sully Prudhomme a, depuis l'époque où il énonçait cet aveu d'impuissance, tenté une preuve rationnelle du libre arbitre et tracé de façon plus précise les limites de la juridiction de la raison en approfondissant la théorie des antinomies métaphysiques. Cf. le chapitre du *Libre arbitre* (II⁰ partie, chap. v) et le chapitre I de la IV⁰ partie, *Critique des antinomies spéculatives.*

(2) *Que sais-je ?* p. 46, 47.

de la métaphysique, du judœo-christianisme ; mais si par la raison il a rompu avec une religion dont un instant il fut jadis le sectateur fervent, par le cœur, par la conscience et les mœurs il reste tout pénétré des sentiments altruistes et ascétiques prêchés par l'Évangile. « Quant à moi, je l'avoue, je n'éprouve aucun scrupule à admettre comme absolue la valeur des principes moraux tels que les définit la philosophie spiritualiste de notre siècle. En dépit de ma raison qui ne se repose que dans l'unité, je ne peux m'empêcher de reconnaître dans la pensée et dans la pesanteur deux modes irréductibles de l'activité ; en dépit de ma raison qui le nie, je crois au libre arbitre parce que sur ce point, je ne sens pas mon intelligence d'accord avec mon expérience intime, avec mon intuition, qui n'est pas tenue de comprendre ce qu'elle constate... Enfin le sentiment le plus fécond pour l'harmonie et la solidité des relations sociales me semble avoir trouvé sa formule définitive dans la morale évangélique réduite par Jésus même à ce qu'elle a d'essentiel, dans le précepte qu'il donne aux hommes, à tous indistinctement, de s'aimer les uns les autres et de faire pour son prochain tout ce qu'on ferait pour soi-même, commentaire pratique de celui de Moïse : « *Tu aimeras ton prochain comme toi-même.* » (Lévitique). N'est-ce pas la formule fondamentale de la loi de solidarité dans une espèce éminemment sociale ? Non substitué, mais appliqué à la justice, ce précepte est admirable, car il y fait la part de la fraternité qui favorise l'intime connaissance des besoins essentiels, partant des droits d'autrui, et c'est le moyen de ne léser ni privilégier personne, car si chacun offre le sacrifice entier de son intérêt propre, un généreux débat s'élève, qui, pour aboutir, nécessite un compromis. Il en résulte infailliblement un irréprochable partage entre tous des obligations réciproques, et conséquemment des droits, par une mutuelle et équitable réduction des sacrifices individuels. Si bienfaisante que soit l'application de l'amour à la justice, il pourrait toutefois y avoir danger pour la dignité à laisser la première de ces fonctions sociales suppléer la seconde. Il en coûte, en effet, d'autant moins à l'individu de se sacrifier à autrui qu'il l'aime davantage, de sorte que, en réalité, l'amour du prochain tend à abolir le sacrifice même dans les concessions que la justice exige de chacun en faveur de tous ; il tend donc à supprimer la valeur morale attachée à l'effort, le mérite. A vrai dire, cette conséquence extrême de l'amour n'est guère à prévoir et à craindre : l'individu n'est que trop disposé à se préférer aux autres. Si l'on tient néanmoins à conjurer tout excès qui pourrait s'ensuivre, quelque improbable que ce soit, on adoptera le stoïcisme tempéré, comme dans Marc-Aurèle, par la mansuétude (1), par une sorte de commisération supérieure à l'égard de l'espèce humaine en lutte avec ses misères, ses vices pour réaliser sa dignité. Cette philosophie compatissante et virile à la fois satisfait aux plus scrupuleux soucis de la conscience et me semble représenter la plus haute moralité compatible avec les conditions de la vie terrestre. En somme, *je ne peux me défendre de considérer la morale telle qu'elle est sinon pratiquée, du moins formulée, depuis l'ère chrétienne, par un nombre imposant de penseurs et par les adoptés plus ou moins réfléchis de leurs principes, comme l'expression définitive de la dignité humaine* (2). »

Nous voilà donc avertis, par cette déclaration non équivoque, des caractères et des origines de la foi morale de M. Sully Prudhomme. Un christianisme philosophique —, si l'on peut s'exprimer ainsi, — dans lequel l'humilité est remplacée et rehaussée par un vif sentiment de la dignité humaine ; un stoïcisme quasi-chrétien qui glorifie l'effort, le sacrifice, l'amour désintéressé du prochain, la vertu pure, ne fait du bonheur que le couronnement du mérite ; en un mot, la morale Kantienne dépouillée de son caractère purement rationnel et ramenée à ses tendances mystiques et ascéti-

---

(1)   O grand Zénon, patron de ces héros sans nombre,
   Accoudés sur la mort comme on s'assied à l'ombre,
   Et n'offrant qu'au devoir leur pudique amitié,
   Tu fus le maître aussi du divin Marc-Aurèle,
   Celui dont la douceur triste et surnaturelle
   Était faite à la fois de force et de pitié ! »
                        (*Le Bonheur. La Philosophie antique.*)

(2) *Prose, l'Histoire et l'État Social*, p. 276, 277, 278. — Cet opuscule a d'abord paru comme préface de l'édition nouvelle de *la Bible de l'Humanité*, de Michelet. (Calmann-Lévy. Paris, 1899)

ques, voilà ce qui, aux yeux de notre philosophe, constitue l'*expression définitive* de la moralité.

Plus encore que dans sa philosophie spéculative, M. Sully Prudhomme doit beaucoup à Kant dans sa philosophie de l'action et de l'aspiration morale. Il se sépare toutefois du fondateur de la morale de l'impératif catégorique sur ce point très essentiel qu'il accorde au sentiment le rôle que Kant attribue exclusivement à la Raison pure. L'intuition morale, pour M. Sully Prudhomme, est un phénomène d'ordre affectif, qui se rattache à cet état de l'âme, l'*aspiration*, dont nous avons déjà noté les caractères :

> « Toujours en nous parle sans phrase
> Un devin du juste et du beau :
> C'est le cœur, et dès qu'il s'embrase
> Il devient de foyer flambeau.
>
> Il n'est plus alors de problème,
> D'arguments subtils à trouver,
> On palpe avec la torche même
> Ce que les mots n'ont pu prouver.
>
> Quand un homme insulte une femme,
> Quand un père bat ses enfants,
> La raison neutre assiste au drame,
> Mais le cœur crie au bras : défends ! » (1)

Bien plus, tandis que dans la morale criticiste le critérium même du bien réside dans le caractère rationnel d'un acte n'impliquant aucune contradiction, l'une des premières choses que M. Sully Prudhomme signale avec raison dans son analyse des concepts moraux, c'est le caractère irrationnel d'une loi qui met l'individu en contradiction avec lui-même lorsqu'elle le sollicite à faire violence au plus naturel des instincts, l'égoïste appétit du bonheur et de la conservation. Mais ce n'est pas entre deux jugements que surgit ici la contradiction, c'est entre deux tendances manifestées par deux sentiments contraires et deux formes d'action diver-

(1) *La Vertu (Les Vaines Tendresses).*

gentes. L'aspiration esthétique et morale, autrement dit l'amour désintéressé d'un idéal, est un élan aussi spontané et incoercible présentement dans la conscience humaine que l'instinct qui dirige sûrement l'activité des animaux vers leur conservation. Or l'homme est à la fois un animal poussé par l'amour de la vie à fuir la douleur et à rechercher la jouissance, et un être supérieur capable d'appétits divins en lutte avec l'instinct de la brute. « Ces hautes aspirations, se demande le poète, ces guides intérieurs ont-ils été de tout temps chez nos ascendants, même les plus éloignés, tels que je les trouve en moi? N'ont-ils jamais rien dû à l'éducation progressive et ne lui doivent-ils rien non plus en moi ? Je suis loin de le croire. Mais ils n'en sont pas moins acquis au groupe social, au troupeau humain dont je suis une tête ; ils lui sont acquis par une sélection séculaire et par cela même qu'ils l'ont conservé au milieu des épreuves de tout genre dont témoigne l'histoire. Ma curiosité ne remonte plus jusqu'à l'inaccessible origine du malaise étrange que j'éprouve en certains cas à ne pas accepter de souffrir, à ne pas savoir sacrifier la satisfaction de mon désir à l'intérêt d'autrui, ni vers la source également insondable de joie supérieure (trop rare), que me procure le sacrifice et qui m'est d'autant plus douce que je consens davantage à m'imposer une privation plus dure. Je me borne à constater en moi ces deux états d'âme opposés et à en chercher la plus prochaine explication (1). »

Étant donné donc ce fait de l'*intuition morale*, intuition d'ordre émotionnel et non rationnel, soit à en analyser d'abord les éléments et à tenter l'interprétation positive, tout comme a été analysé et interprété le fait de *l'expression esthétique*. Fidèle à sa méthode habituelle, M. Sully Prudhomme va instituer cette théorie analytique et explicative de la moralité avant de tenter la critique de l'aspiration morale et de se hasarder enfin à concevoir poétiquement les hypothèses et postulats propres à justifier les mystérieuses injonctions de la conscience humaine.

(1) *Que sais-je?* p. 203, 204.

II

Les éléments que M. Sully Prudhomme découvre et énumère par analyse dans sa conception intuitive du Bien et du Mal, sont ceux-mêmes que la morale la plus courante à notre époque présente à la très grande majorité des consciences. Leur exposition n'offre donc pas l'attrait de la nouveauté, mais elle n'en est pas moins nécessaire en vue de l'intelligence de théories plus personnelles au philosophe dont nous avons ici à retracer toute la pensée.

« Je peux m'expliquer déjà suffisamment l'antique distinction du bien et du mal dans les rapports sociaux. Le *bien* c'est tout ce qui favorise, par l'accord des hommes, le développement et l'exercice de *toutes* leurs aptitudes individuelles et collectives, de sorte que nulle ne soit sacrifiée aux autres, que chacune, au contraire, bénéficie, autant qu'elle le comporte, de la culture et de l'emploi des autres; le mal, c'est le contraire du bien. L'accord des hommes s'opère par la mise en pratique de deux conceptions morales qui prédominent aujourd'hui dans les peuples avancés : à savoir celle de la *Justice* et celle du *Désintéressement*. Quand le désintéressement est mutuel, il ne ruine personne et profite à tous; mais, lors même qu'il demeure unilatéral, il n'est que trop réfréné par les besoins personnels pour qu'on ait à en redouter les excès. »

« Je vois l'immense majorité de mes semblables attacher de la *valeur morale*, du *mérite*, ou, au contraire, du *démérite* aux actes humains selon qu'ils sont justes ou injustes, intéressés ou désintéressés, en deux mots, *bons ou mauvais*. C'est une conséquence de leur foi aveugle dans le libre arbitre; aucun système philosophique ne saurait prévaloir contre cet aveuglement salutaire. Je le partage avec toutes ses suites; je sens, à n'en pas douter, que mon intention caractérise et qualifie différemment mes actes, quel qu'en soit le succès, selon qu'elle me sacrifie à autrui ou qu'elle le sacrifie à moi. Et, si contradictoire que soit, au point de vue rationnel, l'idée du désintéressement, cette idée n'en régit pas moins mes jugements d'ordre pratique sans éveiller plus de doute réel, efficace en moi, que celle du libre arbitre (1). »

« Avec la même certitude que je distingue le bien et le mal, je sens que cette distinction m'*oblige* à pratiquer le premier et à m'abstenir du second, autrement dit à n'avoir jamais que de bonnes volitions. L'*obligation morale* a-t-elle pour principe en moi un ordre intime à mon libre vouloir par l'Inconnaissable, qui représenterait dans ce cas l'*impératif catégorique*? Je l'ignore, mais je suis porté à le croire, car je ne peux, par l'analyse, réduire ce lien à une nécessité purement logique telle que celle-ci : « Par suite de l'idée que j'ai du bien et du mal, je suis tenu d'agir de telle manière pour bien agir. » Non, c'est de bien agir que je me sens tenu. Un simple désaccord logique entre mon idée du bien et ma conduite ne m'affecterait pas comme le fait la violation, par moi ou par d'autres, des règles de la justice et de l'humanité. Peu importe, d'ailleurs; ce dont je ne doute réellement pas, parce que je le *sens* invinciblement, c'est que je suis averti du caractère spécial de l'obligation morale par le sentiment de ma responsabilité. J'ai en effet avec moi-même des relations agréables ou désagréables; je m'en veux ou je me sais gré, je me blâme ou me loue selon la qualité morale de mes intentions. Ces arrêts intérieurs pèsent dans mes délibérations; leur poids, c'est précisément ce que j'appelle *obligation*, *devoir*, et il me semble que je n'ai pas besoin, pour délibérer utilement, d'approfondir davantage la puissance qui exerce sur moi cette action, puisque, aussi bien, je ne puis pas m'y soustraire... Mis à tout moment en demeure d'agir avant de m'être entièrement expliqué ce que j'appelle ma *conscience morale*, ce qui juge en moi le parti que je prends, il faut bien que je le prenne tout de même et que je m'y résigne. Nous en sommes tous là, les plus instruits comme les plus ignorants (2). »

La définition du Bien par la Justice et le désintéressement, la reconnaissance d'une obligation inconditionnelle imposée à la volonté libre par le *dictamen* de la conscience, et d'une

(1) *Que sais-je?* p. 206, 207.
(2) *Ibid.*, p. 208, 209, 210.

responsabilité intime procédant de cette obligation, telles sont donc les données immédiates de l'intuition morale.

Rien d'hypothétique ni de problématique jusqu'ici dans ces constatations (en admettant, avec M. Sully Prudhomme, que les intuitions de notre conscience moderne nous révèlent la plus haute formule du Bien). Mais si l'on pousse plus loin l'analyse, certaines notions morales vont s'y ajouter, qui resteront mystérieuses pour la raison et à l'occasion desquelles le poète sera amené, après en avoir tenté la critique, à se bercer d'une « hypothèse accommodante ayant quelque chance de représenter la réalité et de défier toute réfutation de la part des savants (1). »

C'est d'abord l'idée de la *dignité humaine* en nous. « Ce sentiment flatté ou froissé par l'intention élevée ou basse, généreuse ou égoïste, c'est-à-dire bonne ou mauvaise, qui dirige les actes, en devient dans notre conscience morale l'approbation ou le désaveu. » Il y a donc une valeur propre à la qualité d'homme. Or le type humain, ramené à son essence abstraite et générale, ne paraît représenter que le minimum d'humanité. « Ce type, par la manière dont il est formé, excluant toute différence entre les individus, ne permet pas de distinguer d'un sauvage quelconque, ni les uns des autres Aristote, par exemple, Newton, Pascal, Léonard de Vinci, Hugo, D'Assas, Saint Vincent de Paul. Tel quel, néanmoins, il est encore supérieur à celui de toute autre espèce animale par une spécialisation plus complète des fonctions et de leurs organes, par une division plus efficace du travail qui constitue la vie même physique et psychique, et par la plus grande complexité de ce travail. Dans l'espèce humaine elle-même, je conçois des variétés supérieures à d'autres entre la limite minima et la limite maxima que je viens de marquer, cette dernière étant atteinte par l'individu de l'espèce le mieux doué possible, dont l'essence serait formée de toutes les qualités reconnues chez les hommes, portées à leur perfection (2). » Cette *dignité* ne paraît pouvoir procéder que de l'action volontaire et réfléchie, ce qui est fatal n'impliquant

(1) Cf. IV° Partie, chap. III et IV.
(2) *Que sais-je?* p. 212, 213.

aucune valeur ni aucun mérite. Je ne dirai pas que la dignité humaine consiste dans la conformité des actes de l'individu de l'espèce supposé le mieux doué possible aux prescriptions qu'il trouve écrites dans sa propre essence, indiquée dans ses aptitudes mêmes, si je ne reconnais pas la liberté de ses actes (1). »

« Pour que la conformité des actes aux lois essentielles revête un caractère qui motive l'usage du mot *dignité*, il faut en outre, pour moi du moins, qu'il soit l'œuvre volontaire d'un libre effort, sinon elle ne se distinguerait en rien de l'emploi que fait de ses propriétés n'importe quel corps brut participant à une combinaison chimique, et le mot *dignité* n'a pas été créé pour exprimer l'infaillibilité des actions d'un corps brut sur un autre. Il faut qu'il y ait *victoire*. Si l'homme n'avait aucune lutte à soutenir, aucune victoire à remporter pour maintenir dans sa conduite l'intégrité de son essence, la dignité lui serait étrangère et indifférente, il n'en aurait ni le sentiment ni le souci. Cela reconnu, je n'hésite plus sur le sens qu'il convient d'assigner au mot *supériorité*, du moins dans l'ordre éthique. Je sens distinctement qu'un homme laborieux, studieux, est supérieur à un paresseux, un homme généreux qui se sacrifie supérieur à un égoïste, un soldat qui triomphe de la peur à un lâche qui s'y livre et fuit. Du même coup je prends nettement conscience de l'infériorité, de ce qu'il faut entendre par *déchoir*. Déchoir pour un individu, c'est volontairement se rendre ou se laisser rendre moins homme, descendre par l'abandon de soi au-dessous de sa propre espèce. *La dignité se mesure premièrement à sa valeur spécifique, je veux dire au degré d'émancipation dévolu à l'activité de son espèce dans l'exercice des aptitudes qui en constituent l'essence ; secondement, à la part d'initiative personnelle, de responsabilité qui lui incombe dans l'usage qu'il en fait* (2). »

« La dignité requiert donc le libre effort et couronne une victoire. Cette victoire est indépendante du succès extérieur

---

(1) *Que sais-je ?* p. 214.
(2) *Ibid.*, p. 215, 216. — Cette définition de la dignité rappelle très sensiblement la distinction stoïcienne du κατόρθωμα et du καθῆκον dans la vertu.

de l'acte car dans l'effort volontaire l'agent rencontre pour premier obstacle sa propre inertie. Il ne rencontre la résistance du dehors qu'autant qu'il se porte en avant pour la soutenir ou la repousser; il n'a qu'à reculer pour éluder la rencontre : il évite ainsi d'avoir même à y céder. Or le recul volontaire est une défaillance, une défaite, tandis que le recul forcé implique de la part de l'agent une tendance en sens contraire, laquelle est une victoire, sinon sur l'obstacle extérieur, du moins sur l'obstacle intérieur, sur la fatigue, la paresse, la peur etc... (1) »

Cet effort et cette victoire ne donnent pourtant pas encore par eux mêmes à la bonne action son caractère proprement moral. « La condition reconnue nécessaire au fondement de la dignité n'y suffit pas. Il en faut une de plus : laquelle? C'est ici qu'intervient ce facteur irrationnel et réel le *désintéressement*. Il est le générateur même de la dignité individuelle. Celle-ci, en effet, consiste essentiellement pour chaque homme à servir la dignité du groupe social auquel il appartient et par là-même de l'espèce humaine, au détriment de sa propre satisfaction immédiate, en ce sens qu'il voue d'abord sa part d'initiative dans l'exercice de ses aptitudes à les faire collaborer au bien d'autrui, et même, saint ou héros, à le sacrifier par sa mort partielle ou entière, s'il la croit utile à ses semblables. Ce sacrifice peut accroître non pas seulement le bien-être matériel de sa famille, mais améliorer les conditions plus profondément vitales de leur prospérité, celles qui les rapprochent davantage du type humain supérieur (2). »

Le problème qui se pose aux sociétés les plus élevées de l'espèce humaine est donc le suivant : « *permettre à l'humanité d'accomplir toute sa destinée, c'est-à-dire de conformer sa vie à toutes les indications de son essence.* Ce problème se ramène à celui-ci : *introduire dans les relations des hommes entre eux la justice et le désintéressement requis pour que les aptitudes de chacun se développent sans rencontrer d'autre obstacle à leur expansion que leur propre respect pour celle des*

---

(1) *Que sais-je?* p. 217.
(2) *Ibid.*, p. 218, 219.

aptitudes d'autrui, et pour que leur rencontre avec celles-ci n'engendre qu'une émulation ou une collaboration également avantageuse de part et d'autre. Réduit à sa formule purement politique, le problème est *d'assurer à chacun, par le moindre sacrifice possible de sa liberté, le plus possible de sa liberté même* (1). »

Cette analyse a établi et mis en relief le caractère éthique de l'espèce humaine. « C'est un troupeau perfectible par la nature même des liens qui le forment. Il leur emprunte toute sa dignité car ces liens tendent à devenir une subordination volontaire, contractuelle de l'intérêt privé à l'intérêt public. Sans doute le premier n'en est finalement que mieux servi puisqu'il est impliqué dans le second et que la société ne peut pas prospérer sans que les associés y gagnent, mais il faut que chacun d'eux renonce à une part de son intérêt propre *avant* de la recouvrer plus large au fond de l'intérêt commun ; et, sans être sûr que lui individuellement il la recouvrera, *il faut qu'il sacrifie avant de bénéficier*. Il y a donc privation d'abord, c'est dans cette privation préalable acceptée que consiste le désintéressement ; *l'action désintéressée est une trajectoire circulaire qui commence par s'éloigner de son origine : le moi, et n'y revient qu'après avoir compris autrui dans son parcours* (2). »

On le voit, parti de la morale du devoir pur où la conscience « instinct divin, immortelle et céleste voix » joue pour lui, comme pour l'auteur de la *Profession de foi du vicaire savoyard*, le rôle d'une sorte de surnaturelle révélation, M. Sully Prudhomme arrive par degrés à une morale de la solidarité et de l'intérêt commun : acheminement inévitable dans toute doctrine qui ne confère pas d'emblée au culte moral un caractère franchement religieux et qui ne peut fonder autrement que sur des considérations d'ordre pratique et social la théorie de l'action morale. Il l'a si bien senti lui-même, que, avant de revenir à son mysticisme moral pour le glorifier en poète dans ses poèmes de la *Justice* et du *Bonheur*, et de l'appuyer d'une hypothèse mi-scientifique, mi-poétique,

(1) *Que sais-je ?* p. 220.
(2) *Ibid.*, p. 221.

celle de l'évolution progressive de la race humaine dans le sens de la justice et de la beauté, il a institué une théorie toute positive de l'éthique, théorie dont la valeur scientifique reste aussi indépendante de toute fiction métaphysique que la théorie de l'expression dans les Beaux-Arts.

III

Si les divers caractères déterminés par l'analyse réflexive dans l'aspiration morale, représentant vraiment l'essence du bien et la définition de la fin suprême où tend l'évolution morale de l'humanité, l'histoire même de cette évolution doit corroborer les révélations de la conscience. C'est un fait d'expérience aussi ancien que l'humanité elle-même que les hommes ont une tendance naturelle à la sociabilité et que les sociétés qu'ils forment entre eux s'organisent lentement sous l'influence de causes naturelles dont l'action détermine l'évolution morale de ces sociétés. Retracer l'histoire de cette évolution et réfléchir sur sa marche et ses conditions, instituer une philosophie de l'histoire, ce sera montrer, par conséquent, le caractère éthique de la société humaine, c'est-à-dire sa tendance à la sociabilité et à la moralité. Un grand historien moraliste avait déjà tenté une entreprise de ce genre, c'était Michelet, dans sa *Bible de l'humanité*. M. Sully Prudhomme, plein d'admiration pour le pénétrant génie de Michelet écrivit en 1899 une préface à une nouvelle édition de cet ouvrage; c'est dans cette étude, depuis détachée et publiée à part dans ses œuvres complètes, que M. Sully Prudhomme entreprit de démontrer par des preuves psychologiques et sociologiques l'existence d'un progrès moral dans l'humanité (1).

Une *Bible de l'humanité* « serait l'histoire considérée dans un esprit analogue à celui de la Bible, c'est-à-dire une histoire à la fois profane et sacrée, celle des actes fondamentaux de

(1) Ces vues sur le problème social seront amplement développées dans un ouvrage encore inédit qui nous a été officieusement communiqué par M. Sully Prudhomme, mais où nous n'avons pu puiser des textes dont la composition n'est pas encore définitive.

conscience et de foi épars dans les monuments de toutes sortes recueillis par une sélection judicieuse et logiquement ordonnés. Ceux-là seuls de ces actes seraient retenus qui ont efficacement concouru à guider l'homme dans la direction de la destinée que lui prescrit l'éminence de son espèce, et, à l'y ramener, de près ou de loin, en dépit de tous les écarts accidentels. C'est en un mot *le progrès de la morale en action* se déroulant sur la scène du monde à la recherche de ses principes soit transcendants soit empiriques (1). »

« Pour l'historien moraliste et psychologue la philosophie de l'histoire consiste à formuler la loi de l'évolution morale de l'espèce humaine, en comparant, dans le cours des siècles, le discernement acquis et la pratique du bien et du mal au modèle idéal de la moralité (2). » Une telle comparaison suppose évidemment que l'historien, par une voie quelconque, intuitive, religieuse ou rationnelle, est parvenu à déterminer les caractères propres et les fins véritables de notre espèce. Avec Michelet, M. Sully Prudhomme admet et postule que cette fin est l'avènement de la Justice par le sentiment de la dignité et le désintéressement; et c'est sur la foi d'une intuition consciencielle impossible à bannir et à révoquer en doute qu'il définit ainsi la moralité. Nous ne discuterons pas ce postulat, que Kant admet d'une façon plus radicale encore, puisqu'il l'érige en donnée rationnelle, universelle et éternelle, sans même lui chercher un fondement historique. Il nous paraît seulement aussi contestable, en principe, de juger l'histoire entière de l'humanité du point de vue de notre conscience moderne que de rechercher avec Bossuet dans histoire universelle les signes d'un plan providentiel tendant à l'avènement du peuple élu de Dieu. Il n'est aucune conception d'ensemble sur les destinées de l'humanité au service de laquelle on ne puisse mettre l'histoire interprétée dans un certain sens préconçu. Toutefois, comme le principe admis par Michelet et M. Sully Prudhomme n'enferme aucune invraisemblance et qu'il est susceptible de fournir plus d'un aperçu lumineux sur l'histoire de la civilisation, rien ne

(1) *Prose*, p. 272, 273, l'*Histoire et l'état social*.
(2) *Ibid.*, p. 274.

s'oppose du moins à ce qu'on l'adopte à titre d'idée directrice d'un système historique et moral.

Il est d'ailleurs un fondement positif et nullement hypothétique sur lequel une philosophie de l'histoire peut étayer ses inférences : c'est l'étude psychologique de l'homme observé individuellement ou collectivement. « *La philosophie de l'histoire est un vain mot, si elle n'est le sommet d'une étude des événements par un philosophe spécialement psychologue.* » Ce philosophe ne se contente pas d'interpréter les actes au point de vue de la responsabilité morale des personnes, d'applaudir ou de s'indigner : « il poursuit les racines des actions humaines, il en cherche l'explication dans les ressorts les plus intimes de la volonté. » Un tel point de vue, plus scientifique que le premier, échappe aux objections qui peuvent atteindre un système. En s'y plaçant pour déterminer « le ressort initial et persistant du mouvement historique » et le déclarer « tout psychique », avec preuves à l'appui, M. Sully Prudhomme dépasse la méthode historique de Michelet, méthode tout intuitive et poétique, pour se rallier à la méthode analytique et démonstrative de Montesquieu. La constatation de l'existence de liens sociaux (familiaux, nationaux, internationaux) entre les hommes n'explique pas en quoi ils consistent. Or l'observation doit aussi bien en révéler la nature et les causes qu'elle en établit l'existence. « C'est donc évidemment de l'exacte analyse de ces liens, de leur définition précise que dépendent la parfaite intelligence et l'objet même de l'histoire, car les actions des hommes n'intéressent leur vie sociale qu'autant qu'elles affectent les causes qui les poussent à se grouper et les tiennent réunis. » Si considérable que soit l'influence du milieu physique sur la constitution des sociétés, « c'est dans l'homme qu'il faut chercher les conditions essentielles de ces liens, car les forces du dehors manqueraient de point d'application et de matière pour les créer et les modifier si elles ne rencontraient en lui nul instinct, nulle tendance, nul besoin préexistant qui en motivât et provocât la formation. *Le ressort initial et persistant du mouvement historique est donc par là tout psychique* (1). »

(1) *Prose*, p. 290, 291.

IV

Deux facteurs psychologiques fondamentaux contribuent à favoriser et à susciter le groupement des hommes en société ; la *sympathie imitative* et la *possession mutuelle des volontés*.

Le phénomène de la *sympathie*, tel qu'il a été déjà décrit à propos de l'expression esthétique où il joue un rôle si considérable, tend à faire naître la sociabilité chez l'homme. « La sympathie est, par essence, *imitative*. L'individu qui exerce une action quelconque sur le moral d'un autre peut, par cet intermédiaire tout spontané, l'exercer indirectement sur les autres individus groupés autour du premier, de sorte que son influence se transmet à tout le groupe et le subordonne. En outre, la sympathie contribue, dans une mesure incalculable, à l'assimilation des races les unes par les autres, avec le temps, et par suite à l'homogénéité des mœurs dans une société ; c'est elle qui fait d'un groupe humain, à proprement parler, un troupeau, sous une réserve toutefois fort importante, qui distingue ce troupeau des autres colonies du régime animal : dans celles-ci, même les plus avancées, les individus se partagent un petit nombre de fonctions sociales, très nettement définies, et les chefs semblent être des monarques institués par la nature dans l'intérêt exclusif de la communauté. Je me borne à signaler la *sympathie imitative* comme condition préalable et moyen spontané de l'établissement des rapports sociaux (1). »

Ces rapports sont déterminés par le besoin que les hommes ont les uns des autres et par les avantages qu'ils retirent de la vie commune. « L'humanité trouve à l'association de grands avantages qui la stimulent à s'acquitter de son mieux de cette charge que lui impose son essence. Les penchants opposés, affectueux ou envieux, généreux et cupides, serviles et dominateurs qui se disputent le cœur humain ten-

---

(1) *Prose*, p. 292. — M. Sully Prudhomme renvoie ici le lecteur aux études de M. Tarde : *Les lois de l'imitation*, Paris, F. Alcan.

dent pour pour se satisfaire à rapprocher les individus. (1) »

« Tout homme est naturellement enclin à s'aider d'autrui dans le combat de la vie, à se subordonner, pour en user, l'activité de ses semblables, et aussi, pourvu qu'il l'aime, à lui offrir le concours de la sienne. Tout homme cherche à *posséder la volonté des autres* pour son propre usage ou avantage ; il le cherche par l'intimidation ou l'ascendant, ou l'obligation contractuelle, ou l'affection. *La possession mutuelle des volontés dans l'intérêt des penchants individuels et aussi dans un intérêt commun de conservation, de défense ou d'attaque constitue le lien social* ... Dans tous les cas, un homme, d'une part, n'est jamais à la disposition d'un autre sans que, bon gré mal gré, sa volonté s'y prête ou s'y résigne, en un mot l'accepte, car il lui appartient de refuser ses services, et même, s'il est un héros, de préférer la mort à l'esclavage ; d'autre part, un homme refuse rarement les services d'un autre, et, s'il en profite sciemment, c'est qu'il le veut bien. Ainsi, de toutes les conditions requises pour la formation des liens sociaux, quels qu'ils soient, la seule, à la fois nécessaire et suffisante, la seule efficiente, est *le consentement mutuel*. On l'appelle vicié, chez l'une des parties, quand il est violenté, c'est-à-dire quand il exprime, entre deux maux le choix du moindre ; mais pour cela il n'en existe pas moins. L'homme est, hélas ! trop souvent dans l'extrémité de consentir à ce qui lui déplaît. Pour que les hommes entrent en société, il faut donc et il suffit que, soit à la satisfaction exclusive d'un certain nombre d'entre eux, soit à la satisfaction commune, tous y consentent (2). »

Ce principe fondamental de sociologie positive est d'une indiscutable évidence empirique ; il constitue l'élément le plus original et le plus solide de l'éthique de M. Sully Prudhomme. On peut remarquer d'à présent que ce principe de la *possession sociale* est un principe utilitaire bien plutôt que moral, à proprement parler, si la moralité consiste dans l'amour désintéressé d'autrui ; il peut toutefois, comme nous le verrons dans quelques-unes de ses applications, con-

(1) *Que sais-je ?* p. 204.
(2) *Prose*, p. 292, 293.

fondre son autorité avec celle de la conscience morale.

« Par quelles voies la volonté d'un homme est-elle amenée à mettre son activité à la disposition d'un autre ? ou inversement : par quels moyens le second obtient-il que le premier consente à lui céder la possession de son activité, — possession de l'homme par l'homme, que j'appelle la *possession sociale* ? Il ne le peut évidemment qu'en utilisant à cet effet les mobiles qui dominent la volonté du premier. Quels sont ces mobiles ? Ils varient de nature et de puissance suivant l'individu, chez qui leur proportion constitue l'élément principal de ce qu'on nomme son caractère. Les voici tous, si mon analyse est exacte (1) : »

« En première ligne, *l'instinct de conservation*, l'attachement à la vie et la crainte de la douleur. Le moyen de possession offert par ce mobile est l'alternative imposée ou de se rendre à discrétion, ou de souffrir, même de mourir. En un mot, c'est *l'abus de la force*. J'appelle *régime de la violence* la possession sociale obtenue ainsi. »

« Le second mobile est l'*instinct*, commun à tous les vivants, *d'acquérir de quoi vivre dans les meilleures conditions possibles*. C'est encore l'instinct de conservation, non pas seulement cette fois mis sur la défensive, mais en outre stimulé par les besoins, les appétits, les passions à satisfaire, en un mot, toutes les diverses formes du *désir*. Chez le plus grand nombre, le désir ne se montre ni à l'état brut, ni factice, ni effréné, ni amorti, mais discipliné par le calcul de l'intérêt bien entendu, et il se manifeste par la recherche du gain. C'est l'*esprit mercantile*, au sens le plus large du mot. Je considère ici le désir uniquement à ce point de vue, en tant qu'il peut être alléché par l'offre d'une satisfaction en échange d'un service quelconque, matériel ou moral. Le moyen de possession sociale est alors l'appât d'un lucre, d'un salaire, d'un bénéfice pécuniaire ou autre. Comme il y

---

(1) Il semble qu'il manque à cette énumération un mobile fondamental, la *conscience d'une solidarité profonde* entre moi et autrui, qui nous lie nécessairement et naturellement l'un à l'autre. D'où le régime de la *communauté solidaire*, base de l'éthique socialiste. M. Sully Prudhomme l'a, d'ailleurs, lui-même signalé dans son célèbre sonnet : *Un songe*.

a marché débattu, discussion contradictoire de l'intérêt respectif des parties contractantes, la raison s'est substituée à la force. Elle pèse l'équivalence des avantages, sans toutefois que l'équité, invoquée de part et d'autre, soit encore prise en considération pour elle-même, c'est-à-dire prise à cœur par chacune des parties pour l'autre comme pour soi, en un mot, sans qu'il y ait trace de justice proprement dite. Au contraire, elles s'efforcent souvent de se tromper l'une l'autre sur les avantages qu'elles se font, et même trop souvent l'abus d'un avantage préalablement acquis introduit par voie subreptice et sous forme latente le régime de la violence dans cette possession sociale que j'appelle *le régime de la mutualité égoïste* ou *le régime mercantile*. »

« Le troisième mobile, qui participe de la crainte et par là touche au premier, est le *respect soit superstitieux, soit religieux des puissances invisibles*. L'ignorance, au début de l'histoire, en est le principe et y joue un rôle capital. Dans ce cas, le moyen de possession sociale est l'*autorité sacerdotale*, le prestige qu'empruntent au fétiche, à l'idole, au dieu, l'instaurateur du culte ou ses successeurs qui l'exercent, en un mot *le représentant du surnaturel*. Ce mobile est fréquemment allié à l'amour. »

« Le quatrième mobile, qui confine au précédent par un autre mode du respect, c'est la *vénération admirative et confiante* inspirée par quelque supériorité morale d'ordre humain, l'énergie, le courage, la vertu, la science. L'amour l'accompagne ordinairement. Le moyen de possession indiqué par ce mobile est l'influence et le crédit personnels qu'il incite à accorder. — J'appelle *régime de l'ascendant* la possession sociale obtenue par l'un ou l'autre des deux moyens précédents, en avertissant de n'en pas confondre les caractères distinctifs sous cette dénomination commune. »

Le cinquième mobile rattaché au précédent par l'admiration, qui le plus souvent l'accompagne, est *l'amour* considéré dans toutes ses espèces (amour paternel, maternel, filial, fraternel, amour de la patrie, amitié, sympathie, au sens courant de ce mot, etc..) Le moyen de possession qu'il offre n'est pas toujours d'aimer soi-même, de se dévouer : *séduire* suffit. L'affection toutefois a chance de provoquer l'affection, mais il est bon d'ordinaire qu'elle apporte avec soi le bienfait sous forme sensible, ce qui, chez les âmes basses ou faussées par l'ambition, la dispense d'être sincère pour acquérir la réciprocité. La possession sociale obtenue par ce moyen est le *régime de l'amour*, tantôt unilatéral, tantôt réciproque. Il ne constitue un véritable lien social que dans le second cas, parce que seulement alors il y a consentement de part et d'autre. »

« Le sixième et dernier mobile qui détermine l'aliénation de l'activité et des biens d'un homme à un autre, c'est *le besoin d'être juste* provoqué par le second chez le premier en s'adressant à sa conscience pour disposer de son vouloir à charge de réciprocité. Cette conscience de la justice impose *l'obligation morale*, le devoir d'y satisfaire, sanctionné par le contentement ou le mécontentement de soi-même, et c'est ce qui distingue le devoir de l'obligation purement conventionnelle, je veux dire née d'un débat entre égoïsmes, qui n'est sanctionnée que par des pénalités procédant du dehors et conventionnelles aussi. »

« La sanction intime de la justice en révèle l'essence et l'objet. En effet, si nous sommes content de nous-même quand nous subordonnons notre égoïsme à l'intérêt particulier d'un de nos semblables, c'est que par là nous donnons satisfaction dans sa personne à un intérêt général et plus élevé que le sien, au suprême intérêt de notre espèce, à la *dignité humaine*. J'entends par *la dignité humaine le rang qu'assignent à notre espèce ses caractères distinctifs dans la série des espèces vivantes* (1). »

Nous voici donc ramenés, une fois encore, par l'analyse objective des mobiles qui constituent les ressorts de la vie sociale, à ces trois concepts moraux fondamentaux : *justice, désintéressement obligatoire, respect de la dignité humaine*, concepts mystérieux et irrationnels qui ne s'expliquent, à un point de vue théorique, qu'à condition ou de postuler par un acte de foi, ou d'établir par une critique préalable la définition de la *dignité humaine* sur laquelle vient de se clore cette énu-

---

(1) *Prose*, p. 294, 295, 296, 297, l'*Histoire et l'état social*.

mération. Laissant provisoirement de côté, cette fois encore, ce débat qui n'est plus du ressort de la méthode scientifique, prenons pour accordé qu'il existe une moralité parmi les hommes, moralité définie par le respect de la dignité humaine avec toutes ses conséquences, et que cette moralité est un des moyens de possession sociale au même titre que les autres mobiles. Ce qui revient simplement à poser qu'il y a parmi les hommes d'honnêtes gens qu'on tient par leur conscience, comme il y a des esclaves qu'on tient par la peur, des gens avides qu'on tient par leurs besoins, des gens crédules ou respectueux qu'on tient par l'ascendant du mystère ou de l'autorité morale, et des gens de cœur qu'on tient par l'amour qu'on leur inspire. Or cette constatation suffit à établir l'existence d'une morale susceptible de se composer avec d'autres facteurs dans la vie des sociétés humaines et d'orienter dans un sens ascendant l'évolution de ces sociétés.

V

Étant donnée donc l'existence d'un *besoin de justice*, « injonction que fait intérieurement la nature à l'individu de ne jamais faire tort à son espèce dans la concurrence pour la vie et qui imprime à cet instinct un caractère obligatoire, » quel sera le rapport de ce mobile moral avec les autres dans la vie des sociétés ? « Le problème de la vie sociale pour l'espèce humaine consiste à découvrir le moyen de rendre également réciproque, c'est-à-dire équivalente en avantages pour tous les individus, la mutuelle possession de leurs volontés. Or ce problème comporte des solutions de plus en plus approchées à mesure que les relations des volontés individuelles sont facilitées davantage par l'adoucissement des mœurs, à mesure que l'égoïsme a perdu de sa férocité primitive au profit des penchants altruistes. Aussi le renoncement partiel qu'exige de chacun la justice distributive, puis l'oubli de soi pour autrui, l'abnégation, le dévouement, la charité, en un mot le désintéressement, sont-ils devenus peu à peu le double idéal que se proposent les nations les plus éloignées de l'état sauvage et de la barbarie, les plus cultivées, pour resserrer leur union respective et assurer par là leur paix intérieure (1). »

Il s'en faut, cependant, que cet idéal soit encore réalisé, ni que toutes les sociétés le respectent au même degré. La *moralité* proprement dite est la conformité de la conduite humaine à cet idéal ou la capacité de la concevoir et d'y tendre. La *morale* est la doctrine impérative qui prescrit à l'homme l'obligation fondamentale d'être vraiment homme, de ne pas déchoir du rang de notre espèce. L'*éthique*, enfin, c'est le système des idées que se font les hommes de ce rang et des règles de conduite qu'il leur impose. L'*éthique* est sujette à varier beaucoup avec le temps et le lieu, comme le concept de la dignité, tandis que la *morale* est une et constante puisqu'elle procède de l'essence humaine elle-même et des conditions de vie sociale résultant de cette essence. « *Morale, éthique, moralité* sont trois choses distinctes. La morale crée entre l'homme et sa dignité un rapport obligatoire, mais dont le second terme appelle sa définition ; l'éthique est la recherche réfléchie et progressive de celle-ci ; la moralité en est la mise en pratique plus ou moins fidèle. C'est à ces trois points de vue qu'il convient d'apprécier la valeur morale d'un peuple (2). »

Pour que la justice, prescrite aux hommes par la morale, fût mise en pratique dans la vie des individus et dans les institutions politiques, il faudrait que chacun fût en mesure de savoir parfaitement ce qui se passe dans la conscience des autres, afin de se mettre à leur place. Or si cette intuition sympathique des états d'âme d'autrui est déjà difficile et incomplète entre personnes qui se connaissent, elle l'est plus encore pour le législateur appelé à régler les droits réciproques des citoyens, sans connaître ceux auxquels il se substitue. « Pour lui, le problème social à résoudre par la justice, est *de concilier la liberté individuelle avec l'état social, qui implique rencontre et solidarité.* Il s'agit d'apprécier les concessions que les champs d'activité respectifs des individus ont à se faire mutuellement pour ne se limiter les uns les

(1) *Que sais-je ?* p. 205, 206.
(2) *Prose*, p. 300.

autres que dans la stricte mesure requise par l'intérêt commun. La justice absolue exigerait que les sacrifices individuels à cet intérêt fussent équivalents pour tous comme aussi tous les avantages tirés de l'association. Mais cet idéal est évidemment irréalisable, car il faudrait que le législateur connût non seulement la nature humaine en général, mais encore les caractères propres qui distinguent chaque individu dans l'espèce et donnent seuls la mesure exacte de ses droits comme de ses devoirs, des sacrifices qu'il conviendrait de lui imposer pour rendre ces sacrifices équivalents à ceux des autres associés, et des avantages correspondants qui lui seraient dûs en échange. Or cette estimation est impossible. Le législateur est obligé de s'en tenir à des distinctions collectives, fondées sur la vraisemblance et l'analogie... Une loi ne peut avoir égard aux différences individuelles de ceux qu'elle oblige; en les présumant ainsi tous pareils, elle favorise, il est vrai, les uns aux dépens des autres, mais elle est d'autant plus impartiale que, chez les intéressés, elle vise des caractères plus vraisemblablement communs à tous. » Ce que la loi peut et doit prescrire, c'est le minimum d'hommage des hommes à leur propre essence, c'est-à-dire leur respect mutuel dans leur personne et dans leurs droits. « Dans tous les cas, il y a possession des volontés sous le régime de la justice, quand, dominées par le besoin qu'elles en sentent, elles se possèdent mutuellement par un accord où les intérêts individuels sont autant que possible satisfaits dans la mesure et sous les réserves qu'exige la conscience la plus éclairée de la dignité humaine; c'est aux yeux de chaque peuple sa conscience nationale, mais, en réalité, celle du plus civilisé au point de vue de la morale. A mesure que l'éthique et la moralité progressent, l'affirmation des droits se fait plus impérieuse et plus explicite à la fois (1). » Tel est le fondement du droit naturel, principe immuable de toutes les législations et de toutes les constitutions politiques dans les États. « Le gouvernement d'un peuple est l'organe de la possession sociale exercée sur lui par ses dominateurs indigènes ou

---

(1) *Prose*, p. 302.

étrangers. Il exprime leur caractère et en même temps celui de ce peuple, sa moralité habituelle, soit par contraste, s'il subit sa domination, soit par identité s'il l'a reçoit de lui-même, je veux dire de la constitution qu'il se donne en s'inspirant de la fraternité et de la justice (1). »

VI

Les principes que M. Sully Prudhomme vient d'appliquer à la philosophie de l'histoire et à la théorie du droit vont lui dicter son opinion touchant l'un des problèmes les plus actuels de la morale sociale, le problème du fondement de l'esprit national.

L'État, tel qu'il a été précédemment défini, ne constitue pas nécessairement une patrie. Les groupements politiques peuvent être déterminés par la conquête, c'est-à-dire par la violence, ou par d'autres causes étrangères aux liens sociaux d'ordre moral. « J'entends par *État* un groupe d'individus, soit de même origine et de même race, soit d'origines et de races diverses, installé sur un ou plusieurs territoires distincts, mais organisé de telle sorte que les relations extrinsèques de ces hommes entre eux, autrement dit leurs liens économiques et politiques, soient maintenus par le gouvernement central. Ainsi défini, le vocable *État* n'est nullement synonyme du vocable *patrie*... Le sens habituellement attaché au mot *patrie* lui fait désigner l'unité morale qui, peu à peu, s'est établie entre des hommes, les uns vivants, les autres morts, liés entre eux sinon tous par le sang, du moins tous par une communauté d'intérêts et un échange séculaire de services sur le territoire qu'ils occupent. Ce territoire peut d'ailleurs être discontinu et d'une étendue variable mesurée par les limites élastiques de leur occupation même. »

« Pour que le sentiment patriotique naisse et se développe entre individus et à l'égard du lieu où ils habitent, plusieurs conditions sont requises. Il faut qu'ils aient pris conscience

(1) *Prose*, p. 303, 304, 305.

des intérêts matériels et moraux qui les retiennent dans ce lieu et de l'unité morale qui les y groupe ; c'est-à-dire de leur solidarité mutuelle. Cette conscience engendre, d'une part, l'amour du sol natal, et, d'autre part, la fraternité (celle que proclame en France la devise républicaine et que dissimulent nos dissensions intestines) (1). Or n'aime pas qui veut. La maxime : « *Aimez-vous les uns les autres ; aimez votre prochain comme vous-même* » commande à l'homme plus que la nature ne le lui permet. C'est déjà beaucoup lui demander que de lui prescrire de s'abstenir de nuire : « *Ne faites pas à autrui ce que vous ne voudriez pas qui vous fût fait à vous-même.* » Mais la raison l'exige de chaque être humain, dès que, grâce à sa faculté de sympathiser, il a reconnu dans un autre être son semblable. Toutefois, sympathiser (au sens philosophique du mot) n'est pas encore essentiellement aimer, ce n'en est que la condition nécessaire. Un motif purement rationnel ne détermine à l'acte la volonté que s'il est doublé d'un motif passionnel. En tant que sentiment le patriotisme suppose entre ceux qui l'éprouvent une sympathie accompagnée d'affection ; mais l'affection se manifeste alors seulement que devient assez accusée la similitude, l'affinité des tempéraments, des caractères, des mœurs entre ceux qui sympathisent. Plus leur ressemblance est sensible, plus leur mutuelle affection est vraisemblable et plus le lien patriotique est aisé à créer et

(1) « Viens ! ne marche pas seul dans un jaloux sentier,
Mais suis les grands chemins que l'humanité foule ;
Les hommes ne sont forts, bons et justes qu'en foule :
Ils s'achèvent ensemble, aucun d'eux n'est entier.

Malgré toi tous les morts t'ont fait leur héritier ;
La patrie a jeté le plus fier dans son moule,
Et son nom fait toujours monter comme une houle,
De la poitrine aux yeux l'enthousiasme altier !

Viens ! Il passe au forum un immense zéphire ;
Viens ! l'héroïsme épars dans l'air qu'on y respire
Secoue utilement les moroses langueurs.

Laisse à travers ton luth souffler le vent des âmes,
Et tes vers flotteront comme des oriflammes
Et comme des tambours sonneront dans les cœurs !

(*La Patrie.* — *Les Épreuves ; Action*).

étrangers. Il exprime leur caractère et en même temps celui de ce peuple, sa moralité habituelle, soit par contraste, s'il subit sa domination, soit par identité s'il l'a reçoit de lui-même, je veux dire de la constitution qu'il se donne en s'inspirant de la fraternité et de la justice (1). »

VI

Les principes que M. Sully Prudhomme vient d'appliquer à la philosophie de l'histoire et à la théorie du droit vont lui dicter son opinion touchant l'un des problèmes les plus actuels de la morale sociale, le problème du fondement de l'esprit national.

L'État, tel qu'il a été précédemment défini, ne constitue pas nécessairement une patrie. Les groupements politiques peuvent être déterminés par la conquête, c'est-à-dire par la violence, ou par d'autres causes étrangères aux liens sociaux d'ordre moral. « J'entends par *État* un groupe d'individus, soit de même origine et de même race, soit d'origines et de races diverses, installé sur un ou plusieurs territoires distincts, mais organisé de telle sorte que les relations extrinsèques de ces hommes entre eux, autrement dit leurs liens économiques et politiques, soient maintenus par le gouvernement central. Ainsi défini, le vocable *État* n'est nullement synonyme du vocable *patrie*... Le sens habituellement attaché au mot *patrie* lui fait désigner l'unité morale qui, peu à peu, s'est établie entre des hommes, les uns vivants, les autres morts, liés entre eux sinon tous par le sang, du moins tous par une communauté d'intérêts et un échange séculaire de services sur le territoire qu'ils occupent. Ce territoire peut d'ailleurs être discontinu et d'une étendue variable mesurée par les limites élastiques de leur occupation même. »

« Pour que le sentiment patriotique naisse et se développe entre individus et à l'égard du lieu où ils habitent, plusieurs conditions sont requises. Il faut qu'ils aient pris conscience

(1) *Prose*, p. 303, 304, 305.

des intérêts matériels et moraux qui les retiennent dans ce lieu et de l'unité morale qui les y groupe; c'est-à-dire de leur solidarité mutuelle. Cette conscience engendre, d'une part, l'amour du sol natal, et, d'autre part, la fraternité (celle que proclame en France la devise républicaine et que dissimulent nos dissensions intestines) (1). Or n'aime pas qui veut. La maxime : « *Aimez-vous les uns les autres; aimez votre prochain comme vous-même* » commande à l'homme plus que la nature ne le lui permet. C'est déjà beaucoup lui demander que de lui prescrire de s'abstenir de nuire : « *Ne faites pas à autrui ce que vous ne voudriez pas qui vous fût fait à vous-même.* » Mais la raison l'exige de chaque être humain, dès que, grâce à sa faculté de sympathiser, il a reconnu dans un autre être son semblable. Toutefois, sympathiser (au sens philosophique du mot) n'est pas encore essentiellement aimer, ce n'en est que la condition nécessaire. Un motif purement rationnel ne détermine à l'acte la volonté que s'il est doublé d'un motif passionnel. En tant que sentiment le patriotisme suppose entre ceux qui l'éprouvent une sympathie accompagnée d'affection; mais l'affection se manifeste alors seulement que devient assez accusée la similitude, l'affinité des tempéraments, des caractères, des mœurs entre ceux qui sympathisent. Plus leur ressemblance est sensible, plus leur mutuelle affection est vraisemblable et plus le lien patriotique est aisé à créer et

(1) « Viens! ne marche pas seul dans un jaloux sentier,
Mais suis les grands chemins que l'humanité foule;
Les hommes ne sont forts, bons et justes qu'en foule :
Ils s'achèvent ensemble, aucun d'eux n'est entier.

Malgré toi tous les morts t'ont fait leur héritier;
La patrie a jeté le plus fier dans son moule,
Et son nom fait toujours monter comme une houle,
De la poitrine aux yeux l'enthousiasme altier!

Viens! Il passe au forum un immense zéphire;
Viens! l'héroïsme épars dans l'air qu'on y respire
Secoue utilement les moroses langueurs.

Laisse à travers ton luth souffler le vent des âmes,
Et tes vers flotteront comme des oriflammes
Et comme des tambours sonneront dans les cœurs!

(*La Patrie.* — *Les Épreuves; Action*).

à resserrer entre eux. L'échange de services est tour à tour cause et effet de la sympathie affective qui engendre le patriotisme. Cet échange est naturellement conditionné et favorisé entre les individus, entre les familles, par leur rencontre sur une même portion de la surface terrestre, de sorte que l'idée du sol et celle de patrie sont connexes. Cette connexité se manifeste par l'amour de la terre natale, qu'elle soit belle ou laide, gaie ou triste : amour inconscient chez ceux qui ne la quittent pas, si douloureusement profond chez les exilés. Cette connexité se révèle encore par ce fait que le lien patriotique se relâche sur un territoire d'une extension immodérée et se resserre quand s'augmente la population sans que le territoire s'accroisse ; dans le premier cas, la sympathie trouve moins souvent et moins facilement à s'exercer par suite des longues distances qui entravent les communications sociales ; dans le second cas, les relations, au contraire, se multiplient et deviennent de plus en plus étroites. Le sol de la patrie bénéficie de l'attrait qu'il emprunte à toutes les relations sympathiques dont il est le centre ; il est autant et même plus aimé pour cet attrait emprunté que pour son charme propre, qui peut être nul. En outre, si l'on considère l'influence capitale du milieu physique sur les facteurs de la naissance, si l'on se rappelle que ceux-ci déterminent l'hérédité, laquelle crée des rapports de similitude entre individus de même souche, et qu'enfin ces rapports provoquent entre ces individus la sympathie affective, d'où dérive le sentiment patriotique, on n'est pas surpris que le lieu de la naissance prête son nom à la patrie même. »

« En somme, les conditions requises pour que les hommes forment une patrie *parfaite* sont, à mes yeux, les suivantes : il faut que par un voisinage immédiat ou une communication facile, ils se sentent mis en demeure de s'entr'aider et que, pour y réussir, ils soient mis par des affinités physiologiques, psychiques et historiques en état de sympathiser le plus affectueusement possible entre eux ; il faut, en deux mots, qu'ils se sentent à la fois *solidaires et unanimes*. Comme c'est leur coexistence sur un territoire limité qui les met en relation et détermine leur commun tempérament par les mêmes influences climatologiques, le sol est un facteur essentiel de leur solidarité et de leur unanimité, tellement essentiel qu'il symbolise la patrie. Le mot *s'expatrier* est très significatif du lien local qui entre avec le lien social dans la formation d'une patrie. »

« En réalité, chacun de nous a deux patries, l'une géographique et l'autre morale. Leur synthèse constitue une individualité distincte tout à fait assimilable à une personne humaine indivisément composée d'un corps et d'une âme. Aussi peut-on comparer les diverses patries qui se partagent la surface habitable de la terre à des hommes installés chacun pour soi en un même lieu où ils peuvent et, tôt ou tard, doivent, en étendant leurs relations, se rencontrer (1). »

(1) *Prose*, p. 343, 344, 345, 346. *Sur les liens nationaux et internationaux.*

QUATRIÈME PARTIE

ANTINOMIES, CONJECTURES ET POSTULATS

CHAPITRE PREMIER

Critique des Antinomies spéculatives.

I. La spéculation et l'aspiration aboutissent à l'énigme métaphysique. Critérium du caractère métaphysique d'une conception. Position des Antinomies. Division des divers types d'antinomies. — II. Développement des *antinomies empirico-dialectiques*. Recherche des règles applicables à leur critique. Recensement de ces Antinomies. — III. Développement des *Antinomies dialectiques*. Critique de la méthode ontologique *a priori*. Négation de la métaphysique comme science spéculative. Critique des *Antinomies dogmatiques*, réduites à de pures anomies. — IV. Position des *Antinomies anthropomorphiques* ou *analogiques*. Solution négative au point de vue spéculatif.

I

Comme deux chemins également sûrs et bien battus, mais brusquement coupés par un même précipice où ils aboutissent tous deux, la philosophie spéculative et la philosophie de l'aspiration convergent, si on les suit jusqu'au bout, sur l'abîme métaphysique. La pensée qui les a parcourus ne peut croire qu'ils aient été frayés en vain et qu'ils ne conduisent pas quelque part ; mais elle n'ose s'aventurer plus loin que le sol ferme, quoiqu'elle se sente ailée, redoutant de sombrer dans un essor téméraire. Se résoudra-t-elle à une prudente immobilité et à une éternelle ignorance ? Risquera-t-elle le périlleux élan qui satisfera peut-être à la fois sa curiosité spéculative et son aspiration affective? C'est le moment critique auquel en arrive fatalement toute réflexion commencée sur la nature, les causes et les fins des choses. Il n'est personne qui n'ait présent à la mémoire l'admirable symbole par lequel M. Sully Prudhomme a exprimé cette lutte du génie audacieux et inquiet avec le prudent instinct du positiviste : l'ascension des aéronautes du ballon *le Zénith*, et le dialogue véhément de la chair et de l'esprit à mesure que l'air devient plus rare autour de l'aérostat (1).

Mais quittons les métaphores pour essayer de formuler d'une façon plus abstraite et plus précise les énigmes et les antinomies auxquelles va se heurter la curiosité spéculative du philosophe.

Dans un chapitre antérieur (2) nous avons vu déjà quelle méthode M. Sully Prudhomme suit dans ce développement dialectique de sa doctrine. Partant d'intuitions immédiates que lui fournit son sens intime, il les recense sans en scruter d'abord la signification profonde et les principes. Puis il en institue la théorie et la critique qu'il pousse jusqu'au point où son analyse l'oblige à remonter, au delà des limites du connaissable, jusqu'à un principe transcendant par qui ou en qui s'explique ce que l'expérience a constaté. A quel moment l'esprit quitte-t-il le domaine scientifique et positif pour s'aventurer dans le domaine métaphysique? C'est lorsqu'il essaie de concevoir et de formuler un rapport entre l'inconnaissable et le connu, et qu'il ne peut l'exprimer qu'en termes contradictoires. « Je fonde la distinction foncière, irréductible, entre l'*objet scientifique* et l'*objet métaphysique* sur ce fait aisément constatable que *toute proposition formulant dans l'esprit humain une relation entre le premier et le second est contradictoire*. Ce fait n'est pas seulement mis en évidence dans les Antinomies de Kant, il peut l'être dans n'importe quelle assertion rapportant les données du monde phénoménal à leur fondement métaphysique (3). »

« Il n'y a de métaphysique dans l'être que l'inconceva-

---

(1) *Poésies* (1872-1878). *Le Zénith*, II.
(2) Première Partie, chap. III, *La méthode*.
(3) Lettre inédite à C. H.; cf. *suprà*, Iʳᵉ partie, chap. II.

ble. La métaphysique commence où la clarté finit (1). »

« Puisque l'esprit humain est appelé à *former des concepts ou formuler des jugements contradictoires, sur des choses qui n'en existent pas moins, et par suite à en nier faussement la réalité*, il importe au plus haut degré de définir exactement ce qui distingue ces choses de celles où il ne court pas ce risque, où il peut concevoir et raisonner en toute sécurité, c'est-à-dire ce qui distingue les données métaphysiques des données qui sont de son ressort. Si cette distinction n'était pas possible à faire sûrement, le principe de contradiction, fondement de la logique, serait fallacieux et aucune connaissance qui en dérive ne serait certaine. La règle pour ce discernement est la suivante : *Est métaphysique toute donnée reconnue inaccessible soit aux sens, soit à la conscience, soit à l'observation externe, soit à l'observation interne.* Cette règle du même coup assigne leur objet aux sciences positives : *une science n'est positive qu'à la condition de ne viser que des rapports* (2). » « Ajoutons qu'une telle donnée est inaccessible à ces moyens de connaître, quelle que soit d'ailleurs la puissance propre de ceux-ci... La raison pourquoi la donnée métaphysique est inaccessible à l'observation humaine est essentielle : c'est qu'une telle donnée n'est pas du ressort de celle-ci. L'être, en effet, abstraction faite de ses actes, n'impressionne pas notre sensibilité (soit physiologique, soit morale) et ses actes, qui seuls l'impressionnent, se bornent à permettre à la conscience éveillée par eux d'en inférer qu'elle existe (3). » Lors même qu'une donnée métaphysique n'est pas illusoire, lors même qu'elle est réelle, elle ne peut être conçue et formulée par l'esprit humain qu'en termes incompatibles, contradictoires, comme si l'homme était averti par là qu'il abuse de sa puissance intellectuelle limitée en l'exerçant sur des objets qui en passent la portée (4). »

M. Sully Prudhomme emprunte donc à Kant, en lui don-

---

(1) *Que sais-je?* p. 51.
(2) *Les Causes finales*, p. 174.
(3) *La vraie religion selon Pascal*, p. 409. Cf. le chapitre de *l'Être et du connaissable*.
(4) *Ibid.*, p. 408.

nant seulement plus d'ampleur, l'un des plus puissants et des plus redoutables instruments dialectiques du Criticisme, l'opposition antinomique de thèses également évidentes quoique contradictoires entre elles, et la réduction à l'absurde de toute proposition dogmatique qui prétendrait exprimer ce qu'il est interdit à la pensée humaine de savoir. « Ici, disait Kant, se présente un nouveau phénomène de la raison humaine, à savoir une *antithétique* tout à fait naturelle que chacun peut rencontrer sans subtilité, sans raisonnements alambiqués, dans laquelle au contraire la raison tombe d'elle-même et inévitablement (1). » Ce n'est pas seulement dans les quatre exemples célèbres donnés par Kant que ce procédé si sûr peut s'appliquer ; chaque concept métaphysique, dès qu'on essaie de le définir, se résout, comme celui de l'infini, en éléments contradictoires qui le rendraient absolument inintelligible, si l'intuition n'y suppléait suffisamment. De même, tout fait dont on cherche dans l'absolu le principe et la raison dernière devrait être logiquement nié comme théoriquement impossible, si l'on ne s'en tenait à son sujet à l'intuition, plus satisfaisante pour la pensée que la déduction. Si donc, il y a « conflit entre l'intuition qui affirme et la déduction qui nie» (2), il importe, avant de donner créance à l'une ou à l'autre, de poser nettement chaque antinomie et de rechercher si toutes comportent une solution de même genre.

Le caractère commun à toutes les antinomies, c'est qu'elles jettent la pensée dans un embarras insurmontable en lui présentant comme absurde ce dont elle est sûre, comme logiquement nécessaire ce qu'elle ne peut admettre sans scandale et sans absurdité, comme énigmatique ce qui est simple et assuré, en un mot qu'elles donnent à l'homme l'impression qu'il déraisonne raisonnablement, mais ne peut cependant s'abstenir de raisonner ainsi. Toutes, par conséquent, font naître un doute et une confusion suffisants pour paralyser l'affirmation spontanée, mais non pour forcer l'adhésion parfaite de l'esprit à ce qui lui semble quand même

---
(1) Kant, *Critique de la Raison pure*, § 480, *Dialectique transcendantale*.
(2) Lettre inédite à C. B.

sophistique (1). Ce *doute logique* ou *dialectique* diffère du *doute réel* en ce qu'il ne prévaut ni contre l'intuition, ni contre la croyance à laquelle sont subordonnés les actes de la conduite (2). Il n'est donc pas absolu et efficace, mais le trouble intellectuel qu'il suscite n'en est pas moins un signe dont la raison doit tenir compte pour ne pas « se laisser aller à l'assoupissement d'une persuasion imaginaire produite par une apparence unique, non plus que pour s'abandonner à un désespoir sceptique, ou pour s'entêter de certaines assertions de manière à ne point écouter les raisons contraires, » selon les expressions de Kant (3). On peut donc considérer le doute dialectique comme un symptôme psychologique dont l'apparition avertit la pensée qu'elle pénètre dans le domaine de la métaphysique, de même que la présence des contradictions enfermées dans certaines propositions constitue un critérium logique du caractère métaphysique de ces propositions.

Toutefois, on rencontre des antinomies de nature diverse dont la solution ne peut être la même, parce qu'elles ne procèdent pas des mêmes causes logiques. On peut, semble-t-il, les ramener aux types suivants :

1° Il y a des antinomies, ou plus exactement des énigmes, qui surgissent à l'occasion de certaines constatations empiriques de faits qu'on ne peut nier, puisque l'intuition les atteste, mais qu'on ne peut non plus s'expliquer parce que le rapport des termes unis dans la proposition explicative est inconcevable pour la raison. Par exemple, le rapport empiriquement constaté du physique et du psychique humains n'est pas contestable ; mais dès qu'on essaie d'assimiler absolument l'un à l'autre ces deux termes, ou d'exprimer comment l'un modifie l'autre en agissant sur lui, on ne peut concevoir dans l'essence du corps les attributs de l'âme, ou vice-versa, ni se représenter comment un pur esprit meut un corps ou comment un corps peut sans contact modifier un esprit immatériel. De telles antinomies ont donc pour carac-

---

(1) Cet état ambigu de la pensée a été nettement indiqué par Berkeley (2° Dialogue) et par Hume. « On est *convaincu*, non *persuadé*. »
(2) Cf. *suprà*, II° partie, chap. I, *La Curiosité et ses lois*, § 2.
(3) *Critique de la Raison pure*, § 488.

tère d'obliger logiquement l'intelligence à nier ce qu'empiriquement elle sait réel ou du moins de la contraindre à proclamer *a priori* l'impossibilité de ce qui pourtant existe, et par conséquent, est possible *ipso facto*.

2° Il y a des antinomies qui, tout au contraire, surgissent à l'occasion de certains accouplements d'idées abstraites dont le rapport se présente comme logiquement nécessaire et, par là, affecte un caractère d'objectivité dont aucune constatation empirique ne peut cependant faire la preuve. Par exemple, l'argument ontologique en théologie rationnelle, l'affirmation de l'existence d'une substance derrière les phénomènes sensibles ou derrière les faits conscients, sont des propositions métaphysiques de ce genre. Ces *antinomies dialectiques* ont donc pour caractère d'induire l'esprit à affirmer ce qu'il ne sait pas et à spéculer sur ce qu'il ne peut ni connaître ni prouver, sur la foi d'une construction logique *a priori*. Or, comme le pour et le contre peuvent être inférés avec une égale rigueur de prémisses invérifiables, puisqu'elles expriment la nature de l'objet métaphysique et son rapport avec le connaissable, il s'ensuit que la raison reste en suspens entre ces thèses adverses et que seules l'acatalepsie sceptique ou la doctrine positiviste et relativiste résolvent toute antinomie métaphysique en niant purement et simplement la légitimité de « toute métaphysique future qui se présenterait comme science ». Si donc les antinomies du premier genre ont pour caractère de nous pousser à nier ce dont nous sommes sûrs, celles-ci au contraire ont pour effet de nous pousser à affirmer ce dont nous ne pouvons nous assurer ; bien plus, de nous faire affirmer à la fois le pour et le contre, au mépris du principe de contradiction, si nous ne voulons pas faire un choix arbitraire.

3° Il y a des antinomies qui sont de purs non-sens, les propositions formulées ayant pour caractère d'accoupler des termes dont le rapport n'est ni empiriquement ni rationnellement concevable. Celles-là s'évanouissent d'elles-mêmes dès qu'on leur applique l'analyse, car l'absence du *tiers-terme* ou *condition du rapport* est aussitôt décelée, dès qu'on remplace les mots par leurs définitions. Telle est, par exemple, la critique que M. Sully Prudhomme a fait subir aux formules dogmatiques du catholicisme par l'application des règles mêmes de Pascal pour les définitions.

4° Enfin il y a des antinomies qu'on pourrait appeler *analogiques* ou *anthropomorphiques*, qui ont pour point de départ l'application hasardée d'attributs humains à l'objet métaphysique. Concevant l'Être à l'image de l'homme, l'esprit humain lui attribue par analogie, outre les *catégories abstraites* ou *idées absolues*, (existence nécessaire, infinité, éternité, etc.) des prédicats moraux comme la justice, la bonté, l'intelligence etc. qui ne se conçoivent qu'en l'essence humaine ; puis il imagine ensuite le rapport de l'absolu avec le monde à l'instar du rapport qui existe entre une volonté humaine et ses actes, ou entre une pensée humaine et l'objet de sa connaissance. Cette conception anthropomorphique de l'Être n'est pas absurde, mais elle est problématique. Elle peut être à la fois rejetée par la raison spéculative et admise par l'aspiration. L'antinomie qui surgit alors n'est plus seulement d'ordre rationnel ; elle enferme des éléments affectifs et pratiques à côté d'éléments tout spéculatifs : elle met aux prises le cœur et la raison. Elle ne comporte de solution que par le primat reconnu à l'aspiration sur l'intuition et la déduction rationnelle, ou inversement.

Cette classification des antinomies, quoiqu'elle n'ait été nulle part exposée par M. Sully Prudhomme, ressort du recensement qu'il a fait des principales contradictions métaphysiques et de la critique à laquelle il les a soumises. Elle peut servir à mieux pénétrer cette partie essentielle de la doctrine, et c'est pourquoi nous l'avons introduite.

II

Appelons, par convention, *antinomies empirico-dialectiques* les antinomies du premier genre. Elles mettent en conflit la raison raisonnante et l'intuition empirique soit externe, soit interne. Cette intuition atteste avec la plus indiscutable évidence la réalité de certains faits, dont la raison ne peut ni former le concept sans introduire des termes contradictoires dans la définition proposée, ni donner une explication satisfaisante en dehors de relations toutes phénoménales. Si donc, sur la foi d'une intuition suffisamment claire on affirme ou la réalité d'une chose indéfinissable, ou la relation de deux faits irréductibles à quelque moyen terme, on se condamne volontairement à ne pas comprendre ce qu'on constate, ce qui répugne au plus haut point à l'intelligence avide de connaître les essences et les causes. Si au contraire, sur la foi d'un raisonnement logiquement correct, mais insuffisamment probant toutefois pour susciter le *doute réel*, on se condamne à nier ce qui est parce qu'on ne peut ni le définir, ni l'expliquer, on n'a pas la compensation de comprendre quelque chose de positif et d'assuré, puisqu'on est jeté en pleine contradiction, et l'on n'a pas davantage le bénéfice de croire spontanément à ce que le bon sens vulgaire ne met même pas en question. Pratiquement donc, il y aurait à opter pour la certitude intuitive sans s'embarrasser des sophismes dialectiques qui tentent d'en ruiner l'autorité. Mais cette solution expéditive, qui est celle que l'immense majorité des hommes adopte d'instinct, ne satisfait pas la raison spéculative, disposée à s'incliner devant la preuve, mais non devant la foi. C'est pourquoi il est nécessaire, comme l'a fait M. Sully Prudhomme, de soumettre à une critique préalable à la fois l'intuition, dont il faut établir la véracité, et la déduction, dont il faut formuler les règles logiques.

L'étude des *lois de la curiosité*, objet d'un chapitre antérieur, nous a déjà renseignés sur ce dernier point (1). Les *erreurs dialectiques* sont évitables, puisqu'en observant les *règles de recevabilité* et *de solubilité* on peut découvrir le vice formel d'un sophisme ou d'un paralogisme, et, par là, ne pas s'inquiéter d'impossibilités imaginaires. Quant aux *erreurs empiriques*, elles peuvent venir d'une fausse intuition, autrement dit d'une illusion soit de l'expérience externe, soit de l'expérience subjective. « Dans l'expérience externe, les idées acquises par le moyen des sens sont dites *vraies* quand

---

(1) IIe partie, chap. 1, *La Curiosité et ses lois*, § 4 et 5.

elles sont adéquates à leurs objets, *erronées* ou *fausses* quand le sujet les prétend vraies et qu'elles ne le sont pas, sans qu'il les reconnaisse pour des créations arbitraires de son esprit. L'erreur en cas peut venir d'un défaut dans l'intermédiaire organique ou artificiel entre l'impression et la conception de l'idée; c'est l'*erreur empirique* (1). » Toutes les précautions dont la méthode expérimentale entoure chaque investigation, chaque observation scientifique, ont justement pour objet de prévenir ou de rectifier de telles erreurs. Les théoriciens de cette méthode, comme Claude Bernard, sont les premiers à prescrire le doute expérimental et à convenir que toute affirmation empirique est sujette à revision. Ce n'est donc pas une négation absolue qu'il faut opposer préjudiciellement à l'intuition sensible, sous prétexte qu'elle est faillible, comme le faisait Descartes; c'est seulement une prudence systématique au nom de laquelle on n'affirme rien qu'à bon escient et « sous bénéfice d'inventaire expérimental ». Mais, une fois ces précautions prises, quelle raison aurait-on de nier au nom d'un raisonnement *à priori* ce qui s'impose à la pensée avec une parfaite évidence matérielle ?

La certitude qui s'attache à l'intuition subjective est encore supérieure. « Dans l'expérience interne les erreurs dialectiques sont les mêmes que dans l'expérience externe, mais les erreurs empiriques ne sont pas à craindre. En effet l'impression est dans ce cas devenue un simple avertissement que donne par son apparition mon état conscient à mon pouvoir d'en prendre conscience réfléchie... Par la réflexion je ne fais qu'être intentionnellement attentif à mon état conscient, à ma sensation, ou à mon sentiment, par exemple pour le rendre plus distinct à mon introspection. Celle-ci est immédiate, elle n'opère pas sur une représentation de son objet séparée de lui ; ce que j'appelle en moi l'idée de ma modification psychique, c'est cette modification même à l'état de souvenir. Mon introspection ne consiste donc pas à former une image expressive de ce qu'elle observe ; en prendre conscience, c'est simplement pour moi y être inten-

---

(1) *Fragment inédit.*

tionnellement attentif soit pendant que dure la modification, l'état observé, soit dans le champ de la mémoire. Loin d'être capable de m'induire en erreur, mon introspection, ma conscience de ce qui se passe en moi remplit les conditions requises pour éviter toute erreur et ne donner prise à aucune, à savoir d'être *attentive* et *immédiate*... Loin d'infirmer ma foi dans ce témoignage, la réflexion la confirme, car, si d'une part elle met en évidence la contradiction impliquée dans les concepts, d'autre part, c'est elle qui m'avertit que les concepts contradictoires ne supposent par tous l'irréalité de leurs objets, et qui, par l'analyse de leur formation, distingue les idées des faits extérieurs au *moi* médiatement acquises par le secours des sens, et les idées des faits intérieurs au *moi* immédiatement acquises par intuition ; c'est enfin la réflexion qui explique l'infaillibilité des dernières par l'identité du du sujet et de l'objet. En tant que ce qui sent est précisément ce qui est senti, il n'y a pas place pour une cause de méprise quand le premier affirme la réalité du second (1). »

S'il en est ainsi, ce n'est pas seulement d'une préférence bénévole, mais d'une confiance fondée en raison que bénéficie l'intuition quand la pensée s'y attache en dépit des négations de la dialectique et des absurdités auxquelles aboutissent les tentatives faites par la raison pour rattacher ces données réelles à l'objet métaphysique ou pour traduire leur relation qui est elle-même métaphysique, c'est-à-dire inconcevable et inexprimable.

Nombreuses sont les données de l'expérience à l'occasion desquelles se posent des *antinomies empirico-dialectiques*. M. Sully Prudhomme en a donné un relevé succinct après avoir rencontré ces contradictions au cours des analyses qui constituent sa philosophie spéculative. Résumons les.

1º « Puisque le périssable existe dans et par l'impérissable reconnu nécesssaire, il y a quelque chose de commun entre l'un et l'autre. Or, d'une part, cette donnée commune, en tant que partie intégrante du périssable, n'existe pas nécessairement, mais d'autre part, en tant que partie intégrante du

(1) *Fragment inédit.*

nécessaire, existe nécessairement : conclusion contradictoire... Il m'est impossible de concevoir comment le monde changeant se greffe sur son dessous immuable ou plutôt comment il en procède. Les changements ne sont pas essentiellement inaccessibles à mon expérience soit interne, soit externe, mais l'être métaphysique l'est dans sa nature intime à mon intelligence. Il s'ensuit que je ne peux porter sur les rapports que le monde des changements, le monde accidentel, soutient avec lui que des jugements dont l'infirmité se manifeste par la contradiction qu'ils impliquent (1). »

2° La définition du *devenir* est aussi contradictoire, dès qu'on essaie de la formuler, que toute proposition touchant l'origine du processus universel, du *devenir* cosmique. « Assurément ce qui existe à l'état de devenir n'est pas rien, mais dès qu'on tente de le définir, on ne le peut qu'en l'affirmant comme l'état d'une chose qui n'existe pas encore sans toutefois être nulle, comme un milieu contradictoire entre l'existence et la non-existence. Ainsi, dans l'expression mathématique du devenir, l'infiniment petit, grandeur non réalisée, mais en voie de formation, et qui, à ce titre n'est pas zéro, n'est pourtant pas susceptible de diminution, car il a pour propriété d'être moindre que toute grandeur assignable (2). » Le caractère contradictoire du concept du *devenir* se précise encore si l'on fait intervenir la détermination temporelle qu'implique tout changement. « Un changement, c'est la substitution d'un état à un autre immédiatement antérieur, substitution instantanée, opérée en un seul moment, dans cette durée infiniment petite qui constitue le présent. Remarquons que nous ne pouvons nous former la représentation exacte, l'idée adéquate du *moment*. En tant qu'infiniment petit, c'est une donnée soustraite à l'expérience et, à ce titre, métaphysique. Une pareille donnée défie l'imagination et l'intelligence humaines. Aussi, quand un langage humain tente de l'exprimer, ne pose-t-il qu'une formule contradictoire. »

Pas plus qu'il ne peut se représenter le *moment* notre

(1) *Psychologie du Libre arbitre*, chap. III, § 1, p. 34, 55. — Cf. II° partie, chap. II, *l'Être et le Connaissable*.
(2) *La vraie religion selon Pascal*, p. 408. (Appendice.)

esprit ne peut se représenter un couple de moments immédiatement consécutifs. Un tel couple, en effet, est continu et suppose par suite quelque chose de commun entre les deux termes qui le composent; or chacun de ces deux termes, en tant que simple, indivisible, se trouve engagé tout entier dans ce qu'il a de commun avec l'autre, en un mot s'identifie avec lui, cesse d'en être discernable, et pourtant notre esprit est mis en demeure d'affirmer que le second est distinct du premier, sinon aucune durée ne serait engendrée. Un couple de moments immédiatement consécutifs est une donnée métaphysique, au même titre que les moments qui la composent. Des considérations précédentes il résulte que nous ne pouvons nous former la représentation exacte, l'idée adéquate de la composition d'aucun changement, c'est-à-dire l'idée adéquate du couple d'états différents affectés en deux moments immédiatement consécutifs par ce qui change; car, en tant que deux états n'occupent que deux tels moments, ils sont comme ceux-ci mêmes indiscernables pour notre esprit, quoique distincts. Le passage du premier de ces états au second constitue le *devenir* (1). » Or si le devenir au sein de l'être immuable et nécessaire est inintelligible, « la critique qui vient d'être appliquée aux idées de changement et de succession devra s'étendre à toutes sortes d'activité soit physiques, soit psychiques. »

3° « L'être métaphysique est nécesssaire; il ne peut pas ne pas exister, mais les changements que nous y constatons témoignent qu'il n'existe pas dans un instant tel qu'il existait dans un autre instant. Comment concilier cette instabilité avec sa nécessité? Il ne saurait exister sans affecter un certain état, de sorte que cet état est impliqué dans sa nécessité; l'être nécessaire et sa manière d'être sont indivisibles et solidaires, de sorte que changer de manière d'être, c'est infailliblement changer d'être, ce qui est incompatible avec la nécessité.

4° Les quatre antinomies formulées par Kant sur l'infini temporel et spatial, sur le rapport du composé au simple, sur

---

(1) *Psychologie du Libre arbitre*, chap. III, § 2, p. 36, 37.

la causalité contingente ou déterminée, sur l'être nécessaire, cause première du monde, mettent chacune en lumière l'impossibilité où se trouve la raison d'opter pour la thèse ou l'antithèse, en raison de l'égale évidence des deux propositions contradictoires.

5° L'activité à l'état potentiel est inconcevable et cependant il faut bien qu'elle existe pour qu'un être commence à agir. « L'activité n'est pas essentiellement le mouvement. L'effort musculaire, par exemple, quand il rencontre un obstacle invincible, croît sans déterminer un mouvement de son point d'application. Dans une graine qui n'est pas semée il existe au repos un principe actif capable d'exercer sur les molécules du sol des impulsions dirigées de manière à réaliser un type prédéterminé de structure? Ces deux sortes d'activité mécanique sont à l'état *potentiel*. C'est une donnée métaphysique. Or comment une direction, chose dont l'idée, en mécanique, implique celle du déplacement, peut-elle être prédéterminée dans une force au repos, chose dont l'idée exclut le déplacement? Et, en outre, comment, dans le second exemple, une infinité de directions différentes, c'est-à-dire de déplacements différents, peuvent-ils être prédéterminés simultanément, puisqu'ils ne sauraient être que successifs? L'idée de *l'activité potentielle* est donc contradictoire à double titre (1). » Cette critique pourrait être retournée contre M. Sully Prudhomme lui-même lorsqu'il formule sa théorie du *potentiel de vie*, puisque derrière ce terme il est impossible de mettre, fût-ce à titre hypothétique, une réalité intelligible. (2) Tout ce qu'il peut faire légitimement, c'est de renouveler la réponse légendaire de Diogène aux objections dirigées contre la possibilité théorique du mouvement : marcher et agir. Mais la constatation empirique du mouvement, de l'action, de la vie, de l'effort n'explique pas, en effet, l'essence métaphysique de l'activité soit potentielle, soit actuelle; et c'est tout ce qu'il s'agit de noter ici.

6° La dualité des substances, matière et esprit, est en général admise par le sens commun. Mais les matérialistes

(1) *Psychologie du Libre arbitre*, p. 40, 41.
(2) Cf. *Les Origines de la vie terrestre*, appendice à *Que sais-je ?*

prétendent réduire celle-ci à celle-là, les spiritualistes, au contraire, tentent la réduction inverse. « Les matérialistes et les spiritualistes sont jusqu'à présent irréconciliables, de sorte qu'on peut affirmer que l'objet métaphysique est livré aux disputes des hommes. » Or sans revenir sur la critique des deux systèmes déjà exposée précédemment, (1) nous devons constater comme un fait réel et certain, quoique inintelligible, la connexion du physique et du psychique non seulement chez l'homme, mais chez tous les vivants, bien que à des degrés divers. Au degré le plus inférieur, dans la vie végétale, nous avons la plus grande peine à concevoir ce que peut être la pensée qui accompagne le processus de l'évolution organique. Mais certains actes nous permettent de constater, sans que nous puissions nous la représenter, la transformation progressive de la mentalité dans l'évolution universelle. »
« Ce qui est capable, si peu que ce soit de conscience, n'est à coup sûr pas matériel. La matière est essentiellement inconsciente ; c'est son caractère fondamental. Un état mental inconscient participe donc de ce caractère ; tel est le premier degré qui rapproche le psychique du physique. Or il y a plus d'un état mental inconscient : toutes les perceptions sensibles et toutes les idées générales ou abstraites passées à l'état mnémonique, à l'état de souvenirs latents, sont inconscientes. Le sont également toutes les passions latentes que peuvent réveiller des souvenirs ou des rencontres ; toutes les volitions qui déterminent nos actes habituels le sont aussi. Elles le sont même dans certains actes qui ne sont point passés à l'état d'habitude... »

« Le degré où le psychique se rapproche le plus du physique au point d'en être indiscernable, est celui dont l'exemple nous est fourni par l'*effort musculaire*. Remarquons que l'effort est psychique aussi bien dans le déploiement de la force musculaire que dans l'attention, car dans le premier cas comme dans le second, il suppose l'exercice de la volonté. Or dans le premier cas la volonté communique avec l'énergie mécanique à la fois volontaire et dynamique. Il faut en effet

---

(1) Cf. *suprà*, II⁵ partie, le chapitre III : *La Substance*.

que cette initiative soit d'ordre dynamique, sinon il ne pourrait rien y avoir en elle qui lui permît d'établir la communication de la volonté avec l'énergie musculaire (1).

« Le phénomène si subtil de l'*expression* offre un exemple aussi remarquable d'identification du physique et du psychique ; il est impossible de les discerner l'un de l'autre dans la physionomie d'un homme qui rit ou pleure. Le facteur psychique s'y trouve intimement confondu avec le physique ; ils y sont deux caractères absolument identiques (2)... »

« Entre les deux degrés extrêmes de l'assimilation du psychique et du physique on pourrait en relever d'autres qui marquent les étapes :

a) « Ce qu'on appelle le *champ visuel* est de l'étendue à deux dimensions à l'état psychique. Seul le concours du toucher et de la vision permet d'interpréter la dégradation des tons comme le signe de la troisième dimension et de localiser l'horizon. L'étendue visuelle représente l'étendue objective, l'espace, et cependant si elle s'y localisait, elle y tiendrait toute en un point, et le point n'est pas étendu. Étrange contradiction imposée à l'esprit humain par la métaphysique. »

b) « *L'énergie mécanique à l'état d'énergie volontaire*, quand, par exemple, je tends volontairement le bras : la première existe, en outre, à l'état mental, dans l'idée que l'esprit en forme. Ce qui pense n'est certainement pas identique à ce qui fait graviter les corps, et néanmoins, dans l'idée d'un corps qui tombe, il faut bien que la pesanteur soit représentée. Or comment le peut-elle être, sinon par un similaire psychique où elle soit intégralement reconnaissable ? Ce similaire ne saurait être simplement la pesanteur atténuée, car, d'une part, elle ne serait point alors passée à l'état psychique, et, d'autre part, le poids d'un kilogramme, par exemple, devrait être représenté par un poids atténué, c'est-à-dire par un moindre poids, conséquence contraire à la définition même de la représentation. Comment donc la pesanteur, telle qu'elle est dans le corps, devient-elle ce qui la représente dans la pensée ? C'est le mystère le plus déconcertant pour l'esprit humain ; mais

---

(1) Cf. IIe partie, ch. iv, *Les Causes*, § 1, vers la fin.
(2) Cf. IIIe partie, ch. ii, *Théorie générale de l'Expression*.

cette transfiguration n'en est pas moins réelle comme l'idée même de la pesanteur. Cette réalité est métaphysique ; nous ne devons donc pas nous étonner qu'elle ne puisse être formulée dans l'entendement de l'homme que par une proposition contradictoire (1). »

c) Tout *processus dérivant d'un état passionnel* qui détermine le vouloir à susciter et diriger un acte de la force musculaire atteste l'identification du physique et du psychique, car il est composé de données psychiques et de données physiques en communication les unes avec les autres dans un certain ordre.

d) « Les *actes voulus* que, tout d'abord, a déterminés une délibération consciente, comme la marche, et qui ensuite sont *devenus habituels.* »

e) « Les actes dits *instinctifs*, souvent très compliqués et savants, comme la construction d'une ruche d'abeilles, accomplis sans hésitation, mais qui probablement ont dû être réfléchis à l'origine et devenus habituels à la longue, car, si l'habitude est contrariée par quelque obstacle, l'animal modifie son plan de structure et l'adapte à l'obstacle. »

f) « Les *mouvements réflexes protecteurs*, comme celui de la paupière, quand l'œil est menacé d'une atteinte par un projectile. »

g) « L'*héliotropisme* dans les végétaux ; — etc... (2) »

Tous ces faits énigmatiques existent, l'intuition empirique l'atteste, mais aucune de ces données n'est susceptible de se définir ni de s'expliquer sans contradiction. Dans toutes ces antinomies on se heurte à la même difficulté : se représenter la communication de deux ordres de choses hétérogènes en dépit de cette hétérogénéité qui s'oppose à la conception d'un moyen terme, condition du rapport. Dans des phénomènes à la fois mécaniques et psychiques, comme le mouvement volontaire ou la réaction réflexe consécutive à une sensation, la communication existe à coup sûr. « N'est-il pas évident

---

(1) Cette critique de la nature de l'*image mentale* a déjà été faite dans l'*Expression dans les Beaux-Arts*, p. 22, 23, 24.
(2) *Les Causes finales*, p. 160 et suivantes. — *Psychologie du Libre arbitre*, chap. III, § 7, p. 41 à 51.

qu'il y a quelque chose de commun à la pensée et à la force, puisque, en ce moment même, j'écris ce que je pense, ce qui serait impossible s'il existait un abîme entre l'acte mental et l'acte musculaire ? Rien de plus incontestable que la proposition suivante : quand deux choses communiquent, elles ont quelque chose de commun. » Mais il n'en reste pas moins vrai que l'existence du moyen terme inconnu qui rend possible la communication du psychique et du physique, ou l'identité foncière des deux principes en un même substratum commun, telle que l'admet le monisme, ne nous sont aucunement révélées par la connaissance tout empirique de ces phénomènes mixtes ; tout métaphysicien qui se hasarde à dogmatiser sur ce point risque de susciter des antinomies du second genre, ou il doit se contenter de formuler sous une forme hypothétique la conjecture qui lui semble le plus vraisemblable. Tel est le cas de M. Sully Prudhomme lorsque, sollicité par ses réflexions à opter pour la thèse moniste et à condamner à la fois le matérialisme et le spiritualisme, il s'astreint néanmoins à critiquer le monisme lui-même, cette doctrine suscitant aussi bien que les deux autres des contradictions dialectiques (1). M. Sully Prudhomme est donc contraint, en raison de l'évidence irréfragable de toutes ces intuitions, à adopter la position de Descartes en face du problème de l'union de l'âme et du corps : *constater sans essayer de comprendre et s'abstenir de méditer sur ce que la méditation ne peut qu'obscurcir encore.* « Que l'esprit qui est incorporel puisse faire mouvoir le corps, il n'y a ni raisonnement, ni comparaison tirée des autres choses qui nous le puisse apprendre ; mais néanmoins, nous n'en pouvons douter, puisque des *expériences certaines et trop évidentes* nous le font connaître tous les jours trop manifestement. *Et il faut bien prendre garde que cela est l'une des choses qui sont connues par elles-mêmes et que nous obscurcissons toutes les fois que nous essayons de les expliquer par d'autres* (2). » Or, nous l'avons établi, toutes les fois qu'une intuition externe ou interne présente un tel caractère d'évidence, la raison, convaincue « que

(1) Cf. IIe partie, chap. III, à la fin du § 6.
(2) Descartes (Édition Cousin, t. X, p. 161).

la contradiction des concepts n'implique pas nécessairement l'irréalité de leurs objets », n'a qu'à s'incliner devant elle.

7° L'intuition subjective sur la foi de laquelle est affirmé la réalité du libre-arbitre humain offre enfin un exemple frappant entre tous de ces antinomies empirico-dialectiques. En vain la raison accumule les négations et s'attache à ruiner la croyance spontanée de l'homme en sa faculté d'initiative spontanée et indépendante : la conviction intime de l'agent n'est aucunement ébranlée, le doute logique ne fait pas naître le doute réel, lequel aurait pour effet normal l'arrêt immédiat de toute volition. Cette critique du libre arbitre ayant fait l'objet d'un chapitre spécial, il est inutile de la reproduire ici ; signalons seulement que c'est à l'occasion de ce problème que M. Sully Prudhomme a été amené à préciser et à développer sa *théorie de l'objet métaphysique* et sa *logique des antinomies*, qu'il a ensuite étendues à tous les autres problèmes métaphysiques.

III

Les antinomies du second genre, qu'on pourrait appeler *antinomies dialectiques* et celles du troisième qu'on désigne couramment sous le nom de *mystères*, sont celles qui se rencontrent dans les systèmes métaphysiques dogmatiques et dans les dogmes religieux. Ce sont elles surtout que la Critique de Kant a merveilleusement fait ressortir, préparant par là l'avènement du positivisme et le discrédit définitif du dogmatisme spéculatif. L'argumentation que M. Sully Prudhomme dirige contre celles que rencontre son analyse critique est toute imprégnée de l'esprit Kantien et les conclusions qu'il en tire sont celles mêmes de la *Critique de la Raison pure*. La théorie de *l'Être et du Connaissable*, celle de la *Substance*, celle des *Causes efficientes et finales*, dont nous avons donné *in extenso* l'exposition dans cet ouvrage, ont toutes pour conclusion un aveu d'ignorance irrémédiable touchant la nature de l'Être et ses rapports avec le monde accidentel et phénoménal. Cette ignorance vient en effet de la limitation radicale de notre faculté de connaître et de la relativité de toutes les catégories que nous appliquons aux objets de notre connaissance. « Nous ne pouvons connaître de l'objet que ce par quoi il est en communication avec nous, ses déterminations dans les catégories qui sont précisément les nôtres. *Notre science ne peut donc excéder la connaissance de nos catégories appliquées à nos perceptions.* Tel est le domaine, telle est la limite du savoir de l'homme. Toute application de nos propres catégories à l'univers entier est arbitraire et n'offre aucun caractère scientifique (1). »

En effet, ou nous n'avons aucune espèce de notion de ce qui échappe à notre expérience et par conséquent nous n'en pouvons rien affirmer du tout; ou nous substituons à cette connaissance, irréalisable sous une forme positive, des inférences tirées de ce que nous savons du connaissable. Dans le premier cas la métaphysique est radicalement impossible et il faut s'en tenir à l'arrêt formulé par Dubois-Reymond : « *Ignorabimus!* » Dans le second, ou bien la métaphysique est une pure construction logique correctement ordonnée sous la loi du principe de contradiction, mais dont la portée objective est invérifiable; ou bien elle est une projection anthropomorphique des attributs humains dans l'essence de l'Inconnaissable, et alors elle n'est qu'un rêve de poète.

Toute la question se ramène à savoir si le métaphysicien admet ou non la légitimité de la méthode ontologique en vertu de laquelle on confère à toute idée claire et distincte une réalité objective et à tout rapport logiquement nécessaire entre de telles idées la valeur d'une loi de l'être connue *a priori* par intuition rationnelle. Si, avec les Cartésiens, on fait des idées « de vraies et immuables natures », de l'intuition une révélation innée des principes de l'être et de la déduction un moyen de dépasser le domaine de la connaissance sensible pour s'élever jusqu'à l'absolu, une métaphysique spéculative est considérée comme légitime. Mais c'est là précisément ce que ni Kant, ni ses successeurs, dont est M. Sully Prudhomme, ne veulent accorder. L'origine empi-

---

(1) *Préface à la Traduction de Lucrèce*, p. LXXIII, LXXIV. — Cf. II⁰ partie, chap. I, *la Curiosité et ses lois*, § 6.

rique de toute connaissance est la première chose qu'affirme le Criticisme (1). Si cette thèse est accordée, l'usage de la déduction *à priori* en métaphysique est condamné, non pas parce que l'esprit est incapable de lier systématiquement des concepts abstraits, mais parce que l'intelligibilité de ces concepts et de leurs rapports logiques ne garantit aucunement à l'esprit que quelque chose y corresponde dans la réalité transcendante. Cette incertitude suffirait déjà pour infirmer tout dogmatisme métaphysique ; mais cependant il resterait à des doctrines telles que l'idéalisme absolu la ressource de s'inscrire en faux contre cet interdit, en déclarant que, tout l'être consistant dans les idées, ce qui est nécessairement conçu ne peut pas ne pas exister nécessairement. Une telle affirmation ne serait légitime que sous ces deux conditions : 1° que tous les rapports fussent clairement conçus et toutes les essences parfaitement définies ; 2° qu'il n'y eût ni ambiguïté ni contradiction dans les raisonnements fondés sur ces définitions et ces rapports. Or, ces conditions ne se trouvent réalisées ni l'une ni l'autre dans aucun système métaphysique. La critique instituée par Hume et Kant n'a eu d'autre objet que d'en faire la preuve. En approfondissant encore cette même critique, M. Sully Prudhomme n'a fait que rendre plus évidente l'impossibilité de remonter du connu à l'Inconnaissable, toute tentative de ce genre aboutissant à des conceptions antinomiques, et, par conséquent, l'impossibilité de fonder sur des prémisses ou contradictoires entre elles, ou enfermant des contradictions *in adjecto*, un système du monde unique, intelligible et certain. Toutes les conclusions négatives que M. Sully Prudhomme a tirées de ses analyses critiques dans sa philosophie spéculative ont été amenées par la découverte et la position d'an-

(1) « Nul doute que toutes nos connaissances ne commencent par l'expérience ; en effet, par quoi la faculté de connaître serait-elle portée à s'exercer, sinon par des objets qui affectent nos sens et qui, d'un côté occasionnent par eux-mêmes des représentations, en même temps que, de l'autre, ils excitent l'activité intellectuelle à comparer ces objets, à les unir ou à les séparer, et à mettre ainsi en œuvre la matière grossière des impressions extérieures pour en composer la connaissance des choses, connaissance que nous appelons expérience. Aucune de nos connaissances ne précède donc en nous l'expérience ; toutes commencent avec elle. » (KANT, *Critique de la Raison pure*, Introduction, § 1).

tinomies dialectiques où la raison se confond elle-même par ses propres déductions. C'est ainsi que la critique des concepts d'*Être*, de *conscience*, de *substance*, de *devenir*, d'*activité*, de *causalité*, de *finalité*, a démontré l'impossibilité d'atteindre l'Absolu ni comme *Tout de l'être*, ni comme *Substance*, ni comme *Cause première*, par conséquent l'incapacité où est l'esprit humain de lui attribuer un contenu positif. Seules les *idées absolues* (éternité, infinité, nécessité, etc.) ont subsisté après cette critique, n'étant pas à proprement parler métaphysiques; mais leur examen a montré qu'elles étaient stériles, ces idées exprimant les *conditions d'existence* de l'objet métaphysique, non son *essence* ni son *rapport* avec le monde connu, et n'étant que des catégories humaines généralisées et vidées de tout contenu déterminé(1). « La nature active de notre esprit, son initiative lui permet de ne point s'arrêter à chaque terme de la série de ses perceptions; il peut, par réflexion sur sa fonction même, dépasser toute perception et considérer comme accomplie son œuvre successive, mais dès lors il cesse de percevoir, et conçoit; il conçoit le Tout dans l'Absolu. Telle est son opération métaphysique; il ne peut affirmer du Tout qu'une vérité, c'est qu'il existe par lui-même, vérité qui n'est point transcendante, mais qui découle de la définition du Tout. Du reste nous ignorons complètement les catégories du Tout, hormis celles qu'implique notre propre essence; la métaphysique ne peut donc faire aucun progrès, elle est toute dans une seule idée qui est son principe et son terme : *l'être par soi* (2). »

Les *antinomies spéculatives* ne comportent donc d'autre solution que l'agnosticisme métaphysique, tel que l'ont pratiqué le criticisme et le positivisme. Seule l'ontologie abstraite reste intelligible, mais elle peut tenir en vingt lignes et ne nous renseigne en rien sur la nature de l'Inconnaissable en qui tout existe et de qui tout procède. Aucune communication ne nous est permise par la voie de la raison avec l'objet métaphysique dont nous pouvons concevoir ni exprimer rien de plus que ceci : *il est, puisque quelque chose est*. Au demeurant, la connaissance scientifique, qui ne porte

(1) Cf. II⁰ Partie, chap. II, *L'Etre et le Connaissable*, § 4.
(2) *Préface à la Traduction de Lucrèce*, p. LXXIV, LXXV.

que sur des phénomènes et des rapports de phénomènes, reste possible et comporte une certitude parfaitement satisfaisante, psychologiquement absolue, mais logiquement relative. « La science positive reçoit ses données de sa méthode même, fondée sur les moyens les plus sûrs, mais restreints, dont dispose la pensée pour communiquer avec l'inconnu ; son champ d'exploitation lui est donc mesuré, il est circonscrit. Limitée dans ses matériaux, elle l'est par là-même dans son édifice ; à supposer qu'elle l'eût achevé, le sol sur lequel il repose lui demeurerait étranger (1). » Au delà de ce domaine scientifique tout n'est que ténèbres et contradictions : les *antinomies spéculatives* en font la preuve, dès qu'on soumet les propositions qui les expriment à l'épreuve du principe de contradiction et de la *règle de solubilité* (2).

Quant aux *antinomies dogmatiques* ou *mystères*, dont nous avons donné quelques exemples dans le chapitre du *Divin* (V! de la II° Partie), il suffit pour les critiquer de « *substituer mentalement la définition à la place du défini, en sorte que ces deux choses soient tellement jointes et inséparables dans la pensée, qu'aussitôt que le discours en exprime une, l'esprit y attache immédiatement l'autre,* » selon la règle formulée par Pascal. Or si l'on fait subir cette opération aux formules dogmatiques orthodoxes des mystères religieux, « on est obligé de reconnaître que ces formules ne se peuvent comprendre, non parce qu'elles désignent un objet qui dépasse la portée de la raison humaine, mais parce que les significations respectives de leurs termes consécutifs sont incompatibles entre elles et que par suite le groupement de ces termes est dépourvu de sens. La relation entre le sujet et le prédicat ne comporte aucune affirmation rationnelle ni aucun acte de foi, parce que, en réalité, cette relation fait défaut ; elle n'est pas obscure, elle n'est pas non plus transcendante : elle n'existe pas (3). » Il ne suffit donc pas de dire avec la docilité d'un mystique comme Tertullien : « *Credo quia absurdum* », car ce n'est pas

---

(1) *Les Causes finales*, p. 84, 85.
(2) Cf. *suprà*, la formule de cette règle, II° Partie, ch. I, *La Curiosité et ses lois*, § 3.
(3) *La vraie religion selon Pascal*, p. 392. — Cf. le chapitre indiqué, § 3.

même une absurdité, au point de vue rationnel, que le dogme prescrit d'accepter sans examen, c'est un non-sens verbal qu'il impose au croyant de prononcer sans qu'il puisse même se faire une idée quelconque de l'objet de sa foi. Quiconque, par conséquent, prétend « exprimer dans le langage humain avec précision et clarté en quoi consiste l'essence divine se condamne à ne pas s'entendre lui-même parce que les seules idées que puisse exprimer ce langage sont humaines et à ce titre ne sauraient être adéquates à cette essence (1) ; » ou, si les mots sont déviés de leur véritable sens, chacun d'eux ne pouvant être remplacé par sa définition, les formules composées de tels vocables ne représentent plus rien du tout à la pensée. C'est plus qu'une *antinomie*, c'est une *anomie*.

IV

Il nous reste à examiner les antinomies du quatrième genre, celles que nous avons appelées *anthropomorphiques* ou *analogiques*.

Étant donné que la pensée humaine ne peut emprunter qu'à sa propre essence les catégories qu'elle applique à tous les objets dont elle se forme une idée, l'anthropomorphisme est nécessairement impliqué à quelque degré dans tout jugement formulé par l'homme (2). « Toutes les fois que nous percevons un objet par nos moyens d'observation, nous sommes certains que les attributs que nous percevons ont leurs analogues dans notre essence ; c'est la condition même de toute perception (3). » Mais le fait même de *percevoir* l'objet en qui nous reconnaissons une partie de notre essence nous permet de le comparer à nous, c'est à dire de déterminer le *rapport* qui existe entre lui et nous. Le degré d'analogie des deux natures est ainsi appréciable et nous sommes en mesure de distinguer la fiction poétique par laquelle nous

---

(1) *La vraie religion selon Pascal*, p. 111, Critique des formules dogmatiques.
(1) Cf. II° Partie, chapitre I, *La Curiosité et ses lois*, § 5.
(2) *Préface à la Traduction de Lucrèce*, p. LXVIII.

prêtons des sentiments à un être inconscient, comme un rocher, de l'exacte inférence qui nous fait conclure des cris d'un homme ou d'un chien à la souffrance de cet être sensible. A supposer même que l'attribution de quelque caractère humain à un être d'une autre nature reste hypothétique et comporte des interprétations ambiguës, « la vraisemblance décide le choix entre les deux hypothèses en attendant que la constance des vérifications, consacrant l'une, la change en réalité et élimine l'autre (1). »

Si maintenant, au contraire, l'objet auquel est appliquée par analogie cette détermination anthropomorphique est transcendant, c'est-à-dire tel qu'il échappe à notre expérience et ne puisse, par conséquent, être comparé à nous, quelle valeur peut avoir le jugement qui prête à cet objet métaphysique, en tout ou partie, les caractères propres à l'homme? Plus encore que les jugements ontologiques, ces jugements seront téméraires et erronés. Toute la critique dirigée contre les uns tombe *a fortiori* sur les autres : témoin la réfutation facile de la classique doctrine des causes finales et des harmonies de la Nature, et celle de toutes les figurations naïves de la divinité dans les religions primitives. Si donc la raison intervenait seule dans cette conception imaginaire de l'inconnaissable à l'image de l'homme, il faudrait opposer aux mythes d'une telle métaphysique une négation plus formelle, encore que celle que la critique dirigeait tout à l'heure contre les inférences de la métaphysique spéculative. Mais un facteur nouveau va intervenir dans la question : c'est l'*aspiration* qui, elle aussi, cherche dans l'inconnu métaphysique son principe, son objet et sa raison suffisante. « *La métaphysique est une chose à la fois spéculative et émotionnelle.* » La question va donc changer de face lorsque se poseront à la conscience du poète, de l'artiste et du moraliste, les énigmes et les antinomies que suscite l'aspiration esthétique et morale.

(1) *Les Causes finales*, p. 52.

CHAPITRE II

Critique de l'aspiration esthétique.

I. Conflits de la spéculation et de l'aspiration, de la *raison* et du *cœur*. Nécessité d'une critique de l'aspiration. — II. Critique de l'*expression esthétique*. Connexion et identité du psychique et du physique que ce phénomène induit à conjecturer. Hypothèses métaphysiques sur la signification des *formes*. — III. Critique de l'*aspiration esthétique*. L'*extase*. Problème de l'essence de son objet transcendant. Caractère désintéressé et chaste de l'aspiration esthétique; elle s'allie au sentiment de la *dignité humaine*.

I

Aucune des antinomies métaphysiques qui viennent d'être posées et critiquées ne fait intervenir à côté des données rationnelles, ou en opposition avec elles, les données émotionnelles qui coexistent avec celles-là dans la conscience humaine : ces données, relevées par l'intuition immédiate de la pensée, puis interprétées et développées dans l'Art et dans les Mœurs, sont l'*émotion esthétique* et l'*émotion morale*. La première, suscitée par certaines perceptions spéciales, dites *expressives*, fait goûter à l'homme des jouissances incomparables que seuls connaissent et recherchent les hommes doués d'un tempérament artistique ; elle fait naître en outre dans l'âme qu'elle transporte l'*aspiration*, enthousiasme actif, « ravissement sans nom qui dépayse l'homme dans un au delà indescriptible, » sorte d'élan mystique vers un objet inconnu et idéal dont la possession assouvirait tous les plus hauts désirs de la sensibilité humaine. La seconde, suscitée par un retour de la conscience sur les actions délibérément voulues par l'homme, reconnaît à leur auteur cette espèce de valeur que traduit le mot *dignité* et elle fait naître, comme l'émotion esthétique, un *effort* vers un idéal de perfection désigné sous le nom de *Bien*.

Ces données émotionnelles ne sont, en soi, aucunement douteuses. Si l'esprit s'abstenait de chercher à définir les concepts du Beau et du Bien, de scruter l'essence de leur objet transcendant et de les confronter avec les concepts posés par la raison spéculative, elles ne soulèveraient aucune énigme ni aucune antinomie. L'Art, utilisant la puissance suggestive des formes exprimées, n'aurait qu'à constituer sa technique d'après l'analyse psychologique, physiologique et physique du phénomène de l'expression et d'après la recherche empirique de ses conditions ; si à la volupté sensuelle procurée à l'artiste par des perceptions choisies l'Art réussissait à ajouter cette extase profonde qu'est l'aspiration, il aurait pleinement réalisé sa fin. Mais le mystère de l'expression et de l'aspiration ne serait pas pour autant dévoilé : la métaphysique de l'Art resterait encore à faire. De même, l'Ethique analysant et interprétant les indications fournies par la conscience morale, les mœurs et l'histoire pourrait se constituer en doctrine positive et pratique sans que le mystère de la destinée humaine, du sens profond de l'aspiration à la dignité et du consentement à la douleur du sacrifice fût éclarci : la métaphysique des Mœurs resterait à faire. Un problème comme celui de la moralité dans l'Art pourrait, au même titre être résolu par la critique d'art sans que fût établie la conjonction de l'Ethique et de l'Esthétique ni justifiée absolument l'assimilation problématique des objets transcendants de l'aspiration esthétique et de l'aspiration morale, du Beau au Bien. Une double énigme métaphysique se pose donc à la pensée réfléchie du philosophe dès qu'il essaye de *comprendre* l'Art et la Morale après avoir *senti* le Beau et le Juste. A supposer que cette énigme dût rester insoluble ou ne se résoudre que d'une façon hypothétique, au moyen d'une fiction poétique ou d'un postulat pratique, la raison ne peut renoncer à la soumettre à son examen critique. Ce n'est pas en effet une vaine curiosité qui pousse l'homme à s'interroger sur le sens de l'Art et de la Vie : il y va de sa destinée même, de sa conduite et de son bonheur. Or il est très naturel qu'il s'efforce d'abord de parvenir, touchant ses aspirations les plus hautes, à l'espèce de certitude qui le satisfait le plus complètement : celle qui se tire de l'évidence rationnelle et de la preuve démonstrative. Un être raisonnable, capable de curiosité spéculative et armé d'une méthode dialectique, ne doit se résoudre en effet à risquer un pari sur l'inconnu ou à rêver sur ce qu'il ignore qu'après avoir tenté tous les moyens de le découvrir par la voie rationnelle.

Le seul concept métaphysique qui puisse servir de base à une explication spéculative des choses est celui « de l'Être nécessaire d'où dérivent logiquement les idées de l'éternel, de l'absolu, de l'infini. » Mais rien dans ce concept ne cadre avec la beauté et la dignité morale dont l'essence est inconcevable en dehors d'un choix et d'une volonté. La nécessité logique qui préside à l'enchaînement des idées, non plus que la nécessité mécanique qui régit avec une aveugle fatalité la suite des causes et des effets dans le monde matériel, ne fournissent à la pensée de quoi définir cette nécessité de convenance qui rend aimable le Beau et obligatoire le Bien. « Je pose à l'Univers outre la question du *comment* celle du *pourquoi*... Ce qui m'a rendu le problème encore plus ténébreux et plus ardu qu'il ne l'est pour le savant et pour le métaphysicien patentés, c'est que, en ma qualité de rêveur, de poète, je complique singulièrement les termes de ce problème. J'ai en effet à trouver une transition qui semble chimérique entre les deux pôles extrêmes de ma pensée, à savoir : d'un côté le concept de l'Être nécessaire avec son contenu nécessité, potentiel d'évolution prédéterminée, et de l'autre côté, le concept du Beau. L'*esthétique pour moi est partie intégrante de l'ontologie*; j'ai besoin de trouver la définition du Beau, et je suis mis en demeure de la chercher dans les manifestations de l'Être nécessaire, substratum et principe de toutes les formes constitutives de la vie organique et expressives de la vie psychique. Or *se peut-il que la nécessité engendre l'idéal supérieur*, c'est-à-dire la beauté morale exprimée par la beauté plastique plus qu'agréable, par l'architecture ou la musique de Beethoven, par exemple? Se peut-il qu'un vers de Corneille pousse comme un champignon, que la position et la valeur d'un mot y soient fatalement préfixées comme la situation et la masse d'un astre? (1) »

Ce n'est plus seulement une énigme métaphysique, mais une antinomie qui se pose ici : l'absurdité même du rapprochement des termes qu'accouplent ces exemples en fait foi. La fatalité aveugle équivaut au hasard comme principe explicatif de tout ce qui suppose un choix, un sentiment et une action; et cependant comment concevoir la loi de la création artistique ou poétique en contradiction avec l'ordre nécessaire de l'univers où le génie d'un Beethoven ou d'un Corneille a produit son œuvre? Pour échapper à cette contradiction, il faudrait considérer l'aspiration comme révélatrice d'un échelon de la vie supérieur à celui qu'occupe l'homme considéré dans son animalité, ainsi que déjà la conscience psychique et la vie organique dépassent d'un degré l'essence de la matière brute soumise au déterminisme mécanique. Mais cette solution, si séduisante et vraisemblable qu'elle soit, n'est pas d'ordre rationnel : elle relève de la dialectique mystique, non de la dialectique spéculative. Elle fournit non une certitude, mais une présomption et une espérance contre laquelle la raison spéculative est toujours en droit de s'inscrire en faux. Ainsi de deux choses l'une : ou la critique des deux formes, esthétique et morale, de l'aspiration n'aboutira qu'à faire éclater l'antinomie jusqu'à lui donner dans la conscience du poète un caractère pathétique, ou, pour sortir du désarroi où cette critique aura jeté sa conscience et pour pouvoir « vivre avant de connaître le secret de la vie » (2), M. Sully Prudhomme optera en faveur de celle des deux thèses antinomiques dont l'affirmation lui permettra du moins de « ressaisir, parmi l'effondrement des constructions transcendantes, ce qu'il entend ne jamais sacrifier de sa foi dans les suggestions profondes qu'il doit à l'Inconnaissable même, ni de ses espérances dans sa communication si lointaine qu'elle

---

(1) Lettre inédite à C. H., citée *suprà*, Ire Partie, ch. II, § 4.
(2) *La vraie religion selon Pascal*, p. 288.

puisse être, avec l'humanité (1). » Telle sera en effet la marche suivie par M. Sully Prudhomme dans sa critique de l'aspiration.

II

L'étude analytique de la nature et des conditions de l'émotion esthétique y a démêlé, comme nous l'avons vu (2), trois éléments essentiels : 1° une *volupté* procurée aux sens de l'artiste par certaines excitations présentant entre elles des rapports déterminés, plus souvent sentis inconsciemment qu'aperçus et compris; 2° un *caractère expressif*, propre à certaines perceptions qui suscitent en nous des émotions morales; 3° un désir mal défini, mais ardent et délicieux qui nous fait *aspirer* à la possession d'un objet idéal imparfaitement symbolisé par l'objet *beau* qui tombe sous nos sens.

Le premier de ces trois éléments n'offre rien de très mystérieux. Quoiqu'il soit surprenant que l'oreille et l'œil comptent inconsciemment les vibrations sonores ou lumineuses et qu'ils découvrent d'instinct entre elles des rapports numériques que vérifient les formules de l'acoustique et de l'optique, ce phénomène peut s'expliquer en somme par des raisons d'ordre physique et physiologique. L'adaptation progressive des organes sensoriels aux excitations qu'ils reçoivent serait invoquée ici par la théorie psycho-physiologique de la volupté esthétique comme elle peut l'être à propos de toutes les émotions, de toutes les tendances et de tous les goûts. Mais l'*expression* et l'*aspiration* sont au contraire des faits très énigmatiques qu'il ne suffit pas d'avoir décrits pour les avoir expliqués. L'un, en effet, semble établir « qu'il existe des caractères communs aux perceptions sensibles et aux états moraux », par conséquent une connexion étroite, indivisible, entre le physique et le psychique, principes hétérogènes dont la métaphysique ne parvient pas à rendre intelligible la communication. L'autre semble révélateur de quelque objet

---

(1) *Que sais-je ?* p. 289.
(2) *Théorie générale de l'Expression*, IIe Partie, ch. II.

transcendant que nous pressentons et aimons sans le connaître, de telle sorte que l'artiste paraîtrait doué d'une sorte de double vue refusée au philosophe raisonneur. Le fait de l'expression résout-il le problème agité dans la théorie spéculative de la Substance et des Causes? Le fait de l'aspiration étend-il la portée assignée par la critique de la connaissance au savoir humain? Ce sont là deux problèmes dont la solution, si elle était possible, fonderait la métaphysique de l'Art.

L'*expression*, sous sa forme la plus nette, est la traduction d'un état mental par un jeu de physionomie. « Toute variation de l'extérieur est signe d'une variation de l'intérieur; en cela elle est objective, mais *l'expression ne l'est que s'il existe quelque caractère commun entre les deux variations et non pas seulement simultanéité* (1). » La pâleur, par exemple, est la manifestation expressive de ce phénomène indivisément physiologique et psychologique qu'est une émotion comme l'angoisse. On ne devient pas pâle *pour* exprimer son anxiété, comme on prononce les paroles qui désignent cet état moral quand on veut en donner l'idée à une autre personne au moyen de signes artificiels; on est pâle *parce qu'on* a peur : un réflexe organique, signe naturellement expressif, trahit le trouble de l'âme. Il y a donc entre la pâleur et l'angoisse un rapport qui n'est pas seulement l'effet d'une association d'idées fortuite ou conventionnelle. C'est le même phénomène sous deux aspects divers; et c'est pourquoi la pâleur d'une personne éveille une communication sympathique entre elle et ceux qui devinent à ce signe l'émotion dont elle souffre. « Ce phénomène si subtil de l'*expression* (comme celui de l'effort musculaire), offre ainsi un indiscutable exemple d'identification du physique et du psychique; il est impossible de les distinguer l'un de l'autre dans la physionomie d'un homme qui rit ou qui pleure. Le facteur psychique s'y trouve intimement confondu avec le facteur physique : ils y sont deux caractères absolument identiques (2). » C'est là une constatation empi-

---

(1) *L'Expression dans les Beaux-Arts*, p. 317. — Cf. dans ce même ouvrage, l'analyse extrêmement délicate de l'expression du corps humain, p. 192 à 213, livre II, chap. XIII, section IV.
(2) *Les Causes finales*, p. 162.

rique, non une hypothèse. Mais cette constatation est de nature à suggérer au métaphysicien la conception très vraisemblable d'une identité foncière entre l'âme et le corps, entre l'énergie mécanique qui meut les muscles, les vaisseaux, etc. et l'énergie psychique consciente, spontanée qui, tantôt réagit aux excitations reçues et senties sous la forme d'émotions, tantôt suscite des efforts volontaires. « La physionomie, les gestes, les mouvements du corps expriment les mouvements de l'âme parce que les uns et les autres ne sont que deux espèces d'une même activité (1). » La dualité absolue du principe pensant et du corps rendrait inintelligible cette manifestation expressive des états moraux : deux choses ne peuvent avoir d'influence l'une sur l'autre que si elles ont un rapport et elles ne peuvent avoir de rapport que si elles sont de même nature (2). L'hypothèse du monisme serait donc la plus compatible avec l'existence de ce fait ambigu, à la fois physique et psychique, l'*expression*, sur lequel repose la théorie des Beaux-Arts.

Il serait possible même de généraliser encore cette hypothèse en l'étendant du psychique et du physique humains à tout le psychique et à tout le physique de la nature. Non seulement en effet la physionomie humaine est expressive, mais les choses, les êtres animés ou inanimés, les couleurs, les sons ont la vertu de symboliser les émotions de l'âme humaine et par là de les faire naître. Ainsi que l'a amplement établi le curieux tableau des correspondances expressives de perceptions et d'états moraux qui figure au VII° chapitre de l'*Expression dans les Beaux-Arts*, des qualifications empruntées au vocabulaire des perceptions s'appliquent exactement à des états moraux (douleur *aiguë*, jugement *ferme*, caractère *plat*, etc.). Le langage, né de l'observation spontanée, fait donc foi de ces analogies dont les poètes ont le sens en opérant, comme ils le font, l'abstraction par comparaison. N'est-ce pas là l'indice d'une intime parenté, d'une profonde identité peut-être, entre le psychique humain et le monde matériel, puisque « les *formes* des objets sensibles, dans la Nature, ont toutes

(1) Lettre inédite à C. H.
(2) Cf. *suprà*, La Substance, II° partie, chap. III.

plus ou moins la propriété d'émouvoir l'homme par sympathie, c'est-à-dire d'être *expressives* pour lui, tantôt d'une façon objective et réelle, tantôt d'une façon subjective et imaginaire? (1) » Ce serait là un argument de plus en faveur du monisme. M. Sully Prudhomme ne l'a toutefois pas expressément formulé.

La question qu'il examine de plus près est celle de savoir jusqu'à quel point l'*expression* nous révèle sinon la *substance* de l'Être, du moins la *loi métaphysique de son activité*. « Il y a dans l'Inconnaissable, dans l'Être, une activité, quelle qu'en soit la nature, qui se traduit par du mouvement dans le monde accidentel objectif, et tout mouvement dans celui-ci, quand il affecte nos sens, se traduit dans le monde phénoménal par une *forme*. Or il existe nécessairement dans la forme quelque chose du mouvement qui la détermine puisqu'elle est en communication, et, par suite, a quelque chose de commun avec ce mouvement. On peut dire que, à ce titre, la forme, dans une certaine mesure, exprime sa cause accidentelle du dehors, et, en outre, par l'intermédiaire de celle-ci, l'activité de l'Être même. Cette analyse très simple paraît tout d'abord ouvrir à notre curiosité un vaste et profond horizon, car on est tenté d'en conclure que *le monde phénoménal est, en quelque sorte, la physionomie de l'être*. On pourrait donc lire sur cette physionomie, comme sur un visage humain, d'abord ce qui se passe dans le monde accidentel objectif, puis au delà, ce qui, dans l'être, le détermine (2). » C'est là une hypothèse extrêmement aventureuse, qu'il convient de ne formuler qu'après l'avoir critiquée.

« Il s'en faut bien, s'objecte à lui-même M. Sully Prudhomme, que le monde phénoménal soit, à proprement parler, la physionomie du monde accidentel et par ce dernier celle du principe actif métaphysique. Pour obtenir la notion exacte du monde accidentel au moyen du monde phénoménal, il faut éliminer de celui-ci tous les éléments subjectifs, de sorte qu'il n'y ait plus de commun avec le premier que des rapports... Quand, par exemple, je contemple

(1) *L'Expression dans les Beaux-Arts*, p. 119. — *Les Causes finales*, p. 163.
(2) *Que sais-je?* p. 225, 226.

le ciel, je m'abuserais en prêtant à ce qui fait naître en moi la sensation de l'azur les qualités subjectivement exprimées par cette couleur délicieuse, car ce sont tout simplement, d'après les plus récentes recherches sur ce phénomène, les poussières de l'atmosphère qui colorent en bleu le firmament, qui peignent aussi l'admirable décor des couchers du soleil. Ainsi nos perceptions sensibles nous illusionnent. Nous ne percevons immédiatement le monde extérieur que par le sens du toucher; les résistances qu'opposent les corps à nos efforts musculaires ne peuvent en équilibrer les effets mécaniques que par des effets égaux et de même nature.. Ce que les deux activités ont de commun dans l'espace où elles se rencontrent, c'est ce que j'ai appelé *mécanique*, la force musculaire, d'une part, et la force élastique, d'autre part, ou, plus exactement, c'est la condition suffisante la plus prochaine, la *cause immédiate* du déplacement que subit le point de rencontre de mon action et de la résistance. Cette cause immédiate est mon effort, abstraction faite de son facteur psychique, humain : ce qu'il en reste alors est de même nature que la résistance mécanique d'un ressort. L'activité psychique impliquée dans l'effort en rend les effets expressifs : le mouvement qui en naît se rythme sur le mouvement de l'âme, sur l'émotion; c'est pourquoi l'enfant, qui voit s'agiter un objet quelconque, se sent autorisé à considérer cette agitation comme passionnelle et volontaire. Ainsi le monde phénoménal est bien un masque posé par notre sensibilité sur le monde accidentel objectif. Tout dans ce masque nous leurre, sauf les rapports qui existent entre les points de contact de ce masque avec le monde extérieur. Mais cette triangulation purement tactile est toute scientifique; le reste est à proprement parler, un *mirage* dont l'expression est toute subjective : cette expression, en effet, ne consiste que dans une identité de caractères entre notre sensibilité physique et notre sensibilité morale sans que ces caractères aient rien de commun avec les objets extérieurs, rien d'objectif, en un mot. » « Un mirage! Le beau ne serait-il donc rien de plus? Je ne me résigne pas à l'admettre, parce que je le sens révélateur de cet élan progressif, de cette ascension douloureuse, dissimulée par des déclins, des soubresauts et des reculs, mais prédominante, au milieu du chaos en travail, dans l'évolution universelle (1). » Cet élan, c'est l'*aspiration*. Atteindra-t-on par l'*aspiration* à ce que l'*expression* est impuissante à révéler, en raison de son caractère relatif et subjectif? Telle est la seconde question que va soulever la critique des fondements de l'Esthétique sous la forme où M. Sully Prudhomme l'a instituée.

III

Les caractères de l'aspiration esthétique ont été analysés dans un précédent chapitre d'une façon assez détaillée pour qu'il soit superflu de les présenter ici de nouveau. Le principal de ces caractères est l'indétermination de l'objet auquel rêve l'artiste lorsqu'il se trouve plongé dans cet état extatique et enthousiaste qui est l'aspiration à l'idéal. « L'âme humaine aspire au bonheur, c'est-à-dire à la pleine satisfaction donnée à toutes ses aptitudes, et, dans la condition terrestre, ses aspirations dépassent de beaucoup ses joies réalisables. Il y a donc quelque chose de nécessairement indéterminé dans l'objet suprême de ses vœux. La pensée prend donc tous les caractères du rêve quand elle s'applique au bonheur. L'âme alors rêve à l'inaccessible, et ce rêve lui fait sentir comme infinie sa puissance de joie. Elle s'attache avec avidité à tout ce qui peut favoriser cet état moral, sorte d'élan vers son idéal, qui est par excellence l'*extase*. Tandis que l'extase est illimitée dans son objet, la sensibilité physique est bornée ; le plaisir au delà d'une vivacité donnée, épuiserait les nerfs. Il semble donc qu'aucune perception sensible, quelque agréable qu'elle puisse être, ne soit capable d'exprimer l'extase. Mais comme l'élément commun à l'agréable et à la joie est extrêmement abstrait, l'expression qui met en saillie cet élément commun est, par essence, très indéterminée, et cette indétermination même ouvre à l'imagination un champ indéfini (2). »

(1) *Que sais-je?* p. 229, 230, 231, 232.
(2) *L'Expression dans les Beaux-Arts*, p. 250, — Cf. IIIe Partie, ch. i.

Si donc « l'extase s'exprime par la perception sensible la plus agréable, fournissant à l'imagination de quoi rêver indéfiniment sur une joie indéterminée (1), » la pensée humaine est aussi impuissante à décrire nettement cette félicité lointaine et ineffable qu'à définir l'objet inconnu qui la lui procurerait. Se résignera-t-elle à nier l'existence de cet objet, c'est-à-dire de l'idéal de Beauté, à faire de l'art une pure fiction, un simple jeu de dilettante? Ce serait confesser la vanité de la plus haute et de la plus exquise des jouissances, dont la réalité est hors de cause. Affirmera-t-elle au contraire l'existence de cet objet et le situera-t-elle dans l'Être nécessaire? Mais alors elle se sentira tenue de le définir, ce qui lui est impossible, et d'en déterminer le rapport avec le monde phénoménal considéré sous son aspect expressif, ce qui, nous l'avons vu, lui est interdit par la critique même du fait de l'*expression*. Voilà donc encore une antinomie métaphysique que la raison est impuissante à résoudre et qui la met aux prises avec le cœur. « Rien dans l'infini ne correspond-il à cette étrange angoisse qui fait délicieusement pleurer? J'éprouve autant de répugnance à nier qu'elle ait un objet que de scrupule à l'affirmer; si je lâchais la bride à la chimère qui tressaille et s'agite en moi malgré ma résolution de m'instruire, autant vaudrait versifier que de faire en prose, sous couleur d'analyse, de la spéculation poétique (2). »

Avant de conférer résolument aux élans affectifs de l'aspiration esthétique un caractère révélateur, quitte à renoncer à nous faire une idée nette de l'idéal auquel nous aspirons, tentons encore une fois la critique de cet état moral à la poursuite duquel se vouent les artistes et les poètes.

Peut-être la volupté aiguë et délicieuse qui transporte ces âmes éprises de la Beauté idéale n'est-elle rien de plus qu'une forme raffinée de la sensualité humaine; peut-être n'est-elle qu'un mirage du désir et n'a-t-elle qu'un objet tout terrestre? Jouissance des sens flattés tous à la fois, jouissance de l'imagination anticipant sur des voluptés futures illimitées, jouissance amoureuse qui n'idéalise l'objet de sa passion que pour

(1) *L'expression dans les Beaux-Arts*, p. 251.
(2) *Que sais-je?* p. 43.

se délecter plus pleinement de sa possession? Non, répond catégoriquement le noble et chaste poète dont l'œuvre entière n'est qu'un monument élevé en l'honneur de la pure Beauté. Si l'émotion d'art enferme une large part de sensualité, — l'analyse même que M. Sully Prudhomme en a donnée en fait foi, — elle contient encore autre chose qui est justement l'essentiel, à savoir l'*admiration* désintéressée et pure de tout désir charnel pour les formes parfaites, expressives de l'idéal. L'aspiration esthétique est par là irréductible aux autres jouissances dont le caractère est moins spirituel et l'objet plus défini. Il suffit d'observer la mentalité du véritable artiste pour s'en convaincre : « On dit du corps au repos qu'il est *beau* ou laid; on considère alors dans sa physionomie ce qu'elle a d'esthétique. Mais ces mots n'ont pas le même sens pour chacun de nous : ils ont pour l'artiste une signification particulière. Ce qu'un amoureux appelle la beauté n'est pas identique à la beauté artistique, surtout si son imagination n'a pas été enrichie et surexcitée par une haute culture. Quand l'éducation civilisée n'a pas détourné les instincts de leur pente naïve, ce que deux amants trouvent de beau mutuellement en eux, c'est ce que la nature a mis d'attrayant dans les formes pour les amener à ses fins, c'est la beauté qu'on peut appeler purement *génétique*, et qui peut se définir : l'expression par laquelle un organisme en sollicite un autre à la perpétuation de l'espèce... Cette beauté peut entrer comme élément dans la beauté plastique que recherchent les sculpteurs, mais elle est loin de la constituer tout entière et l'on conçoit qu'en certains cas elle y soit étrangère. Certes, la part d'inspiration que des artistes, d'ailleurs excellents, doivent à la sexualité, est plus grande qu'ils ne l'avoueraient peut-être. Mais, cette part faite, sans cynisme ni pruderie, il faut bien reconnaître que l'aspect du *nu* inspire à l'artiste autre chose qu'un mode du désir, et si, en présence du modèle, la première impression dérive parfois d'un appétit, la seconde, celle qui dirige le pinceau ou l'ébauchoir, ne relève que d'un sentiment (1). »

(1) *L'Expression dans les Beaux-Arts*, p. 196, 197. — Cf. Dans les *Stances et Poèmes*, la pièce : *Les Voluptés*, § 2.

Deux œuvres célèbres attestent ce caractère chaste et désintéressé de l'admiration esthétique :

« Certes, il y a un abîme entre l'expression de la Vierge à la Chaise et celle de la Vénus de Milo. L'orgueil de la grâce qui se connaît éclate dans la superbe attitude de celle-ci, la modestie de la grâce qui s'ignore préside au maintien de celle-là. Le visage de la déesse n'exprime aucune tendresse, celui de la Vierge respire une mansuétude exquise. Mais dans l'une et dans l'autre la chair fleurit également, et belle également, affecte toutefois deux expressions opposées parce que le peintre et le sculpteur, demandant tous deux à la forme la seule beauté qui intéresse l'Art, n'ont pu se trouver en conflit : ils ont pu se servir de la même langue. Contre toute attente, en effet, la beauté de la déesse païenne ne nous parle pas de la volupté et celle de la Vierge chrétienne ne nous parle pas du mépris de la chair. La première est trop majestueuse pour être impudique ; la seconde, comme celle des enfants, trop pure pour faire songer même à la pudeur. Ainsi le génie du statuaire antique et celui de Raphaël se rencontrent dans la même région supérieure du beau ; l'un et l'autre, par cela même qu'ils sentaient dans les formes la seule beauté qui soit digne de l'art, devaient spontanément en éliminer l'expression sensuelle. (1) »

(1) *L'Expression dans les Beaux-Arts*, p. 353, 354.

« Ton marbre en même temps nous dompte et nous rassure,
Statue impérieuse et sereine à la fois ;
On peut te regarder et t'aimer sans blessure,
Et noble est la leçon de tes lèvres sans voix.

Éros le dieu léger des amours vagabondes
Ne peut-être, ô Vénus de Milo, ton enfant ;
Tu n'es pas la déesse où l'écume des ondes
Fit naître un cœur impur, mobile et décevant ;

Non, ta forme nous parle un pur et fier langage,
Qui vibre au fond du cœur bien au delà des sens,
Et le philtre sacré que ton beau corps dégage
Ne trouble que notre âme et s'y change en encens.

Dans les lignes du marbre où plus rien ne subsiste
De l'éphémère éclat des modèles de chair
Le ciseau du sculpteur, incorruptible artiste,
En isolant le Beau nous le rend chaste et clair.

Il est donc avéré que l'aspiration esthétique ne saurait être confondue avec les autres appétits de la sensibilité humaine; elle leur est irréductible et supérieure. Toutefois l'objet auquel elle s'attache n'est pas étranger à la nature humaine; peut-être même est-il tout humain, puisque seule la race humaine semble capable d'y rêver et d'en trouver l'expression dans ses propres formes? « Ce que j'appelle le beau dans la forme, laquelle est une synthèse de sensations, ce n'est pas seulement ce que cette synthèse m'offre d'agréable; c'est davantage, c'est son rapport expressif avec un inconnu qui m'attire et que, à tort ou à raison, je présume être ce qu'il y a au dehors de plus intéressant pour le cœur et peut-être aussi pour l'intelligence. Une œuvre d'art plastique ou musicale, c'est donc pour moi de l'agréable engendrant une joie spéciale, la joie *la plus humaine*, peut-être *la seule* exclusivement humaine, distincte à ce titre de toutes les autres. Je

> Si tendre à voir que soit la couleur d'un sein rose,
> C'est dans son contour seul, presque immatériel,
> Que le souffle divin se révèle et dépose
> La grâce qui l'exprime et ravit l'âme au ciel.
>
> Quel visiteur profane, hôte d'un statuaire,
> Devant la forme calme et l'artiste anxieux,
> N'a senti l'atelier devenir sanctuaire
> Au colloque muet du modèle et des yeux?
>
> La chair se sanctifie au cœur qui la contemple.
> Assise sur l'autel dans le temple du Beau,
> Nul rêve intérieur ne l'outrage en ce temple
> Où le désir se tait comme dans un tombeau;
>
> Où n'ose tressaillir aucune convoitise
> Que celle qui livra Prométhée au vautour,
> Où la Beauté, miroir de l'idéal, attise
> Une soif de créer plus haute que l'amour;
>
> Où l'artiste, imposant lui-même à la Nature
> Un type qu'il choisit et n'a pas hérité,
> Plus que père, se donne un descendant qui dure
> Aussi longtemps tout seul qu'une postérité.
>
> La figure, à l'appel de l'ébauchoir agile,
> Se laissant deviner lentement, puis saisir,
> Au soleil par degrés sort de l'obscure argile
> Et s'offre toute nue aux yeux purs de désir;

l'éprouve quand il me semble que ma personne s'élève aux confins du monde terrestre et de la région immédiatement supérieure quelle qu'elle puisse être, c'est-à-dire quand je crois sentir naître dans mon rêve d'homme la plus haute aspiration issue de ma planète. Au fond, ce qui me paraît être objectif dans mes perceptions esthétiques, c'est le sentiment qu'elles suscitent en moi de la *dignité humaine*, c'est-à-dire du rang suprême que mon espèce occupe sur un astre et qui paraît justifier son aspiration au grade suivant dans l'ascensionnelle évolution de l'univers (1). » Cette notion de la *dignité* n'est pas seulement d'ordre esthétique; elle est aussi et surtout d'ordre moral. La critique de l'aspiration esthétique aurait-elle trouvé là le point de conjonction entre l'Art et l'Éthique? C'est ce qu'il n'est permis d'affirmer, ou même d'admettre à titre d'hypothèse, qu'après avoir tenté par ailleurs la critique de l'aspiration morale. Les deux problèmes n'en font sans doute qu'un en dernière analyse et leur solu-

> *Car l'anoblissement du regard que tu charmes,*
> *O sculpture sévère, est ton plus grand bienfait;*
> *Ton chef-d'œuvre en éteint les ardeurs sous les larmes*
> *Qu'arrache l'Infini caché dans le Parfait.*
>
> . . . .
>
> *C'est pourquoi bénissons un art qui nous enseigne*
> *Par le marbre où le souffle est venu s'apaiser*
> *Un amour dont le cœur ne frémit ni ne saigne,*
> *Affranchi de l'espoir et des deuils du baiser.*
>
> *N'adorant que la forme où transparaît l'idée,*
> *La Beauté dont le vrai rehausse la splendeur,*
> *Le sculpteur nous la donne auguste, possédée*
> *Par l'admiration, gage de la pudeur.*
>
> *On rougit de montrer le corps seul avant l'âme :*
> *Cette rougeur en lui révèle un saint flambeau;*
> *Le sculpteur peut montrer la nudité sans blâme,*
> *N'offrant que le divin dans les lignes du beau.*
>
> *Saluons donc cet Art, qui, trop haut pour la foule,*
> *Abandonne des corps les éléments charnels,*
> *Et, pur, du genre humain ne garde que le moule,*
> *N'en daigne consacrer que les traits éternels!* »
>
> (*Le Prisme, Devant la Vénus de Milo*, I, III.)

(1) *Que sais-je?* p. 37, 38.

tion, qu'elle qu'en soit la valeur logique, doit être la même. Afin de l'éprouver, il sera donc nécessaire que M. Sully Prudhomme soumette le fondement de la métaphysique des mœurs à un examen critique symétrique à celui qu'il a appliqué au fondement de la métaphysique de l'Art.

Ce dernier examen a du moins abouti aux conclusions suivantes :

1° Le point de vue esthétique pris par la sensibilité humaine sur le monde accidentel et phénoménal est distinct du point de vue mécanique pris par la pensée scientifique ; le phénomène de l'*expression* atteste cette différence radicale.

2° L'*expression* des formes sensibles, et particulièrement celle des formes du corps humain, révèle une connexion profonde entre le psychique et le physique, connexion qui permet d'inférer, sans qu'on ait cependant le moyen de l'affirmer, l'identité foncière des deux activités, sinon l'identité des deux substances.

3° Les aspects expressifs du monde phénoménal sont relatifs à la façon de sentir et d'imaginer de l'homme ; en conséquence, ils ne sont pas de nature à révéler l'essence de l'objet métaphysique ni la loi selon laquelle l'Inconnaissable suscite dans l'âme humaine le sentiment de la Beauté et produit dans la nature des formes expressives.

4° L'aspiration esthétique n'a pas d'objet définissable, mais cet objet n'en est pas moins conçu comme réel en raison de l'invincible persistance de cette aspiration avide des formes sensibles qui symbolisent l'idéal.

5° L'aspiration esthétique est irréductible à tous autres modes du désir et de la volupté ; elle est chaste, désintéressée, toute spirituelle. Les perceptions esthétiques qui la satisfont relativement, sont celles qui suscitent dans la conscience de l'artiste le sentiment de la dignité humaine. Ce sentiment requiert une interprétation explicative, qu'il n'est possible de proposer qu'après une critique de l'aspiration morale.

CHAPITRE III

Critique de l'aspiration morale.

I. Problème de l'origine et de la signification des concepts moraux de dignité, de justice et de désintéressement obligatoire. Comparaison entre la *Critique de la Raison pratique* de Kant et celle de M. Sully Prudhomme. Position de l'antinomie morale; conscience et darwinisme. Conflits des données de la science positive et des aspirations du cœur. — II. Critique de l'aspiration morale. Le poème de la *Justice*. La notion de Justice est-elle applicable aux lois de la Nature? — III. La Justice peut-elle se concevoir dans la Cause première? Optimisme et pessimisme. La catégorie de Justice n'a un sens que si elle est appliquée aux actions humaines. Assentiment volontaire de la conscience à l'ordre naturel.

I

Justice, désintéressement, tels sont les deux concepts moraux fondamentaux qu'a dégagés l'analyse réflexive tour à tour appliquée aux intuitions intimes de la conscience et aux manifestations objectives de la moralité dans la vie des sociétés humaines. La *Justice* se présente à la conscience individuelle ou sociale comme une impérieuse nécessité de respecter la personne humaine, de la « traiter comme une fin en soi, non comme un moyen », dirait Kant. Cette obligation suppose l'existence d'un caractère sacré inhérent à l'essence humaine, caractère dérivé à la fois du rang prépondérant occupé par la race humaine dans l'échelle des êtres et de l'effort méritoire qui, en élevant encore l'élite des humains au dessus du niveau moyen de l'humanité, réalise en eux une valeur supérieure à toute autre ici-bas : c'est ce caractère que désigne l'expression de *dignité*. La *Justice* est donc *le respect de la dignité humaine*. Mais qu'est-ce que cette dignité même? Quel en est le principe et le fondement? Sans doute, une intuition immédiate de la conscience et du cœur la révèle d'une façon parfaitement claire et impérative à l'homme. Mais toute intuition de ce genre reste suspecte à la raison qui veut comprendre avant de croire et d'obéir. D'où vient donc cette mystérieuse injonction qui oppose l'homme à lui-même en mainte occasion, lorsque, matériellement libre de nuire à son semblable pour son propre bien, il s'en abstient sans autre contrainte que celle de sa conscience?

D'autre part, la Justice pure, définie d'une façon presque négative par la volonté de ne pas mal faire, ne semble pas contenir en elle seule toute la moralité. Au commun respect des personnes doit s'ajouter encore quelque chose de plus actif et de plus désintéressé, l'*amour d'autrui* sans espoir de réciprocité ni de récompense. Ce désintéressement moral requiert un *sacrifice*, c'est-à-dire une volonté héroïque de souffrir pour le bien d'autrui, donc un oubli complet de soi-même, une négation de l'instinct naturel de conservation et de jouissance. Obligation paradoxale et mystérieuse comme la première, à laquelle la raison ne se pliera pas non plus sans en avoir au préalable tenté la critique et l'explication.

Constater dans la conscience la présence de ces deux données morales, trouver même dans l'histoire des sociétés humaines des traces indéniables de leur prestige et de leur efficacité comme ressorts de la vie sociale, ce n'est pas les expliquer ni en montrer l'origine et la portée. Le sentiment et le concept de la dignité humaine procèdent-ils d'une cause naturelle? En s'imposant le devoir de justice, au bénéfice de ses semblables, l'homme se conforme-t-il à la loi de nature ou lui donne-t-il au contraire un démenti? La notion de justice est-elle une notion absolue et universelle applicable à la nature et à sa cause première, ou n'a-t-elle un sens et une valeur que relativement aux actions humaines? Le rechercher, ce sera vraiment instituer une *Critique de la Raison pratique*, sur des bases plus complètes et plus solides que ne l'a fait Kant lui-même.

Kant, en effet, part immédiatement du jugement de moralité tel que le formule la conscience humaine; par l'analyse il en dégage la forme et prend pour accordé que l'impératif moral est un principe *à priori*, inhérent à la raison humaine et devant s'imposer non seulement à toute volonté humaine, mais encore à toute créature raisonnable. Il ne confronte pas cette loi intérieure avec les lois de la nature telles qu'elles se dégagent des données de l'expérience. Le déterminisme des phénomènes n'est, lorsqu'il le pose au point de vue de la raison pure spéculative, aucunement apprécié à un point de vue moral : l'ordre, d'ailleurs tout relatif aux catégories de l'entendement, dans lequel se présentent les phénomènes naturels n'est déclaré ni bon ni mauvais en soi. Aussi bien, la notion de moralité n'ayant un sens et une valeur que pour un être raisonnable et en tant qu'appliquée à la volonté d'un tel être, la question ne se pose même pas pour Kant de savoir si les lois qui régissent le cours nécessaire des événements naturels sont justes ou injustes, bonnes ou mauvaises, morales ou immorales. Quant à la liberté nouménale postulée comme fondement de la moralité humaine, elle reste étrangère au monde phénoménal et si son affirmation permet de juger le caractère et les actes subséquents du sujet moral, seul ce sujet est en cause. Kant, par la façon même dont il pose le problème moral et par la méthode qu'il applique à la critique du jugement de moralité, n'a donc pas à se préoccuper de savoir si la loi morale est une loi conforme à l'ordre des phénomènes, dérivée de cet ordre et susceptible de fournir une détermination applicable à lui. Exclusivement cantonné dans le domaine de la raison pure, il n'a pas à procéder en naturaliste, mais en logicien. S'il rencontre au cours de sa critique une antinomie morale, ce n'est pas entre la conscience humaine d'une part et les lois de la nature de l'autre qu'elle se pose pour lui, c'est entre deux définitions inconciliables du bien, d'abord conçu comme l'obéissance inconditionnelle à l'impératif catégorique, comme la vertu pure, puis conçu comme une sanction du mérite, comme la justice distributive, accord du bonheur et de la vertu. La solution critique de cette antinomie l'amène à postuler toute une métaphysique comprenant des affirmations transcendantes telles que celle de l'immortalité de l'âme et celle de l'existence de Dieu. En inférant de la moralité cette métaphysique religieuse, Kant sort encore du monde phénoménal, de la nature, objet des sciences, et ses postulats n'impliquent aucune interprétation des lois de ce monde phénoménal. En outre, Kant prête à son Dieu des attributs moraux sans lesquels il serait inutile de le concevoir et de croire en lui : « On postule l'existence d'une cause de toute la nature, distincte de la nature et contenant le principe de l'harmonie exacte du bonheur et de la moralité… Le souverain bien n'est donc possible dans le monde qu'en tant qu'on admet une cause suprême de la nature qui a une causalité conforme à l'intention morale (1). » C'est donc en un Dieu intelligent et bon que réside le principe de la justice, principe métaphysique et transcendant qui ne se révèle à nous que par « une nécessité, liée comme besoin avec le devoir, de supposer la possibilité du souverain bien, qui, puisque il n'est possible que sous la condition de l'existence de Dieu, lie inséparablement la supposition de cette existence avec le devoir (2). » Rappelons enfin que Kant, à aucun moment, n'a présenté comme des intuitions du cœur les données de la conscience morale. Il a toujours répudié cet appel à des données « pathologiques » et fondé sur des concepts, non sur des sentiments, toutes ses déductions touchant la morale. La *Critique*, sous la forme où l'a conçue et pratiquée Kant, est donc bien plutôt une théorie analytique et dialectique du jugement de moralité envisagé constamment à un point de vue tout rationnel, qu'un procès intenté au sentiment moral par la raison affranchie des suggestions du cœur. Il n'y a rien de dramatique dans la critique Kantienne qui n'est, en somme, qu'une démonstration méthodique des raisons de bien faire et de parvenir à la foi par l'intelligence des principes que requièrent ces raisons mêmes.

A tous égards, la critique que M. Sully Prudhomme va instituer touchant le fondement de la justice différera de la critique de Kant, malgré l'analogie des deux tentatives et l'ac-

---

(1) *Critique de la Raison pratique*, l. II, ch. ii, sect. v., Tr. Picavet, p. 228. Paris, F. Alcan.
(2) *Ibid.*

cord des deux philosophes sur la plupart des articles de leur foi morale.

Tout d'abord, M. Sully Prudhomme considère comme des données affectives, non comme des données rationnelles, par conséquent intelligibles, les principes de la morale. Il déclare les *sentir*, non les *comprendre* et, s'il les invoque, c'est à titre de constatations empiriques, non à titre de concepts purs. L'émotion du bien, le besoin de justice, l'indignation éprouvée en face du crime, les joies d'une conscience pure, le bonheur du sacrifice, ce sont des faits d'expérience attestés par le témoignage irrécusable de « voix intérieures (1). » Qui parle ainsi dans la conscience de l'honnête homme ? Est-ce un Dieu caché, arbitre de la destinée humaine et maître de la nature ? Est-ce un instinct profond de la race ? Sont-ce les aïeux disparus qui ont légué à l'individu vivant leurs habitudes acquises et les vertus conquises au prix de leurs douloureux efforts ? Qu'importe ? Le fait en lui-même, c'est que l'aspiration morale existe et qu'elle se manifeste par des émotions profondes et des tendances actives que rien ne peut étouffer. C'est du cœur que relève la foi morale. M. Sully Prudhomme n'érige pas cette intuition émotionnelle en principe universel et éternel, invariable dans la conscience humaine. Il est tout disposé au contraire à la considérer comme une lente acquisition de l'humanité, indéfiniment perfectible, et plus complète déjà dans la conscience des hommes d'aujourd'hui que dans celle de leurs ancêtres. Quoi qu'il en soit, l'autorité du cœur et de la conscience est maintenant irrécusable, et si l'homme s'en tenait exclusivement à elle, aucune critique du jugement de moralité ne serait nécessaire.

Mais si la conscience, comme un instinct révélateur, fait entrevoir à l'homme sa haute destinée et lui enjoint de n'y point faillir, la science de son côté démontre à l'homme qu'il est soumis comme tous les autres êtres vivants aux lois de la nature. Or ces lois sont effroyables : lutte pour la vie, victoire nécessaire du fort sur le faible, impitoyable sélection qui subordonne l'intérêt de l'individu à la conservation de la race

(1) Cf. *La Vertu* (*Les Vaines Tendresses*, p. 213).

et le salut d'une race au triomphe d'une autre mieux armée. La Nature, telle qu'elle se montre aux yeux de Darwin et de la science contemporaine, est un vaste champ de bataille où règne la force injuste de la fatalité. Le savant qui constate d'une façon indéniable un tel état de choses pourrait s'abstenir de s'en indigner ou de s'en affliger si son intelligence seule restait spectatrice des crimes commandés par la Nature; mais il est doué d'une sensibilité qui s'émeut de tant de cris d'angoisse et de douleur, il est lui-même ou victime ou bourreau puisqu'il vit; il ne peut s'abstenir de crier au scandale, puisqu'il a une conscience, ni de blasphémer l'injuste et cruelle cause première, s'il en est une, qui a créé cette Nature mauvaise. Il est pris dans cette alternative ou de se rendre, par son silence impassible, complice du mal qu'il constate, ou de s'insurger contre une loi inique que son instinct de conservation le force à suivre au moment même où toutes ses aspirations la combattent. Il n'a pas même la ressource de s'en fier exclusivement à son cœur pour nier l'immoralité des lois de la Nature : quiconque sait ce qui est ne peut l'oublier ni le nier. La science a tué la foi naïve et confiante qui, ou bien fermait les yeux sur le mal avec un optimisme accommodant, ou bien puisait dans un dogme métaphysique une justification de l'œuvre divine. Mais elle n'a pas imposé silence au cœur; en sorte que le penseur ne peut ni s'abandonner aux intuitions de sa sensibilité sans entendre s'élever contre elles le réquisitoire de la raison, ni, revenant à sa raison, s'efforcer de tout connaître et de ne rien juger, sans que son cœur proteste contre la méconnaissance de ses aspirations les plus chères.

Ce conflit intérieur de la raison et du cœur fait naître une antinomie infiniment plus dramatique et plus angoissante que l'antinomie posée par la critique kantienne. Cette antinomie n'est pas seulement une de ces contradictions dialectiques où la raison se trouve contrainte d'admettre à la fois le pour et le contre et de formuler des jugements formellement absurdes touchant des objets qui la dépassent. Elle naît de la constatation simultanée de deux vérités de fait également établies par expérience avec une évidence indéniable, et pourtant incompatibles entre elles : 1° *Rien dans les lois de la nature ne correspond à ce qui pour la conscience humaine constitue la Justice;* 2° *Dans la conscience humaine s'élève une invincible protestation contre l'ordre de la Nature et une éternelle aspiration vers un idéal opposé à cet ordre.* Or l'homme vit, connaît, aspire et agit au sein même de cette Nature dont il est tour à tour le complice obéissant et le juge sévère. Sa double essence le jette dans de cruelles contradictions avec lui-même, et les nécessités urgentes de l'action le pressent de lever ces contradictions en prenant un parti qu'il regrettera toujours, quel qu'il soit : il se dira, en effet, ou qu'il est dupe et victime, s'il sait que la Nature donne raison aux forts sans égard aux mérites des sacrifices volontaires, ou, s'il suit cette barbare loi naturelle, il se reconnaîtra indigne, et son remords lui fera durement expier sa victoire remportée au prix d'une injustice. Ce n'est pas dans un monde transcendant peuplé d'êtres de raison, dans la « république des fins en soi » que l'homme doit accomplir sa destinée : c'est ici-bas, au milieu de la mêlée des races, sous l'inflexible loi du déterminisme matériel, au sein d'une société qui s'agite et cherche sa voie, sans autres lumières que celles de son intelligence et de sa conscience toujours armées l'une contre l'autre, sans autres ressources que sa volonté, sans autre espoir que la réalisation sur terre de l'idéal de justice auquel il aspire, sans certitude aucune touchant l'existence et les attributs de la Cause métaphysique d'un Univers où coexistent des lois contradictoires, des modes d'activité antagonistes et des formes de l'être irréductibles.

En posant sous cette forme l'antinomie morale, M. Sully Prudhomme n'élude pas, comme l'a fait Kant, les difficultés du problème par la distinction d'un monde nouménal et d'un monde phénoménal. Il ne connaît qu'un monde, le nôtre, dans lequel doit s'accomplir la Justice si elle doit s'accomplir quelque part. Il s'interdit de porter le débat sur ce domaine inconnu ni de le trancher en adoptant des postulats métaphysiques dont chacun est, ou le contre-pied de vérités prises pour principes par la science, ou la solution arbitraire des antinomies posées et reconnues insolubles par la raison spéculative. S'il existe un principe métaphysique juste et bon, qu'il se révèle ici-bas dans son essence ou dans son œuvre; si la justice doit régner, que ce soit en cette vie, non dans l'autre. Sinon, à quoi bon concevoir dans un monde suprasensible une morale suprahumaine instituée par un Dieu inconnu qui laisse ici-bas l'injustice régner dans la nature et l'homme se débattre en vain entre les fatalités de l'instinct et les aspirations de sa conscience ? M. Sully Prudhomme ne souscrit pas à cette métaphysique bâtarde qui réintroduit artificieusement les dogmes religieux traditionnels sans avoir résolu le problème du mal naturel ni tenté d'abord de lever, par une critique toute positive, l'antinomie peut-être apparente ou relative de l'ordre mécanique et de l'ordre moral, des données de la raison et de celles du cœur.

Une critique véritable de l'idée de Justice consistera donc à instruire d'une façon méthodique et impartiale le procès de la raison contre l'aspiration; à mettre aux prises l'une avec l'autre ces deux autorités qui se réclament avec des droits égaux de l'intuition et dont chacune prétend cependant régir seule les croyances et la conduite de l'homme. Sans franchir les limites du monde connaissable, le moraliste devra traiter l'aspiration morale comme un fait naturel et en rechercher l'explication, soit dans l'essence de l'homme, soit dans les lois de la nature. Il est invraisemblable, en effet, que la moralité prescrive à la volonté humaine la poursuite d'une fin contre nature ou tout au moins d'une fin irréalisable ici-bas par son effort. Soit donc à examiner si, d'une part, une interprétation plus approfondie du plan de la nature n'expliquerait pas à l'homme l'origine, le sens et l'objet de son aspiration morale; et si, d'autre part, l'humanité elle-même ne serait pas la dupe d'une illusion anthropomorphique lorsqu'elle applique à tout événement naturel des qualifications qui n'ont de sens que relativement aux actes humains jugés par la conscience humaine. A supposer qu'il fallût en dernier recours proposer à l'homme des hypothèses propres à satisfaire ses aspirations et des postulats propres à soutenir son effort vers le bien idéal, ce n'est pas dans un autre monde mais dans celui-ci qu'il conviendrait d'en puiser les éléments. Ces rêves bienfaisants, ces actes de foi consolants et fortifiants auraient du moins le mérite de proposer à la volonté une noble fin humainement réalisable dans un monde où la Justice peut bien un jour devenir une réalité, puisqu'il s'y trouve déjà des êtres capables de la concevoir et d'y aspirer.

Telle est, ramenée à ses traits essentiels, l'attitude adoptée par M. Sully Prudhomme en face du problème du fondement de la moralité. Ce qui donne à sa critique de l'aspiration un caractère particulièrement profond et poignant, c'est qu'il ne l'aborde pas en dialecticien, mais en poète. L'antinomie des affirmations du cœur et de celles de la raison se dramatise dans sa conscience comme se dramatisa dans l'âme de Pascal le conflit de la raison et de la foi religieuse.

II

Dès le début de sa carrière poétique, le poète de *la Vie intérieure* (1) exprimait cette antinomie, sur laquelle il est revenu à mainte reprise avant de la développer avec plus d'ampleur et de méthode dans le poème de *la Justice*. Ce poème « retrace les vicissitudes d'une intelligence et les angoisses d'un cœur touchant l'essence et le fondement de la Justice. » « Dans

(1) « Deux voix s'élèvent tour à tour
Des profondeurs troubles de l'âme.
La raison blasphème, et l'amour
Rêve un Dieu juste et le proclame.

Panthéiste, athée ou chrétien
Tu connais leurs luttes obscures.
C'est mon martyre et c'est le tien
De vivre avec ces deux murmures.

L'Intelligence dit au cœur :
« Le monde n'a pas un bon père :
Vois, le mal est partout vainqueur. »
Le cœur dit : « Je crois et j'espère.

Espère, ô ma sœur, crois un peu :
C'est à force d'aimer qu'on trouve.
Je suis immortel, je sens Dieu. — »
L'Intelligence lui dit : « Prouve ! »

(*Intus. La Vie intérieure.*)

cette tentative, dit l'auteur, loin de fuir les sciences, je me mets à leur école, je les invoque et les provoque. La foi était un compromis entre l'intelligence et la sensibilité ; l'une des deux parties s'y est reconnue lésée, et aujourd'hui toutes les deux se défient excessivement l'une de l'autre. La raison et le cœur sont divisés. Ce grand procès est à instruire dans toutes les questions morales ; je m'en tiens à celle de la justice. *Je voudrais montrer que la justice ne peut sortir ni de la science seule, qui suspecte les intuitions du cœur, ni de l'ignorance généreuse qui s'y fie exclusivement; mais que l'application de la justice requiert la plus délicate sympathie pour l'homme, éclairée par la plus profonde connaissance de sa nature ; qu'elle est, par conséquent, le terme idéal de la science étroitement unie à l'amour* (1). »

Telle est la thèse : Darwinisme contre conscience, et tentative d'une conciliation finale des lois de la nature avec les aspirations de l'âme humaine.

Le Prologue de *la Justice* expose en termes splendides l'idée fondamentale qui va se développer sous une forme antithétique dans les sept premières *Veilles* du poème. La science

---

(1) *La Justice*, préface. — On pourrait rapprocher de ce texte le passage suivant tiré du *Journal intime* d'Amiel, un autre philosophe-poète dont le génie offre de grandes analogies avec celui de M. Sully Prudhomme : « Le triomphe croissant du darwinisme, c'est-à-dire du matérialisme ou de la force, menace la notion de justice. La loi humaine supérieure ne peut être empruntée à l'animalité. Or la justice, c'est le droit au maximum d'indépendance individuelle compatible avec la même liberté pour autrui : en d'autres termes, c'est le respect de l'homme, du mineur, du faible, du petit ; c'est la garantie des collectivités humaines, associations, états, nationalités, groupements spontanés ou réfléchis, qui peuvent accroître la somme du bien et satisfaire le vœu des êtres personnels. L'exploitation des uns par les autres blesse la justice. Le droit du plus fort n'est pas un droit, mais un simple fait qui n'a de droit qu'aussi longtemps qu'il n'y a pas protestation ni résistance. C'est comme le froid, la nuit, la pesanteur qui s'imposent jusqu'à ce qu'on ait trouvé l'éclairage, le chauffage, la mécanique. L'industrie humaine est tout entière une émancipation de la nature brute, et les progrès de la justice sont de même la série des reculades subies par la tyrannie du plus fort. Comme la médecine consiste à vaincre la maladie, le bien consiste à vaincre les férocités aveugles et les appétits effrénés de la bête humaine. Je vois donc toujours la même loi : libération croissante de l'individu, ascension de l'être vers la vie, vers la justice, vers la sagesse. La gloutonnerie avide est le point de départ, la générosité intelligente le point d'arrivée. » (Amiel, *Fragments d'un Journal intime*, t. II, p. 238, 239.)

a tué la foi simple des premiers âges. Comment prier, tandis que l'astronome bannit du ciel les anciens dieux et pèse la masse des astres? Comment rêver, pendant que le physicien démasque et dompte les forces de la nature? Comment chanter, comment aimer, pendant que le chimiste nous fait voir dans la vie de la fleur et de la feuille un gaz attaquant du charbon, pendant que le naturaliste dissèque la chair vivante,

« Et qu'on entend hurler d'angoisse et d'épouvante
La victime, aux dieux sourds poussant un rauque appel ? » (1)

A ces doutes, d'ordre tout philosophique, suscités dans la conscience du poète par ses connaissances scientifiques, s'ajoutaient chez M. Sully Prudhomme, au moment où il composa *la Justice*, d'autres causes de tristesse et de découragement. Les souffrances intimes dont les *Stances*, les *Vaines tendresses* et les *Solitudes* contiennent l'expression discrète, mais combien intense et poignante, s'étaient aggravées des deuils nationaux de la guerre de 1870. « Les sinistres événements qui ont abaissé notre patrie m'avaient, pour la première fois, forcé de voir de près et à nu les plaies jusque-là dissimulées d'un corps social qui dans la déroute a perdu tous ses voiles. Quel spectacle! Un pessimisme plein d'amertume avait supplanté ma confiance en la dignité humaine. Plusieurs sonnets composés à cette époque ont trouvé leur place dans la première partie du livre; ils se ressentent de leur date et je ne les aurais jamais publiés seuls (2). »

Ce pessimisme se fit jour alors dans une pièce « Vœu » unique en son genre, il est vrai, dans l'œuvre de M. Sully Prudhomme et réfutée depuis par son propre auteur, mais dont les pages les plus affreuses d'un Schopenhauer ou d'un Léopardi n'ont jamais égalé la sombre désespérance (3). L'âpre accent des sonnets de la *Justice*, où le « Chercheur » accumule tous les arguments propres à ruiner les illusions de la conscience morale, n'est donc pas artificiel. Il jaillit du plus pro-

---

(1) *La Justice*, Prologue.
(2) *Ibid.*, préface.
(3) « C'est, dit M. G. Paris, un des cris les plus lugubres qui soient sortis de la poitrine de la pauvre humanité. »

fond d'une âme troublée dans sa foi et désespérée de son doute, mais trop éprise de vérité pour se mentir à elle-même. Il faut bien en convenir, les répliques de la Voix qui, dans les Stances symétriquement opposées à ces sonnets, plaide la cause du cœur, sont loin d'être aussi solides et frappantes. S'il est vrai, comme le veut Schopenhauer, que la douleur ait toujours plus inspiré les poètes que la foi optimiste, l'exemple fourni par M. Sully Prudhomme tendrait à confirmer cette opinion. Du moins le poète laisse librement parler en lui cette consolante *Voix*, interprète de son aspiration mystique.

> ... J'ai beau me boucher à deux mains les oreilles,
> J'entends monter des voix à des appels pareilles,
> Indomptables échos du passé dans mon cœur ;
>
> Ce sont tous mes instincts poussant des cris d'alarme ;
> *En moi-même se livre un combat sans vainqueur*
> *Entre la foi sans preuve et la raison sans charme.* (1)

Silence au cœur! pourtant. « Avide de vérité, le poète dépouille les antiques illusions des sens et se fait chercheur pour aller à la découverte de la Justice avec le seul flambeau de la Science. Comme il n'a pas à chercher la justice avant l'apparition de la vie, et que la terre est la seule région de l'univers qui lui soit directement accessible, il y commence son investigation (2). »

Une telle recherche est fondée sur cette supposition que la justice est une notion universellement applicable à tous les événements de la nature et à la nature elle-même ou à son auteur. La notion de moralité est-elle une notion cosmologique? Le Bien est-il un fait naturel? Seule l'observation de ce qui se passe dans la nature, d'une part, et, de l'autre, de la façon dont la conscience humaine accueille de telles constatations, permettra de répondre à cette question ou d'en vérifier la recevabilité. Si la justice est une loi de la nature, la science doit constater cette loi comme toutes les autres. Or que dit la science? Ce que Malthus et Darwin ont établi en observant la

(1) *La Justice*, 1re Veille, éd. in-8°, p. 66.
(2) *Ibid.*, 1re Veille, argument.

vie des espèces. « La science ne découvre aucune justice dans les relations des espèces entre elles. Les espèces ne subsistent qu'aux dépens les unes des autres par une incessante immolation des faibles. » M. Sully Prudhomme donne à cette loi de la lutte des espèces une inoubliable expression dans les sonnets de la Seconde Veille de la *Justice* :

« Nul germe en l'univers ne tire du néant
De quoi fournir son type et tarir sa puissance;
Chaque vie à toute heure est une renaissance
Où les forces ne font qu'un échange en créant.

Aussi tout animal, de l'insecte au géant,
En quête de la proie utile à sa croissance,
Est un gouffre qui rôde, affamé par essence,
Assouvi par hasard, et par instinct, béant.

Aveugle exécuteur d'un mal obligatoire,
Chaque vivant promène écrit sur sa mâchoire
L'arrêt de mort d'un autre, exigé par sa faim.

Car l'ordre nécessaire, ou le plaisir divin,
Fait d'un même sépulcre un même réfectoire
A d'innombrables corps, sans relâche et sans fin. » (1)

« Tout vivant n'a qu'un but : persévérer à vivre;
Même à travers ses maux il y trouve plaisir;
Esclave de ce but qu'il n'eut pas à choisir,
Il voue entièrement sa force à le poursuivre.

Ce qui borne ou détruit sa vie, il s'en délivre,
Ce qui la lui conserve, il tâche à s'en saisir;
De là le grand combat, pourvoyeur du désir,
Que l'espèce à l'espèce avec âpreté livre.

Ou tuer, ou mourir de famine et de froid :
Qui que tu sois, choisis. Sur notre horrible sphère,
Nul n'évite en naissant ce carrefour étroit.

Un titre pour tuer que le besoin confère,
Où la Nature absout du mal qu'elle fait faire,
Un brevet de bourreau, voilà le premier droit. » (2)

(1) *La Justice*, 2ᵉ Veille, p. 84.
(2) *Ibid.*, p. 86.

« L'espace est plein de cris par les faibles poussés.
Comme à travers la nuit geignent les vents d'automne,
Sans cesse monte au ciel la plainte monotone
De ces vaincus amers, pleurants ou courroucés.

Vous criez dans le vide ! assez de cris, assez !
Le silence du ciel, ô faibles, vous étonne :
Vous voulez que pour vous contre les forts il tonne ;
Vous imitez pourtant ceux que vous maudissez :

Quand vous leur imputez leur tyrannie à crime,
Est-il un seul de vous qui pour vivre n'opprime ?
Où la vie a germé, l'égoïsme a sévi... » (1)

« Ce précepte m'émeut : « Ne fais pas au prochain
Ce que tu ne veux pas qu'il te fasse à toi-même. »
Pourtant, s'il le faut suivre en sa rigueur extrême,
Il n'est d'autre avenir que de mourir de faim.

Vivre sans nuire ! O songe ambitieux et vain !
Le prochain quel est-il ? Voilà le grand problème.
Qu'il végète ou qu'il pense, et qu'on l'abhorre ou l'aime
Tout être a, dès qu'il sent, quelque chose d'humain... » (2)

«.. O morale, n'es-tu qu'un pacte entre complices ?
Pourquoi ton équité, bonne pour nos polices,
Ne nous rend-elle pas tous les êtres sacrés ?... » (3)

« Les relations des individus entre eux dans l'espèce sont régies par des affections étrangères à la justice. La conservation de l'individu fort' y est assurée par son propre égoïsme et celle du faible par des instincts dérivés de l'égoïsme qui lient l'intérêt des forts au sien. Ces instincts, conscients dans l'espèce humaine, y deviennent les principaux sentiments où la raison ne découvre pas davantage l'inspiration de la justice (4). » C'est la thèse de Hobbes et de La Rochefoucauld que va développer la Troisième Veille de la Justice : « *Dans l'Espèce.* » Tous les plus nobles sentiments y sont tour à tour soumis à l'épreuve d'une acerbe critique contre laquelle

(1) *La Justice*, p. 88.
(2) *Ibid.*, p. 90.
(3) *Ibid.*, p. 92.
(4) *Ibid.*, argument de la 3ᵉ Veille.

le cœur s'élèvera avec véhémence : vertu, mérite, sacrifice, amitié fraternelle, amour, pudeur, amour maternel même, se présentent comme autant de formes déguisées de l'égoïsme par lequel la Nature en vient à ses fins.

« La nature n'a pas, quand une espèce est née,
Confié son salut, remis sa destinée
A des gardiens d'un zèle arbitraire et gratuit :

Non ! l'œuvre utile à tous est à chacun prescrite
Par les propres besoins de son cœur, que séduit
Un illusoire appât d'ivresse ou de mérite... » (1)

« La Nature, implacable, aux rigueurs de ses lois
Abandonne l'obscur et faible satellite,
Et dans la grande lice où tout être milite,
Parmi les combattants ne sauve que les rois.

Mais il est nécessaire au progrès de ses choix
Que sa fécondité jamais ne périclite,
Qu'une autre multitude enfante une autre élite
Où l'espèce survive et s'élève à la fois.

Tout doit donc pulluler. Aussi combien elle use,
Pour remplacer les morts, de génie et de ruse !
Mille instincts y pourvoient, sublimes s'il le faut !

Bien qu'au salut commun l'espèce l'asservisse,
L'égoïsme pourtant n'est pas mis en défaut :
C'est l'intérêt du cœur qui pousse au sacrifice. » (2)

On retrouve ici, dans toute leur force, et l'expression de la loi de sélection naturelle et l'argument cher au pessimiste auteur de *la Métaphysique de l'Amour*.

La justice, dans l'espèce humaine, n'existe pas plus naturellement entre les groupes sociaux qu'entre les individus. La lutte des États entre eux n'est qu'une forme particulière de la grande lutte pour la vie (3). « Le poète ne trouve pas la justice dans les relations des États entre eux. Ils se comportent comme les espèces entre elles, à cela près que la violence se

(1) Cf. L'admirable pièce des *Vaines tendresses sur l'Amour maternel*.
(2) *La Justice*, p. 102.
(3) *Ibid.*, 3ᵉ Veille, p. 104.

complique de plus de ruse et que l'effusion du sang n'y est pas réglée par la stricte exigence des besoins. » Le poète des *Impressions de la guerre* n'avait eu que trop de preuves sous les yeux à l'appui de cette désolante thèse. Quoique profondément patriote, M. Sully Prudhomme fut toujours un pacifique et un juste, ennemi des violences iniques de la guerre, et plein de compassion pour les victimes de ces luttes fratricides.

> Quand deux États rivaux, aux bornes mitoyennes,
> Pour se les disputer lèvent leurs étendards,
> Et qu'après maint exploit, tous, conscrits et soudards,
> Ont amplement fourni la pâture aux hyènes,
>
> Il se peut qu'en changeant les frontières anciennes
> La victoire à l'aveugle ait mieux taillé les parts,
> Ou que le favori de ces sanglants hasards
> Occupe iniquement les terres qu'il fait siennes :
>
> N'importe ! quels qu'ils soient, les arrêts du canon
> Demeurent viciés, équitables ou non :
> *La sentence du meurtre est toujours immorale.*
>
> Chaque ennemi par l'autre est devant Dieu cité ;
> Mais le juge est suspect dans chaque cathédrale
> Où l'encens le provoque à la complicité (1).

Le droit, sous toutes ses formes, a pour origine la guerre à laquelle la nature contraint des êtres qui luttent pour la possession du sol :

> « *C'est du conflit des corps que le droit est venu...*
> ... *Nos prisons de chair se disputent l'espace ;*
> *La place de tes pieds, il faut que je m'en passe :*
> *Toujours d'un droit qui naît une liberté meurt.* »

En dernier recours, le poète trouvera-t-il dans l'État même, dans la cité politiquement organisée, la Justice qu'il n'a rencontrée ni entre les espèces, ni dans l'espèce, ni entre les États ? Non. « Le pur souci de la justice ne règle pas les

---

(1) 4ᵉ *Veille*, p. 124. — Cf. Prose, *Patrie et humanité.*

mutuelles relations des individus dans l'État. La diversité de leurs appétits, de leurs caractères et de leurs conditions les oppose les uns aux autres, comme s'opposent entre elles les espèces différentes. Leurs ambitions s'y tiennent en échec, et leurs forces en équilibre, par une reconnaissance de droits que détermine, non l'amour de la justice, mais un intérêt de réciprocité. Les cités se fondent, prospèrent et périssent sous l'action constante du besoin. Les bienfaits progressifs de la civilisation ne se répartissent pas selon la justice (1). »

« ... Satisfait, l'homme est doux, ses haines sont oisives ;
Mais quand les vrais besoins aux conseils de bandits
Le poussent, maigre, au seuil des festins interdits,
Il montre à nu ses droits comme des incisives.

O Lycurgue, ô Solon, vos lois sont un rempart
Que ronge nuit et jour la meute inassouvie
Dont l'instinct pour sévir attend votre départ,

Car dans l'espèce humaine, aux codes asservie,
Entre les combattants du champ clos de la vie,
Vous limitez le droit sans assurer la part. »

Une certitude désolante se dégage de cette observation des mœurs des races, et particulièrement de la race humaine, même parvenue à un degré relatif de civilisation : c'est que la loi de nature qui préside à la vie des êtres est injuste, absurde et mauvaise. En vain le cœur proteste et défend pied à pied ses illusions : il ne peut empêcher la raison de démontrer que la croyance de l'homme en la justice n'a pas sa source hors de la conscience humaine elle-même, et qu'elle ne peut, en conséquence, être appliquée à des faits qui la démentent ou qui, pour le moins, lui sont étrangers.

C'est uniquement, jusqu'ici, de l'observation des faits naturels que la critique de l'aspiration morale a tiré ces conclusions négatives, qui semblent plus favorables au scepticisme moral et au pessimisme qu'à l'affirmation de la justice. La science, loin de confirmer les sentiments et les aspirations du

(1) *La Justice*, argument de la 5ᵉ Veille.

cœur, les dément, les scandalise, semble même en démontrer l'inanité et l'absurdité. Aucune considération métaphysique n'est encore intervenue dans ce rapprochement antithétique des données empiriques fournies d'un côté par l'expérience externe, de l'autre par l'intuition interne. Le dernier mot n'est pas dit, tant que le poète n'a pas interrogé, au delà des phénomènes naturels, leur invisible principe. Son cœur, toutefois, est profondément affligé et découragé par ce spectacle des injustices naturelles, comme sa conscience reste troublée par l'impuissance où elle se trouve de justifier des élans, des scrupules et des actes de foi qu'elle ne peut abjurer. Pour pousser jusqu'à son ultime limite la critique qu'il a entreprise, le poète doit donc se demander si l'aspiration morale a son fondement dans la métaphysique spéculative ou dans la foi religieuse, puisqu'il n'a pu le découvrir dans une conception scientifique de l'ordre naturel.

III

C'est un des signes sensibles de la sagesse et de la bonté divines pour les âmes religieuses que l'ordre admirable du Cosmos : « *Cœli enarrant gloriam Dei* » ; « le ciel étoilé sur ma tête, la loi morale dans mon cœur », ce sont aux yeux de Kant les plus frappantes manifestations du divin. Mais, pour que la contemplation de l'univers devienne ainsi révélatrice, il faut qu'au sentiment de la nature s'ajoute une émotion religieuse et que l'organisation du monde emprunte à sa cause transcendante un caractère surnaturel. Or, rien n'est plus propre à ruiner cette conception plus ou moins poétique et superstitieuse que les progrès des sciences exactes. Les découvertes de l'astronomie, de la physique, de la chimie ont non seulement porté atteinte à la poésie de la nature, mais encore affaibli dans l'âme du savant le sens du merveilleux, du mystérieux, du divin. La piété s'en est allée avec l'ignorance des vraies essences et des vraies causes. Par contre, cette conviction s'est imposée de plus en plus fortement à la raison, que rien n'existe par delà le monde sensible, c'est-à-dire par delà la matière, l'espace et le nombre; qu'une inflexible nécessité régit le cours des phénomènes sous les lois d'un déterminisme mécanique excluant la finalité, et, avec elle, l'idée d'une Providence. Les postulats matérialistes, déterministes et mécanistes qui dominent les sciences positives sont aussi difficilement conciliables avec une conception esthétique de l'ordre cosmique qu'avec cette croyance que la création a pour auteur un être bon, juste, sage, et pour fin l'avènement du bien. M. Sully Prudhomme note cet affaiblissement de la foi religieuse en lui du jour où s'est révélé à sa pensée l'ordre mécanique de l'univers matériel (1).

Une autre conséquence des découvertes scientifiques a été de révéler à l'homme que les lois qui régissent les phénomènes terrestres sont les mêmes dans tout l'univers matériel, en sorte que les destinées des êtres vivants, s'il en existe ailleurs que sur notre globe, doivent être vraisemblablement les mêmes que celles des espèces terrestres. Avec cette certitude s'évanouit l'espoir de trouver ailleurs qu'ici-bas dans le

(1) « De l'Ourse et des Gémeaux mes yeux ne sont plus ivres,
Depuis que, refroidis à la pâleur des livres,
Dans ces cruels miroirs ils cherchent des leçons.

Le ciel s'évanouit quand la raison se lève :
Les couleurs n'y sont plus que de subtils frissons,
Et toute sa splendeur a moins d'être qu'un rêve. »
(*La Justice*, 6ᵉ Veille, p. 156.)

« La grande Ourse, archipel de l'Océan sans bords,
Scintillait bien avant qu'elle fût regardée,
Bien avant qu'il errât des pâtres en Chaldée,
Et que l'âme anxieuse eût habité les corps.

D'innombrables vivants contemplent depuis lors
Sa lointaine lueur aveuglément dardée ;
Indifférente aux yeux qui l'auront obsédée,
La grande Ourse luira sur le dernier des morts.

Tu n'as pas l'air chrétien, le croyant s'en étonne,
O figure fatale, exacte et monotone,
Pareille à sept clous d'or plantés dans un drap noir.

Ta précise lenteur et ta froide lumière
Déconcertent la foi : c'est toi qui la première
M'as fait examiner mes prières du soir. »
(*Les Épreuves, Doute : La Grande Ourse.*)

monde réel le siège de la Justice que le chercheur n'a pas rencontré sur la Terre.

« ... Aujourd'hui j'ai peur de l'uniforme éther :
Depuis que ma terrasse est un observatoire,
Je songe, connaissant la terre et son histoire,
Que tout astre, sans doute, a son âge de fer.

Tu seras terre aussi, toi qu'on nomme céleste,
Et tu te peupleras pour la guerre et la peste,
Étoile ; et je te crains, car j'ignore où je vais.

J'ai peur que les destins ne soient partout les mêmes,
Puisque le sort du monde est quelque part mauvais
Et que les fins pour moi sont toutes des problèmes. » (1)

« Nous savons maintenant par leurs échantillons
Que les astres sont tous de matière identique,
Comme ils sont tous régis, dans leur fuite elliptique,
Par un même concert de freins et d'aiguillons.

De ces deux vérités la rigueur m'épouvante :
L'une ôte aux paradis que l'espérance invente
L'éclat surnaturel qu'admire l'œil fer

L'autre me fait douter si mes vœux et mes gestes
Sont plus libres sur terre, où mon être a germé,
Que le vol de ces blocs dans les déserts célestes. » (2)

Derechef se dresse donc devant la pensée du poète, en quête du principe de la moralité, l'antinomie du libre arbitre et du déterminisme mécanique, à laquelle il s'était heurté déjà dans sa philosophie spéculative. Comment concilier en effet l'idée de la vertu, du mérite moral que nous honorons dans les grands héros, les grands saints, les grands stoïques, avec la négation du libre arbitre ?

« Nul acte qui ne soit un nécessaire effet,
Nul effet révolté contre sa propre cause. »
« Tout ce qu'un être veut, son propre fond l'ordonne ;
Mais l'ordre irrésistible, à son insu, lui donne
Le sentiment flatteur qu'il est sollicité.

---

(1) *La Justice*, 6ᵉ Veille, p. 158.
(2) *Ibid.*, p. 160.

*Ainsi la liberté, vaine horreur de tutelle,
N'est que l'essence aimant le dernier joug né d'elle,
L'illusion du choix dans la nécessité* ».

UNE VOIX

Par je ne sais quoi de brutal
Et d'hostile à toute noblesse,
Un monde absolument fatal
Dans ma conscience me blesse !

Non, le courage et la fierté
Ne permettront jamais qu'on nie
L'incompréhensible harmonie
Des lois et de la liberté !

Si le mystère que tu creuses
Confond les plus puissants esprits,
De simples âmes généreuses
Le prouvent sans l'avoir compris !

Arrière ta philosophie !
Moi, je sais dès que mon cœur sent.

LE CHERCHEUR

Pour moi qui ne sais qu'en pensant,
Sentir à penser me convie.

Si la liberté morale est difficile à concevoir chez l'homme, en dépit de intime conviction qui semble l'attester, elle ne l'est pas moins chez un Dieu que la raison se représente comme le principe d'un ordre fatal :

« Si l'ordre universel dans l'atome est marqué,
Plus rien, pas même Dieu, n'est responsable au monde... »

« Si le vouloir, jouet d'une invincible amorce
N'est plus qu'un vœu fatal, complice de la force,
A quoi bon réclamer la Justice au Destin ? »

Voici donc que se pose enfin à la raison du chercheur ce dilemme où se sont brisées tant de métaphysiques religieuses : ou l'ordre du monde est fatal, et en ce cas comment concevoir comme juste et bonne la cause irresponsable qui le détermine nécessairement? ou cet ordre est contingent, et alors comment déclarer juste et bon un Dieu qui tolère et dicte même le mal trop visible dans la nature?

Un droit surnaturel est un dogme insensé.
Que par l'homme ou les dieux le droit soit dispensé,
Entre toutes les mains la balance est unique.

La créature y peut juger le créateur;
Et quiconque a senti l'ordre du monde inique,
S'il n'est pas un athée est un blasphémateur.

UNE VOIX

Toi par qui, suprême Inconnue,
Le grand problème se résout,
Qui que tu sois, cause de tout,
Où chaque essence est contenue !

Tu n'es pas nulle, car je suis,
Et n'ai d'être que par toi-même,
Et, rien qu'en sondant le problème,
Je t'atteste quand tu me fuis.

Et tu n'es pas imaginaire,
Toi, source unique du réel;
Tu n'habites pas un vain ciel :
C'est toi qu'on craint dans le tonnerre

C'est toi qu'on prie en tous les dieux,
Seule forte et seule immortelle !

LE CHERCHEUR

Sa force éclate à tous les yeux,
Mais sa justice, où donc est-elle? (1)

La distinction à faire entre les attributs métaphysiques de l'être et ses attributs moraux s'était déjà imposée à l'esprit de M. Sully Prudhomme lorsqu'il dénonçait l'illusion anthropomorphique qui fait attribuer par l'homme à l'objet métaphysique des qualités toutes relatives à sa propre essence (2).

(1) *La Justice*, 6ᵉ Veille, p. 169.
(2) Cf. *suprà*, le chapitre du Divin.

« Je renonce à demander à l'être métaphysique s'il est bon et juste, par la même raison qui m'interdit de l'interroger sur la couleur de ses yeux. » La question mal fondée et mal posée est en effet insoluble, si l'on s'en réfère aux lois de la curiosité, telles que les a formulées M. Sully Prudhomme. Mais, s'interdirait-on de la scruter sous cette forme, et n'envisagerait-on le bien et le mal que dans la part de l'être qui tombe sous notre connaissance, le jugement auquel on serait finalement conduit resterait tout aussi ambigu : on trouverait dans le monde assez de mal pour le déclarer le pire de tous, assez de bien pour le déclarer le meilleur; ou mieux, on y trouverait assez de mal et de bien compensés l'un par l'autre pour accepter ce monde tel qu'il est sans maudire ni bénir sa cause inconnue. C'est la thèse développée par M. Sully Prudhomme dans le poème des *Destins*.

Ce poème philosophique, dont l'affabulation rappelle certaines pièces de la *Légende des Siècles*, mais de façon à faire mieux éclater le contraste de l'imagination de Victor Hugo et de la pensée de M. Sully Prudhomme, met en scène, au moment de la genèse du monde, le principe du Mal et le principe du Bien. Dans ce mythe renouvelé du manichéisme, le Mal et Bien délibèrent tour à tour sur les moyens de mettre dans cet astre naissant le plus de maux ou le plus de biens possible. L'« informe ennemi des mondes » s'ingénie à choisir ce qu'il peut trouver de plus funeste à ce fragment de chaos à peine dégrossi. Il crée la corruption, la douleur, la mort. Mais pour que la douleur soit mieux sentie, il crée la conscience, la pensée, le plaisir et l'espoir. Il crée l'amour, « admirable assassin » qui fait chérir au supplicié sa propre torture et qui renouvelle sans cesse la vie,

« Perpétuant des yeux que trahisse le jour,
Multipliant des cœurs à briser tour à tour ! »

Avec la civilisation apparaîtront les vices, les violences, les injustices. Avec la science la pensée connaîtra les déceptions et les tourments d'une curiosité inassouvie: avec la liberté, la volonté sera exposée au doute, au péché, au remords. Ainsi, dans ce monde maudit, le mal est parfait. Il n'est « aucun plaisir qu'un tourment ne rachète, aucun bonheur sans misère, aucun bien qui n'ait pas nui, source d'un plus grand mal impossible sans lui. »

« C'est le mieux combattu sans cesse par le pire. »

Animé d'un dessein contraire, le Principe du Bien médite de son côté sur les moyens de faire régner sur la terre le bonheur et la perfection. Il crée la vie, la pensée et l'amour, il dédouble l'être en deux corps distincts pour qu'ils se désirent, s'admirent et s'unissent. Le savoir aussi précieux que les délices de l'amour, l'art, source de joies supérieures, la vertu vont ennoblir et embellir la vie de l'homme. Mais comme la douleur est la condition de la dignité par l'effort et le sacrifice, le principe bienfaisant de l'univers lui fait place dans la destinée. Ainsi tout mal est condition d'un bien ou il est compensé par un bien ; c'est partout, en ce monde béni,

« Le pire par le mieux sans cesse combattu. »

Une conclusion s'impose : celle que le poète résume en ces vers :

« Telle est donc la fortune infaillible des astres !
Terre, étoiles, soleil, tous en témoigneront :
Pour les prospérités il y faut des désastres,
Et la vie et la mort y travaillent de front ;

Car le Bien et le Mal se prescrivent l'un l'autre.
Qu'on rêve le meilleur ou le pire univers,
Tous deux, en vérité, n'en font qu'un : c'est le nôtre,
Contemplé tour à tour par l'endroit ou l'envers. »

Ainsi, ni les données positives, fournies par l'observation scientifique des phénomènes de la nature, ni la spéculation métaphysique sous une forme purement rationnelle, ni les inférences optimistes ou pessimistes qu'on eût pu hasarder en appliquant la réflexion à l'expérience affective de l'humanité, n'ont réussi à conférer un caractère objectif et absolu à l'idée de la Justice. Cette notion n'est ni scientifique, ni métaphysique : elle est inapplicable aussi bien à ce qui n'est pas humain dans le monde phénoménal qu'à l'objet transcendant dont l'essence nous échappe et dont notre raison est impuissante à exprimer sans contradiction le rapport avec le connaissable. Toute application de cette catégorie morale à quelque objet que ce soit en dehors des limites de la conscience de l'homme est ou démentie par des faits, ou radicalement inintelligible, ou entachée d'anthropomorphisme. Dans le premier cas, elle se heurte à une évidence matérielle qu'aucune protestation du cœur ni aucun sophisme de la raison ne peut empêcher de s'imposer à l'intelligence informée du naturaliste et du sociologue. Dans le second, elle est absurde; dans le dernier elle est infiniment problématique. Si la raison spéculative réduit l'Être absolu aux seuls attributs ontologiques abstraits, la Justice ne peut entrer dans son essence, car la moralité suppose une libre option entre plusieurs alternatives possibles, dont la meilleure est prise pour fin par une activité intelligente et bonne : or, comment concevoir l'Être nécessaire comme agissant en vue d'une fin contingente et ambiguë et comme doué d'une sensibilité, d'une intelligence et d'une volonté, attributs tout humains? Si même, sans s'arrêter à cette difficulté, on acceptait la conception anthropomorphique de la divinité, il faudrait alors juger sa sagesse et sa bonté d'après les données de l'expérience et à la lumière des sentiments humains. Mais, on l'a vu, les faits, selon la façon dont on les interprète, fournissent aussi bien les éléments d'un réquisitoire que ceux d'une apologie. La base même de l'appréciation est trop relative pour s'appliquer à l'Absolu : il est inadmissible qu'on fasse d'un sentiment individuel la forme du Bien et du Mal absolu, d'une opinion particulière, bornée et passagère sur quelques événements naturels le principe d'un jugement porté sur l'universalité, l'infinité et l'éternité des choses, et d'une façon d'apprécier les faits l'occasion d'un acte de haine ou d'amour à l'adresse de leur cause inaccessible et inconnue.

Est-ce donc à cette conclusion négative ou suspensive que doit aboutir la critique du jugement de moralité? La raison y souscrirait sans doute si, en dépit de toutes les objections accumulées, la conscience ne persistait invinciblement à croire à la Justice. « Cette persistance étonne le poète et fait pressentir une autorité propre du cœur, dont il faut tenir compte (1). »

« Puisqu'il m'est bien connu, le mépris souverain
Des Destins et des Dieux pour le droit en souffrance,
Que ne sais-je imiter leur sage indifférence ?
D'où vient qu'un tort causé m'est encore un chagrin ?

Que, pouvant assouvir, le front haut et serein
Toutes mes passions, sans gêne, à toute outrance,
J'admets dans ma conduite une sourde ingérence,
Je ne sais quel censeur dont je subis le frein ?

Comment donc se fait-il que mon cœur répudie
Les absolutions de ma raison hardie ?
Aurait-il des raisons qu'elle ne comprit pas ?

Elle informe, elle instruit; serait-ce lui qui juge ?
Que dis-je ! La Justice au lieu de fuir mes pas,
N'aurait-elle qu'en moi, dans mon cœur, son refuge. » (2)

Cette question, le Poète est d'autant mieux fondé à se la poser qu'il vient de traverser les plus douloureuses épreuves pour avoir tenté de chercher ailleurs que dans sa conscience même le siège de la Justice, et que le voici revenu, las et confondu, à son point de départ. Lui-même confesse sa déconvenue en rappelant les phases de la crise qu'il a traversée. « Refoulé de tous côtés en lui-même par le monde extérieur que sa raison a vainement interrogé sur la justice, il en revient au témoignage irrécusable et sûr de sa conscience. »

Si mystérieuse que reste encore aux yeux du chercheur cette origine et cette signification de la Conscience morale, un point essentiel a été du moins établi par l'enquête critique à laquelle il s'est livré : C'est que *la notion de Justice n'a de sens que si elle est appliquée aux actions humaines*, donc que *la moralité n'existe que pour l'homme*. « Sa place et sa borne » dans l'univers sont, à tout le moins, déterminées, et par là l'auto-

(1) *La Justice*, 7ᵉ Veille, argument.
(2) *Ibid.*, p. 188.

rité propre du cœur est restaurée sans réserves. L'*aspiration* triomphe de la *raison*, mais la critique dirigée par la raison n'aura pas été stérile. Une dangereuse erreur est en effet désormais conjurée, celle qui consiste à étendre aux choses et à leur cause inconnue la catégorie tout humaine de moralité. L'attitude du penseur à l'égard de la Nature et de son principe est dès lors toute tracée : renoncer au pessimisme aussi bien qu'à l'optimisme, accepter avec la sérénité d'un Zénon ou d'un Spinoza l'ordre rationnel et fatal de l'Univers, mais conserver en même temps intact le culte intérieur de la règle humaine, de la Loi de Justice attestée à la Conscience par une irréfragable intuition du cœur.

Ce n'est pas du premier coup que M. Sully Prudhomme est arrivé à cette philosophique résignation. La mort d'une femme aimée lui avait naguère arraché une malédiction désespérée contre cette Nature marâtre :

> « Quand la Nature en nous mit ce qu'on nomme l'âme
> Elle a contre elle-même armé son propre enfant ;
> L'esprit qu'elle a fait juste au nom du droit la blâme,
> Le cœur qu'elle a fait haut la méprise en rêvant.
>
> Avec elle longtemps, de toute ma pensée
> Et de tout mon amour, j'ai lutté corps à corps.
> Mais sur son œuvre inique, et pour l'homme insensée,
> Mon front et ma poitrine ont brisé leurs efforts.
>
> Sa loi qui par le meurtre a fait le choix des races,
> Abominable excuse au carnage que font
> Des peuples malheureux les nations voraces,
> De tout aveugle espoir m'a vidé l'âme à fond...
>
> Ah! qui que vous soyez, vous qui m'avez fait naître,
> Qu'on vous nomme hasard, force, matière ou dieux,
> Accomplissez en moi qui n'en suis pas le maître
> Les destins sans refuge aussi vains qu'odieux.
>
> Faites, faites de moi tout ce que bon vous semble.
> Ouvriers infinis de l'infini malheur ;
> Je viens de vous maudire, et voyez si je tremble,
> Prenez ou me laissez mon souffle et ma chaleur !

Et si je dois fournir aux avides racines
De quoi changer mon être en mille êtres divers,
Dans l'éternel retour des fins aux origines,
Je m'abandonne en proie aux lois de l'univers. » (1)

Plus tard, dans la prosopopée du poème des *Destins*, le poète fait exprimer par la Nature elle-même le fatalisme panthéistique auquel il est parvenu en scrutant plus profondément le problème du Mal :

« La Nature nous dit : « Je suis la raison même
Et je ferme l'oreille aux souhaits insensés.
L'univers, sachez-le, qu'on l'exècre ou qu'on l'aime,
Cache un accord profond des destins balancés.

Il poursuit une fin que son passé renferme,
Qui recule toujours sans lui jamais faillir;
N'ayant pas d'origine et n'ayant pas de terme,
Il n'a pas été jeune et ne peut pas vieillir.

Il s'accomplit tout seul, artiste, œuvre et modèle,
Ni petit ni mauvais il n'est ni grand ni bon,
Car sa grandeur n'a pas de mesure hors d'elle
Et sa nécessité ne comporte aucun don.

L'équilibre des lois, la constance des causes
Lui confèrent un ordre invulnérable au temps,
Et rien ne change en lui que la forme des choses
Qui seules ont des jours comptés et militants.

Son existence égale et suprême est la somme
De tous les accidents de naissance et de mort;
Elle échappe à l'esprit comme au regard de l'homme,
Qui s'en forge une image avec son propre sort.

Mon ample quiétude, il ne la peut comprendre,
L'homme anxieux pour qui vivre c'est s'agiter.
Quel hommage assorti trouve-t-il à me rendre,
Lui qui ne sait que plaindre et que féliciter?

(1) *Sur la Mort* (*Les Vaines Tendresses.*)

Je n'accepte de toi ni vœux, ni sacrifices,
Homme, n'insulte pas mes lois d'une oraison ;
N'attends de mes décrets ni faveurs, ni caprices,
Place ta confiance en ma seule raison ! »

Ainsi plane, éternel, l'hymne de la Nature
Sur l'éphémère bruit des souhaits discordants;
Et le sage, invincible aux tourments qu'il endure,
Répond à cette voix qui lui parle au dedans :

« Oui, Nature, ici-bas mon appui, mon asile,
C'est ta fixe raison qui met tout en son lieu;
J'y crois, et nul croyant plus ferme et plus docile
Ne s'étendit jamais sous le char de son dieu.

. . . .

« Ignorant tes motifs nous jugeons par les nôtres.
Qui nous épargne est juste, et nous nuit, criminel.
Pour toi, qui fais servir chaque être à tous les autres,
Rien n'est bon ni mauvais, tout est rationnel !

« Eh bien! j'imiterai ta sagesse sacrée,
Et, puisque tes arrêts, pour moi respectueux,
M'ont laissé le vouloir qui choisit et qui crée,
Je veux que mon effort se concerte avec eux :

Arrêtant mes désirs sur leur fougueuse pente,
J'écouterai parler de tes intimes voix
La plus impérative et non la plus ardente
Pour démêler ma règle entre toutes tes lois;

Ne mesurant jamais sur ma fortune infime
Ni le bien, ni le mal, dans mon étroit sentier
J'irai calme, et je voue, atome dans l'abime,
Mon humble part de force à ton chef-d'œuvre entier ! » (1)

Cette adhésion volontaire de la conscience du poète à l'ordre universel est non seulement un acte de résignation

(1) *Les Destins*, III, p. 351; 352, 353, 354.

morale, mais encore l'effet d'une réflexion plus approfondie sur la nature de cet ordre :

« Notre regard chétif, jouet de l'apparence,
Par ses courts horizons se laisse décevoir,
Mais des biens et des maux la vaine différence
S'effacera pour lui s'il doit un jour tout voir. » (1)

« La raison humaine, abandonnée à sa propre connaissance ne peut découvrir dans le monde vivant ni les caractères d'une Providence absolument logique, réalisant toujours les destinées prescrites dans les essences, ni l'absence complète d'harmonie... Le monde ne satisfait jamais entièrement la logique appliquée à l'une de ses parties, parce qu'aucune n'accomplit ce qu'il serait rationnel de tirer de son essence considérée isolément. Le monde nous apparaît plutôt comme le théâtre d'une concurrence de lois dont chacune, dans ses effets, est modifiée par les autres, de sorte qu'aucune essence ne saurait trouver la raison de ses limites dans sa seule raison d'être qui, étant toute positive ne tend qu'à l'affirmer indéfiniment. La négation, la limite, provient en ce monde de la rencontre d'éléments positifs et incompatibles; en d'autres termes, *rien ne se détermine, tout est déterminé.* Au point de vue métaphysique, l'univers entier s'offre à notre conception comme une multitude de déterminations réciproques, un concours immense d'indéfinies qui s'imposent des bornes les unes aux autres; il ne faut donc point s'étonner de ne pas voir se réaliser entièrement toutes les essences et ne point taxer d'irrationnelles des limitations dont la raison dernière nous échappe (2). » Ce que l'intelligence appellerait irrationnel, sur la foi d'un examen superficiel, le cœur l'appelle injuste, mauvais et laid. L'essence réalisée se nomme en termes moraux le bonheur; le conflit des essences, c'est la lutte, la guerre, la souffrance, les compromis, les concessions : le malheur. L'effort de chaque être pour persévérer dans son essence, l'achever et l'amplifier, c'est l'acte volon-

---

(1) *Les Destins*, III.
(2) *Fragment inédit.*

taire suscité par l'instinct et par l'aspiration, donc, chez l'homme, le libre arbitre et la poursuite de l'idéal humain. La conscience humaine ne peut concevoir que par rapport à soi-même l'idée d'un Bien et d'un Bonheur qui serait la réalisation intégrale de l'essence humaine et le triomphe de la loi d'évolution de l'humanité sur toutes les autres : tout jugement porté par elle sur tout Bien, tout Bonheur absolu est nécessairement erroné puisqu'il est relatif à son point de vue spécial, c'est-à-dire un point de vue anthropomorphique et anthropocentrique. Le reconnaître, ce n'est pas découvrir la loi suprême qui préside à cette synthèse de lois contraires et à cette limitation des essences les unes par les autres ; mais c'est du moins prévenir un jugement téméraire dont l'homme s'autoriserait pour blasphémer, crier au scandale et céder au désespoir.

Ainsi le Poète s'est peu à peu affranchi de ce « reste obscur d'idolâtrie » qui lui faisait « maudire ou bénir des sorts bons ou mauvais (1) », tout comme il a renoncé, après ses réflexions métaphysiques, à pénétrer l'essence absolue de l'Être et à comprendre à la lumière de la seule logique le plan de l'Univers. Cette question : la Nature est-elle juste ? Son Principe est-il moral et bon ? n'est pas recevable, parce que le prédicat appliqué au sujet dans une telle proposition ne convient qu'à l'homme, étant tout relatif à l'essence humaine. En conséquence, non seulement la Divinité est hors de cause, puisque la déclarer bonne ou mauvaise, juste ou injuste, c'est cé   à l'illusion d'un anthropomorphisme enfantin, mais encore la Nature elle-même ne saurait être jugée sous le même rapport qu'une personne humaine responsable de ses actes devant sa conscience. Il n'y a pas, à proprement parler de métaphysique des mœurs. Bien loin donc d'arriver, comme Kant, au théisme spiritualiste par la critique du jugement de moralité, M. Sully Prudhomme aboutit au monisme panthéistique, c'est-à-dire à une doctrine excluant la Personnalité divine, la Providence et la Justice surnaturelle. Placé dans l'alternative qu'il indique lui-même « d'être un athée ou un blasphémateur », il préfère au blasphème cette forme rela-

---

(1) *Les Destins*, III.

tive de l'athéisme qui du moins lui permet de croire encore à la loi du progrès terrestre et d'affirmer la valeur absolue d'un idéal de perfection future que la pensée humaine a conçu et que la libre volonté de l'homme, soutenue par l'*aspiration*, tend à réaliser par ses efforts. En se résignant à souffrir sympathiquement de tous les maux dont il est le témoin impuissant, en s'interdisant de se lamenter ou de s'indigner en vain sur la fatalité des choses, il agit selon sa raison ; mais en conservant intactes ses vertus humaines, sa foi en l'idéal, son espérance, sa justice et sa charité, il cède à l'autorité très légitime de son cœur et de sa conscience. Par là il est sauvé du pessimisme où il avait failli sombrer, et où sombra à jamais la pensée douloureuse d'un Vigny et d'un Leconte de Lisle. S'il peut, sans franchir les limites de l'humanité pour qui seule la Justice a un sens, s'expliquer, fût-ce d'une façon hypothétique l'origine de la *dignité* et de la *moralité humaine*, aucune difficulté d'ordre métaphysique ne l'empêchera de fonder une belle doctrine de l'action et de l'aspiration. Le problème qui se pose maintenant à M. Sully-Prudhomme est celui de la destinée de l'humanité dans le monde. Dans l'ignorance des fins dernières, il est toujours permis à un poète de satisfaire sa soif d'idéal avec de beaux et bienfaisants rêves, comme il est permis à l'homme de cœur doublé d'un homme d'action de s'efforcer d'en faire des réalités.

L'antinomie morale n'a pas été résolue par la critique rationnelle, mais le problème du Bien et du Mal a été du moins réduit à ses véritables termes, placé sur son terrain légitime et ramené aux deux seuls modes de preuve qu'il comporte : *la preuve mystique par l'aspiration et la preuve pragmatique par l'action*. Si le Poète n'a pu « prouver la Justice après l'avoir sentie », il a acquis le droit de formuler une hypothèse qui, cadrant avec les aspirations de sa conscience en même temps qu'avec la nature des choses, présente « la Justice comme le terme idéal de la science étroitement unie à l'amour (1). »

(1) *La Justice*, préface, p. 46.

CHAPITRE IV

Interprétation poétique de l'aspiration esthétique et morale.

. Les trois dialectiques. Passage de la critique spéculative à la preuve mystique et pragmatique. Conditions requises pour que les hypothèses métaphysiques soient agréées à titre de « *poétique lumière que les vœux du cœur proposent à l'entendement.* » — II. L'intuition émotionnelle ; autorité propre du cœur. Relevé des croyances spontanées de la conscience humaine. — III. Interprétation conjecturale du sens de l'aspiration. Évolutionnisme esthétique. L'Art considéré comme une anticipation sur le terme final de l'évolution des races et de leurs formes. — IV. Hypothèse analogue sur le sens de l'aspiration morale. La dignité est la perfection de l'essence humaine ; elle est le résultat d'une sélection séculaire aboutissant à l'apparition d'une race supérieure. — V. Conjonction de l'éthique et de l'esthétique dans cette évolution progressive ; le Beau, signe du Bien. — VI. Retour critique sur cette solution. Recherche du fondement du *droit au bonheur*. Analyse du poème du *Bonheur*. Le sacrifice moral ; sa justification. La pitié, l'amour, l'épreuve. — VII. Résumé de l'interprétation poétique et mystique de l'aspiration. Le *pari*. Passage du rêve à l'action.

I

Il n'est que trois voies dialectiques par lesquelles l'homme puisse parvenir à la croyance ; à chacune correspond un type propre de certitude, un mode d'intuition, une méthode d'enquête et de démonstration.

La première est la *voie expérimentale;* l'intuition externe ou interne d'une donnée de fait suscite une certitude empirique. La méthode d'enquête est l'observation, aidée ou non de l'expérimentation; la preuve est instituée *a posteriori*, elle prend pour principes les intuitions empiriques dont elle pose la réalité et cherche la raison suffisante.

La seconde est la *voie logique*. L'intuition rationnelle d'une notion simple, claire, irréductible, indéniable impose à l'esprit la nécessité de la concevoir et d'y rapporter tout ce qui logiquement y participe. La méthode d'investigation est la déduction *a priori* des conséquences nécessaires virtuellement contenues dans une définition ou dans une affirmation première, sous la loi des principes d'identité et de contradiction. La preuve est fournie par la démonstration, raisonnement institué de façon à vérifier la rigueur d'une déduction, c'est-à-dire à mettre en lumière le rapport nécessaire qui unit les deux termes rapprochés dans une proposition ou qui relie les conclusions aux principes. La certitude à laquelle on fait appel est toute logique ; elle exprime l'équilibre d'une pensée conséquente avec elle-même. La certitude empirique et la certitude logique sont positives, c'est-à-dire ne requièrent pour se réaliser aucune intervention du sentiment, de l'imagination ni de la volonté. Lorsque un problème comporte une solution empirique, il est inutile de lui appliquer la preuve *a priori*, puisque ce qui est indubitablement réel est *a fortiori* possible. Lorsqu'un problème comporte une solution purement théorique, ne relevant que de la logique de la conséquence, et n'en comporte pas d'autre, la preuve de fait est inutile et inopportune : c'est le cas des solutions mathématiques. Lorsque les deux certitudes sont en conflit, c'est-à-dire lorsque le raisonnement nous contraint logiquement à nier un fait dont la réalité nous est attestée invinciblement par l'intuition; ou, vice versa, lorsque nous sommes logiquement amenés à affirmer la réalité nécessaire d'un objet qui échappe à notre intuition empirique, il en résulte, comme nous l'avons vu, des antinomies spéculatives. Dans ces antinomies, le sentiment non plus que l'imagination et le vouloir ne sont intéressés. La raison est seulement placée dans l'alternative ou d'affirmer sans comprendre, ou de concevoir sans affirmer, ou de se résigner à ne rien comprendre ou rien affirmer au delà de sa portée légitime.

Mais il existe une troisième dialectique que nous désignerons, faute d'expressions plus propres, sous le nom de *dialec-*

tique mystique et pragmatique. L'intuition qui lui sert de fondement n'est pas d'ordre intellectuel, mais d'ordre émotionnel et dynamique : un sentiment, une jouissance, une souffrance, un élan, un instinct sont des données du sens intime aussi réelles et dignes de créance qu'une perception sensorielle, une conception abstraite, une liaison logique. Pour le psychologue qui s'en tient à constater et à décrire objectivement ces données du sens intime, elles sont de simples faits, et, à ce titre, ne relèvent que de la preuve empirique. Mais pour l'être conscient, sensible et agissant que ces états moraux émeuvent et meuvent, ils ont un sens profond qu'il importe au plus haut point d'interpréter, car c'est le sens même de la vie que dégagerait cette interprétation. De même que l'intelligence considère les idées comme les signes d'objets qu'elles représentent et qu'elle construit au moyen de ces données représentatives un monde extérieur, de même la sensibilité et l'activité tendent à interpréter leurs modes comme des signes révélateurs de fins objectives que notre essence nous prédestine à poursuivre. Mais ni l'ardeur d'une aspiration, ni l'irrésistible poussée d'un instinct ne s'accompagnent nécessairement de l'idée claire de leur objet, de leur fin et de leur raison suffisante. La raison est, en ce cas, portée à récuser l'autorité de ces aveugles devins ou du moins à ne la reconnaître qu'à condition qu'ils aient précisé leurs révélations, formulé des règles et justifié leurs injonctions. Cependant, la vie réclame ses droits : l'homme ne peut se dispenser d'agir ni échapper à ses affections parce qu'il ignore encore la fin dernière de ses efforts et la raison de ses souffrances, de ses joies et de ses aspirations. Force est donc à la raison d'en rabattre de ses prétentions devant cette autorité propre du Cœur; force est à l'homme de prendre un parti dans ce doute spéculatif auquel il n'échappera peut-être que par la mort, mais auquel la vie le somme à chaque heure de s'arracher (1). S'en fier exclusivement aux impulsions aveugles des appétits et des instincts, agir et réagir sans réfléchir, comme la bête privée de raison, c'est par contre une solution qui répugne à la pensée humaine

---

(1) Cf. la pièce des *Vaines Tendresses* « *Au jour le jour* », p. 233.

consciente de sa puissance et de sa dignité. Il ne reste dès lors qu'une ressource pour donner satisfaction aux deux facultés : c'est de suppléer par l'imagination à ce que ni le raisonnement ni l'expérience n'atteignent, de façon à justifier, d'une façon au moins relative, les aspirations du cœur.

Les conditions requises pour que ces conceptions hypothétiques ne soient pas de pures chimères et pour qu'elles se proposent légitimement à la foi de ceux qui aspirent à l'idéal nous paraissent être les suivantes :

1° Aucune conjecture de ce genre ne doit être formulée qui n'ait un point de départ précis et positif dans une aspiration de la conscience humaine, c'est-à-dire dans un élan instinctif, spontané, incoercible de la sensibilité et de l'activité vers l'objet d'une jouissance supérieure.

2° Aucune conjecture ne doit être agréée en vue d'expliquer une aspiration, si cette aspiration même, soumise à un examen critique, peut se réduire à un désir moins élevé dont l'objet soit terrestre, prochain et déterminé.

3° Toute hypothèse de ce genre doit présenter un degré suffisant de vraisemblance pour n'être ni absurde en soi, ni en opposition radicale avec le réel connu. Mieux elle cadrera avec les données de la science positive, plus elle satisfera la raison et sollicitera la croyance. Cette vraisemblance ne saurait toutefois équivaloir à une certitude puisque l'objet même de l'hypothèse est métaphysique et qu'il ne se révèle obscurément à la pensée qu'à l'occasion d'une émotion. Le degré de vraisemblance et de probabilité des conjectures suggérées par l'aspiration pourra s'évaluer d'après les règles traditionnelles de la logique de l'hypothèse.

4° L'adhésion du cœur à l'hypothèse reconnue vraisemblable doit être justifiée par des raisons d'ordre affectif et d'ordre pratique. Sera agréée de préférence à toute autre la conjecture la plus consolante et la plus bienfaisante, c'est-à-dire celle qui fournit à la conscience les plus belles espérances et fait courir à la volonté les plus nobles risques, dignes de la nature d'un être capable d'aspirer. Si cette croyance présente à la pensée contemplative un objet idéal, il y a plus d'avantages que d'inconvénients à laisser l'imagination caresser une belle et salutaire rêverie et l'entendement s'éclairer de la « poétique lumière que les vœux du cœur lui proposent. »

5° Si, en outre, une partie de cet idéal entrevu est réalisable par l'effort libre de la volonté aspirant à la conquête de cette félicité parfaite et de cette valeur supérieure, il y aura une raison pratique de *postuler* la réalité de l'objet de l'aspiration d'abord désiré et contemplé. Certes, c'est un hasard à risquer, une partie à jouer, un pari à engager sur la destinée même de l'humanité. Mais ce qui, en théorie, se présente comme vraisemblable, en pratique, peut être considéré comme possible et probable. Risque pour risque, mieux vaut encore opter délibérément pour ce qui satisfait nos aspirations les plus humaines, nous procure ici-bas les plus hautes joies et nous rend dignes, s'il en est de plus parfaites encore dans un au-delà inconnu, d'y participer.

Ces trois derniers modes de preuve, applicables à toute croyance dont l'objet est insuffisamment défini et la vérité aléatoire, pourraient être appelés : 1° la preuve présomptive; 2° la preuve aspirative ou mystique; 3° la preuve pragmatique. La première aboutit à des conjectures poétiques; la seconde à des actes de foi; la troisième à des actes de vertu. Toutes trois se tiennent, car seules des raisons de sentiment et d'action peuvent déterminer l'entendement non seulement à se payer de conjectures vraisemblables, mais même à faire un effort pour les recevoir et en discuter la valeur. Si, d'autre part, ces belles et probables présomptions sur l'Inconnu n'étaient aucunement réalisables, il serait inutile d'y absorber sa pensée dans une stérile nostalgie de l'absolu et du parfait. Si enfin le cœur et l'imagination ne les proposaient pas pour fins à l'activité humaine, celle-ci, inerte et désorientée faute d'objet, ne tenterait pas l'effort qui la magnifiera et peut-être la sauvera du néant.

Une *métaphysique conjecturale de l'aspiration* reste donc logiquement légitime et pratiquement nécessaire (1) lors

(1) « C'est une sorte de poétique lumière que mes vœux proposent à mon entendement ; cette clarté risque de ressembler au jour filtré par les vitraux. Je n'y attache qu'une importance secondaire, et je n'en attache

même que serait établie l'inanité de toute métaphysique spéculative.

Cet aperçu préliminaire sur la logique de l'aspiration n'est pas exposé dans l'œuvre de M. Sully Prudhomme, mais on peut l'en dégager aisément, toute l'argumentation du poète-philosophe se développant selon la méthode dialectique dont nous venons de formuler les règles générales. Conférer d'abord au *cœur*, c'est-à-dire à notre faculté d'aspiration et d'intuition morale, une autorité propre, distincte de celle de la raison et pouvant même subsister en dehors de celle-ci ou contre elle; chercher dans la nature des choses ce qui peut corroborer les affirmations du cœur et de la conscience; constituer par là d'une façon aussi nette et aussi satisfaisante que possible l'idéal auquel tend l'aspiration; parier dans le sens des plus hautes et des plus vraisemblables probabilités sur la véracité de cette aspiration; suspendre à ce pari métaphysique, une fois qu'il est engagé, un plan de conduite arrêté et vouer désormais tous ses efforts à le réaliser : telle est la marche suivie par M. Sully Prudhomme dans cette partie constructive de sa doctrine.

II

L'antagonisme du *cœur* et de la *raison* est une idée qui revient sans cesse dans les réflexions de M. Sully Prudhomme. Invinciblement ramené à ses extases de poète, à ses enthousiasmes d'artiste, à ses généreuses inspirations d'homme de bien, il ne peut se résoudre à confesser la vanité de ce qu'il sent de meilleur en lui-même, de tout ce qui a été la joie de sa vie si concentrée et si expansive à la fois. C'est pourquoi, après s'être étonné de cette persistance de ses instincts esthétiques et moraux au milieu des recherches infructueuses de

pas d'autre aux inductions qui vont suivre. J'ajoute seulement qu'elles n'ont pas à redouter la critique des savants et que peut-être aussi devront-elles à leur source naturelle une pente vers la vérité. » *Que sais-je?* p. 225.

sa raison, il « pressent une autorité propre du cœur, dont il faut tenir compte (1). »

> « Toujours en nous parle sans phrase
> Un devin du juste et du beau :
> C'est *le cœur*, et dès qu'il s'embrase
> Il devient, de foyer flambeau. » (2)

« Le cœur a ses raisons que la raison ne connaît pas » dit M. Sully Prudhomme avec Pascal (3).

C'est là le langage d'un poète et d'un mystique. Mais, s'il lui avait suffi de se fier sans réserves à ces voix du cœur qui parlaient dans le poème de *la Justice*, l'angoisse du « Chercheur » ne lui eût pas si longtemps interdit la paix, l'espoir et le courage. C'est pourquoi à la simple preuve intuitive M. Sully Prudhomme va s'efforcer d'ajouter la preuve présomptive et la preuve pragmatique, comme Pascal lui-même ajoutait aux preuves psychologiques du christianisme des preuves historiques et son célèbre argument du « Jeu des partis ». Reprenant son enquête au point où il l'a laissée dans une première critique de l'aspiration esthétique et de l'aspiration morale, M. Sully Prudhomme tente maintenant de démêler dans la fugitive et vague vision de l'idéal auquel aspire son cœur les articles de sa foi et l'objet de son culte.

« Nous ne saurions nous dissimuler que le scandale ne nous est guère épargné dans le spectacle du monde où nous vivons. La lutte aveuglément féroce pour l'existence en paraît être la loi; les espèces ne subsistent que par le sacrifice continuel des faibles aux forts. Aucune pitié n'a place dans cette concurrence effrénée des appétits brutaux. L'altruisme ne s'y révèle qu'entre individus de la même espèce et uniquement dans l'intérêt de la conservation de celle-ci; l'amour maternel expire aussitôt que le petit est devenu capable de lutter à son tour pour défendre et entretenir sa vie. Il semble qu'il n'y ait d'ailleurs absolument rien de commun entre les idées

---

(1) *La Justice*, argument de la 7ᵉ veille
(2) *La Vertu* (*Vaines Tendresses*, p. 213).
(3) Cf. la paraphrase de ce mot de Pascal dans une poésie publiée en 1905 par *la Revue*, pièce qui ne figure pas dans les œuvres du poète.

humaines de justice et de bonté et le plan de la création, du moins sur la terre jusqu'à l'apparition de l'homme. Pour prêter au divin la bonté et la justice, il semble qu'il faille le concevoir, sans fondement, à l'image du type humain; et, lors même que cette assimilation pourrait être légitime, encore ces qualités devraient-elles, pour revêtir un caractère divin, être absolues, sans conditions qui puissent les borner, et par conséquent accomplies, parfaites. Or si la bonté et la justice humaines sont bien compatibles avec l'existence de la douleur, puisqu'elles ont pour objet principal de la prévenir ou de la compenser, il n'en est pas de même d'une bonté et d'une justice divines; celles-ci, en tant que parfaites, ne seraient pas seulement tenues de corriger les effets du mal, elles seraient par essence même tenues d'exclure éternellement la douleur, et de créer et répartir éternellement dans l'univers la félicité la plus complète; mais toute l'histoire biologique de notre planète proteste, hélas! contre l'attribution de ces qualités humaines au divin. *Il en résulte une antinomie cruelle entre les constatations de l'expérience et les intuitions optimistes sur lesquelles se fondent notre morale et notre esthétique.* Après avoir relevé les chances favorables à l'objectivité de ces intuitions, nous sommes donc contraints d'y opposer des chances, à peu près égales, qui y sont contraires. Si, d'une part, nous inclinons, sur la foi de nos suggestions intimes, à parier pour une existence ultérieure où notre besoin de justice, d'amour et de béatitude serait satisfait, d'autre part nous sommes sollicités par l'évidente immoralité des lois naturelles qui sont autour de nous l'expression du divin, à ne point sacrifier la satisfaction présente de nos appétits dans une gageure dont la condition aléatoire ne nous promet aucune compensation à ce sacrifice, puisque nous ne pourrions espérer en être dédommagés que par un acte de bonté ou, tout au moins, de justice divine. Nous sommes portés à perdre toute confiance toute espérance dans nos relations avec le divin. »

« Céderons-nous donc à la tentation de renier, comme fallacieuses, les voix de la conscience, d'étouffer comme stériles nos vœux et nos espérances d'ascension supra-terrestre, de refouler comme décevantes nos aspirations vers l'idéal exprimé par la beauté ? Nous rejetterons-nous désespérément en arrière dans les étroites limites de la vie animale ? Dans ce cas nous imposerions à nos facultés proprement humaines un sacrifice plus grand encore que celui qu'exigerait de nos appétits sensuels le parti contraire. *Il faut donc à tout prix essayer de concilier par une recherche opiniâtre les indications spontanées que nous trouvons au fond de notre cœur avec les données, contraires en apparence, de l'expérience externe.* Mais cette recherche doit être prompte et bornée à des probabilités, sinon elle serait inutile, car autant vaudrait laisser au lent progrès de la science positive la tâche de résoudre les difficultés qu'il s'agit de vaincre. *N'oublions pas, en effet, que nous devons devancer ce progrès, parce qu'il nous faut vivre avant de connaître le secret de la vie ;* nous ne demandons à la réflexion que des résultats approximatifs qui nous permettent de parier avec des chances suffisantes de gain ; la science positive ne nous fournit pas encore des règles de conduite assurées, et nous ne sommes obligés de parier que parce qu'elle n'est pas en état de substituer en nous la certitude au doute. Résignons-nous à déterminer ce qu'il nous importe de savoir pour faire pencher, si peu que ce soit, la balance de notre choix (1). »

Les « intuitions optimistes » du cœur portent l'homme à croire au beau et au bien parce que la sensibilité de l'artiste aspire à la possession de la beauté et que la conscience morale du juste s'impose des devoirs, sources de sa dignité. A ces jouissances esthétiques et morales peuvent s'ajouter les autres jouissances de tous ordres, sous condition que celles-ci soient compatibles avec celles-là et ne ravalent pas l'homme au rang de la brute satisfaite : la somme de ces jouissances constituerait le bonheur parfait, c'est-à-dire l'idéal même auquel tend l'aspiration.

« Le contentement de soi par le sacrifice, par la victoire de la volonté sur les appétits, par l'effort au service d'autrui; le remords, l'indignation, la pudeur, l'estime et le mépris; la

---

(1) *La vraie religion selon Pascal*, III⁰ partie, chap. II, p. 286, 287, 288.

fierté et le sentiment de l'humiliation; l'admiration, l'enthousiasme et l'aspiration extatique éveillée par le beau : tous ces états de l'âme relèvent et dérivent d'un même sentiment auquel il est aisé de les ramener tous, qui échappe à l'analyse et dont la portée est peut-être considérable. Chaque homme se sent de la *valeur*, d'abord une valeur spécifique en tant qu'il appartient à l'espèce humaine comparée à tout le reste de la population terrestre, puis une valeur individuelle par la comparaison qu'il fait de ses dons naturels, de ses qualités acquises et de ce qu'il appelle son mérite, avec ceux des autres hommes. Cette double valeur lui est révélée par sa conscience, par la joie et la tristesse toutes spéciales qui accompagnent les actes de sa volonté. Il la sent variable en lui, susceptible de croître par l'âge et l'effort; *il reconnaît en outre, dans la valeur des êtres organisés sur la terre une progression dont l'homme est le terme le plus élevé;* il éprouve enfin, en présence du beau, une sorte d'appel de l'infini, où il ne peut que tendre et ne saurait pleinement atteindre qu'en dépassant la sphère terrestre. Il sent qu'il participe en tant qu'homme et peut s'associer individuellement à un essor universel vers le mieux, c'est-à-dire vers ce qui *vaut* toujours davantage... ». « Pour l'Européen moderne et pour tout homme de souche européenne, en dépit de ses efforts pour se soustraire aux pièges de l'illusion, il est bien difficile de suspecter le témoignage de la conscience morale et même celui du sens esthétique, de destituer les mots *valeur morale, mérite, responsabilité, devoir,* etc. de toute portée objective. Le doute sur l'origine transcendante de ces notions intuitives est, en réalité, plutôt verbal que réel; ce que le philosophe n'ose affirmer dans ses spéculations par prudence intellectuelle, l'homme, le père de famille, le citoyen l'affirme résolument dans sa conduite; celui-ci ne tient pas compte des précautions de celui-là; il se sent obligé à la bonne foi, à la justice, en un mot à la vertu, *impérieusement,* non par goût, par un sorte de haut dilettantisme, parce que cela lui plaît, mais *indépendamment de sa volonté,* c'est-à-dire par une injonction externe et supérieure, par un impératif catégorique où il reconnaît plus ou moins expressément et clairement son lien le plus profond avec sa cause première et souveraine, avec le divin (1). »

Ce sont ces deux croyances spontanées que traduisent la morale de Kant et la doctrine dès longtemps accréditée de la perfectibilité indéfinie de la race humaine et de la loi du progrès. La critique de l'aspiration morale a établi combien il était hasardeux de rapporter « au divin, cause première et souveraine », l'origine de cette foi morale de l'humanité et de confondre le plan de la nature avec l'ordre juste et bon rêvé par la conscience humaine. Mais la loi du progrès, loin d'être en contradiction avec la nature des choses, semble au contraire s'en dégager, surtout si l'on considère l'évolution de la race humaine elle-même depuis son état primitif de barbarie jusqu'à l'état de civilisation où elle se trouve à présent. Que les races s'améliorent lentement sous l'incessante influence des lois biologiques qu'a formulées Darwin, c'est là un fait d'expérience qu'il est difficile de contester. Il est donc possible de rattacher cette progression de la race humaine à la loi de l'universelle progression et de considérer l'aspiration morale et esthétique comme un instinct révélateur à la fois de la perfection acquise et de la perfection à acquérir. Mais ce qui embarrasse la pensée du philosophe, c'est la douleur que coûte aux êtres doués de la vie et de la sensibilité cette lente et difficile ascension, ce sont les victimes que laisse derrière lui le progrès : pourquoi cette condition rigoureuse à la réalisation du meilleur? Le problème du sens de l'aspiration se dédouble ainsi en deux questions distinctes :

1° Quel rapport y a-t-il entre les aspirations esthétiques et morales de la conscience humaine et la loi de l'évolution universelle?

2° Comment justifier la douleur qu'inflige aux êtres perfectibles cette loi de progrès? Comment justifier le sentiment du sacrifice, adhésion volontaire de la conscience humaine à la nécessité d'endurer cette douleur?

(1) *La vraie religion selon Pascal*, p. 283, 284, 285.

III

En critiquant comme il l'a fait la doctrine des causes finales et la conception d'une Providence, M. Sully Prudhomme, loin de pallier les difficultés auxquelles il peut se heurter les a plutôt aggravées : lui-même le reconnaît dans les conclusions de sa polémique avec le Dr Richet sur les causes finales (1). Ni le transformisme, ni le darwinisme ne peuvent faire appel à la finalité pour rendre compte de l'évolution des espèces, de leur adaptation à leur milieu et de la sélection naturelle qui, en les améliorant, les perpétue. Pour la même raison il n'y a pas à scruter les intentions ni à juger les actes de la cause des événements naturels, si l'on renonce à concevoir cette cause d'une façon anthropomorphique. Mais, intentionnellement dirigée ou non, l'évolution des êtres vivants s'effectue et ses effets sont tels que certaines formes tendent à disparaître tandis que d'autres non seulement persistent, mais s'achèvent. Or ce sont ces formes que notre goût esthétique appelle, en général, *belles* parce que chacune exprime une essence réalisée, autrement dit la perfection d'un être en son genre. Dans la race humaine, en particulier, la beauté n'est que la perfection de la vie organique et psychique exprimée par la physionomie, les lignes et les mouvements. A vrai dire cette perfection est difficilement définissable. « Quel secret rapport rend désirable aux sens l'assemblage de tous les organes, de ceux mêmes qui individuellement ne sont pas sexuels? Nous reconnaissons une beauté plastique; l'expression en est saisissante, mais l'essence exprimée par cette beauté est vague et semble indéfinissable. Nous ne pouvons douter qu'il y ait un monde intime de phénomènes moraux dans l'homme; le corps les exprime et la conscience les distingue des phénomènes dont l'ensemble organisé constitue le corps même. Mais de leur essence que savons-nous qui permette d'en affirmer la durée, l'avenir, la

---

(1) *Les Causes finales*, p. 107, 108, 109.

dignité?... Nous sentons ici avec embarras la solidarité de l'esthétique avec toutes les sciences. Tant que la physiologie qui implique la mécanique, la physique, la chimie, n'aura pas défini ses rapports avec la psychologie, la psychologie les siens avec la morale, et la morale les siens avec les lois universelles; en un mot, tant que les connaissances humaines ne seront pas venues converger à leur commun sommet, à partir de leur commune base, le dernier mot ne pourra pas être dit sur l'esthétique; on n'aura ni entièrement expliqué le jeu de l'expression, ni dégagé complètement la formule des essences exprimées. L'esthétique ne pourrait s'achever qu'avec la synthèse des connaissances qui sans doute ne s'accomplira jamais : elle est donc vouée à une inexactitude irrémédiable. Nous n'avons pas eu la prétention de déterminer avec rigueur le ressort profond et l'objet transcendant des expressions de la physionomie humaine; mais les hypothèses prudentes sont suggestives et, quand on les tient pour ce qu'elles valent, on en peut tirer quelque profit par la discussion des faits qu'on tâche d'expliquer par elles (1). »

C'est une conjecture de ce genre que l'on peut imaginer pour expliquer le sens de la beauté et la fin de l'art. « Les plus récentes hypothèses des naturalistes fournissent à la morphologie de nouveaux fondements qui ne sauraient être, à vrai dire, plus solides que ces hypothèses mêmes, mais où l'esthétique peut chercher provisoirement à s'asseoir. D'après ces théories, les organismes naissent, se développent et se compliquent par une tendance de leur puissance plastique à les adapter aux conditions que le milieu impose à la vie de l'individu. L'organisation n'aurait donc pas été donnée à chaque être une fois pour toutes et d'emblée ; elle serait progressive par conquête, par sélection et par accumulation héréditaire des perfectionnements de forme les plus utiles à la conservation de l'individu. Ce progrès n'est pas nécessairement indéfini ; on conçoit qu'il trouve sa limite dans l'équilibre, devenu stable, entre les besoins et les moyens de les satisfaire, entre l'organisme et le milieu. Les dernières espèces,

---

(1) *L'Expression dans les Beaux-Arts*, p. 210, 211.

les plus récentes, représentaient autant de victoires définitives remportées dans la lutte pour l'existence et dans la concurrence vitale par des ancêtres qui en ont transmis et assuré les fruits à leurs descendants actuels. Ainsi l'espèce humaine actuelle, depuis les races supérieures jusqu'aux races sauvages les plus dégradées qui tendent à disparaître, confinerait par ses variétés décroissantes qui rejoignent ses variétés éteintes, aux espèces animales supérieures. Nier, d'une part, que nous ayons des traits communs avec les animaux serait puéril; nier, d'autre part, qu'une immense distance sépare nos facultés morales des leurs serait cynique. Aussi tout penseur qui peut à la fois oublier un instant son éducation traditionnelle et conserver le sentiment de la dignité humaine est-il vivement frappé de l'hypothèse féconde et grandiose que nous venons de résumer. Ce qu'il admire dans le corps humain, c'est le résultat suprême d'un travail mille et mille fois séculaire, dont le succès est d'autant plus précieux qu'il a coûté plus de sacrifices et d'épreuves. Avant que se fût révélé dans l'homme d'aujourd'hui le triomphe de la forme humaine sur l'hostilité de la condition terrestre par la plus rationnelle et la plus harmonieuse adaptation de l'organisme au milieu, combien n'a-t-il pas fallu d'ébauches? Combien n'a-t-il pas fallu de luttes exterminatrices qui, dégageant de la mêlée des êtres plus capables de vivre et de faire honneur à la planète, les fissent dépositaires et propagateurs des progrès de la forme qui ont sauvé la vie supérieure? O beauté du corps humain! Je salue en toi l'expression de ce triomphe. Je comprends ton attitude, j'en comprends la fierté. Le regard ne s'est pas levé du premier coup vers le ciel; l'angle toujours croissant qu'il a fait avec le sol, jusqu'à ce qu'au-dessus de l'horizon terrestre il prît possession du Zénith, cet angle sublime mesure la dignité du front. Maintenant, la tête est droite, le torse subit la pesanteur verticalement, sans ramper. Cette altière direction que le cèdre a prise avant l'homme parce que la terre ne marchande pas aux végétaux leur nourriture, l'homme l'a conquise, et toute sa démarche célèbre cette conquête. Ce n'est plus en esclave, humblement, comme le quadrupède, qu'il lutte dans son allure avec la gravitation;

il témoigne par la grâce de son pas et de ses gestes, que sa volonté libérée traite d'égale à égale avec cette puissance universelle. Et, comme en lui l'intelligence, par le progrès des connaissances, se substitue de plus en plus à l'instinct dans ses combats contre tous les obstacles à son règne, comme aussi l'amour ne peut que se dégager de l'égoïsme et se purifier davantage à mesure que, par l'échange de services et la collaboration au salut commun, les individus se sentent plus fraternellement associés, la figure humaine, empreinte à la longue des caractères expressifs de ces perfectionnements moraux, revêt une croissante noblesse. Enfin, la forme la plus parfaite que la terre ait produite jouit de sa gloire, elle en sourit avec orgueil dans la beauté virile, avec tendresse dans la beauté féminine, et le statuaire s'en fait l'adorateur et le prêtre (1). »

Qu'est-ce donc alors que l'aspiration esthétique si ce n'est une anticipation intuitive de cette beauté future, aimée dans la mesure où elle est actuellement réalisée dans les formes, rêvée et désirée à un degré plus accompli encore ? Et qu'est-ce que l'Art, sinon l'effort créateur, suscité par l'aspiration, qui fixe dans la matière les traits du type rêvé ? L'artiste serait, à ce titre, une sorte de naturaliste doué d'une faculté de divination prophétique lui permettant de préimaginer les résultats futurs de l'évolution naturelle et d'en réaliser les symboles sensibles (2).

(1) *L'Expression dans les Beaux-Arts*, p. 295, 296, 297, 298.

(2) « Si le monde en travail incessamment s'achève
Et pousse au but qu'il sait la meute des hasards,
*Ce qu'on voit n'est qu'ébauche, et le vrai, c'est le rêve,
C'est le monde réel, mais fini par les arts.*

Sa beauté de demain, l'artiste la devine,
Dans la scorie épaisse il a pressenti l'or,
Et, plus impatient de sa forme divine,
Son génie a créé ce qu'elle essaye encor.

S'il n'avait rien conçu d'une plus grande vie,
O Vénus de Milo, pourrions nous t'admirer ?
Il a devancé l'heure où tu dois respirer
Pour des amants parfaits sur la terre accomplie.

Le poète, s'aventurant plus loin encore dans la voie du rêve et de l'hypothèse, va jusqu'à accueillir avec sympathie, sinon jusqu'à professer expressément, l'antique doctrine de la métempsycose et de la transmigration astrale. Dans le mythe du *Bonheur*, ses héros, Faustus et Stella, ressuscités sur un autre astre, non seulement jouissent de toutes les félicités paradisiaques, mais encore réalisent ce type de la beauté accomplie. Les êtres qu'ils rencontrent dans ce séjour supra-terrestre ont gardé leurs traits humains, leur race même, leur peau blanche, jaune, brune ou noire, mais leurs formes parfaites attestent l'achèvement de l'évolution suivie par leurs ancêtres, ces formes où

« ... par le seul contour
L'esprit parle à l'esprit et l'amour à l'amour,
Où chaque race écrit qu'elle a reçu son moule
Du sol âpre ou clément, triste ou gai, qu'elle foule
Et dans sa beauté propre enseigne par ses traits
De la terre et du sang les échanges secrets (1). »

Peut-être l'ascension esthétique commencée sur la terre s'achèvera-t-elle en un autre monde, si tout dans l'univers se tient et si tout aspire et s'efforce à la perfection supérieure; c'est là, bien entendu, une simple fiction poétique, mais M. Sully Prudhomme n'est pas éloigné d'y croire quelque peu, en raison de sa vraisemblance relative.

Dans le marbre pesant, qui n'a pas de regard,
Il t'a donné la forme, avant que la Nature
Ait su de ta beauté tisser la fleur future
Promise au baiser de ceux qui naîtront tard.

Quand ceux-là fouilleront nos villes ruinées
S'ils trouvent cette pierre étonnante, ils diront :
« Comment l'homme a-t-il vu de si loin sous son front
Les femmes d'aujourd'hui qui lors n'étaient pas nées ? »

C'est que le front de l'homme est fait pour contenir
Du mobile univers la figure et l'histoire,
Et si les traits des morts vivent par la mémoire,
L'espoir prête la forme à la race à venir. »
(*L'Art*, p. 269, Stances et Poëmes.)

---

(1) *Le Bonheur*, III, p. 189.

«.. Nous ne savons pas si le peuple des sphères
Ne nous prépare point d'indicibles printemps;
Si dans l'immensité de vives atmosphères
N'attendent point en nous leurs premiers habitants.
Vous nous le promettez, ô filles de la terre,
Vos yeux parlent assez d'un voyage infini !
Ce monde inférieur, loin d'errer solitaire,
A des mondes plus beaux est sûrement uni :
Il l'est par le soleil, il l'est par son poids même,
Il attire le ciel, il en est attiré ;
Sirius embrasé me regarde, et je l'aime !
Attends un jour ! je meurs, la vie est un degré :
J'étais aux premiers temps, car j'ai ma part de l'être,
Si l'être est éternel, j'en suis contemporain ;
Mais j'étais comme on dort, sans jouir ni connaître,
Et mon réveil fut lent; puis, obscur pèlerin,
J'ai gravi vers l'azur et je m'y porte encore,
Et pour d'autres objets j'espère un sens nouveau ;
J'accomplis ton vieux rêve, ô sage Pythagore,
De climats en climats j'allège mon manteau ;
Et quand l'air sera bon, je jetterai le voile,
Je serai libre enfin, libre en un corps parfait,
Parvenu du chaos à la suprême étoile,
Dans la joie et l'horreur du pas que j'aurai fait !
*Telle est la loi du monde : une vertu l'obsède
Et l'emporte à son but ; chaque enfant de la nuit,
Laissant plus bas que soi l'échelon qui précède
Lève plus haut son front vers l'échelon qui suit* (1). »

D'induction en induction, le poète en arrive donc à tirer de l'aspiration esthétique d'abord une interprétation hypothétique des lois de l'évolution biologique, puis une métaphysique quasi-mythique qui, à tout prendre, n'est pas plus chimérique qu'une autre. Cette preuve de l'immortalité par la beauté est en soi séduisante, sinon probante. Quant à

(1) *L'Art*. II. (*Stances et Poèmes*, p. 266, 267).

« Sur l'échelle des cieux où le (l'homme) fait voyager
Sa propre conscience au poids lourd ou léger,
Ce qu'il a d'immortel fuit d'étoile en étoile. »

C'est la doctrine du Karma et de la transmigration astrale, professée par certains spirites.

l'évolutionnisme esthétique de M. Sully Prudhomme, il n'a rien d'invraisemblable et, loin d'être en opposition avec les faits scientifiquement établis, il les expliquerait plutôt. « La différenciation évolutive, lente, mais constante, et de plus en plus accentuée des organes chez les vivants terrestres, et spécialement des organes de relation, semble bien résulter d'une poussée rayonnante et foisonnante des aptitudes vitales vers la possession du milieu où elles s'organisent. Le terme de cette possession progressive demeure ignoré, mais toute la vie terrestre y tend visiblement. Pour moi, une forme m'apparaît belle, je l'appelle ainsi, quand elle est assez agréable pour déterminer par sa puissance expressive dans ma sensibilité passionnelle, dans mon cœur, un délice, de genre différent, mais ayant toutefois des rapports suffisants avec celui de la sensation pour en recevoir une excitation qui l'éveille (1). »

IV

Le crédit accordé par l'artiste à l'aspiration esthétique sur la foi d'une intuition du cœur peut aussi légitimement l'être à l'aspiration morale par la conscience de l'honnête homme. La critique de cette aspiration en a établi le caractère tout humain, mais n'en a pas affaibli l'autorité propre; tout au contraire, l'impuissance de la raison à susciter contre elle un doute efficace dans la conscience du chercheur a permis à celui-ci d'expérimenter la légitimité et la portée profonde de ses instincts moraux. Aussi le poète se résout-il à « se fier sans réserve à son intuition de la justice ».

« O Justice, après tant et de si long détours,
Je rentre dans moi-même où je te sens toujours,
Assuré désormais que le haut privilège
Est aux hommes échu d'avoir au cœur ton siège,
Pardonne si, doutant de ce prodige en moi,
Je t'ai cherchée ailleurs, et t'ai faussé ma foi!

(1) *Que sais-je?* p. 235, 236.

INTERPRÉTATION POÉTIQUE DE L'ASPIRATION. 391

Ignorant que ta loi fût seulement humaine,
Inopportune ailleurs qu'en notre humble domaine,
J'ai traité l'Univers en humaine cité,
Quand je l'ai pour ces maux par devant toi cité.
Ces maux, que je nommais injustes, sont peut-être,
Non les caprices fous et coupables d'un maître,
Mais de fatals moyens, seules conditions
D'un ordre qui nous passe et que nous oublions. »
. . . .
« Puisque ma conscience est le seul lieu du monde
Où, sur ce qu'il me veut, l'infini me réponde,
Puisqu'en ce lieu d'où rien ne pouvait t'arracher,
Je te trouve où d'abord je t'aurais dû chercher,
Et que là seulement je découvre, ô Justice,
Une assise immuable où sans peur je bâtisse,
J'y rentre et m'y retranche, et m'y tiens à jamais...
Ah! pour te voir, enfin, je sens que j'ai fait naître
Par l'étude et l'amour une aurore en mon être!
Si, hors du genre humain, tu n'es plus qu'un vain nom,
En lui du moins tu vis, qu'il t'obéisse ou non!
Je te rends donc ma foi! Qu'un captieux génie
M'extirpe des aveux que mon instinct renie,
Je ne livrerai plus au peu que je conçois
Tout le vrai que je sens, pour douter que tu sois!
En vain me prouvât-on, contre tes voix intimes,
Que la tombe est la même aux bourreaux qu'aux victimes,
En vain mes appétits de leurs iniquités
Par le droit au bonheur se diraient acquittés,
On ne croit jamais bien ce qu'on rougit de croire,
Et l'effet sur la vie en demeure illusoire ;
Un témoignage sûr, moins subtil et plus fort,
Donne à la preuve infâme invinciblement tort!
C'est que, formée en toi depuis notre naissance,
Ta nature, ô Justice! est notre popre essence :
Elles font l'une et l'autre un tel couple, en effet,
Que l'homme ne se sent vraiment homme et parfait,
En harmonie entière avec ses destinées,
Qu'en les tenant toujours l'une à l'autre enchaînées,
Et que le juste meurt, sans murmurer, pour toi,
Car il mourrait bien plus en violant ta loi (1). »

(1) *La Justice,* Xe *Veille,* I, II, p. 221, 222, 224, 225.

L'essence humaine identique à la Justice, c'est la *dignité*, cette valeur absolue qui rend la personne humaine infiniment et inconditionnellement respectable à soi-même et à son semblable. Or, d'où procède ce caractère, principe et objet de la moralité? Nous savons déjà qu'il comporte des degrés d'un individu à l'autre, d'une race à l'autre, d'une époque de l'humanité à l'autre (1); que l'histoire même de l'humanité « est le progrès de la morale en action se déroulant sur la scène du monde à la recherche de ses principes soit transcendants, soit empiriques (2). »

Loin donc de faire de l'intuition morale, innée en notre conscience d'hommes modernes et occidentaux, une catégorie universelle, absolue, *à priori*, comme le propose Kant, il convient de reconnaître que l'impératif moral est acquis et qu'il ne se manifeste qu'à la conscience d'êtres parvenus à un degré relativement très avancé de civilisation. Les éthiques empiristes et évolutionnistes, telles que celles de Spencer et Darwin, non seulement admettent cette thèse, mais en font le pivot même de leur théorie de la moralité. Le poète peut, en conséquence, sans aucune invraisemblance, se rallier à l'hypothèse scientifique de l'évolution progressive pour s'expliquer le sens de l'aspiration morale comme il s'est expliqué déjà celui de l'aspiration esthétique. De même que la beauté des formes humaines atteste les progrès de notre race et sa supériorité sur toutes les autres, de même la vertu morale témoigne de l'adoucissement progressif des instincts primitifs de la brute. « Tandis que les autres espèces paraissent ne plus progresser, et que l'individu, n'y ayant plus d'évolution à servir, ne s'emploie désormais qu'à la multiplication, à la nourriture et à la défense des petits, l'espèce humaine, au contraire, se montre capable de *dignité progressive*. Elle est la seule qui ait encore à s'achever, à parfaire son mode de vie, son adaptation au milieu terrestre. Quelle immense distance entre les connaissances rudimentaires, les mœurs farouches, les arts grossiers des sauvages et la civilisation des plus grands peuples de la terre! Or en quoi consiste la dignité de ces

---

(1) Cf. III° partie, chap. IV, § 3 et 4.
(2) *Prose, l'Histoire et l'état social*, p. 273.

sociétés florissantes qui représentent le type actuellement le plus élevé de notre espèce? A préparer et faire avancer la solution très laborieuse, mais de plus en plus rapprochée, du problème suivant : *permettre à l'humanité d'accomplir toute sa destinée, c'est-à-dire de conformer sa vie à toutes les indications de son essence.* Ce problème se ramène à celui-ci : introduire dans les relations des hommes entre eux la justice et le désintéressement requis pour que les aptitudes de chacun se développent et s'exercent sans rencontrer d'autre obstacle à leur expansion que leur propre respect pour celle des aptitudes d'autrui, et pour que leur rencontre avec celles-ci n'engendre qu'une émulation et une collaboration également avantageuses de part et d'autre (1). »

La conscience morale se présente ainsi, aux yeux de M. Sully Prudhomme, comme le produit d'une évolution naturelle aboutissant, chez l'être en qui elle se réalise, à une aspiration révélatrice du bien et au sentiment de la valeur morale ou dignité. La splendide *IXe Veille* du poème de *la Justice* est l'expression lyrique de cette doctrine; elle est à lire en entier, car c'est la mutiler que de n'en citer que les quelques strophes les plus significatives au point de vue de la thèse philosophique. Le poète, se représentant le premier soleil d'où s'est détaché l'essaim des étoiles sans nombre, suit en imagination l'apparition tardive de la vie et de la pensée sur notre petite sphère. La dignité de l'homme, être pensant, en face de cette immensité du monde matériel, s'impose au génie de M. Sully Prudhomme comme à celui de Pascal. Mais cette dignité n'a été réalisée en l'homme qu'au prix d'une longue et douloureuse évolution. « Une série d'êtres successivement apparus sous des formes de plus en plus complexes, animés d'une vie de plus en plus riche et consciente, rattache l'homme à la nébuleuse sur la terre (2). » Il fallait à l'homme,

« Il lui fallait la terre et ses milliers d'épreuves,
D'ébauches de climats, d'essais de formes neuves;
D'élans précoces expiés,

---

(1) *Que sais-je?* p. 219, 220.
(2) *La Justice*, IXe Veille, argument.

D'avortons immolés aux rois de chaque espèce,
Pour que de race en race achevé pièce à pièce,
    Il vit l'azur, droit sur ses pieds.

Il fallait pour tirer ce prodige de l'ombre,
Et le mettre debout, des esclaves sans nombre,
    Au travail mourant à foison,
Comme en Égypte, un peuple expirait sous les câbles
Pour traîner obélisque à travers monts et sables
    Et le dresser sur l'horizon ;

Et, comme ce granit, épave de tant d'âges,
Dressé par tant de bras et tant d'échafaudages,
    Étonnement des derniers nés,
Semble aspirer au but que nous montre son geste,
Et, par son attitude altière nous atteste
    L'effort colossal des aînés,

L'homme, en levant un front que le soleil éclaire,
Rend par là témoignage au travail séculaire
    Des races qu'il prime aujourd'hui,
Et son globe natal ne peut lui faire honte,
Car la terre en ses flancs couva l'âme qui monte
    Et vient s'épanouir en lui.

La matière est divine, elle est force et génie ;
Elle est à l'idéal de telle sorte unie
    Qu'on y sent travailler l'esprit,
Non comme un modeleur dont court le pouce agile,
Mais comme le modèle éveillé dans l'argile
    Et qui lui-même la pétrit.

Voilà comment ce soir, sur un astre minime,
O soleil primitif, un corps qu'un souffle anime,
    Imperceptible, mais debout,
T'évoque en sa pensée et te somme d'y poindre,
Et des créations qu'il ne voit pas peut joindre
    Le bout qu'il tient à l'autre bout ! »

. . . .

Tout être, élu dernier de tant d'élus antiques,
De tant d'astres vainqueurs aux luttes chaotiques
    Et de races dont il descend,

D'une palme croissante est né dépositaire ;
Tout homme répondra de l'honneur de la terre
    Dont il vêt la gloire en naissant ;

Et, puisque notre sphère est aux astres unie
Comme un nœud l'est aux nœuds d'une trame infinie
    Et tord un fil du grand métier,
Dans le peu de ce fil que l'homme brise ou lâche,
L'homme, traître à la terre en désertant sa tâche,
    Est traître à l'univers entier !

Traître même à la mort qu'atteint sa défaillance,
Car avec les vivants les morts font alliance
    Par un legs immémorial !
Traître à sa descendance avant qu'elle respire,
Car, héritier du mieux il lui laisse le pire,
    Félon deux fois à l'idéal !

. . . .
Tout homme entend des voix l'adjurer d'être digne,
D'être fidèle au rang que la douleur assigne
    A son espèce en l'univers....

C'est de ce rang conquis la conscience innée,
Gardienne d'une espèce et de sa destinée,
    Qui me révèle mon devoir !
Elle m'enjoint d'être homme et de respecter l'homme,
Au nom des cieux passés dont la terre est la somme,
    Et des cieux futurs, mon espoir !

Non que j'ose espérer que le temps y ranime
Le spectre évanoui de ma pensée infime ;
    Mais je sais que l'ébranlement
Qu'en battant pour le bien mon cœur ému fait naître,
Humble vibration du plus pur de mon être,
    Se propage éternellement !

Le respect de tout homme est la justice même :
Le juste sent qu'il porte un commun diadème
    Qui lui rend tous les fronts sacrés.
Nuire à l'humanité, c'est rompre la spirale
Où se fait pas à pas l'ascension morale
    Dont les mondes sont les degrés,

> Le sens du mot « Justice » enfin je le devine!
> Humaine par son but, la justice est divine
>   Même dans l'âme d'un mortel,
> Par l'aveu du grand Tout dont elle est mandataire,
> Par le suffrage entier du ciel et de la terre
>   Et par le sacre universel! » (1)

Un acte de foi spontané et intuitif en la vertu et en le devoir, un évolutionnisme moral, une sorte de religion panthéistique de la solidarité cosmique et de l'idéal, telles sont donc les inférences que M. Sully Prudhomme tire de l'aspiration morale. Rien dans les connaissances scientifiques ne contredit d'une façon décisive la croyance morale invinciblement renaissante dans le cœur et dans la conduite de l'homme de bien : cette croyance, survivant à la critique, est donc bien légitime. Ces mêmes connaissances scientifiques, d'autre part, ne présentent rien d'inconciliable avec l'hypothèse de l'évolution progressive dans le sens du bien au sein de l'humanité, ni avec celle d'un rapport entre cette évolution humaine et l'évolution cosmique. Lorsque Herbert Spencer, du point de vue de la science positive, a formulé une doctrine analogue, sa conception n'a pas paru exorbitante aux savants et aux philosophes; à plus forte raison la belle et vraisemblable conjecture née de l'imagination d'un poète peut-elle être agréée de tous ceux qui, avec M. Sully Prudhomme, souhaitent de trouver un fondement naturel à la justice.

V

La complète symétrie des deux critiques et l'analogie des deux hypothèses explicatives conduit naturellement la pensée de M. Sully Prudhomme à rapprocher étroitement l'aspiration esthétique et l'aspiration morale. Toutes deux, en effet, sont révélatrices d'un même progrès, toutes deux fondent et expriment la *dignité* de l'être capable de les ressentir et, par là, de tendre à un idéal; toutes deux enfin suscitent chez l'homme

---

(1) *La Justice, IXe Veille, passim.*

des efforts désintéressés qui contribuent à l'universelle ascension des êtres vers la perfection. Il est donc permis d'entrevoir ici « *la conjonction de l'éthique et de l'esthétique, leur connexion, peut-être même leur identité fondamentale.* » « Le *beau*, parmi les formes, sera celle qui explique le bien, et comme le premier n'exprimera le second que par les caractères communs aux deux, leur identité fondamentale sera établie. Le beau n'est pas la forme sensible quelle qu'elle soit, non plus que le bien n'est l'action quelconque. *C'est ici que le concept de l'évolution prend toute son importance, car il entre dans celui du bien*. Il faut admettre une évolution progressive impliquée dans l'évolution universelle ; *j'entends par progressive, de plus en plus créatrice de vie*. Il semble en effet que l'univers soit un immense atelier de statuaire, jonché d'ébauches au milieu desquelles se dressent des figures en voie d'achèvement et d'autres accomplies. Je me sers de comparaisons parce que je me sens incapable de définir ce que je sens; je me sens vivre, et je ne saurais pas dire ce que c'est que la vie. Je serais bien embarrassé de définir exactement la supériorité du règne animal sur le règne végétal et celle de ce dernier sur le règne minéral, car je n'entends pas ici par supériorité simplement l'avantage d'un organisme sur un autre au point de vue du plus efficace exercice des fonctions et de la multiplication des relations avec le milieu; il s'agit, pour moi, d'une valeur qui échappe aux descriptions des naturalistes, mais sur laquelle le pauvre qui partage sa bourse, le soldat au feu, le plus humble matelot qui cargue une voile dans la tempête ne se méprennent pas (1). »

Il est donc permis, après cette analyse et cette critique, d'assimiler le Beau au Bien en les ramenant à un même idéal transcendant, humain à coup sûr, universel très probablement. L'Art et la Morale se rejoignent, car « les formes ne devenant belles qu'autant qu'elles expriment, au degré que requiert leur contenu, la tendance de l'univers à sortir du chaos pour se donner des lois, en d'autres termes, l'institution de l'ordre par l'effort de son activité interne, le principe du Beau

---

(1) *Que sais-je ?* p. 227, 228.

réside en cette aspiration; il est donc logiquement antérieur à la forme même sous le nom de Bien, et c'est pourquoi il existe une beauté morale, toute intentionnelle, qui n'emprunte rien aux images fournies par les sens. La conscience morale nous oblige, comme une poussée de bas en haut, vers cette beauté-là; nous pouvons y résister, en rebrousser la direction, mais alors nous nous sentons descendre (1). »

VI

Là pourrait s'arrêter l'interprétation semi-scientifique, semi-mystique de l'aspiration esthétique et morale, si cette philosophie du progrès ne se heurtait à une grave objection, insuffisamment levée par la critique de l'idée de Justice. A supposer, en effet, que la cause première ne soit pas responsable de la douleur et du mal répandus dans le monde; à supposer, en outre que ces douleurs et ces sacrifices des êtres les moins parfaits soient une condition du progrès universel, le fait est que la douleur existe et que tout être qui la souffre la considère instinctivement comme un mal. L'immolation et le martyre des faibles sont peut-être *utiles*, comme moyens d'un plus grand bien final, mais en soi, la loi qui prescrit ces moyens est *injuste*, car la victime n'est pas responsable de son imperfection native, et ce n'est pas elle qui jouira du Bien et de la Beauté réalisés plus tard au prix de sa souffrance et de sa mort. M. Sully Prudhomme l'a lui même senti et exprimé de la façon la plus précise à diverses reprises, et c'est pour lever cette objection qu'il a composé, après le poème de *la Justice*, celui *du Bonheur* (2). Pendant

---

(1) *Que sais-je?* p. 237, 238.
(2) Dans la belle étude que M. Jules Lemaître consacre à M. Sully Prudhomme dans ses *Contemporains*, la solution de la *Justice* est critiquée comme si l'auteur n'avait pas poussé plus avant sa philosophie de l'aspiration morale. Cette critique, parfaitement fondée, avait été formulée par le philosophe lui-même, mais comme une autre partie de son œuvre y répond, l'objection de M. J. Lemaître ne porte plus. « Ce que j'ai envie de reprocher à M. Sully Prudhomme, ce n'est pas la brusquerie de son retour au cœur, ni une contradiction peut-être inévitable en un

la crise pessimiste où il prononça son sinistre « Vœu » de chasteté et renoncement, le poète de *Vaines tendresses* s'écriait :

> « Non ! pour léguer son souffle et sa chair sans scrupule,
> Il faut être enhardi par un espoir puissant,
> Pressentir une aurore au lieu d'un crépuscule
> Dans les rougeurs que font l'incendie et le sang ;
>
> Croire qu'enfin va luire un âge sans batailles,
> Que la terre s'épure, et que la puberté
> Doit aux moissons du fer d'incessantes semailles
> Pour que son dernier fruit mûrisse en liberté !
>
> *Je ne peux ; j'ai souci des présentes victimes ;*
> *Quels que soient les vainqueurs, je plains les combattants,*
> *Et je suis moins touché des songes magnanimes*
> *Que des pleurs que je vois et des cris que j'entends.*
>
> *Puisqu'elle est à ce prix, la victoire future,*
> *Qui doit fonder si tard la justice et la paix,*
> *Ne vis que dans mon cœur, ô ma progéniture,*
> *Ignore ma tendresse et n'en pâtis jamais !..* » (1)

pareil sujet : c'est plutôt que la définition de la dignité et ce qui s'ensuit l'aient trop complètement tranquillisé, et qu'il trompe son cœur au moment où il lui revient, où il se flatte de lui donner satisfaction. La justice sera ! Mais le cœur veut qu'elle soit et qu'elle ait toujours été. Je n'admets pas que tant d'êtres aient été sacrifiés pour me faire parvenir à l'état d'excellence où je suis. Je porte ma dignité comme un remords si elle est faite de tant de douleurs. L'admirable sonnet de la 5ᵉ Veille — (celui qui est cité ici) —, reste vrai et le sera jusqu'à la fin des temps. Voilà qui infirme l'optimisme des dernières pages. Ce sont elles qu'il faudrait intituler *Silence au cœur* ! car c'est l'optimisme qui est sans cœur. Il est horrible que nous concevions la justice et qu'elle ne soit pas dès maintenant réalisée. Mais, si elle l'était, nous ne la concevrions pas. Après cela, on ne vivrait pas si l'on pensait toujours à ces choses. Le poète, pour en finir, veut croire au futur règne de la Justice et prend son parti de toute l'injustice qui aura précédé. Que ne dit-il que cette solution n'en est pas une et que cette affirmation d'un espoir que suppose tant d'oublis est en quelque façon un coup de désespoir ? Il termine, comme il a coutume, par un appel à l'action ; mais c'est un remède, non une réponse. » (J. Lemaitre, *Les Contemporains*, 1ʳᵉ série, p. 72, 73.)

(1) *Les Vaines tendresses*, *Vœu*, p. 230, 231.

Dans le poème même de *la Justice* l'objection n'est pas moins nettement formulée :

> « Nous prospérons ! Qu'importe aux anciens malheureux,
> Aux hommes nés trop tôt à qui le sort fut traître,
> Qui n'ont fait qu'aspirer, souffrir et disparaître,
> Dont même les tombeaux aujourd'hui sonnent creux ?
>
> Hélas ! leurs descendants ne peuvent rien pour eux,
> Car nous n'inventons rien qui les fasse renaître.
> Quand je songe à ces morts, le moderne bien-être
> Comme un injuste exil m'est rendu douloureux.
>
> La tâche humaine est longue et sa fin décevante :
> Des générations la dernière vivante
> Seule aura sans tourment tous ses greniers comblés ;
>
> Et les premiers auteurs de la glèbe féconde
> N'auront pas vu courir sur la face du monde
> Le sourire paisible et rassurant des blés (1). »

La conscience n'est donc pas satisfaite tant que l'être supérieur, l'élu parfait et bienheureux, jouit de sa perfection et de sa béatitude sans éprouver ce noble remords et cette divine pitié. La *dignité*, conscience d'un rang acquis et conquis, prescrit bien à l'homme de garder ce rang sans déchoir en respectant l'humanité ; c'est un mérite, sans doute, de ne pas faire mal, d'être juste, strictement à tout le moins et, le plus possible, fraternellement : mais ce mérite est surtout négatif, il n'implique pas que ce rang soit *mérité*.

> « Par la raison tout homme est le parent de Dieu,
> Et cette parenté l'égale à son semblable,
> Et le respect s'impose entre égaux de haut lieu.
> Dans l'acte, c'est vertu que la raison se nomme,
> Le prix de bien agir n'est que d'agir en homme (2). »

Nous pouvons savoir gré à l'héritier d'une caste aristocratique de ne pas dégénérer de sa noble race par une sorte d'or-

---

(1) *La Justice*, Ve Veille p. 143.
(2) *Le Bonheur*, V, *La Philosophie antique*. Ces vers traduisent la doctrine des Stoïciens.

gueil et d'esprit de corps, mais nous n'honorons sans conteste en lui que les mérites personnels que lui ont acquis ses vertus. Le « *sacre naturel* » et le *bonheur de fait* de l'humanité améliorée par le progrès ne satisfait pas à notre besoin de justice distributive. Le bonheur ne coïncide pleinement avec le Bien que s'il est une *sanction* couronnant un mérite. Ce mérite à son tour ne saurait être fondé que par le *désintéressement* et l'*amour*, en un mot par le *sacrifice*. Nous voici donc ramenés, par le développement même de la critique de l'aspiration morale, à ce second élément de la moralité qu'avait relevé, sans pouvoir encore se l'expliquer, une première analyse : « Il faut que chacun renonce à une part de son intérêt propre *avant* de la recouvrer plus large au fond de l'intérêt commun; et sans être sûr que lui individuellement il la recouvrera, il faut qu'il *sacrifie avant de bénéficier*. Il y a donc privation d'abord, et c'est dans cette privation préalable et acceptée que consiste le désintéressement. L'action désintéressée est une trajectoire circulaire qui commence par s'éloigner de son origine : le *moi*, et n'y revient qu'après avoir compris autrui dans son parcours (1). » Si l'homme, au point de perfection où il est rendu grâce à l'évolution progressive, a une *capacité supérieure de bonheur*, comment justifier, en outre, qu'il ait un *droit au bonheur*? L'une n'implique pas immédiatement l'autre; pour en établir la conjonction, il faut d'abord interpréter, au point de vue moral, la signification de la douleur et la raison suffisante du sacrifice, douleur volontaire et désintéressée. C'est là la thèse du poème philosophique du *Bonheur*.

Ce poème tout symbolique est, dans l'œuvre de M. Sully Prudhomme, ce que le *Paradis perdu*, *Eloa*, la *Chute d'un Ange* sont chez Milton, Vigny, Lamartine: une sorte de mythe dramatique et lyrique traduisant une conception transcendante de la destinée humaine. Deux amants, Faustus et Stella, tous deux morts jeunes sur la Terre avant d'avoir été unis, ressuscitent dans une étoile où leurs âmes et leurs

---

(1) *Que sais-je?* p. 221.

formes ont émigré. Dans ce nouveau séjour tout est heureux et parfait :

« La tombe ferme un ciel pour en ouvrir un autre
   Sur un astre meilleur. Ici
Nul être dans la fange et le sang ne se vautre :
   La vie humaine a réussi ! » (1)

Quelle puissance surnaturelle décrète et dirige cette réincarnation, dispense aux êtres les félicités qu'ils méritent et ravit, au dénouement, les deux bienheureux dans un paradis suprême après les avoir soumis à l'épreuve de la pitié et du sacrifice héroïque ? Le poète ne le dit pas, non plus qu'il ne définit dans ses analyses philosophiques « l'*Inconnaissable* » « de qui procède le monde accidentel… et qui imprime à la forme les caractères de l'essor dont il anime tout ce monde accidentel en invitant l'homme à monter aussi (2) ». Le *Bonheur* n'est d'ailleurs pas, comme la *Justice*, un poème critique et dialectique; c'est un beau rêve mystique où le poète ne s'est proposé « que de caresser les plus nobles aspirations par une rêverie bienfaisante qui pût lui faire oublier un moment le mutisme et l'immoralité de la Nature. » N'y cherchons pas nous-mêmes autre chose qu'un acte de foi enveloppé dans un poétique symbole.

Le Bonheur dont les deux bienheureux jouissent dans leur étoile est longuement et brillamment décrit dans les premiers chants du poème : *Les Ivresses, Festin céleste, Harmonie et beauté*. Il est constitué par la somme de toutes les jouissances auxquelles tendent les désirs de l'humanité. Faustus et Stella ont conservé de leur vie terrestre des souvenirs confus, mais

---

(1) *Le Bonheur*, I, *Résurrection*.
(2) *Que sais-je ?* p. 236.

« … La Divinité ni proche, ni lointaine
Règne immanente au monde; et, sans faveur ni haine,
Des destins mérités mûrit le juste choix.
Elle laisse vaguer tout ce vain bruit de voix
Dans l'espace peuplé des séjours transitoires
Qu'aux émigrants mortels assignent les victoires
Ou les relâchements de leur libre vertu,
Par delà les tombeaux, où rien n'en est perdu. »
   (*Le Bonheur*, II, *Voix de la Terre*.)

suffisants cependant pour leur faire goûter d'autant mieux leur béatitude actuelle. Leurs corps parfaits jouissent dans cette nature merveilleuse de toutes les délices des sens. Artistes et sensuels à la fois, ils savourent la caresse des sensations les plus exquises et les joies mystérieuses que suscitent dans l'âme les aspects expressifs de ces sensations. Ce paradis de M. Sully Prudhomme, c'est le livre de l'*Expression dans les Beaux-Arts* réalisé dans un monde surnaturel; c'est l'objet idéal de la théorie de l'*Aspiration*. Faustus et Stella y rencontrent ces formes accomplies, où tend l'évolution esthétique, réalisées dans des vivants parfaitement beaux et bons et les grands artistes morts y goûtent avec eux la joie « de contempler vivant leur idéal rêvé ». Ils y sont eux-mêmes des œuvres d'art vivantes : leur voix est une musique céleste, leur visage est la grâce et la beauté même. Leur amour spiritualisé n'est qu'une extase infinie, l'union sublime de deux êtres divins :

« L'âme, vêtue ici d'une chair éthérée,
Sœur des lèvres, s'y pose, en paix désaltérée,
Et goûte une caresse où, né sans déshonneur,
Le plaisir s'attendrit pour se fondre en bonheur. »

La douleur est bannie de cet Éden, la paix y règne, et la bonté y unit les cœurs; le rêve humanitaire caressé par le poète dans les dernières *Veilles* de *la Justice* y est devenu réalité :

« Il peut donc exister une humanité bonne,
Paisible, et qui sans honte à l'instinct s'abandonne,
Pouvant vivre sans meurtre, exempte de la faim,
Sans lutte avec le sol et l'air, heureuse enfin ! »

Le Bonheur, tel que peut le définir la synthèse de tous les désirs et de toutes les aspirations humaines, est réalisé dans ce bienheureux séjour. Sans trouble, sans remords, sans désirs inassouvis, les humains parfaits dont le destin l'a peuplé, jouissent de toutes les voluptés. Mais, pendant ce temps, de la Terre monte à travers l'espace sidéral une rumeur immense et confuse, une plainte douloureuse et désespérée, écho du « *Cri perdu* » poussé par l'ouvrier des Pyramides (1) et du réquisitoire du « Chercheur » de la *Justice* : c'est la voix du genre humain qui souffre, blasphème, interroge, implore :

> « Tous, que l'un le conjure ou l'autre le maudisse,
> Nomment un maître hostile ou propice à leurs vœux,
> Dont ils cherchent très haut le trône au-dessus d'eux,
> Et, misérables tous, lancent, farouche ou tendre,
> Leur appel dans l'abîme à qui pourra l'entendre ! »

Ces voix de la Terre atteignant enfin l'astre bienheureux où Faustus, — qui, par cette inquiète curiosité spéculative au sein même d'un paradis, ressemble singulièrement à M. Sully Prudhomme lui-même ! — a déjà commencé à méditer sur l'Être et à repasser dans sa mémoire toute l'histoire de la philosophie antique et moderne et des sciences Comme un bruit de tempête, elles frappent l'oreille du penseur : c'en est fait du bonheur et de la paix de Faustus. Repris par les souvenirs douloureux de sa vie antérieure, ému d'une pitié surhumaine, il a honte de sa béatitude imméritée.

> « L'orageux souvenir qu'évoque son oreille
> Trouble d'un deuil subit son loisir souriant,
> Et, dans sa conscience, un éclair foudroyant
> Lui montre tout à coup la lice encore ouverte
> Du combat que l'honneur livre au plaisir; en vain
> Les caresses pour lui l'avaient de fleurs couverte.
> Du seul miel de l'amour il crut leurrer sa faim :
> *Rien ne l'assouvira, hors la fierté suprême,*
> *Si cher que la vertu la fasse au cœur payer,*
> *D'effectuer en soi, librement, par soi-même,*
> *Le plein contentement de l'homme tout entier !* » (2)

(1) Cf. *Les Epreuves, Doute*, p. 320. — Il serait intéressant pour un critique littéraire de suivre, dans l'œuvre de M. Sully Prudhomme, cette germination des symboles poétiques, indiqués d'abord dans de brèves poésies, puis développés avec une ampleur croissante dans les grands poèmes philosophiques. Ces derniers eux-mêmes s'enchaînent de la même façon.

(2) *Le Bonheur*. — III⁺ partie, *Le suprême Essor. L'aiguillon*, p. 314, 315.

Ainsi se noue le drame métaphysique qui va faire de Faustus et de Stella des rédempteurs volontaires du mal dont souffre l'humanité et qui rappelle par bien des côtés le drame divin du Mont des Oliviers et du Golgotha. Les idées philosophiques que symbolise l'action du poème, réduites à un argument abrégé, seraient celles-ci:

1° Le bonheur gratuit est doux, mais il n'est pas en soi juste, c'est-à-dire dû à celui qui en jouit par aubaine. Il le serait peut-être, si la félicité de l'élu n'avait pas coûté à d'autres êtres la privation involontaire ou volontaire de la leur. Mais dès que la conscience humaine s'est élevée à l'idée de la justice, elle exige que cette inégalité des sorts soit rectifiée, compensée et rachetée par celui qui bénéficie sciemment du malheur passé ou présent d'autrui. Cette rectification n'est possible que par un sacrifice désintéressé d'une partie du bonheur usurpé ou immérité en faveur des êtres qui souffrent. *L'altruisme moral se présente donc comme la rectification volontaire d'une injustice reconnue et condamnée, comme la rançon du bonheur.*

2° Le bonheur n'est goûté sans mélange que si la sympathie n'est pas excitée par la souffrance d'autrui; fût-il juste et innocent, il est empoisonné par la compassion, l'inquiétude et le remords, tant que celui qui en possède les conditions sent à côté de lui des douleurs imméritées auxquelles son cœur peut sympathiser activement. L'altruisme moral procède alors d'une *aptitude à la pitié et à l'amour* qui est la forme la plus délicate de la justice. Être juste, en effet, c'est avant tout se mettre à la place des autres pour juger à leur point de vue, sentir ce qu'ils sentent et prendre à cœur leurs intérêts avant de songer à son bien propre; c'est donc sympathiser et aimer.

3° Le sacrifice est encore un *acte de justice*, parce qu'il est un *acte de reconnaissance* envers toutes ces victimes du progrès auxquelles on doit son bonheur et sa dignité. Fût-il impossible de leur rendre la vie et la joie, c'est du moins un devoir que de les plaindre et de les aimer, de sacrifier à cette pensée douloureuse une part de la quiétude dont on pourrait jouir selon la loi de nature. Si quelque effort efficace restait possible, la justice, la pitié, la reconnaissance commanderaient de le tenter, fût-ce au prix d'un paradis perdu.

4° Le sacrifice est une *épreuve*, car la dignité implique le courage, la douleur étant, au moins pour l'homme, la condition et l'occasion de l'une des joies les plus humaines, la satisfaction qui suit l'acte héroïque. Celui-là seul est digne et mérite qui sait souffrir et veut souffrir, librement, délibérément, en vue de parfaire son essence. Lorsque cette souffrance a pour objet le bonheur d'autrui, elle est doublement méritoire par son principe, la vertu, et par sa fin, l'amour et la justice. Si donc le bonheur est la récompense d'un mérite et si le plus haut mérite coïncide avec la plus haute vertu, *seuls auront le droit au bonheur ceux qui auront osé, pour une belle cause, renoncer au bonheur même.*

5° Le sacrifice est une *coopération au progrès de l'humanité et de l'univers*, car y consentir, c'est non seulement respecter en soi et en autrui la dignité dont on est l'héritier, mais encore léguer à sa descendance un caractère plus parfait et un exemple à suivre. Par lui s'achève donc l'ascension morale dont chaque être est capable. Être sacrifié malgré soi à autrui est un malheur, effet d'une injustice, mais se sacrifier volontairement à autrui, c'est un bien, effet de la plus humaine des vertus ; c'est en même temps l'occasion, pour une âme d'élite, de la plus humaine des joies, donc la source du plus noble et du plus parfait des bonheurs.

Devoir d'équité, devoir de pitié, d'amour et de charité, devoir de reconnaissance, devoir de courage dans l'épreuve, devoir de solidarité : tels sont les éléments que l'analyse découvre dans l'idée du *sacrifice moral*. Au prix seulement de l'obéissance libre, héroïque et joyeuse de la conscience à tous ces devoirs, le bonheur est mérité, et, par là, indéfectible. A l'idéal stoïque s'ajoutent donc, dans la foi morale de M. Sully Prudhomme, l'idéal humanitaire du citoyen moderne, héritier de la Révolution, et l'idéal ascétique et mystique du chrétien.

Le héros du poème du *Bonheur*, à peine ressaisi par les poignants souvenirs de son ancienne condition terrestre, conçoit la nécessité du sacrifice et s'efforce d'y résoudre avec lui sa compagne :

> « S'envelopper debout dans son propre linceul
> Pour s'offrir, âme et corps, pleinement libre et seul,
> Au salut de l'espèce et, si l'on y succombe,
> Sentir qu'on a fondé sa gloire sur sa tombe
> Et donné dans son lit à son front pour chevet
> Ineffablement doux le bonheur qu'on a fait,
> Y perdit-on des jours filés d'or et de soie,
> Ce n'est que transformer, pour l'enoblir, sa joie !...
> . . . .
>
> Hé bien, qu'attendons-nous ? La lice est préparée,
> Et les cris des hérauts ont déjà retenti !
> Entre le Mal et moi la guerre est déclarée ;
> Le signal de là-bas en est déjà parti :
>
> La grande plainte humaine a rempli mes oreilles
> Pendant la nuit divine où mes yeux t'ont fait peur ;
> Depuis lors sans relâche elle a hanté mes veilles,
> Comme un remords secoue une infâme torpeur !
>
> Enfin j'ai résolu, possesseur solitaire,
> Invulnérable ici, d'un stérile savoir,
> D'en porter le secours aux damnés de la terre,
> D'en ouvrir la merveille à leur mourant espoir !
>
> Que sont-ils devenus ? Hélas ! mon savoir même
> (Savoir humain, borné sous un front par des sens)
> Expire, avec ma vue, au seuil de ce problème ;
> Leur sort défie au loin mes regards impuissants.
>
> Mais je vais sans nuage et bientôt le connaître,
> O ma Stella, par toi dans l'ombre accompagné.
> Viens ! les hauteurs du ciel nous verront reparaître
> *Fiers et sûrs d'un bonheur immuable et gagné !* »

Les deux bienheureux, exaltés ensemble dans un même élan sublime d'héroïsme, résolvent de demander à la Mort, « l'infaillible Passeuse », « la Force qui fraie aux âmes leurs chemins », le moyen de retourner sur la terre pour y accomplir l'œuvre de salut, au prix du sacrifice de leur propre félicité. Trop tard, hélas! L'humanité a disparu du globe terrestre quand la Mort va les déposer sur leur ancien séjour. Faustus et Stella consternés regardent comme le châtiment de leur lenteur à consommer le sacrifice rédempteur l'inutilité de ce sacrifice :

FAUSTUS

« Le remords me déchire et le fardeau m'oppresse
Des blasphèmes lancés à Dieu par leur détresse!
A ces désespérés combien eût pu servir,
Combien leur eût sauvé d'échelons à gravir
Vers la paix où plus d'un peut-être est loin d'atteindre
Le vrai dont nous laissions l'éclair en nous s'éteindre!

STELLA

Je tremble aussi, Faustus, que nous n'en répondions.

FAUSTUS

Stella, que faire? Où fuir les imprécations
Et les gémissements qui hantent ma mémoire?

STELLA

Effaçons-les plutôt, qu'il soit expiatoire,
Qu'il soit réparateur, notre tardif retour!
Abordons et faisons de notre ancien séjour
Le paradis présent d'une race nouvelle
A qui la vérité tout d'abord se révèle,
Engendre tous les arts par nos promptes leçons
Et donne, telle aussi que nous la connaissons,
La félicité pure offerte toute prête,
Sans les longues sueurs d'une ingrate conquête. »

Ce dessein hardi que forme Stella, d'être la nouvelle Ève d'une humanité plus heureuse sur terre, ne peut même aboutir. La Mort révèle aux deux héros que la peine ne saurait être bannie de cet astre

« Où le cœur ne jouit que des biens retrouvés
Ou de ceux qu'il achète à des maux éprouvés. »

La destinée de l'humanité future sera donc la même que celle de l'humanité passée :

> « Songez-y, cette terre était un lieu d'épreuve
> Et le redeviendrait pour l'humanité neuve. »
> « — Ou souffrir ou déchoir, quelle sévère loi ! »

s'écrie douloureusement Stella. Qu'importe ! au prix de la douleur même, au prix des épreuves cruelles de la maternité, la divine créature accepte jusqu'au bout la mission qu'elle a résolu d'accomplir :

> « La femme est chaste en moi, la mère y sera forte :
> Que mon flanc se déchire et qu'un Abel en sorte !...
> Assez longtemps l'amour sans fruit nous enivra ;
> J'aspire au double honneur, qui seul m'apaisera,
> D'offrir à mon époux un fils qui lui ressemble
> Et de fonder un ciel ! d'être ange et mère ensemble !
> Descendons ! » (1)

Le sacrifice est consommé, l'épreuve complète : la vertu des deux héros a atteint son plus haut renoncement, donc parfait l'essence humaine dans la dignité alliée à l'amour. Mais la Mort, docile exécutrice des arrêts de l'Arbitre éternel, au lieu d'accomplir le vœu héroïque du couple rédempteur, ravit d'un coup d'aile Faustus et Stella à la cime de la carrière astrale, au paradis suprême, récompense du suprême mérite.

La description de ce paradis est la synthèse même de la philosophie idéaliste de M. Sully Prudhomme et sa définition du Bonheur :

> « La Charité les sacre habitants du vrai Ciel
> Dont ils n'avaient goûté qu'un reflet partiel.
> Enfin s'ouvre pour eux cet *ineffable empire*
> *De l'idéal suprême où la Nature aspire !*
> Vers qui l'homme en criant lève ses bras meurtris,
> Où tend l'avide essor des cœurs et des esprits ;
> Où les âmes, qu'en bas la force aveugle enchaîne,
> Que dispute à l'azur la fange plus prochaine,

---

(1) *Le Bonheur*, IIIe partie, *Le Suprême essor ; — L'Aiguillon ; — Le Sacrifice ; — Le Retour ; — Le Triomphe*.

Montent en secouant comme un bagage vil
Le poids, complice obscur de leur ancien exil.
Vers la lumière ils ont gravi le plus haut stade
Et couronné l'ardue et sublime escalade
De tous les échelons, si longtemps ténébreux,
Dont la terre ne fut qu'un des derniers pour eux.
Et maintenant, après les lentes renaissances,
Sous le climat propice aux plus riches essences,
Leur être, qui dans l'ombre avait germé jadis,
Au ciel s'épanouit tout entier! comme un lys
En achevant d'éclore accomplit le prodige
Qu'apprêtait la racine et qu'annonçait la tige.
Tout en eux, autour d'eux, est absolument pur.
La pensée en leurs corps ne sent plus aucun mur :
Par d'inquiets élans cette captive altière
Avait usé déjà sa prison de matière
Où le jour autrefois, par d'étroits soupiraux,
N'entrait qu'en se brisant à de jaloux barreaux;
Maintenant que la chair n'est plus son ennemie,
Son libre vol explore une sphère infinie,
Car, ne se heurtant point à sa fine cloison,
Elle ne sent plus rien lui barrer l'horizon.
Elle ose provoquer les plus lointains problèmes
Et les regarde en soi se résoudre d'eux-mêmes.
Le Beau, qui prête au Vrai la clarté du rayon,
Un visage adorable à la perfection,
Dans leur œil plus ouvert et plus lucide éveille
La pleine vision de toute sa merveille;
De ses moules divins sort le contour ailé,
Et le sens leur en est jusqu'au fond révélé.
L'idéal n'a pour eux plus rien d'imaginaire,
Car leur demeure même en est le sanctuaire;
L'Ordre, qu'ils ont servi, leur sourit à son tour,
Et l'admiration dilate en eux l'Amour!
Mais surtout, oh! surtout, quels mots sauraient décrire
L'auguste accueil, le doux et superbe sourire,
Que leur font la Justice et la Fraternité
Dans le temple où le culte en fut ressuscité,
Dans l'invisible temple où luit leur conscience.
C'est là qu'ils ont scellé leur étroite alliance;
C'est là que leur bonheur, par la vertu trempé,
Triomphe intime et sûr qu'ils n'ont point usurpé,

Se fonde pour fleurir sans mélange et sans terme,
Car l'ère de l'épreuve et du péril se ferme.
Dignes du rang suprême où tend le genre humain,
Les voilà revenus, fiers, la main dans la main,
Hors de la mer cosmique en naufrages féconde,
Au port d'embarquement, à la source du Monde! » (1)

L'idée mère de ce très beau poème est celle qui résume toute la foi du poète; cette foi invincible en l'idéal, aussi ardente que celle qui animait l'âme de Platon, ramène sans cesse la pensée de M. Sully Prudhomme vers cette sphère supérieure où tout

« Vêt la splendeur pudique et fière de l'Idée. » (2)

Il y aspire de toutes les énergies de son être, de toutes les forces de sa pensée, de tous les élans de son cœur. C'est pourquoi il s'attache avant tout à cette mystérieuse idée de la *valeur morale*, de la *dignité* qui lui suggère cette théorie des *degrés de l'être*, de *l'ascension morale* par l'aspiration contemplative et par la volonté héroïque. « C'est cette évolution seule qui engendre à la fois le bien et le beau, l'évolution de l'activité qui s'affranchit de plus en plus, et de plus en plus libre et responsable, devient, en proportion, capable d'effort et digne. Ce progrès laborieux tend à la conciliation de la dignité conquise par le sacrifice du bonheur avec le bonheur retrouvé dans les fruits du sacrifice même. Par là l'histoire du monde accidentel ressemblerait à quelque représentation dramatique, où, après de longues fiançailles troublées par mille épreuves, le rideau tombe sur le mariage désiré (3). » Cette représentation dramatique des fiançailles douloureuses de l'âme avec son idéal, couronnées au dénouement par la plus sublime et la plus juste des félicités, c'est le poème du *Bonheur*.

La conception métaphysique de l'ordre universel et de la destinée humaine, à laquelle M. Sully Prudhomme suspend sa foi idéaliste afin de donner un sens objectif à l'aspiration es-

(1) *Le Bonheur*, IIIe partie, xii : *Le Triomphe*.
(2) *Vœu*.
(3) *Que sais-je ?* p. 228.

thétique et morale, n'a pas pour lui la valeur d'un dogme, ni même celle d'une théorie arrêtée. Il n'en fait, de son propre aveu, qu'une « hypothèse provisoire », qu'un « édifice de conjectures qui le séduit par son harmonie, et est d'ordre poétique ». « Le lecteur, ajoute M. Sully Prudhomme, peut le modifier à son gré, le renverser même, sans ébranler en rien la colonne que la nature et l'expérience de mes innombrables aïeux ont dressée au fond de ma conscience et sur laquelle je lis, gravées, les règles dictées à ma conduite par l'intérêt supérieur de mon espèce, quel qu'il soit (1). » De quelques mythes et de quelques symboles que l'imagination, dans l'ignorance où est la raison de l'objet métaphysique, se serve pour entretenir la foi du cœur et l'effort de l'activité libre de l'homme, tout rêve de ce genre sera légitime s'il est bienfaisant. La métaphysique de la transmigration astrale, chère aux spirites, a sans doute l'avantage de ne pas poser l'existence d'un autre monde surnaturel et de présenter à l'imagination l'accomplissement relativement naturel de la destinée humaine en ce monde-ci ; le poète de la *Justice* n'en a pas moins cependant indiqué lui-même dans le second sonnet de la *VIe Veille* l'objection qu'on peut faire à cette métaphysique en se fondant sur l'identité chimique de tous les astres, établie par la spectroscopie. Mais quelle thèse simplement vraisemblable ne se heurte pas à des arguments adverses ? En tout état de cause, il reste acquis que l'homme, pour parfaire son essence supérieure et, par conséquent, pour réaliser intégralement son aspiration à l'idéal, doit s'en fier sans hésitation ni défaillance aux suggestions de sa conscience ; que là est pour lui non seulement la vertu, mais le bonheur. « *L'effort, l'acte libre et laborieux à la fois, apparaît comme le commun père de la dignité et du bonheur, inconciliables d'abord pendant la lutte, puisque l'une ne s'acquiert qu'aux dépens de l'autre, mais réunis enfin pour composer une double récompense à la victoire* (2). »

(1) *Que sais-je ?* p. 238.
(2) *Ibid.*, p. 224.

VII

M. Sully Prudhomme a condensé d'une façon merveilleusement claire toute son interprétation de l'aspiration esthétique et morale considérée sous le point de vue *pragmatique* ou *pratique*, abstraction faite, si l'on veut, des rêves mystiques auxquels son imagination de poète a donné libre cours dans le mythe du *Bonheur* : « Si l'odieux spectacle auquel nous assistons de la lutte pour l'existence entre toutes les espèces terrestres nous scandalise, s'il offense en nous la conscience morale, en revanche, le triomphe de la force aboutit à l'excellence de l'organisme révélée par la beauté de la forme et notre sens esthétique y trouve son compte, et vient reviser notre jugement moral et suspendre au moins notre indignation. L'harmonie dans les proportions n'est qu'un signe ; elle annonce un progrès de la vie ; la complexité et le concert des organes imposent à la forme entière du corps cette variété dans l'unité qui est une condition de la grâce ; la démarche, le geste, traduisent les mouvements de l'instinct et de la volonté ; chez les espèces supérieures, la fonction de la physionomie se dégage de toutes les autres, et elle apparaît entièrement distincte et spécialisée dans l'homme. L'homme, en outre, est doué de la plus grande aptitude à l'interprétation des formes : son sens esthétique s'exerce non seulement sur les formes des êtres réels qui l'entourent, mais sur celles qu'il est capable de créer et dont les types lui sont indiqués, non fournis, par la réalité ; son imagination dépasse le réel et tend vers un échelon de la vie supérieur à celui qu'il occupe. Il n'y a pas de raison pour que la série ascensionnelle des êtres vivants s'arrête et se termine à lui ; il est donc bien probable que son aspiration au mieux est objective au même titre que son interprétation de telle ou telle forme expressive revêtue par un être vivant sur la terre. L'astronomie et la géologie nous attestent que, depuis un temps incalculable, la nature fait œuvre de vie, et nous la voyons élaborer encore ses productions pour réaliser quelque idéal obscur, mais indéniable ; nous nous sentons entraînés dans cet élan gigantesque vers un but sublime. Ce n'est qu'en faisant violence à toutes les sollicitations de notre essence que nous y résistons ; le remords nous avertit de nos déchéances, et aucune considération philosophique ne le fait taire ; une intime joie nous avertit de la valeur que nous donnent nos efforts dans cette direction du mouvement universel ; l'admiration nous fait saluer chez autrui toute victoire de la volonté sur l'appétit rétrograde, et de l'amour sur l'égoïsme pour le service de cette cause sacrée : l'épanouissement et l'amélioration de la vie. *Valoir toujours davantage*, telle est la règle de conduite gravée dans la conscience humaine par le divin promoteur de l'évolution. *C'est du moins assez probable pour que le plus sûr pour nous soit d'agir comme si c'était certain*, car en abandonnant la chance de valoir et de conquérir le rang que nous assignerait notre mérite dans la série ascendante des créatures, nous risquerions d'en descendre les degrés et nous sacrifierions l'éventualité possible, l'espoir fondé de satisfaire nos plus hautes aspirations, à la crainte de sacrifier les jouissances présentes, mais fort inférieures et fort troublées, d'une vie dégradée. »

« Si l'existence de la douleur nous inspire des doutes sérieux sur la bienveillance divine à l'égard de la création et spécialement de l'humanité, toujours est-il que la valeur morale qui fait notre fierté et à laquelle nous devons la plus humaine joie serait impossible sans la douleur. La suppression de cette espèce de joie, commune peut-être à tout ce qui, dans l'univers, prend conscience de la vie et aspire, serait-elle préférable ? La vie paie-t-elle trop cher le sentiment de la dignité ? Sans doute tous les hommes ne feront pas la même réponse à cette question. Les héros et les martyrs sont rares, mais ils représentent l'élite du genre humain, ce qu'une sélection laborieuse et lente en a extrait de plus achevé et précisément de plus digne. Nous nous résignerions difficilement à les rayer de la nature pour leur substituer les plus ingénieuses machines à jouissances ; nous n'aurions, du reste, pas le droit de le faire sans les avoir consultés, et le silence des tombeaux nous oblige au respect de la loi mystérieuse qui nous y pousse. La vie terrestre est évidemment une mêlée horrible où le cœur saigne à la fois des coups qu'il reçoit et de ceux qu'il voit porter. Rien ne ressemble moins à la tendresse paternelle que l'inexorable rigueur qui préside à cette boucherie. Et pourtant, s'il n'y a de vaincus que les fuyards, si la victoire est féconde, s'il en doit sortir plus qu'un baume, un laurier pour chaque blessure, nous pouvons encore affronter la bataille; elle est d'ailleurs engagée, et nous sommes, bon gré mal gré, enrôlés; s'y dérober, c'est la perdre; l'accepter, c'est déjà la gagner. *Parions donc pour la véracité du verbe obscur et cependant impératif qui, dans les plus intimes profondeurs de notre être, nous intime l'ordre de valoir en collaborant à l'œuvre d'universelle ascension vers l'idéal mystérieux de la nature. En face du terrible problème que le mutisme du monde extérieur impose à la volonté humaine, adoptons la solution que nous impose la voix intérieure de la conscience. Nous admettons l'utilité de l'instinct chez les bêtes; admettons l'intérêt, par conséquent l'objectivité du sens moral et du sens esthétique, chez l'homme, puisque sans cette révélation spontanée l'homme n'est pas plus capable d'agir en homme que l'animal sans l'instinct ne le serait d'agir conformément à sa propre essence, de vivre, en un mot. Si l'animal trouve en lui-même l'impulsion directrice qui lui permet de subsister, il n'est pas vraisemblable que l'homme seul entre tous les vivants de la terre soit dépourvu de toute indication pour sa conduite; or, l'indication de ses appétits ne lui suffit évidemment pas puisqu'elle ne le distingue pas de la bête; il est donc naturel qu'il cherche en lui-même une règle de conduite plus élevée, spécialement humaine, et il n'est pas moins naturel qu'il la trouve dans sa conscience. Ce qu'il engage et risque de perdre en s'y fiant, ce n'est, à proprement parler, rien d'humain, car c'est la part de bonheur qu'il a en commun avec les espèces inférieures; s'il veut être réellement homme, il ne saurait y attacher un prix comparable à l'avantage que lui offre la grande probabilité d'accomplir sa vraie destinée en sacrifiant cette part grossière de bonheur à la chance d'une félicité digne de lui* (1). »

Cette solution, où se résume tout ce que la critique de l'as-

---

(1) *La vraie religion selon Pascal*, p. 288, 289, 290, 291. Ces pages sont extraites d'un chapitre où M. Sully Prudhomme critique le célèbre pari de Pascal et le compare à celui qu'engagerait le penseur livré aux seules ressources de sa raison et de sa conscience.

piration a établi et retenu de positif et d'assuré, aboutit à tracer à l'homme sa tâche, conformément à son essence, à sa destinée, à son instinct supérieur. Le Bien ne procède peut-être pas de l'inconnaissable principe de l'Univers, mais il est, il peut être, il doit être par la volonté de l'homme. *L'Action*, c'est-à-dire l'effort méritoire et fécond qui réalise progressivement l'idéal, est donc le complément nécessaire de *l'Aspiration*, elle-même manifestation supérieure de *la Vie*. Si toute proposition spéculative touchant l'absolu est vaine et, par son caractère antinomique, confond la raison, toute libre résolution de l'activité aspirant à l'idéal est une affirmation de l'absolu, parce qu'elle est la création de quelque chose d'absolument beau et bon. Ce qui aux yeux de la raison se présente comme un postulat, théoriquement assez vraisemblable pour solliciter un acte de foi, par l'action prend la valeur d'un principe pratique dont chaque noble effort est une confirmation éclatante. Il ne suffit pas d'y rêver et d'y aspirer ; il faut y marcher. C'est pourquoi la philosophie de M. Sully Prudhomme s'achèvera dans la glorification de l'action.

« J'ai conquis l'horizon sur l'ombre et sur le doute,
J'ai surmené mon front par les veilles jauni ;
Il me semble pourtant que je n'ai pas fini,
Et que j'ai, quand j'arrive, à refaire la route.

Mon cœur et ma raison ne sont plus en conflit :
Pourquoi suis-je anxieux ? moi qui, pour récompensé,
Aspirais au repos, comme un pèlerin pense
Au premier bon sommeil dans le premier bon lit.

Ah ! je n'ai mérité ni le lit, ni le somme !
*J'ai cherché la Justice en rêveur ; et mon but
A la fin du voyage est plus loin qu'au début,
Car je sens qu'il me reste à le poursuivre en homme.*

La parole, offrît-elle un rare et pur trésor,
Ne doit pas tout entier son crédit à la bouche :
Il faut que l'essayeur et la pierre de touche,
Le vouloir et la vie, en aient éprouvé l'or. » (1)

---

(1) *La Justice, Épilogue.*

CHAPITRE V

L'Action.

I. Impuissance de la raison à concevoir la notion métaphysique d'activité. Postulation du libre arbitre et affirmation pratique du vouloir par ses actes mis au service de l'aspiration.— II. Définition pratique de l'Action. L'action et le bonheur. L'action et la dignité. — III. La Science et l'Art. Mission des savants et des poètes. L'humanitarisme. La guerre et la paix. — IV. La paix par la Science, par l'Art, par le Travail. Rénovation sociale par la science et le travail. Rôle actif de M. Sully Prudhomme dans cet apostolat humanitaire. — V. L'immortalité positiviste par l'action.

I

Le caractère propre au mode de causalité qu'est l'action humaine, le vouloir, n'a pas été défini *in abstracto* par la philosophie spéculative, mais l'intuition immédiate du sens interne a révélé à la conscience son indépendance à l'égard de causes étrangères au vouloir même, autrement dit sa liberté. « Je dois admettre que, dans la sphère des événements physiques il en est un, la *volition*, qui échappe à l'induction scientifique et y soustrait, dans le milieu ambiant, tous les événements qu'il subordonne (1). » « Selon ce postulat, le libre arbitre dans l'univers entrerait comme une composante de plus, impossible à prévoir, dans les systèmes que forment entre elles les forces, les activités particulières exercées par les unités individuelles (corps bruts, végétaux, animaux). » Postuler le libre arbitre humain dans une conception de l'en-

---

(1) *Que suis-je?* p. 93

semble du monde, ou l'affirmer sur la foi d'une intuition empirique à l'occasion de toute volition, ce n'est pas le rendre intelligible ni lever les antinomies que son expression soulève. Mais, puisque « les concepts contradictoires ne supposent pas tous l'irréalité de leurs objets » et qu'il n'est pas besoin, d'ailleurs, de définir la libre volonté pour en faire usage, l'homme est en droit de ne pas s'arrêter aux difficultés dialectiques de la métaphysique de l'action. L'antinomie de l'activité ne comporte qu'une solution pratique, c'est l'acte lui-même, préconçu, voulu, exécuté et suivi de l'apparition d'un événement conforme aux prévisions et aux désirs de l'agent.

Or, parmi ces désirs qui suscitent les actes humains, figure en première ligne *l'aspiration* sous toutes ses formes. Cet état moral, nous le savons, est aux yeux de M. Sully Prudhomme, non seulement un désir de la sensibilité, mais un *essor*, véritable élan enthousiaste de l'activité vers un idéal qu'elle s'efforce ou de conquérir, s'il lui semble promis à sa possession, ou de créer, si elle se sent le pouvoir de lui donner l'être. Jamais donc ne s'affirme avec plus de plénitude l'essence de l'homme que dans cet effort où passe tout le meilleur de lui-même et où se manifeste, avec sa plus grande puissance, sa plus haute dignité. Dès l'instant qu'un être à la fois capable de vibrer aux émotions esthétiques et morales et doué d'une activité qu'il sent libre a conçu l'idéal auquel il aspire, il lui est voué désormais et ne peut se satisfaire que par lui. L'élan aspiratif n'a pas besoin d'être préparé, motivé et justifié par une conception spéculative de l'ordre universel ; il se suffit à lui-même. Ce n'est pas de la foi ou de la science qu'il procède : c'est lui tout au contraire qui fonde la foi et qui anticipe sur la science. Il n'émane pas de l'absolu, il l'engendre et il peut l'affirmer quand il l'a réalisé. Cet absolu, sans doute, est tout humain ; c'est celui de notre essence, c'est-à-dire la perfection humaine : mais quelle fin plus naturelle et plus vraie que son idéal peut poursuivre une activité qui ne se découvre elle-même que dans son propre essor ? Aussi cette poursuite n'est-elle pas facultative : curiosité chez le penseur, impérieux besoin de beauté chez l'artiste, devoir chez l'homme de bien, l'aspiration devient la passion dominante de l'idéaliste, la loi de sa conscience et l'objet de son culte.

> « Notre idéal veut vivre, il lui faut la lumière;
> La chaleur et le sang, il bat du pied le sol!... » (1)

A l'action, donc ! puisque les destins nous ont laissé

> « ... Le vouloir qui choisit et qui crée. » (2)

La véritable métaphysique de l'action, c'est la vie; ses arguments, ce sont les œuvres, les efforts désintéressés et vertueux où s'affirme le génie de la race et le progrès de l'être. Sans doute les maux sont infinis dans l'univers, mais est-il rationnel qu'un être comme l'homme s'attarde à les contempler et à les déplorer quand il est capable de les guérir ou de les combattre ? « Le pessimisme est une philosophie démentie par l'expérience, car c'est un superlatif qui ne répond pas exactement à la réalité. L'éclosion d'une fleur ou d'un sourire suffit à le réfuter. La laideur et la beauté, le mal et le bien se disputent l'Univers, et, en outre, celui-ci est visiblement en travail. Il semble n'être jamais content de lui-même, car jamais il ne se repose. La terre offre un spécimen de ce tourment. D'une part ses volcans et ses tremblements, les convulsions belliqueuses de ses plus hauts produits vivants attestent son douloureux labeur, mais d'autre part, la fécondité de sa surface végétale, la fondation de l'ordre social, l'avancement du savoir et le progrès de la sympathie dans les foyers conscients et aimants qu'elle allume, obligent à reconnaître le principe d'une victoire évolutive, lente, mais constante, du mieux sur l'état précédent. *Ce germe suffit pour autoriser l'espoir; il interdit à la volonté la défaillance, justifie et rend même obligatoire l'effort individuel et collectif pour concourir à son développement.* Rétrograder ou seulement s'arrêter c'est donc trahir la Nature dans son aspiration foncière. Un avenir inconnu fermente dans le présent; or, le présent préexistait virtuellement dans le passé, auquel nous le jugeons

---

(1) *L'Art*, III, *Stances et Poèmes*, p. 270.
(2) *Les Destins*, III.

préférable. Le processus accompli jusqu'ici est donc propre à nous rassurer plutôt qu'à nous inquiéter au sujet du processus futur… En dépit des soubresauts, des retours qui en retardent et traversent le progrès ascensionnel, l'évolution qui est indéniable, explique le mouvement cosmique et prête un sens au *devenir*. Dans le *Cosmos* la mécanique travaille pour la sensibilité, et une créature éminemment impressionnable, l'espèce humaine, par la conscience et l'initiative dont elle est douée, contribue à la marche en avant de la vie et participe à la finalité latente qui semble aiguillonner l'activité universelle (1). »

La philosophie de l'Action repose sur un postulat, la croyance volontaire en l'efficacité de l'effort, et elle est une solution pratique du problème de la destinée, insoluble au point de vue spéculatif : « La vie nous met en demeure d'agir et notre incertitude ne serait qu'un tourment stérile si elle ne nous fournissait elle-même une règle de conduite : or elle nous dicte la prudence. Voici ce qu'elle nous conseille: en toutes circonstances agis de façon à n'être pas victime de ton ignorance des choses métaphysiques, c'est-à-dire de manière à n'avoir aucune déchéance ni aucune expiation à subir dans le cas où la conscience de la dignité humaine, de ton libre arbitre et, par suite, de ta responsabilité ne serait pas illusoire et où réellement existeraient la justice infaillible et la sanction inéluctable réclamées en toi sous la forme du remords… Nous avons besoin non pas, uniquement de courir le moins de risques possibles, mais encore de valoir. Les mots *dignité, devoir, mérite, faute, dégradation*, en dépit de notre impuissance à en rendre rationnelle la signification, nous forcent par un invincible prestige à dépasser dans notre règle de conduite (si peu que nous sachions, hélas, nous y conformer), le point de vue de notre intérêt personnel, pour nous élever jusqu'à la sphère métaphysique de l'impératif absolu, du devoir sans nulle visée égoïste. Il est remarquable que la métaphysique et la poésie, telles que nous les avons définies, se rencontrent ici. L'objet suprême de l'aspiration, c'est-à-dire la perfection

---

(1) *La vraie religion selon Pascal*, p. 386, 387.

esthétique et éthique, la finalité paradisiaque, et celui de l'intelligence, c'est-à-dire la perfection ontologique, l'être nécessaire absolu, éternel, infini s'identifient dans l'être parfait, mais sont également inaccessibles, indéfinissables et même, pour l'esprit humain, inconciliables. Néanmoins le premier idéal domine et guide la vie morale, comme le second impose ses catégories à la vie mentale, à toutes les spéculations intellectuelles. Nous sommes mis *rationnellement* en demeure de douter de ces divers principes recteurs à cause des contradictions qu'impliquent leurs formules humaines, et pourtant nous n'arrivons pas à douter *réellement*. L'injonction de la dialectique n'a aucune prise sur notre croyance intuitive. Nous présumons sans trop de témérité que beaucoup d'autres partagent notre condition. Dans tous les cas, avant que la science ait achevé son œuvre, il faut bien que l'espèce humaine agisse pour vivre et durer; or, toutes les démarches supposent des raisons d'agir, lesquelles ne peuvent donc être provisoirement que des actes de foi, religieuse ou non (1). »

II

L'acte de foi et l'optimisme héroïque que M. Sully Prudhomme oppose à toutes les négations de sa raison spéculative et à toutes les tristesses qui pourraient l'incliner au pessimisme ne procède pas d'un aveuglement volontaire sur les maux réels de l'humanité. C'est seulement l'affirmation énergique du bien par une conscience capable d'y aspirer dans un monde où il y a assez de mal pour que l'effort y soit nécessaire, mais assez de bien aussi pour que l'effort y soit fécond. Ainsi, *l'Action*, telle qu'elle se présente dans cette doctrine, c'est *l'effort obligatoire du libre vouloir humain, suscité par l'aspiration et tendant à réaliser l'idéal dans la mesure où chaque acte de l'humanité contribue à l'évolution progressive de l'univers vers un état plus harmonieux*. L'ac-

(1) *La vraie religion selon Pascal*, p. 389, 390. — Cf. *Défaillance et scrupule*. (*Vaines tendresses*, p. 254).

tion, c'est l'avènement du mieux. Par l'action seule, d'ailleurs, l'humanité parvient à un bonheur plus austère mais aussi plus durable. Ni les voluptés des sens ni l'amour, ni le rêve, ni la foi mystique n'apportent à l'âme la joie et la paix à laquelle elle aspire. C'est la thèse développée dans les sonnets des *Épreuves* dont la succession même : *Amour, Doute, Rêve, Action*, nous retrace l'histoire de la pensée de M. Sully Prudhomme.

Aucune jouissance des sens n'a assouvi l'aspiration du poète trop fier et trop délicat pour ne pas porter plus haut ses désirs (1). L'amour non plus ne lui a pas donné le bonheur : combien de secrètes et poignantes douleurs laissent entrevoir les nombreuses poésies où sont retracés en termes discrets les épisodes de la vie sentimentale de l'auteur des *Stances*, des *Vaines tendresses* et des *Solitudes!* La ferveur religieuse, qu'il connut un instant dans sa jeunesse, ne subsiste dans sa mémoire que pour lui faire regretter avec plus d'amertume la foi perdue et lui infliger la torture morale du doute (2). Quant au Rêve, il n'est que l'expédient égoïste et illusoire auquel recourt en vain l'âme blessée et déçue (3). L'Ennui, monstre lourd né du rêve, enlace dans ses replis mortels celui qui lâchement avait failli au devoir d'agir. Rendu à lui-même par l'impuissance où il est de trouver le bonheur dans l'amour, la foi ou le rêve, le poète glorifie l'action, l'effort viril et généreux qui vaut à la fois par lui-même, en tant que condition de la dignité et de la félicité par la vertu, et par ses effets bienfaisants, en tant qu'on lui donne pour fin le bonheur de l'humanité. C'est pourquoi, si paradoxal que semble un tel langage dans la bouche d'un poète célèbre surtout pour avoir chanté le mal d'aimer en vain, M. Sully Prudhomme attaque avec véhémence la philosophie désenchantée du prince des poètes amoureux, Alfred de Mus-

---

(1) Cf. *Profanation* (*Les Épreuves*, p. 306) ; — *Les Deux Chutes* (*Vaines tendresses*, p. 202) ; — *Le Lit de Procuste* (*Ibid.*, p. 217), etc.

(2) *Les Épreuves, Doute* : *Piété hardie, La Prière, La grande Ourse, La Lutte, la Confession, Les Deux Vertiges, Le Doute, Tombeau.* — Nous renvoyons le lecteur à cette partie de l'œuvre poétique, l'une des plus belles et des plus substantielles.

(3) *Ibid.* — *Rêve* : *Éther, Sieste, Sur l'eau, Hora prima, La vie de loin, Les ailes, Fin du rêve.*

set. Cette diatribe éloquente résume toute la doctrine de notre auteur sur la valeur intrinsèque de l'action (1).

III

Si l'action vaut par elle-même, comme manifestation supérieure de la libre énergie de l'homme et comme condition du bonheur de l'individu, elle est féconde encore et surtout parce qu'elle est la voie qui mène l'humanité à la possession du vrai, à la justice et à la paix. Chacune des grandes découvertes du génie humain a été la source d'un bien-être nouveau pour l'humanité en même temps qu'une réponse aux questions de son insatiable curiosité. Nous avons vu quelle puissante inspiration lyrique la poésie scientifique de M. Sully Prudhomme avait puisée dans toutes les conquêtes scientifiques de son siècle et des âges précédents (2). Les plus beaux sonnets de l'*Action*, dans les *Épreuves*, célèbrent les bienfaits de la Science et font de chaque découverte un symbole (*La Roue, le Fer, Une damnée, L'Épée, Dans l'Abîme, En Avant! Le Monde a nu, Réalisme, Le Rendez-vous, Les Téméraires*) (3). Les visions du Creusot repassent dans l'imagination du jeune employé qui s'exerçait jadis à traduire Lucrèce au milieu des machines.

« La forge fait son bruit, pleine de spectres noirs.
Le pilon monstrueux, la scie âpre et stridente,
L'indolente cisaille atrocement mordante,
Les lèvres sans merci des fougueux laminoirs,

Tout hurle, et dans cet antre où les jours sont des soirs
Et les nuits des midis d'une rougeur ardente,
On croit voir se lever la figure de Dante
Qui passe, interrogeant d'éternels désespoirs.

(1) Cf. *Stances et Poèmes*, p. 280 « *A Alfred de Musset* ». D'autres pièces pourraient compléter celle-ci : *Le Travail* (Stances et Poèmes, p. 171), *Les Voluptés* (Ibid., p. 248), *L'Automne* (Vaines tendresses, p. 224), *Le Peuple s'amuse* (Solitudes, p. 67.)
(2) Cf. Ire partie, chap. I, *La Poésie scientifique*.
(3) *Les Épreuves*, IVe partie : *Action*.

C'est l'enfer de la Force obéissante et triste.
« Quel ennemi toujours me pousse ou me résiste,
Dit-elle. N'ai-je point débrouillé le chaos? »

Mais l'homme, devinant ce qu'elle peut encore,
Plus hardi qu'elle, et riche en secrets qu'elle ignore,
Recule à l'infini l'heure de son repos. » (1)

Il en est de l'Art comme de la Science. Considéré comme une forme de l'action au service de l'idéal, l'Art est pour celui qui s'y voue une véritable mission. Le poète, le *vates* est une manière de prophète qui doit entretenir parmi les hommes le culte désintéressé de la pure beauté.

« Heureux qui les surprend, ces justes harmonies
Où vivent la pensée et la forme à la fois!
Heureux qui sait donner, en les tenant unies,
Ces deux ailes de l'art aux œuvres de ses doigts!
. . . .
Dis-nous, ô Cicéron, père de la patrie,
Que le beau c'est l'honnête en langage romain!
Toi Phidias, dont l'œil chérit l'hymen sublime
De la pierre sans tache avec l'infini bleu,
Et de qui, par instinct, le goût céleste imprime
A des frontons païens la face du vrai Dieu;
Et toi qui le premier célébras les batailles,
L'antique démêlé d'Ulysse avec les flots,
L'amitié gémissante autour des funérailles,
Et des ressentiments où tremblent des sanglots;
Vous tous, prodiguez-nous les leçons et l'exemple,
Vous, les forts, dont l'esprit veut reposer toujours
Sur le couronnement solide et pur du temple,
Sur l'aile du poème ou le flot du discours!
Enseignez-nous encor le secret de vos lyres,
De vos mâles ciseaux, dont la naïveté
Nous fait toucher le vrai jusque dans leurs délires,
Et jusque dans les dieux sentir l'humanité.
Transportez nous encore où le bonheur commence,
Au seuil des paradis que nous promet la mort.

(1) *Les Épreuves, Action : Une Damnée*, p. 356.

*La foi dans l'idéal est la sainte démence
Qui fait de l'œuvre humaine un vertueux effort,
Elle est le goût suprême, et toute fantaisie
Se condamne à périr en lui faisant affront.
Le beau reste dans l'Art ce qu'il est dans la vie !* » (1)

S'interrogeant lui-même sur cette mission du poète qu'il craint d'avoir insuffisamment remplie en spéculant sur la Justice au lieu de travailler d'abord par la lutte et l'effort à son avènement, M. Sully Prudhomme invoque un martyr de la poésie et du civisme, André Chénier.

Je t'invoque, ô Chénier, pour juge et pour modèle !
Apprends-moi, — car je doute encor si je trahis,
Patriote, mon art, ou chanteur, mon pays, —
Qu'à ces deux grands amours on peut être fidèle ;

Que l'art même dépose un ferment généreux,
Par le culte du beau dans tout ce qu'il exprime ;
Qu'un héroïque appel sonne mieux dans la rime ;
Qu'il n'est pas de meilleur clairon qu'un vers nombreux ;

*Que la cause du beau n'est jamais désertée
Par le culte du vrai pour le règne du bien ;*
Qu'on peut être à la fois poète et citoyen
Et fondateur, Orphée, Amphion et Tyrtée ;

Que chanter, c'est agir, quand on fait, sur ses pas,
S'incliner à sa voix et se ranger les arbres,
Les fauves s'adoucir et s'émouvoir les marbres,
Et surgir des héros pour tous les bons combats !

O maître, tour à tour si tendre et si robuste,
Rassure, aide et défends, par ton grand souvenir,
*Quiconque sur sa tombe oser rêver d'unir
Le laurier du poète à la palme du juste !* » (2)

Non seulement l'humanité s'améliore sous l'influence bienfaisante de quelques hommes d'élite, véritables pionniers de l'idéal, mais dans sa masse même elle progresse à mesure

(1) *L'Art*, III, *Stances et Poèmes*, p. 271, 272.
(2) *La Justice, Épilogue*, p. 259, 260.

qu'elle se civilise. Le travail, l'art, la science, sources de la dignité individuelle, sont les sources aussi d'une solidarité croissante entre les hommes. L'humanitarisme, d'abord aspiration généreuse de quelques âmes éprises de justice et de bonté, devient l'idéal social cher à tous les citoyens et le principe d'une religion nouvelle. Plus les hommes se connaissent et s'entr'aident, plus ils sympathisent, se possèdent mutuellement et s'unissent dans la poursuite pacifique de leur bien commun.

> « ... Un soupir, né du mal autour de moi souffert,
> M'arrive des cités et des champs de bataille,
> Poussé par l'exilé, le pauvre sur la paille
> Et le soldat blessé qui sent son cœur ouvert.
>
> Ah ! parmi les douleurs qui dresse en paix sa tente,
> D'un bonheur sans rayons jouit et se contente,
> Stoïque impitoyable en sa sérénité ?
>
> Je ne puis : ce soupir m'obsède comme un blâme,
> *Quelque chose de l'homme a traversé mon âme,*
> *Et j'ai tous les soucis de la fraternité.* » (1)

Ce n'est pas dans une étoile de rêve, dans un problématique paradis comme celui où se déroule l'action du *Bonheur*, c'est ici-bas que la bonne volonté des hommes doit réaliser la cité parfaite, objet de l'aspiration morale. L'instinct social, qui prend dans la conscience humaine la forme de l'impératif moral et du sentiment de la justice, oriente notre race vers sa fin naturelle qui est l'ordre et la paix. « La politique, science de la paix » progresse dans la mesure où cet instinct devient plus conscient et où il meut plus impérieusement les volontés. « La cité est le plus haut produit de la planète. Dans l'espèce humaine comme dans tout autre, la vie en société est non pas

---

(1) *Les Épreuves. Action : Homo sum.* — Nous croyons inutile de citer ici l'autre sonnet des *Épreuves* « *Un songe* », l'une des pièces les plus populaires du poète.

> « Je connus mon bonheur, et qu'au monde où nous sommes,
> Nul ne peut se vanter de se passer des hommes,
> Et depuis ce temps-là je les ai tous aimés. »

contractuelle, mais instinctive. *Il n'y a pas de justice hors de la sympathie et c'est la conscience et la science qui développent la sympathie. Le progrès de la justice est lié à celui des connaissances et s'opère à travers toutes les vicissitudes politiques* (1). »

On conçoit sans peine que M. Sully Prudhomme ait applaudi aux récentes tentatives faites par les pacifistes pour hâter l'avènement de cette ère de justice et de concorde (2). Certes, son patriotisme est aussi ardent que celui des meilleurs fils de la France : qu'on relise les *Impressions de la guerre* et les *Sonnets à la France* où sont notées d'une façon si poignante et si judicieuse à la fois les nuances les plus profondes d'un sentiment ravivé au cœur du poète par nos désastres nationaux. Mais, comme il l'a excellemment exprimé dans ce distique célèbre, son amour pour la France, loin de nuire à son amour de l'humanité, le prépare et l'exalte au contraire :

« Je tiens de ma patrie un cœur qui la déborde,
Et, plus je suis Français, plus je me sens humain ! » (3)

« Dans l'état présent de la moralité sur la terre chez les individus et chez les peuples, un désintéressement unilatéral, sans réciprocité, ne ferait que favoriser la violence et la ruse aux dépens de la générosité. » Force est donc aux peuples de s'armer pour défendre leur vie collective et leur unité morale. Mais déjà cependant les hommes tendent à introduire dans les relations internationales, comme dans les relations des individus dans l'État, un idéal de Justice. « Que cet idéal soit plus ou moins réalisable, c'est matière à discussion ; toujours est-il que les peuples ne l'ont pas rejeté comme irréalisable. Ils ne l'ont pas accueilli sans respect, par un haussement d'épaules, comme ils eussent fait d'une chimère absurde. La guerre, aujourd'hui, quel qu'en doive être le succès, coûte

(1) *La Justice*, XIe *Veille*, Argument.
(2) M. Sully Prudhomme est l'un des fondateurs et des principaux membres d'une société pour la Paix internationale où figurent à ses côtés les plus éminentes personnalités européennes.
(3) *La France*, IXe sonnet, *Poésies* (1866-1878) p. 276.

d'abord si cher au cœur, aux affections devenues plus tendres, plus nobles, de la famille, et menace tant d'intérêts matériels par suite du développement prodigieux des affaires industrielles et commerciales, qu'elle répugne chaque jour davantage aux classes les plus cultivées comme aux plus laborieuses de toute nation. Elle leur apparaît de plus en plus contre nature, bien que souvent inévitable ; les autres continuent à y voir un viril exercice de l'énergie humaine dans la concurrence vitale entre nations, une aventure périlleuse où le mépris de la mort confère la gloire, où la victoire atteste soit un noble courage, soit un génie de combinaison qu'il faut admirer. La convention de Genève témoigne avec évidence que l'appareil formidable des guerres modernes ne donne pas du tout la mesure véritable du sentiment qui anime les belligérants modernes. Si malveillant, si haineux qu'on puisse le supposer, ce sentiment, sinon chez les soldats que la chaleur de l'action enivre du moins chez les peuples qu'ils servent, est aujourd'hui tempéré par la compassion que tout homme doit à tout autre homme, abstraction faite de sa nationalité. »

« Ce compromis entre le sacrifice de la vie humaine, que le patriotisme commande, et le respect de la vie humaine commandé par la fraternité fondamentale de tous les représentants d'une même espèce, ce compromis est de la plus haute importance par le précieux aveu qu'il implique. Les nations, les patries les plus avancées dans l'évolution sociale reconnaissent donc tacitement le principe suivant : les caractères communs qui avec le temps rapprochent et lient les individus pour en faire des compatriotes ayant des intérêts généraux à défendre sont primés par des caractères primordiaux communs aux individus de toutes les patries et représentant des intérêts plus généraux encore, d'un ordre supérieur. Quel est cet ordre ? Pour que tous les peuples civilisés trouvent leur compte à s'y soumettre, il faut qu'il soit international, universel. Les intérêts qui s'y classent sont, en effet, ceux qui concernent la dignité et le bonheur de notre espèce, non ceux qui touchent la prospérité et la prédominance de telle ou telle de ses variétés ethnologiques sur les autres. Très lentement et au milieu d'erreurs et d'excès qui dissimulent encore leur ascension, les patries *s'humanisent*, c'est-à-dire tendent à s'identifier avec l'espèce en sympathisant davantage entre elles par les qualités essentielles qui la définissent. Les patries tendent à communier dans l'espèce, mais leur mutuelle assimilation ne saurait devenir complète, parce que les différences climatologiques et par suite ethnologiques sur lesquelles s'est fondée leur diversité sont des faits indépendants de leur progrès vers l'unité morale, vers l'unanimité; loin de se plier à ce progrès, ces faits le conditionnent. Il s'agit donc, non pas de supprimer toutes les frontières psychiques et physiques tracées entre les patries par la nature et par l'habitude invétérée (seconde nature greffée sur la première), mais d'abaisser peu à peu toutes les barrières purement artificielles, tout ce qui n'est pas irréductible dans les obstacles à ce progrès si désirable. Il s'agit de concilier ainsi, dans toute la mesure du possible, la fixité de ces frontières avec l'expansion de la sympathie fraternelle si bien exprimée par le mot *humanité* pris dans son sens affectif. Il est permis à un individu de souhaiter pour sa patrie l'honneur d'une haute entreprise ou d'une grande découverte; de regretter que cet honneur revienne à une autre; mais désirer que l'œuvre échoue afin que nulle autre n'en ait la gloire, ce serait trahir les intérêts de l'espèce entière au profit d'une variété, ce serait un crime de lèse-humanité. Dans la concurrence entre les patries pour la conquête du vrai, de l'utile et du beau, celle qui, au lieu de ne songer qu'à soi, travaille pour toutes les autres en même temps, par cela même les surpasse toutes en dignité et sa gloire efface la leur. Le type du parfait patriote me semble être notre immortel Pasteur. Il a illustré la France par des découvertes à la fois merveilleuses et bienfaisantes qui forcent l'admiration et la reconnaissance universelles pour son génie et l'hommage de toutes les nations au pays qui a engendré et nourri de ses traditions l'esprit et le cœur de ce grand homme. Mais Pasteur n'a jamais oublié le berceau de sa grandeur; il avait le culte du foyer, l'amour du sol natal, et, si l'hommage du monde lui a été doux comme une récompense de ses travaux, il a dédaigneusement repoussé comme un affront à la pensée française les insignes offerts à son œuvre par la violence triomphante. Son patriotisme pourrait se formuler ainsi : « *A l'Humanité mon amour, à la France ma prédilection.* » Devise irréprochable, parce que la prédilection ne risque point ici de dégénérer en fétichisme exclusif aux dépens de la prospérité des autres hommes. Leur droit à l'évolution progressive de l'espèce est sauvegardé (1). »

IV

Par qui et comment s'opère présentement, et semble devoir s'accomplir dans l'avenir, ce rapprochement pacifique entre les hommes, objet de l'aspiration humanitaire et fin de l'action morale ?

La haute tâche de rapprocher les diverses patries dans un commun sentiment de justice et de fraternité a longtemps été assumée par l'Église. La communauté de la foi religieuse fut un temps le lien des nations, et le pur esprit évangélique eût pu, s'il ne s'était pas altéré, maintenir et développer parmi les hommes la paix fondée par le respect mutuel. Mais « l'avancement des sciences positives, en bouleversant les antiques assises de la connaissance et le concept de la genèse universelle, éveilla le doute, favorisa l'indifférence en matière religieuse et propagea l'un et l'autre. Le désarroi est devenu complet dans le monde intellectuel et, comme la confusion et le désaccord des idées, surtout des idées capitales, divisent les sentiments et par là engendrent la discorde, l'harmonie requise pour faire d'un groupe d'hommes une patrie est compromise partout où l'on pense, où, du moins, la pensée a plus de prix que l'activité industrielle et commerciale. Une nation qui nourrit dans son sein des sociétés religieuses en désaccord foncier entre elles et, en outre, des groupes de libres penseurs, philosophes et savants, tous hostiles au mysticisme, une telle nation est exposée aux plus profondes dissensions. Que viennent s'y greffer d'anciens différends politiques, alors elle voit sa cohésion morale gravement compromise; elle

(1) *Prose*, p. 350, 351, 352, 353. — *Sur les liens nationaux et les liens internationaux.*

perd l'unanimité, facteur essentiel de sa formation et ne subsiste plus comme patrie que par la solidarité des intérêts matériels (1) » C'est donc moins, en somme, la communauté spirituelle des croyances que la connaissance de plus en plus exacte des conditions de la vie sociale et la communauté des connaissances scientifiques qui peut désormais créer un lien extra-national entre les hommes. « C'est la science positive qui contribue le plus efficacement, en éclairant toutes les questions d'ordre expérimental, au progrès de l'unanimité. Mais la vérité qu'elle découvre est impersonnelle, de sorte que ce n'est pas seulement l'unanimité intellectuelle et subséquemment affective, des compatriotes, c'est celle de tous les hommes qu'elle prépare. Disons mieux : c'est par voie indidirecte, en travaillant à unifier toutes les opinions humaines, qu'elle concourt à transformer la majorité en unanimité dans chaque patrie ; ce qu'elle fait pour chacune d'elles tend donc à les harmoniser toutes entre elles. Par son œuvre, elle tend à épurer le sentiment patriotique, à en éliminer toute jalousie étroite, capable d'entraver l'évolution normale des nations étrangères, c'est-à-dire de la plus grande part de l'espèce humaine. Si à tout individu de cette espèce rien n'est étranger, ce qualificatif *étranger* manque de justesse rigoureuse appliqué aux nations autres que la nôtre (2). »

M. Sully Prudhomme attribue ainsi à la Science la suprême puissance civilisatrice et pacificatrice. Divisées sur le terrain des croyances religieuses, les consciences humaines se retrouvent et s'unissent sur celui des aspirations et des certitudes communes. La Science leur révèle aussi leurs véritables intérêts engagés dans nombre de contrats. « Comme c'est la méconnaissance des véritables rapports des choses qui est l'origine de la plupart des malentendus et des erreurs préjudiciables à l'ordre social, la science ne peut que le servir très efficacement. Elle accorde les jugements et prépare ainsi l'accord du sentiment qu'ils motivent... Elle tend à rendre, de jour en jour, toute violence et spécialement la guerre plus odieuse, car elle adoucit les mœurs en élevant l'aspiration

(1) Prose, p. 359. *Sur les liens nationaux et internationaux.*
(2) Prose, p. 360. *Ibid.*

par le culte de la vérité, et, en se dilatant, elle propage et fait prédominer le besoin de la sécurité que réclame l'œuvre de la pensée, et que seule accorde la paix... La science, enfin, est surtout favorable à la concorde par la grande confiance qu'elle inspire. Elle ne promet jamais la vérité que dans la mesure restreinte où sa méthode purement expérimentale lui permet de l'atteindre... Elle ne fabrique pas ses découvertes sur commande et ne les vend pas. Elle tâche de découvrir : tant mieux si elle y réussit, mais elle ne s'y *engage* pas. Ne prenant pas d'engagement, il lui est, par définition même, impossible de manquer à sa parole, de *faire faillite* (1). »

Tout ce qui vient d'être dit de la Science comme principe de concorde sociale s'applique au même titre à l'Art et à la Poésie, qui, comme elle, sont une forme d'action directement issue de l'aspiration à l'idéal. Il appartenait plus qu'à personne à l'illustre poète-lauréat du prix Nobel de proclamer le rapport qui existe entre la mission de l'artiste et l'union internationale, œuvre pacifique et belle entre toutes.

« L'échelle des jouissances que procure l'art commence à un plaisir tout sensuel de l'œil ou de l'oreille, à une caresse, pour s'élever, grâce au lien mystérieux des sensations avec les sentiments, par le passage purifiant de l'agréable au beau, jusqu'à l'ivresse de l'essor. La poésie ne se contente pas d'attirer tous les arts dans son orbite, de les faire tous participer de sa nature et de son idéal : son rôle, tel du moins qu'il m'apparaît, est plus ambitieux encore ; harmonieuse par essence, elle prépare et sollicite à l'harmonie toutes les relations humaines... La faculté d'admirer est éminemment sociale ; rien, en effet, ne contribue davantage à rapprocher, à mêler les âmes que l'admiration partagée. Il est aisé d'en apercevoir la cause. En présence des actions et des formes qualifiées belles, devant un sacrifice héroïque ou devant le Parthénon, à l'aspect de la Vénus de Milo ou à l'audition d'une symphonie de Beethoven, nous nous sentons transportés d'une extase délicieuse et grave à la fois. Nous pressentons alors une félicité suprême, innommable, révélée dans la belle action par le

---

(1) *Le Crédit de la Science.* Prose, p. 325, 326, 327, 328.

triomphe surnaturel du vouloir bienfaisant sur l'instinct égoïste, et, dans la belle œuvre d'art, par la réconciliation des sens avec l'idéal moral, avec le principe divin de la dignité, qui leur emprunte ses moyens d'expression. En un mot, *nous aspirons*. Or pendant qu'ils aspirent ensemble, les hommes ou bien confondent plus intimement leurs mutuelles affections, ou bien, s'ils sont ennemis, posent les armes; ils renoncent à la haine pour répondre à un appel commun de leur destinée mystérieuse. Ils y répondent par des larmes pures qui lavent, pour un moment, les offenses. Il semble même que la communion morale engendrée par le culte du Beau efface entre ses adorateurs toutes les différences ethniques et individuelles pour ne laisser subsister en eux que la divination d'une même cité céleste, refusée sur la terre à l'espèce humaine mais entr'ouverte, un instant, pour eux. De ce point de vue, les Beaux-Arts apparaissent comme des agents de civilisation quasi-religieuse, et les artistes comme les ministres sacrés de la fraternité universelle ; ministres inamovibles, dont l'action pacifiante a, depuis Orphée, Ictinus, Apelle et Phidias, devancé l'influence de l'Évangile et des sciences morales et politiques sur les relations civiles ou internationales. Aussi toute entreprise qui a pour objet d'unir les peuples dans l'étude et la création du Beau sous toutes ses formes, si modestes qu'en puissent être les débuts, est sainte à mes yeux comme la poignée de grain dans la main du semeur de blé (1) ».

Quelle est donc, en dernière analyse, la source supérieure de la paix comme de la dignité dans l'humanité ? C'est *le Travail*, l'effort utile et courageux sans lequel l'homme ne saurait ni subsister, ni valoir. Le glorifier et le pratiquer est le plus sûr moyen d'entretenir les vertus de la race et de hâter l'œuvre de civilisation.

« Quand de bons forgerons, dans une forge noire,
Fredonnent en lançant le marteau sur le fer,
Le passant qui les voit s'étonne, il ne peut croire
Qu'on puisse vivre un jour dans ce cruel enfer.

(1) *Prose*, chap. VII, § 8. Discours prononcé à l'occasion de l'ouverture de l'*Institut national américain*, en 1900.

Mais eux, avec l'entrain de la force qui crée,
Affrontent la fumée et le jour éclatant :
Le travail fait les cœurs; cette douleur sacrée
Donne un si mâle espoir qu'on la souffre en chantant! » (1)

Non content de célébrer le travail dans ses vers, M. Sully Prudhomme, en tant que Président d'honneur d'une *Société pour la Rénovation sociale par la Science et le Travail* (2), a formulé en 1902, dans les Statuts de cette Société, une *Déclaration* qui est sa véritable profession de foi en matière de philosophie sociale; c'est du socialisme, et du meilleur.

« Considérant, dit-il,

1° Que l'espèce humaine sur la terre est mise en demeure de travailler ou de périr;

2° Que les aptitudes, soit physiques, soit psychiques de l'homme étant diversement et inégalement répandues parmi les individus, aucun d'eux ne peut suffire, isolé, à tous ses besoins, et que par là les existences individuelles sont toutes, de près ou de loin, subordonnées les unes aux autres;

3° Que cette solidarité, fondement essentiel, non contractuel, de l'état social, peut néanmoins être organisée par la convention réfléchie, et qu'elle nécessite l'échange également susceptible d'organisation;

4° Que dans l'état social le travail se perfectionne et crée des produits et des services, tant matériels que moraux, qui sont échangeables et accroissent la somme des biens de toute sorte disponibles pour l'échange, à mesure que s'accroît la population;

5° Que, débiteur de la société, l'adulte valide n'a droit au loisir que par un passé laborieux dont le loisir soit la récompense;

6° Que toute acquisition gratuite (par donation, legs, trouvaille, etc.) oblige moralement celui qui en bénéficie à la justifier, soit par l'usage méritoire qu'il en fait (3), soit par un

---

(1) *L'Art*. III. (*Stances et Poèmes*, p. 272.)
(2) Cette société eut pour fondateurs, avec M. Sully Prudhomme, les Drs Roux et d'Arsonval et les compositeurs Royer et Massenet.
(3) On sait quel « méritoire usage » firent des prix Nobel qui leur furent décernés les présidents de *la Rénovation sociale par la Science et le Travail* : M. Sully Prudhomme fonda son prix annuel pour aider un jeune poète sans fortune à produire ses œuvres. (Prix Sully Prudhomme

passé méritoire ; de sorte que, en conscience, la gratuité ne dispense pas de l'échange ;

7° Que l'argent est un moyen d'échange dont l'efficacité, dans l'état présent des institutions et des mœurs, va se pervertissant de plus en plus, parce que nombre d'opérations financières, purement spéculatives, ne représentent pas réellement un échange de produits et de services, mais se bornent à enrichir les uns au détriment des autres ; et parce qu'aux mains de ceux qui ne créent aucune valeur, ni matérielle ni morale, l'argent devient oppressif ou corrupteur pour les autres, et pernicieux pour eux-mêmes ;

8° Que si, d'une part, l'argent est un stimulant pour la production, parce que la richesse engendre des besoins, d'autre part, il y est bien davantage une entrave ; que spécialement, la vénalité, le mercantilisme déshonorent et paralysent l'art, tuent les nobles rêves et les ambitions généreuses ; que, trop souvent, dans les conditions actuelles de la société, le but de la vie n'est pas un idéal de beauté, de vérité et de justice, mais l'argent ;

Considérant que pour réagir contre une telle situation, il n'est d'autre moyen que de glorifier le travail, de le réhabiliter et de le répartir équitablement, d'en venir à l'application rigoureuse de cette loi de nature que, sauf les impotents et les faibles, chacun consommant, chacun doit produire ; la consommation proportionnée aux besoins, la production aux facultés et aux aptitudes ;

Les Membres du Comité pour la « *Rénovation sociale par la Science et le Travail* » s'engagent à faire prévaloir ces idées par tous les moyens possibles : par la plume, par la parole, par l'exemple, avant tout par la diffusion des lumières. C'est en effet surtout de la Science (ensemble des sciences tant exactes qu'expérimentales) qu'ils attendent l'avènement de cette rénovation.

Considérant :

attribué après concours par la Société des Gens de Lettres) ; et M. le Dʳ Roux fit don à l'Institut Pasteur de l'importante somme si justement échue à son génie et à ses éminents services. De tels exemples sont plus probants encore que des déclarations de principes.

1° Que la science, ayant pour mobile la curiosité, l'amour du vrai, par cela même est impartiale ;

2° Que, dans la recherche du vrai, par sa méthode elle est en possession d'obtenir des résultats incontestés, et que cette méthode infaillible ne saurait ni trahir, ni tromper ;

3° Que les expériences scientifiques étant toujours possibles à renouveler et à contrôler, les erreurs des savants sont toujours en voie de rectification et n'infirment en rien l'infaillibilité de la méthode ;

4° Que, fondée sur des principes et des moyens de preuves et d'investigation que nul ne récuse, la science est, par excellence, génératrice d'unanimité et, par suite, éminemment propre à réunir les hommes dans un sentiment de confraternité universelle ;

5° Qu'en proposant à la société des bases rationnelles de réformes, elle tend à abolir l'oppression des faibles par les forts et même à la rendre à jamais impossible ;

6° Que, sans son concours, il n'est progrès, délivrances, affranchissements réels, ni même révolution irrévocablement accomplie ;

7° Que par ses découvertes et ses applications (se rappeler les Denis Papin, les Lavoisier, les Fulton, les Ampère et tant d'autres), notamment par la vapeur et l'électricité, elle a fait œuvre plus efficace pour le rapprochement des peuples et leurs pacifiques échanges que la propagande des doctrines philosophiques, mystiques, révolutionnaires ; que si l'imprimerie a le plus contribué à l'émancipation de la bourgeoisie, l'industrie mécanique moderne, à son tour, prépare l'affranchissement certain du prolétariat ;

8° Qu'enfin toute réforme violente est précaire et que pour vaincre sans retour, il faut convaincre :

Par ces raisons, le comité de « *la Rénovation sociale par la Science et le Travail* » déclare revendiquer la science comme offrant la plus sûre garantie contre le retour des iniquités du passé, et le plus sûr moyen de conduire l'humanité vers sa libération définitive, progrès qu'affirme la suite de triomphes ainsi résumés :

Un terrain de commune entente conquis pour toujours ;

Les secrets de la nature pénétrés sans relâche;
Les éléments de plus en plus maîtrisés par l'intelligence;
La misère progressivement abolie (1). »

C'est dans le même esprit qu'une autre société, fondée par M. Carolus Duran, vient de prendre M. Sully Prudhomme pour président lorsque le grand peintre qui en avait pris l'initiative dut partir diriger notre École de Rome. Cette société dite « *Des Idées du Père Gibus* (2) » a pour objet : « *d'encourager les efforts qui sont faits pour concilier l'idéalisme et le réalisme et pour prouver qu'il n'y a pas incompatibilité entre les deux écoles qui se disputent notre art et notre littérature.* Elle lutte contre cette tendance qui se généralise par trop dans notre mentalité moderne, à croire que seuls les sentiments désenchantés ou égoïstes sont la conséquence des progrès de l'analyse psychologique et de l'observation. *Elle réclamera, au nom même des principes d'exactitude que le réalisme a eu le grand mérite d'introduire dans toutes les manifestations de la pensée, pour les beaux sentiments qui sont l'honneur de la nature humaine, la base rationnelle à laquelle ils ont droit.* » Quoique ces belles et nettes paroles soient de M. Carolus Duran, M. Sully Prudhomme ne les eût point désavouées pour siennes : elles résument l'esprit même de toute son œuvre.

V

Si l'*Action* suscitée et guidée par l'*Aspiration* est capable d'engendrer ici-bas la justice, la beauté, la perfection, ce qu'elle a créé ne peut ni décevoir l'homme, ni périr avec lui.

---

(1) *Prose. Le Crédit de la Science*, p. 329, 330, 331, 332, 333.
(2) Ce titre, quelque peu énigmatique et singulier, est emprunté à un roman de H. Desplaces. « Le « père Gibus » est un vieil ouvrier sentimental qui porte toujours son chapeau haut de forme, symbole du petit avoir qu'il est parvenu à recueillir par la ténacité de son caractère et qui, incarnation de toutes les belles idées généreuses, arrive, en une époque qui les nie, à les faire triompher une fois mort, après avoir succombé en luttant pour elles. » (G. de Roton, Rapport sur la Société, 1906).

Outre les légitimes espérances que peut concevoir l'homme dévoué à l'idéal touchant sa destinée future, il est une joie immédiate et profonde qui vaut pour lui toutes celles des lointains paradis; c'est, dans l'ordre moral,

> « L'apothéose intérieure
> Dont la conscience est l'azur ! » (1)

et dans l'ordre scientifique

> « Le triomphe annoncé des lois universelles,
> La fierté du penseur de n'avoir pas menti. » (2)

Sûrs d'avoir pris contact avec ce qui ne passe, ne change, ni ne meurt, heureux d'avoir contribué pour leur part à une harmonie qui est la loi même de l'être et l'éternel objet de l'aspiration humaine, le penseur, l'artiste, le savant, l'homme de devoir conquièrent l'immortalité et en jouissent de leur vivant même par anticipation. L'égoïste individualité de chacun dût-elle s'effacer dans cette survivance impersonnelle au sein du grand Tout, une telle perspective n'effrayerait pas le généreux courage de ceux qui se sont voués à une fin absolument désintéressée. Animé de la même foi que les autres apôtres de cette immortalité positiviste, les Auguste Comte, les Vacherot, les Renan, M. Sully Prudhomme couronne par elle sa doctrine de l'action. Devant le sacrifice héroïque des trois aéronautes du Zénith, il célèbre avec un accent presque religieux, dans un cantique à l'héroïsme, l'immortalité promise « aux amants de l'idéal expirant au champ d'honneur. »

> « Mourir où les regards d'âge en âge s'élèvent,
> Où tendent tous les fronts qui pensent et qui rêvent !
> Où se règlent les temps graver son souvenir !
> Fonder au ciel sa gloire, et dans le grain qu'on sème
> Sur terre propager le plus pur de soi-même,
> C'est peut-être expirer, mais ce n'est pas finir !

(1) *La Vertu* (*Les Vaines Tendresses*).
(2) *Les Chercheurs* (*Le Prisme*), p. 77.

Non ! de sa vie à tous léguer l'œuvre et l'exemple,
C'est la revivre en eux plus profonde et plus ample,
C'est durer dans l'espèce en tout temps, en tout lieu,
C'est finir d'exister dans l'air où l'heure sonne,
Sous le fantôme étroit qui borne la personne,
Mais pour commencer d'être à la façon d'un dieu !

L'éternité du sage est dans les lois qu'il trouve ;
Le délice éternel que le poète éprouve,
C'est un soir de durée au cœur des amoureux !
*Car l'immortalité, l'âme de ceux qu'on aime,
C'est l'essence du bien, du beau, du vrai, Dieu même,
Et ceux-là seuls sont morts qui n'ont rien laissé d'eux !* » (1)

(1) *Le Zénith.* V. — Cf. Renan, *Dialogues philosophiques*; *Rêves.* « La sensation cesse avec l'organe qui la produit, l'effet disparaît avec la cause. Le cerveau se décomposant, nulle conscience dans le sens ordinaire du mot ne peut persister. Mais la vie de l'homme dans le tout, la place qu'il y tient, sa part à la conscience générale, voilà ce qui n'a aucun lien avec un organisme, voilà ce qui est éternel. La conscience a un rapport avec l'espace, non qu'elle réside en un point, mais elle se sent en un espace déterminé. L'idée n'en a pas ; elle est l'immatériel pur ; ni le temps, ni la mort ne peuvent rien sur elle. *L'idéal seul est éternel ; rien ne reste que lui et ce qui y sert. Consolons-nous, pauvres victimes, un Dieu se fait avec nos pleurs.* »

CHAPITRE VI

L'inquiétude spéculative.

I. Critique de la solution poétique et pragmatique des antinomies. Recherche de l'Absolu ontologique ; elle n'aboutit pas. Pessimisme spéculatif de M. Sully Prudhomme. Nostalgie de l'Absolu métaphysique. — II. Recherche de l'Absolu divin. Raisons du doute religieux. L'aspiration religieuse ne découvre pas son objet. Le « *tourment divin*. » Persistance de l'inquiétude spéculative. — III. Conclusion de cette étude. L'œuvre philosophique de M. Sully Prudhomme est un drame psychologique et le symbole de la crise de la conscience moderne.

I

La solution semi-mystique et pragmatique apportée au problème de l'Être et de la destinée humaine par la philosophie de l'aspiration et de l'action va-t-elle enfin apporter à la pensée de M. Sully Prudhomme la sérénité, la foi parfaite et l'espoir sans retour. Il en serait ainsi, si cette raison insatiablement avide d'absolu avait, au terme de ses efforts, rencontré cet absolu qui, par essence, ne peut être qu'unique, actuel, inconditionnel, exempt de toute contradiction. Or l'absolu moral et esthétique, la « finalité paradisiaque », objet de l'aspiration, ne présente pas ces caractères. Il ne peut se concilier dans la la raison avec la perfection ontologique, avec laquelle non seulement il ne saurait être confondu, mais avec laquelle même il est en opposition antinomique : où dès lors est l'Absolu ? Dans la Fatalité mécanique telle que l'a conçue un Spinoza, ou dans la Beauté et le Bien, comme l'ont rêvé un Platon ou un Leibnitz ? Cet *absolu* n'est donc pas *un*, puisqu'il se conçoit sous *deux* formes également satisfaisantes pour la pensée, mais irréductibles et incompatibles. *Il n'est pas actuel*, puisque son avènement est promis pour un avenir indéterminé, terme inassignable d'un progrès indéfini; aussi bien, comment l'absolu pourrait-il s'engendrer et se constituer par succession temporelle? *Il n'est pas inconditionnel*, puisque, son apparition est subordonnée à l'effort d'un être supérieur sans doute, mais mortel, faillible, capable de ne pas y contribuer et même de le faire rétrograder en trahissant l'idéal. *Il n'est pas même absolu*, puisque, à la rigueur, il ne se manifeste à nous que par l'aspiration, instinct humain, et ne saurait se proposer à nos vœux et à nos efforts qu'à titre de perfection humaine, donc d'idéal relatif. Enfin, et surtout, il lui manque le caractère qui seul pourrait faire de lui l'objet parfaitement affirmé et parfaitement aimé de la foi mystique: *il n'est pas personnel, il n'est pas Dieu*. Le Dieu que la philosophie de l'aspiration et de l'action place dans l'univers, c'est l'homme; mais ce Dieu est dans un tout métaphysique, dans un cosmos qui le déborde et l'enserre de toutes parts et qui n'en reste pas moins *la Substance* si, lui, il est *l'Action*. C'est trop d'un. Le Dieu caché « *in quo vivimus, movemur et sumus* » est bien l'Absolu métaphysique; mais c'est lui qui échappe à l'étreinte du demi-dieu pensant, souffrant et luttant qu'est l'homme.

En vain donc, exalté d'aspirations magnanimes, l'homme prétend fonder le divin et se passer d'un Dieu, il sent qu'il se ment à lui-même et il est puni de sa présomption par une conscience plus lancinante de son ignorance métaphysique. Personne n'a senti aussi tragiquement que Pascal cette grandeur et cette misère de notre nature, personne, si ce n'est peut-être M. Sully Prudhomme, et ce n'est pas par hasard que notre philosophe s'est fait, au terme de ses méditations personnelles, l'interprète singulièrement profond de l'auteur des *Pensées*. « *Cette duplicité de l'homme est si visible qu'il y en a qui ont pensé que nous avions deux âmes : un sujet simple leur paraissait incapable de telles et si soudaines variétés, d'une présomption démesurée à un horrible abattement de cœur... S'il se vante, je l'abaisse; s'il s'abaisse, je le vante, et le contredis toujours jusqu'à ce qu'il comprenne qu'il est un monstre incompréhensible* (1). » Moins persuadé que Pascal de la bassesse humaine, le fier poète de la *Justice* et du *Bonheur* n'humilie ni son intelligence, ni son aspiration; mais sa raison n'en souffre pas moins « du tourment divin » d'ignorer son Dieu et de l'incurable impuissance qui réduit tout ses efforts spéculatifs à n'être qu'une agitation vaine, « semblable aux sursauts d'un fiévreux qui se tourne et se retourne dans son lit sans pouvoir s'y reposer (2). »

Selon une très juste expression de M. J. Lemaître critiquant le poème de la *Justice*, « l'action est un remède, ce n'est pas une solution, » car elle laisse pendants le problème de la nature et de l'origine des choses et celui de l'existence du mal auquel l'action tend à substituer le bien. L'agnosticisme spéculatif est une conclusion de la critique, ce n'est pas une solution non plus, car cette conclusion toute négative ne répond pas aux plus essentielles des questions posées par la curiosité humaine et elle n'empêche pas l'existence incontestable de ce qu'elle renonce à rendre intelligible. Rien n'est donc résolu, absolument parlant. Déçu d'un côté par « l'invincible résistance de l'être à ses tentatives d'effraction », réduit, de l'autre, par son ignorance spéculative à se satisfaire de la « poétique lumière » qui s'attache à de belles et vraisemblables conjectures, contraint à se repaître de « rêveries bienfaisantes » ou à

« Risquer la Vérité dans un pari suprême
Dont sur un noir tapis le bonheur est l'enjeu (3). »

M. Sully Prudhomme n'atteint pas plus par la voie de la spéculation que par celle de l'aspiration à cette science de l'Absolu qui seule donnerait un équilibre stable à sa pensée inquiète. Sans doute, il trouve en lui-même une sorte d'absolu psychologique constitué par ses intuitions, ses instincts, ses croyances naturelles inattaquables au doute dialectique; il s'en contente, par rapport à soi et à l'humanité, il y asseoit toute sa science positive, son esthétique, sa morale. Mais c'est un absolu sub-

(1) *Pascal, Pensées* (Ed. Havet, I, 121 ; I, 186.)
(2) *Lettre inédite à C. H.*
(3) *Le Bonheur, La Philosophie modernes*, strophe sur Pascal, p. 246.

jectif qui laisse hors de sa sphère l'absolu objectif et qui ne peut se confondre avec celui-ci pour constituer l'Absolu unique, le Tout de l'Être. M. Sully Prudhomme a beau accumuler toutes les raisons de renoncer à pénétrer le mystère de l'inconnaissable objet métaphysique, il a beau déclarer « qu'il se résigne à l'ignorance normale, essentielle, de son espèce pour revenir à ses inclinations et à ses certitudes foncières (1) », il ne peut s'empêcher de tourner ses pensées du côté de cette terre promise où il n'entrera pas. Son tempérament de métaphysicien l'y ramène invinciblement pour son malheur, car il ravive ainsi en lui la plus incurable des angoisses humaines, celle qui donna Faust au Diable et que pleure éternellement la *Melancholia* d'Albert Dürer. Aussi, si nous avons nié formellement le pessimisme scientifique et moral de M. Sully Prudhomme, apôtre de l'idéal et fervent admirateur du génie des savants, présenterons-nous au contraire cette œuvre philosophique comme l'un des types les plus complets du *pessimisme spéculatif*. Privé de la foi au surnaturel si fréquente chez les poètes, définitivement persuadé après l'effort de sa propre critique que, dans l'ordre naturel, sa science est à tout jamais bornée à un objet relatif et infime et que « l'ignorance est partout (2) », il est en même temps torturé d'un besoin permanent de scruter ce qu'il ne peut savoir, comme les Danaïdes, dont il a si poétiquement redit le supplice éternel, recommencent sans fin leur vain effort,

« Esclaves d'un labeur sans cesse inachevé. » (3)

On pourrait appeler M. Sully Prudhomme un positiviste atteint de la nostalgie de l'absolu métaphysique (4).

(1) *Que sais-je?* p. 202.
(2) *Les Épreuves, Doute : Scrupule.*
(3) *Ibid.,* : *Les Danaïdes.*
(4) Cf. la dramatique expression de cette angoisse dans les poésies suivantes : *Tombeau* (*Les Épreuves, Doute*); *Sésame* (*Stances et Poèmes*); *Toujours* (*Stances et Poèmes*); *Les Deux Vertiges* (*Les Épreuves, Doute*).

II

Plus exactement encore, il est un mystique qui a la nostalgie de l'absolu divin après avoir perdu la foi religieuse. S'il a connu les obsécrations exaspérées d'un Faust, il n'a que trop bien suivi aussi le conseil ironique que Méphistophélès laisse au naïf écolier avant de quitter la robe du docteur : « *Eritis sicut Deus, bonum et malum scientes.* » Pour avoir voulu juger du bien et du mal en cet absolu, qui, par essence, nous échappe, M. Sully Prudhomme s'est placé lui-même dans l'alternative ou de nier le Dieu Personne et Providence des religions, ou de le blasphémer après avoir contemplé avec indignation l'injustice des lois de la nature. Une fois de plus l'homme a perdu son paradis pour avoir goûté au fruit de l'arbre de la science du bien et du mal. Pour avoir comparé, d'autre part, la face du Dieu vivant à celle de l'homme et dénoncé l'illusion anthropomorphique des théologies traditionnelles, souscrivant ainsi malgré lui à l'impertinente boutade de Fontenelle : « Dieu a fait l'homme à son image, mais l'homme le lui a bien rendu », M. Sully Prudhomme a perdu l'objet de son culte. Son inquiétude est donc double de ne pouvoir ni concevoir son Dieu, s'il lui refuse l'essence humaine, ni le justifier, s'il la lui prête : situation qui, pour n'être pas nouvelle, n'en est pas moins cruelle pour une âme aussi profondément religieuse que celle-là.

Nous avons vu précédemment (1) quelles raisons d'ordre spéculatif interdisaient à M. Sully Prudhomme de souscrire aux affirmations métaphysiques de la théologie rationnelle ou aux dogmes des religions révélées ; ceux-ci, dont les formules sont contradictoires, ne présentent rien de positif à la croyance ; celles-là ou bien attribuent de la façon la plus hasardée à Dieu des attributs humains qui ne peuvent s'énoncer qu'en termes contradictoires, ou bien s'en tiennent à réaliser en Dieu les attributs ontologiques abstraits, ce qui est le destituer de

---

(1) Cf. IIe partie, chap. vi, *Le Divin* ; et IVe partie, ch. i, *Critique des antinomies spéculatives.*

toute personnalité et aboutir logiquement au panthéisme, ou mieux, à l'athéisme. Toute métaphysique religieuse est donc ou mythique ou inintelligible. Mais cette conclusion négative de la critique spéculative a-t-elle aboli du même coup l'aspiration religieuse dans l'âme du penseur? Non, pas plus que les règles infrangibles de la curiosité n'ont tué en elle le désir éperdu de franchir les limites du connaissable. Le sentiment religieux, comme le sentiment esthétique et le sentiment moral, a sa racine dans le cœur, non dans la raison spéculative; il cherche son objet, mais il existe, à titre de disposition morale, avant que cet objet soit découvert et défini. S'il est assez intense pour amener le penseur à surmonter les répugnances de la raison, à confondre les prétentions de cette dernière, comme le fit Pascal, la foi mystique apparaît dans toute sa plénitude et Dieu lui-même se révèle au cœur. Mais si, combattu par l'esprit critique et scientifique, il ne se développe pas assez pour absorber l'âme entière et combler le vide infini qu'elle sent en elle, il n'est qu'une « vaine tendresse », un « amour malheureux qui renonce d'avance à la possession », c'est-à-dire une source de tourment intime (1).

« Lorsque les philosophes spéculent sur l'être en soi et par soi, en inférant du concept de cet être qu'il n'a ni limites, ni conditions, ni commencement, ni fin, en d'autres termes qu'il est infini, absolu, nécessaire, éternel, ils ne nous révèlent en rien de quoi il est constitué, en quoi il consiste, ni même s'il est personnel. Libre à nous de combler cet abîme à notre gré selon nos penchants ou nos besoins moraux ; mais nous sommes avertis que, si nous les remplissons de notre propre moi exalté et élargi, d'attributs humains poussés jusqu'à l'infini, nous nous exposons à composer arbitrairement une immense idole dont les antinomies fondamentales impliquées dans l'être en soi et par soi se compliquent de contradictions

(1) « Ne le plaignons pas, dit M. Sully Prudhomme en parlant de Pascal dont il vient de montrer la foi religieuse inébranlable... Ah! combien, en dépit de ses tourments, son sort pourrait tenter ceux qui, non moins affamés que lui de vérité, de justice et d'amour, désespèrent de s'en jamais rassasier et qui sont condamnés par le progrès même et la sévérité de la science à ne pouvoir savourer aucune illusion consolante! » (*La vraie religion selon Pascal*, p. 279).

accessoires d'ordre empirique et par suite incompatibles avec l'existence même de cette idole. Jugée de ce point de vue, l'extase mystique est un simple abandon de l'âme à l'attrait exercé sur elle par la cause ignorée qui explique et justifie l'univers, sans tenter de la définir ni même d'en rien apercevoir distinctement, se laissant pénétrer et envahir par la certitude immédiate qu'elle existe et tient toute chose en sa dépendance, cette extase est à la fois plus prudente et plus satisfaisante, plus religieuse aussi que la dogmatique la plus subtile. Saint Thomas constate que : « *il y en a en nous un désir naturel de connaître la cause des effets qui ravissent notre admiration* » et il ajoute : « *Il est impossible qu'un tel désir soit vain...* » Hélas ! nous ne partageons pas son assurance, mais il caractérise par ce désir ce que nous appelons l'*aspiration*, élan esthétique de l'âme vers un objet d'une perfection indéfinissable. A cette hauteur, où l'homme remonte à la source de sa plus noble émotion, le rêve est également pieux chez le croyant et chez le philosophe devenu poète à son insu. *La religion dans son essence foncière, c'est la métaphysique intéressant le cœur par ce qu'elle lui permet d'espérer et l'oblige à craindre...* La vocation religieuse est la même sous toutes les latitudes ; partout vivace dans son germe inné, elle s'attache, sans choix, à la première religion qu'elle rencontre, indépendamment des dogmes qui varient, comme les cultes, d'une église à l'autre. Elle se rit des exigences de la raison et en déjoue les attaques, invincible et indéracinable. C'est elle qui engendre cet état contemplatif qu'on nomme l'*extase*, où l'âme s'aliène à ce qui demeure, à l'être en soi et par soi, seul éternel, seul immuable, origine et fin de tout ce qui passe, seul objet qui puisse, en se laissant posséder, assouvir le besoin d'une félicité durable et sans trouble. Une telle possession ne se réalise entièrement que pour le mystique. Pour le rationaliste, elle est réduite à son minimun, elle se borne au simple concept de l'être métaphysique. Elle s'accroît pour le penseur artiste qui, en outre, perçoit la beauté dans les formes expressives que fait évoluer la virtualité de cet être, cause première de tout le monde phénoménal, c'est-à-dire de cette part du monde accidentel qui tombe sous nos sens et s'y traduit par des apparences. L'homme religieux, qui appelle Dieu la Cause première, confère un caractère sacré à son aspiration, laquelle confine à la possession paradisiaque pour le mystique, religieux par excellence. »

« L'extase n'est pas le privilège d'une des religions ; elle est un genre de félicité que toutes procurent, quels que soient leurs dogmes. La foi, condition et ferment du ravissement extatique, dépasse toute formule imposée à son indéfinissable objet et ne gagne rien à la tentative de le représenter. Plus l'essence et la vie divines sont indéterminées, plus aisément le mystique se les approprie et se les rend assimilables. Cette indétermination, au surplus, ne porte que sur la manière d'être, sur la forme (au sens scholastique du mot), non sur l'existence du principe originel de toutes choses. Qu'on lui prête les qualités humaines ou qu'on s'abstienne de le définir, on n'en reconnaît pas moins qu'il existe. Aussi la racine du sentiment religieux, ce qui fournit à l'adoration son objet divin, est-ce une donnée réelle, indéniable. Les croyants qui se représentent Dieu comme un père plein de sollicitude pour sa progéniture sont les plus heureux des hommes. *Incrédule sur ce point, le poète en nous les envie.* Il en a le droit, car il n'a pas les mêmes obligations que les philosophes et les savants de profession dont la raison d'être est de chercher la vérité, et qui, partant, la doivent aux autres comme à eux-mêmes ; *sa fonction normale est d'oublier et de faire oublier l'odieux de la réalité* (1). »

Ainsi le poète aspire à incarner en un Dieu l'objet de ses effusions et de son extase ; mais, incapable d'en concevoir l'essence autrement qu'à travers de grossiers et confus symboles, il souffre de ne pouvoir faire plus que d'adresser son adoration peut-être vaine au « Dieu inconnu » : « tourment divin » dont M. Sully Prudhomme a donné l'éloquente expression dans l'une des plus belles pièces du *Prisme*.

« Voir un être où palpite une plus haute vie,
D'un plus lucide esprit, d'un corps plus achevé,
Voir plus qu'on n'imagine ! Ah ! combien l'homme envie

(1) *La vraie religion selon Pascal*; critique des formules dogmatiques, p. 412, 413.

Cet idéal, réel au lieu d'être rêvé !
Sur la terre où le chien peut caresser son maître,
L'honneur du premier rang nous condamne à chercher
Dans le ciel notre Dieu, sans le jamais connaître,
Et nous n'avons pas même une main à lécher.

. . . .

« O vous, sereines créatures
Dont l'humble rang borne les maux,
Rochers, fleurs, forêts, animaux,
Exempts des sublimes tortures,
N'enviez pas sa primauté
A votre noble et triste maître :
Si grand qu'il vous puisse paraître,
Il porte une plaie au côté.

De tous les vivants de la terre,
Le plus parfait, le dernier né,
L'homme se sent abandonné ;
Son culte lui reste un mystère.
Tandis que la faux et le frein
Vous font haïr sa tyrannie,
Il épuise, lui, son génie
A découvrir son souverain.

Après qu'il a de mille images
Peuplé d'innombrables autels,
A d'éphémères immortels
Rendu d'infructueux hommages,
Après qu'il a tout adoré,
Jusqu'à la brute, sa servante,
Sa solitude l'épouvante,
Son Dieu lui demeure ignoré.

*Et sous l'infini qui l'accable
Prosterné désespérément,
Il songe au silence alarmant
De l'Univers inexplicable ;
Le front lourd, le cœur dépouillé,
Plus triste d'un savoir plus ample,
Sur les marches du dernier temple,
Il pleure encore agenouillé.* » (1)

(1) *Le Prisme, Le Tourment divin*, IV, V, p. 73, 74, 75, 76.

L'ignorance de ce qu'est en soi le Dieu dont l'aspiration religieuse pressent la perfection et dont la raison conçoit l'existence nécessaire ne serait peut-être pas un obstacle absolu pour le mystique résolu à croire en lui sans le comprendre. Mais comment concilier cette perfection, nécessairement définie par des attributs humains élevés à l'infini et d'après des aspirations de la sensibilité humaine, avec des faits naturels qui révoltent cette même sensibilité? Lors même, comme l'a établi la critique de l'aspiration morale, que la Justice, le Bien seraient des catégories toutes relatives à l'homme et inapplicables à la Cause première de la nature; lors même qu'un jour devrait régner un Bien progressivement réalisé par l'évolution cosmique, l'existence actuelle de la douleur et la réalité, même temporaire, du mal seraient-elles justifiées? L'homme est absout par son effort méritoire, ayant parfait son essence et rempli sa destinée; mais qui absoudra l'Être suprême de la nécessité où il a mis l'homme de combattre le mal et d'engendrer le Bien que Dieu n'a pas déjà réalisé (1)?

C'est un indice très caractéristique de ce doute, que la façon dont M. Sully Prudhomme a symbolisé la Rédemption dans le *Bonheur*. Le dogme chrétien de l'Incarnation fait remplir par Dieu lui-même, en la personne de son Fils, la mission rédemptrice qui sauvera l'humanité, abolira le Mal par l'amour, rectifiera les erreurs et les injustices de la Création primitive. Seule, en effet, la Divinité est juge de son œuvre, maîtresse toute-puissante de ses desseins, souverainement arbitre des fins dernières. Si l'homme a pu pécher en Adam, il est racheté par le Dieu qui avait permis sa faute; c'est la *grâce*, non la *justice* de ce Dieu qui rend à la créature déchue le bonheur auquel elle n'a pas droit, étant incapable de le mériter par elle-même. Tout le drame métaphysique qui se noue dans la Genèse et se dénoue sur la Croix se déroule ainsi au-dessus de l'humanité qui, sans doute, y participe, mais qui ne fait point, en somme, son salut par elle-même. Faustus et son héroïque compagne, au contraire, sont des humains réels, non

(1) Cf. l'expression poétique de cet argument dans *le Christ au Mont des Oliviers* d'A. de Vigny. Sur bien des points on pourrait rapprocher les philosophies des deux poètes.

des personnes divines revêtues pour un jour des traits humains. Ils subissent sans la mériter la « sévère loi de souffrir ou de déchoir ». Ils interviennent en justiciers dans un univers où des êtres souffrent, où la laideur et le mal des uns commandent aux autres le sacrifice de leur bonheur par pitié, par équité, par amour, afin que l'injustice des sorts soit compensée. Eux-mêmes n'attendent pas de la faveur gratuite et arbitraire d'un Dieu, mais de la Justice même, à laquelle ils ont tout sacrifié, le « bonheur immuable et gagné » qui est dû à leur mérite personnel. L'humanité fait la leçon à la divinité; elle se sauve elle-même en désertant un paradis pour revenir peupler son globe misérable, soutenue du seul espoir que la justice va pouvoir y régner. L'héroïsme actif remplace la passive espérance dans la foi religieuse de cette humanité nouvelle, si la charité, vertu autant humaine que divine, y perpétue encore ce que la justice ne saurait remplacer. Libérateurs plutôt que rédempteurs, Faustus et Stella n'expient pas une imperfection primitive dont ils ne sont pas responsables et dont la faute retombe sur l'impénétrable principe de la destinée; ils s'affranchissent seulement de ce mal et avec eux affranchissent ceux qui profitent de leur savoir et de leurs vertus. Mais quel rôle reste dans un tel drame à la puissance inconnue que le poème de *la Justice* cite à sa barre et que celui du *Bonheur* éclipse derrière l'humanité triomphante? Ce rôle est ou si odieux, ou si vague et lointain, que la foi religieuse ne peut sans réserves adorer en l'être qui le joue l'absolue perfection; nouvelle source d'angoisse pour la conscience religieuse de M. Sully Prudhomme. « Le cœur, c'est-à-dire le sens humain du beau, du bien, du juste, n'est offensé que par l'immoralité ou l'absence de moralité que supposent les actes de l'être nécessaire: par exemple, le sanguinaire sacrifice de la vie à l'entretien de la vie sur la terre, l'immolation inévitable et révoltante des faibles par les forts. En présence de ces absurdités qui nous confondent et de ces horreurs qui nous indignent, nous voudrions bien les croire seulement apparentes. Mais la douleur ne s'y trompe pas; elle crie. *Accueillir ses cris par une exhortation à la patience et à l'espoir ne l'empêche pas d'exister et par cela même de pro-*

tester contre l'existence présente d'une infinie bonté. Si Dieu ne pouvait accorder le bonheur à l'homme que sous forme de récompense, à la condition que la libre vertu le méritât, et, par conséquent, sans permettre une préalable souffrance, ne valait-il pas mieux s'abstenir de créer cet être passionné, ne pas poser l'insoluble problème pour une telle créature, de concilier le bonheur avec la dignité et pour lui-même de rendre le mal possible tout en restant infiniment bon? Mais, afin de n'être point mis par le spectacle du monde en demeure de blasphémer, nous préférons ne pas nous prononcer sur la personnalité et les attributs de la cause première. Nous nous résignons à ignorer ce qu'elle est. Nous ne pourrions sans manquer de sincérité la déclarer parfaite; nous fausserions le sens ordinaire de ce mot. Il semble même au premier abord qu'on ait droit de dire: Moins un homme sage, droit et tendre, un père de famille économe, de bonnes vie et mœurs, compare à lui-même cette cause, moins difficilement il s'en explique l'œuvre déconcertante, à la fois minutieuse et grandiose, odieuse et attrayante, déconcertante et sublime (1). »

Admît-on enfin, en désespoir de cause, cette religion du Dieu futur à laquelle M. Sully Prudhomme a suspendu sa doctrine de l'action, cette sorte de panthéisme du devenir et du progrès qui s'harmonise bien avec le positivisme, toute inquiétude spéculative serait-elle à jamais conjurée? Il est des raisons d'en douter et de souffrir de ce doute. « Toute la suite des vivants terrestres, dont peu à peu la conscience s'est enrichie individuellement d'abord, par acquisitions accidentelles, spécifiquement ensuite par l'hérédité des caractères acquis, doit être considérée comme un même vivant qui subsiste toujours et se perfectionne continuellement. Dès lors il apparaît que le succès de la tendance améliorante n'est pas seulement une série accidentelle, fortuite, de rencontres heureuses aboutissant à la formation définitive d'une multitude d'espèces qui seraient nées indépendamment les unes des autres. On surprend, au contraire, entre les espèces une relation de progrès organique des unes sur les autres, par la divi-

---

(1) *La vraie religion selon Pascal*, p. 384, 385. — Cf. *Préface.*

sion du travail fonctionnel, et le progrès se constate des espèces paléontologiques à celles d'aujourd'hui. Il est donc vraisemblable qu'il y a dans le cosmos un facteur, quel qu'il soit, d'évolution organisatrice de la conscience. L'aptitude à sentir croît avec l'aptitude à connaître. Mais, d'une part, pouvoir sentir davantage, ce n'est pas nécessairement jouir davantage, et, d'autre part, à supposer même que, dans la balance des plaisirs et des peines, des joies et des douleurs, le plateau du bonheur l'emportât sur celui du malheur, *ce serait bien la condamnation du pessimisme, mais ce ne serait pas encore l'absolution de la cause souveraine et première*. Les souffrances présentes et passées auraient beau être compensées amplement par des délices sans mélange dévolues à une espèce future privilégiée, à une sorte de surhumanité, le triomphe de cette suprême espèce ne pouvant exister qu'au prix d'une telle rançon immense et vraiment atroce, serait tout à fait incompatible avec l'attribution de l'infinie bonté à sa cause. Pourquoi donc torturer le sens convenu des mots, se leurrer soi-même et fausser le langage pour soutenir une thèse qu'une mouche, si peu sensible qu'elle soit, renverse d'un coup de son aile palpitante dans les filets et sous les suçoirs d'une araignée? N'est-il pas plus franc, plus digne de notre espèce, reine misérable d'un astre, et plus conforme à sa grandeur tragique, si profondément sentie par Pascal, d'avouer qu'elle rampe dans l'ignorance de son origine et de sa fin? L'homme ne perçoit que son existence et les modifications de son être, absolument rien de son être même. Les sens qui le font communiquer avec son milieu sont à ce point imparfaits qu'il lui faut un microscope pour voir une cellule, c'est-à-dire un monde de constellations qu'il nomme des molécules et dont pourtant chacune est elle-même un monde d'atomes. Depuis son apparition sur la terre, depuis des milliers de siècles il respire dans l'air l'oxygène, l'azote, l'acide carbonique, l'argon, d'autres gaz encore, et c'est hier seulement qu'il a fini par s'en apercevoir. Dans la lenteur de cette découverte ce n'est pas son intelligence qui a trahi sa curiosité, ce sont les moyens d'observation dont il dispose qui ont trahi son intelligence : mais elle-même n'a qu'un horizon borné, clos par d'infranchissables murailles. *Quant à nous, après nous y être en vain heurté le front en soupirant, nous attendons avec humilité la réponse de la tombe à notre anxieuse interrogation.* »

Dans ce doute spéculatif anxieux, sans cesse dépassé par une aspiration idéaliste ardente, laquelle parlera la dernière des deux voix intérieures qui sollicitent tour à tour la raison du poète-philosophe, au moment où la mort découvrira pour lui le secret qu'il attend avec plus de curiosité que de crainte ? L'Art le bercera-t-il de cette harmonie apaisante qu'il souhaite à son agonie ? (1) Permettra-t-il au prêtre de « mouiller son front qui lui résiste », au moment, propice aux conversions, où

« Trop faible pour douter, il s'en ira moins triste,
Dans le néant peut-être, avec l'espoir chrétien? » (2)

S'attachera-t-il à l'héroïque et consolante vision du *Bonheur* et du *Zénith* ? Lui-même sans doute il n'oserait l'affirmer d'avance. Une solution s'impose du moins à cette sincère et courageuse conscience de chercheur et d'amant de l'idéal, tant qu'elle reste maîtresse de la libre activité qu'elle a pris à tâche de se prouver pour couronner son œuvre : c'est d'agir jusqu'au bout, en dépit de l'inquiétude spéculative qui va croissant à mesure que s'apaise l'enthousiasme juvénile des années poétiques. Quiconque a connu l'homme de grand cœur, dont nous avons interprété ici la doctrine, sait seul au prix de quel martyre physique et de quel courage moral l'énergie épuisée de M. Sully Prudhomme s'acharne encore à mener jusqu'au bout sa grande tâche de critique spéculative et d'apostolat idéaliste (3). Ces vers, écrits dans la pleine maturité du talent du poète, sont peut-être ceux où se résumerait le mieux sa

(1) « Quand vous me verrez dans mon agonie
Ne me dites rien ;
Faites que j'entende un peu d'harmonie,
Et je mourrai bien. »
(*Les Solitudes*, p. 84 : *L'Agonie*).

(2) *Les Épreuves, Doute : Bonne mort.* Cf. *suprà* la *Préface*.

(3) « Quelle tristesse, nous écrivait le poète A. Dorchain, mais aussi quel réconfort et quel exemple que la vue de cette âme de plus en plus haute et sereine dans un corps presque incessamment torturé ! »

pensée la plus intime et la devise stoïque cette très édifiante existence de philosophe :

> « *Pour moi qui n'ose point sous mon front éphémère*
> *De l'immortalité caresser la chimère*
> *Et ne me reconnais ni vermisseau ni roi;*
> *Qui, des pensers d'un peuple héritier malgré moi,*
> *Écho de ses leçons dans mes propres études,*
> *Penserais autrement sous d'autres latitudes,*
> *Dont l'amour, par les sens captif impur du sol,*
> *Ne peut pourtant rêver sans jalousie au vol,*
> *Et dont l'intelligence, éclair furtif, en elle*
> *Mire, avec l'infini, la durée éternelle,*
> *Je ne saurais sans peur et sans témérité*
> *Élire la doctrine où gît la vérité.*
> *Non ! ma raison debout sur une corde étroite,*
> *Avec un balancier qui penche à gauche, à droite,*
> *Cherche son équilibre au prix de son repos,*
> *Jusqu'au bord de la tombe, où, sombrant les yeux clos,*
> *Elle s'endormira sans regard en arrière*
> *Ni blasphème enfantin, ni suspecte prière,*
> *Refusant tout du cœur, même le désespoir,*
> *Fidèle sans salaire à son cruel devoir.* » (1)

III

Telle est cette philosophie d'un grand penseur à laquelle nous nous sommes fait constamment scrupule d'allier aucun élément étranger ou d'opposer des discussions critiques qui en eussent ralenti l'exposition et brisé la dramatique continuité. Examen de conscience d'une pensée merveilleusement apte à l'observation et à l'analyse des nuances les plus ténues de la vie intérieure, elle met à nu les aspirations, les angoisses, les certitudes et les doutes d'une nature à la fois compliquée comme celle du plus subtil des scholastiques et simple comme celle du plus candide des enfants. Constamment pure, saine, noble, la conscience de M. Sully Prudhomme n'a rien

---

(1) *Le Prisme ; La corde raide*, p. 90, 91.

à cacher que ce qui reste enfermé dans le sanctuaire de sa pudeur et de ses souvenirs intimes. Toujours inquiète et curieuse, elle ne songe pas davantage à dissimuler ou à exagérer ses doutes, dont elle souffre, ni ses prétentions intellectuelles que sa modestie critique remet sans cesse au point. Torturée par des contradictions qu'elle ne peut ni éviter, ni résoudre, elle se les expose à elle-même avec une clarté telle et une sincérité si pathétique, qu'elle atteint souvent au sublime d'un Pascal sans même le savoir ni le vouloir. Rien de faux, rien de théâtral, rien d'ironique surtout dans ce soliloque philosophique d'un écrivain qui n'est ni un Bayle, ni un Victor Hugo, ni un Renan (1). M. Sully Prudhomme ne se raconte pas, il s'analyse; il ne se confesse pas, il se cherche et s'expose. Il n'y a pas de penseur plus *honnête*, dans tous les sens de cette qualification. Si « par sa sensibilité réfléchie, par la pensée émue, par la forme très savante et très sincère, il pourrait bien être le plus grand poète de la génération présente », comme l'a dit un critique littéraire (2), par sa profondeur d'analyse, par la clarté et la solidité substantielle de ses déductions logiques, par la finesse de son esprit d'observation psychologique, esthétique et sociologique, il n'est pas moins l'un de ses plus éminents philosophes. Il serait juste d'ajouter encore qu'il en est à coup sûr un bienfaiteur par son insistance à glorifier la dignité humaine, le dévouement désintéressé, toutes les belles vertus dont il a donné l'entraînant exemple.

Cette œuvre est unique en son genre, en raison du caractère mixte du génie de son auteur, poète et savant, esthéticien et métaphysicien, moraliste et physicien, capable de passer instantanément des frissons d'une sensibilité quasi-fémi-

---

(1) Au moment où fut érigé le monument de Tréguier, M. Sully Prudhomme écrivit les lignes suivantes sur Renan : « Il a servi la vérité avec une conscience et une pénétration que ses juges compétents et impartiaux reconnaissent, et une bonne humeur d'amoureux résigné d'avance aux refus et réjoui des rares faveurs, d'autant plus précieuses, de son idole. Il souriait à l'inconnu et le circonvenait patiemment. Je lui envie sa sérénité dans le doute et je m'incline devant son art exquis et son immense labeur. » (Lettre à M. A. Dayot).

(2) J. Lemaître, *Les Contemporains*. (1re série).

nine à des raisonnements d'une rigueur toute géométrique, et, par là de voir tour à tour le monde sous le jour où il apparaît à l'imagination des poètes et sous celui où il se présente à la pensée réfléchie des savants. En elle seule pouvaient se rencontrer, se composer ou s'entrechoquer, dans des Antinomies plus saisissantes que celles de Kant, les deux façons de se représenter la loi de l'univers. Certains penseurs méritent plus d'être étudiés en raison des crises qu'on leur voit traverser qu'à la faveur des idées nouvelles qu'ils apportent. M. Sully Prudhomme est de ceux-là, quoique ses travaux aient fourni leur contingent très appréciable au fond philosophique (1). Le drame psychologique qui s'est déroulé, sans se dénouer, dans sa conscience n'est guère moins saisissant que ceux d'où sont sorties des pages comme celles de *Faust* et des *Pensées*.

C'est par là que l'œuvre philosophique de M. Sully Prudhomme est un véritable symbole de l'esprit du siècle où elle a été produite (2). Il semble que quelque chose meure et que quelque chose naisse dans notre conscience moderne. Les progrès foudroyants de la connaissance scientifique, en révélant à la pensée humaine ses ressources, lui ont aussi tracé son domaine limité, hors duquel ce que la naïve imagination des hommes d'autrefois avait rêvé s'est évanoui sans retour. Ce que la Critique a fait dans l'ordre spéculatif, la Révolution l'a consommé dans l'ordre moral et social : ceci a tué cela. Mais, en même temps que la science nouvelle, l'éthique des temps nouveaux commence à poindre, faisant naître d'immenses espérances de justice et de vérité : ceci remplacera cela. La transition s'opérera-t-elle sans crise et sans souffrance? Non ! La pensée affranchie par la logique positiviste garde encore la nostalgie des mythes poétiques, des paradis, des credo, de tout ce qui fut pour elle l'Absolu adoré, révéré,

---

(1) Comme idées vraiment originales et fécondes on pourrait relever notamment *la théorie logique du rapport*, *la théorie de l'expression*, *la théorie de la possession sociale*, un argument nouveau sur le *libre arbitre* et l'analyse de *l'état moral d'aspiration*.

(2) Une des plus belles œuvres de la sculpture contemporaine, *Antique et Moderne*, du statuaire J. Boucher, (actuellement au Musée de Nantes), symboliserait à merveille l'esprit de la philosophie de M. Sully Prudhomme.

formulé ou figuré. La conscience, encore tout imprégnée de la morale chrétienne, s'efforce d'en garder tout l'esprit sans les dogmes et s'étonne de la trouver, cette foi si aimable et si humaine, trop peu conforme à la vérité scientifique, base de l'éthique future. Conscience et raison, fidèles encore à leurs habitudes héréditaires, s'évertuent d'un commun accord à garder sa poésie au réel, sa divinité à l'être, son sens religieux au devoir; et pour se donner encore l'illusion des certitudes passées en attendant la certitude à venir, elles inventent des paradis point trop surnaturels, un Dieu point trop personnel, une poésie point trop mensongère. Mais la critique dénonce les sophismes et les fraudes, ruinant pas à pas ces fragiles constructions de rêve ou de logique pure; chacun de ses démentis coûte une douleur nouvelle au malheureux penseur qui tient par tous ses instincts au passé, par tout son génie à l'avenir. Cependant la vie va son train, faite de compromis et d'affirmations provisoires toujours légitimes lorsque moralement elles sont bienfaisantes; le philosophe, comme les autres, « vit avant de savoir le secret de la vie », parce qu'il faut vivre. Il vit bien, il en a la conscience pure et satisfaite, mais il n'en est pas plus heureux, n'ayant pas la paix intellectuelle. La poésie s'éteint en lui, non qu'il la trahisse et cesse de lui rendre un culte; mais ce n'est plus le temps de rêver. Et c'est pourquoi, à l'issue de ce douloureux et fécond xixe siècle, l'œuvre philosophique de M. Sully Prudhomme est bien un symbole : celui de l'agonie de la Poésie et de la Foi mystique frappées au cœur par la Science grandissante.

Nantes, Janvier 1907.

TABLE DES MATIÈRES

Préface de M. Sully Prudhomme 1

Introduction 4

    I. Aperçu sur l'œuvre. — II. Notes biographiques et bibliographiques.

PREMIÈRE PARTIE
CARACTÈRES GÉNÉRAUX DE L'ŒUVRE ET DE LA DOCTRINE DE M. SULLY PRUDHOMME

Chapitre premier. — **La Poésie scientifique** 11

    I. Rapports de la science et de la poésie dans l'inspiration de M. Sully Prudhomme. — II. Analyse psychologique des caractères d'une poésie scientifique. Abstraction et analogie. Le langage de la poésie scientifique. — III. Étude analytique des procédés d'invention, de composition et d'expression employés par M. Sully Prudhomme dans sa poésie scientifique. Exemples. — IV. La science mise en vers; poésie dédactique et mnémotechnique. — V. Le lyrisme positiviste. Poésie scientifique et poésie philosophique.

Chapitre II. — **Caractères généraux de la philosophie de M. Sully Prudhomme** 39

    I. Développement de la pensée du poète-philosophe. — II. Conflit en lui du tempérament poétique et du tempérament spéculatif. — III. Antinomie fondamentale des données de la raison et de celles de l'aspiration. Formes diverses de cette antinomie. Recherche de leur solution. — IV. Lettre inédite de M. Sully Prudhomme résumant les principaux points de sa doctrine.

Chapitre III. — **La Méthode** 55

    I. Rôle du principe de contradiction dans l'analyse et la critique des données du sens intime. — II. Marche suivie dans l'étude des problèmes abordés : 1° Constatation empirique des données intuitivement fournies par la conscience et l'expérience externe : 2° Interprétation théorique de ces données ; inférences scientifiques et règles techniques ; 3° critique et interprétation conjecturale des antinomies auxquelles aboutit la recherche des fondements absolus de cette philosophie seconde. — III. Plan de la présente étude, conforme à la méthode de M. Sully Prudhomme.

CHAPITRE IV. — **Inventaire des données immédiates de la conscience réfléchie**. 66

I. *Définition* et *indication* des notions. — II. L'être. Le monde accidentel, le monde phénoménal. — III. L'objet et le sujet. Conscience et connaissance. — IV. Le moi. Aptitudes. Substratum. — V. Données de la perception externe. Extérieur et intérieur des objets. — VI. Données esthétiques. Expression ; admiration, aspiration. — VII. Données morales. Notions et sentiment éthiques. Obligation, dignité. — VIII. Les concepts métaphysiques. L'activité ; le devenir.

DEUXIÈME PARTIE

PHILOSOPHIE SPÉCULATIVE

CHAPITRE PREMIER. — **La curiosité et ses lois**. 83

I. Position du problème des conditions de la certitude et des limites de la connaissance humaine. — II. Spontanéité, curiosité et réflexion. Doute réel et doute logique. — III. Lois de la curiosité. Catégories sous lesquelles la curiosité formule ses questions. Nature du *rapport*. Règle de *recevabilité*. Règle de *solubilité*. — IV. L'*anthropomorphisme*. Son usage nécessaire et légitime. Erreurs dont il est la cause. — V. Résumé de la logique de M. Sully Prudhomme.

CHAPITRE II. — **L'Être et le connaissable** 100

I. Analyse de l'idée d'être et de l'acte de connaître. La *notion*. — II. Énoncé des problèmes relatifs à la connaissance de l'être. — III. Problème de la réalisation dans l'Univers d'une conscience intégrale de ce qui passe et de ce qu'il est. Rapports du connu, de l'inconnu et de l'inconnaissable. — IV. L'*objet métaphysique* — V. Les *idées absolues*, catégories de l'essence humaine envisagées dans l'ensemble des termes qui s'y rapportent. Leur origine. Elles ne peuvent déterminer l'objet métaphysique.

CHAPITRE III. — **La Substance**. 123

I. Problème de l'unité ou de la multiplicité de l'être. — II. Analyse des notions de *substance* et de *substratum*. — III. Examen des données de l'expérience externe sur le monde extérieur. Problème de la matière. La matière en physique, en chimie, en physiologie. — IV. Examen des données de l'expérience interne. Problème de l'unité du moi et de l'existence d'une substance spirituelle. Conclusions phénoménistes. — V. Problème des rapports du psychique et du physique. Matérialisme et spiritualisme. Critique des deux systèmes. — VI. Le monisme. Critique de cette doctrine. Conclusions suspensives.

Chapitre IV. — **Les Causes** 150

I. Problème du *devenir* et de l'*activité* de l'être. Questions qu'il implique. — II. Analyse de la notion de *cause*. Types de causalité. Le *déterminisme*. — III. Problème du principe et des origines de la *vie* terrestre. — IV. Problème des *causes finales*. Critique de la notion de finalité et de la doctrine finaliste.

Chapitre V. — **Le libre arbitre.** 166

I. Position du problème du libre arbitre. Analyse psychologique de la volition ; définition du libre arbitre. — II. Examen de l'argument déterministe tiré du principe de causalité nécessaire. Constance n'est pas nécessité. — III. Examen critique de l'objection tirée de la contradiction du concept. — IV. Preuve indirecte du libre arbitre. Argument contre la nécessité universelle tiré de l'origine empirique de l'idée du libre arbitre. Problème de la nature et de la formation des idées.

Chapitre VI. — **Le Divin** 183

I. Critique de l'idée de Dieu au point de vue spéculatif. L'Être n'est connu ni comme Substance ni comme Cause première. — II. Les religions. Notion du *mystère*. Théisme, panthéisme, athéisme. — III. Critique des formules dogmatiques du christianisme. — IV. Récapitulation des conclusions de la Philosophie spéculative. Agnosticisme métaphysique.

TROISIÈME PARTIE

PHILOSOPHIE DE L'ASPIRATION

Chapitre premier. — **L'Aspiration.** 201

I. Passage de la philosophie spéculative à la philosophie de l'aspiration. — II. Analyse psychologique de l'état mental d'*aspiration*. Caractères de l'aspiration. Ses diverses formes. — III. Problèmes suscités par l'aspiration.

Chapitre II. — **Théorie générale de l'Expression.** 210

I. Problème des causes de l'émotion esthétique. — II. Psychologie de l'artiste. L'invention artistique. — III. Caractère esthétique de certaines sensations. Les formes. — IV. Analyse du phénomène de l'*expression*. Caractères communs aux perceptions sensibles et aux états moraux. — V. Analyse du phénomène de la *sympathie*. Expression subjective et expression objective. — VI. L'association des idées et la réminiscence dans l'expression. La rêverie. — VII. Principe de la classification des Beaux-Arts d'après la part d'expression subjective ou objective qui entre dans chacun d'eux. Détermination du type esthétique exprimé par chaque art. — VIII. Récapitulation et conclusion de la théorie de l'Expression.

CHAPITRE III. — **L'expression en Poésie**. 255

I. Place de la Poésie parmi les Beaux-Arts. Problème des caractères propres du vers. — II. Distinction du vers et de la prose. Lois du rythme. — III. Principes psycho-physiologiques de la métrique. Loi du moindre effort. *Le rythme régulier*, ses règles. — IV. La musique du vers. Théorie nouvelle de la rime. — V. Essence propre de la Poésie et fonction du poète. L'aspiration poétique.

CHAPITRE IV. — **Recherches des fondements positifs de la moralité et de l'éthique** 274

I. Données éthiques de la conscience. Rapports des croyances morales de M. Sully Prudhomme avec la morale chrétienne et le stoïcisme. — II. Analyse de la moralité. Justice, désintéressement, valeur morale, mérite, obligation ; idée de la *dignité humaine*. Position du problème moral au point de vue social et au point de vue conscientiel. — III. Principe de la philosophie de l'histoire ; l'histoire considérée comme une morale en action interprétée à la lumière de la psychologie. — IV. La sympathie comme lien social. Théorie de la *possession sociale* ; ressorts de la possession mutuelle des volontés. Les *régimes*. — V. Le problème social. Recherche des fondements positifs d'une Éthique. La vie politique. — VI. Le patriotisme. Analyse de l'idée de Patrie.

QUATRIÈME PARTIE

ANTINOMIES, CONJECTURES ET POSTULATS

CHAPITRE PREMIER. — **Critique des antinomies spéculatives** 301

I. La spéculation et l'aspiration aboutissent à l'énigme métaphysique. Critérium du caractère métaphysique d'une conception. Position des antinomies. Division des divers types d'antinomies. — II. Développement des *antinomies empirico-dialectiques*. Recherche des règles applicables à leur critique. Recensement de ces antinomies. — III. Développement des *antinomies dialectiques*. Critique de la méthode ontologique *a priori*. Négation de la métaphysique comme science spéculative. Critique des *antinomies dogmatiques*, réduites à de pures *anomies*. — Position des *antinomies anthropomorphiques ou analogiques*. Solution négative au point de vue spéculatif.

Chapitre II. — **Critique de l'aspiration esthétique.** 325

I. Conflits de la spéculation et de l'aspiration, de la *raison* et du *cœur*. Nécessité d'une critique de l'aspiration. — II. Critique de l'*expression esthétique*. Connexion et identité du psychique et du physique que le phénomène induit à conjecturer. Hypothèses métaphysiques sur la signification des *formes*. — III. Critique de l'*aspiration esthétique*. L'*extase*. Problème de l'essence de son objet transcendant. Caractère désintéressé et chaste de l'aspiration esthétique; elle s'allie au sentiment de la *dignité* humaine.

Chapitre III. — **Critique de l'aspiration morale.** 341

I. Problème de l'origine et de la signification des concepts moraux de dignité, de justice et de désintéressement obligatoire. Comparaison entre la *Critique de la Raison pratique* de Kant et celle de M. Sully Prudhomme. Position de l'antinomie morale; conscience et darwinisme. Conflit des données de la science positive et des aspirations du cœur. — II. Critique de l'aspiration morale. Le poème de *la Justice*. La notion de la Justice est-elle applicable aux lois de la Nature? — III. La justice peut-elle se concevoir dans la cause première? Optimisme et pessimisme. La catégorie de Justice n'a de sens que si elle est appliquée aux actions humaines. Assentiment volontaire de la conscience à l'ordre naturel.

Chapitre IV. — **Interprétation poétique de l'aspiration esthétique et morale.** 373

I. Les trois dialectiques. Passage de la critique spéculative à la preuve mystique et pragmatique. Conditions requises pour que les hypothèses métaphysiques soient agréées à titre de « *poétique lumière que les vœux du cœur proposent à l'entendement.* » — II. L'intuition émotionnelle; autorité propre du cœur. Relevé des croyances spontanées de la conscience humaine. — III. Interprétation conjecturale du sens de l'aspiration. Évolutionnisme esthétique. L'art considéré comme une anticipation sur le terme idéal de cette évolution des races et de leurs formes. — IV. Hypothèse analogue sur le sens de l'aspiration morale. La dignité est la perfection de l'essence humaine; elle est le résultat d'une sélection séculaire aboutissant à l'apparition d'une race supérieure. — V. Conjonction de l'éthique et de l'esthétique dans cette théorie de l'évolution progressive; le Beau, signe du Bien. — VI. Retour critique sur cette solution. Recherche du fondement du *droit au bonheur*. Analyse du poème du *Bonheur*. Le sacrifice moral: sa justification. La pitié, l'amour, l'épreuve. — VII. Résumé de l'interprétation poétique et mystique de l'aspiration. Le *pari*. Passage du rêve à l'action.

CHAPITRE V. — **L'Action** 417

I. Impuissance de la raison à concevoir la notion métaphysique d'*activité*. Postulation du libre arbitre et affirmation pratique du vouloir par ses actes mis au service de l'aspiration. — II. Définition pratique de l'action. L'action et le bonheur. L'action et la dignité. — III. La Science et l'Art. Mission des savants et des poètes. L'humanitarisme. La guerre et la paix. — IV. La paix par la Science, par l'Art, par le Travail. Rénovation sociale par la science et le travail. Rôle actif de M. Sully Prudhomme dans cet apostolat humanitaire. — V. L'immortalité positiviste par l'action.

CHAPITRE VI. — **L'Inquiétude spéculative** 440

I. Critique de la solution poétique et pragmatique des antinomies. Recherche de l'Absolu ontologique ; elle n'aboutit pas. Pessimisme spéculatif de M. Sully Prudhomme. Nostalgie de l'Absolu métaphysique. — Recherche de l'Absolu divin. Raisons du doute religieux. L'aspiration religieuse ne découvre pas son objet. Le *tourment divin*. Persistance de l'inquiétude spéculative. — III. Conclusion de cette étude. L'œuvre philosophique de M. Sully Prudhomme est un drame psychologique et le symbole de la crise de la conscience moderne.

TABLE DES MATIÈRES 459

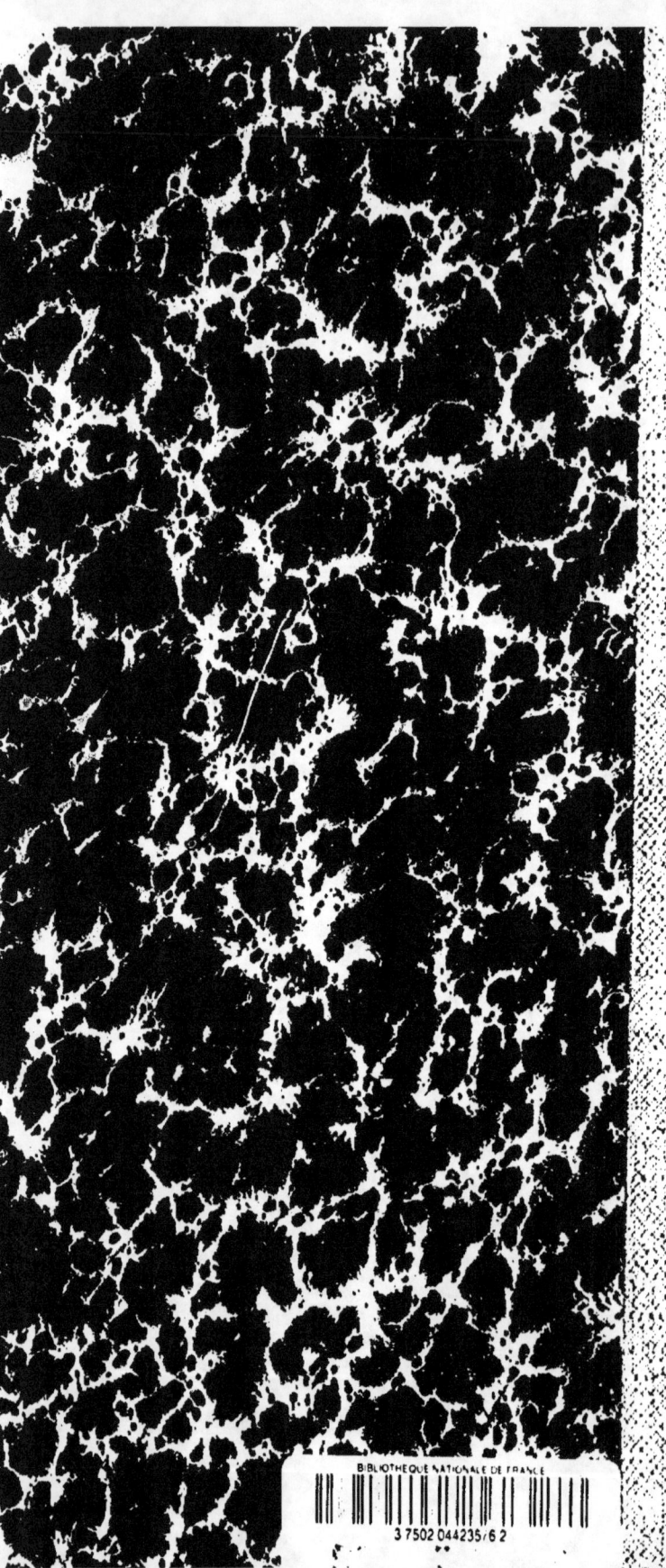

www.ingramcontent.com/pod-product-compliance
Lightning Source LLC
Chambersburg PA
CBHW050606230426
43670CB00009B/1281